本丛书为
北京外国语大学中国文化"走出去"协同创新中心重点项目

中国文化『走出去』研究丛书

总主编 张西平

叶飞 主编

中国文化"走出去"研究

The Research on the "Going-Global" Strategy of Chinese Culture and Art

北京大学出版社
PEKING UNIVERSITY PRESS

图书在版编目 (CIP) 数据

中国文化艺术"走出去"研究 / 叶飞主编. —北京：北京大学出版社，2016.6
ISBN 978-7-301-27198-8

Ⅰ. ①中… Ⅱ. ①叶… Ⅲ. ①文化艺术—国际化—研究—中国 Ⅳ. ①G12

中国版本图书馆 CIP 数据核字 (2016) 第 122639 号

书　　名	中国文化艺术"走出去"研究 ZHONGGUO WENHUA YISHU "ZOUCHUQU" YANJIU
著作责任者	叶　飞　主编
责 任 编 辑	郝妮娜
标 准 书 号	ISBN 978-7-301-27198-8
出 版 发 行	北京大学出版社
地　　址	北京市海淀区成府路 205 号　100871
网　　址	http://www.pup.cn　新浪微博：@北京大学出版社
电 子 信 箱	zpup@pup.cn
电　　话	邮购部 62752015　发行部 62750672　编辑部 62759634
印 刷 者	北京大学印刷厂
经 销 者	新华书店 720 毫米 × 1020 毫米　16 开本　28.75 印张　420 千字 2016 年 6 月第 1 版　2016 年 6 月第 1 次印刷
定　　价	82.00 元

未经许可，不得以任何方式复制或抄袭本书之部分或全部内容。
版权所有，侵权必究
举报电话：010-62752024　电子信箱：fd@pup.pku.edu.cn
图书如有印装质量问题，请与出版部联系，电话：010-62756370

中国文化"走出去"研究丛书
编辑委员会

主 任： 韩 震　彭 龙
副主任： 孙有中　张朝意

总主编： 张西平
副总主编： 何明星　管永前　郭景红
编辑委员会成员：（以姓氏笔画为序）
　　　　　　叶 飞　朱新梅　刘 琛　吴应辉
　　　　　　何明星　张西平　张妮妮　张晓慧
　　　　　　宫玉选　姚建彬　钱 伟　郭奇军

总　序

提高中国文化国际影响力的新尝试

2013年11月12日,党的十八届三中全会通过的《中共中央关于全面深化改革若干重大问题的决定》,首次明确提出"加强中国特色新型智库建设,建立健全决策咨询制度"。2014年10月27日,习近平总书记在中央全面深化改革领导小组第六次会议中强调,要重点建设一批具有较大影响和国际知名度的高端智库。2014年2月10日教育部印发《中国特色新型高校智库建设推进计划》,2015年1月20日,中共中央办公厅和国务院办公厅联合印发了《关于加强中国特色新型智库建设的意见》,这标志着我国由政府统筹的高校智库建设正式启动。

《关于加强中国特色新型智库建设的意见》中对高校智库提出专门的要求,文件指出:"推动高校智库发展完善。发挥高校学科齐全、人才密集和对外交流广泛的优势,深入实施中国特色新型高校智库建设推进计划,推动高校智力服务能力整体提升。深化高校智库管理体制改革,创新组织形式,整合优质资源,着力打造一批党和政府信得过、用得上的新型智库,建设一批社会科学专题数据库和实验室、软科学研究基地。实施高校哲学社会科学'走出去'计划,重点建设一批全球和区域问题研究基地、海外中国学术研究中心。"教育部在《中国特色新型高校智库建设推进计划》文件中就高校智库要"聚焦国家急需,确定主攻方向",将"文化建设"列为主攻方向之一,文件指出"围绕提升国家软实力、深化文化体制改革等重大问题,重点推进社会主义核心价值体系建设、中华优秀传统文化传承创新、文化产业发展、中国文化'走出去'等重点领域研究"。

中国文化"走出去"是一个伟大的事业,"提高中国文化国际影响力"是几代人共同的奋斗目标,因为这样一个目标是和整个世界格局的转变联系在一起的。我们必须认识到中国文化"走出去"绝非一路凯歌,中国文化将随着中国国家整体实力的崛起,重新回到世界文化的中心,在整个过程中伴随着与西方文化占主导地位的世界文化格局的博弈,这个历史过程必将充满变数,一切都是崭新的。因此,中国文化"走出去"的战略研究需要有我们对中国文化自我表达的创新研究为基础,对中国文化在世界各民族的传播轨迹与路径、各国汉学(中国学)发展与历史变迁、世界各国的中国形象形成的机制等问题的系统深入的学术研究做支撑,才能真正揭示文明互鉴中的中国文化的世界性意义,做出有学术含量和有实际指导意义的战略研究。

一、文化自觉是中国文化"走出去"的前提

中华文明是人类历史上最古老的文明之一,是唯一流传至今,仍生机勃勃的文明。中华文化不仅始终保持着独立的、一以贯之的发展系统,而且长期以来以其高度的发展影响着周边的文化。从秦至清大约两千年间,中国始终是亚洲历史舞台上的主角,中华文明强烈地影响着东亚国家。在19世纪以前,以中国文化为中心,形成了包括中国在内的日本、朝鲜、越南的中华文化圈。由此,成为与西方的基督教文化圈、东正教文化圈、伊斯兰教文化圈和印度文化圈共存的世界五大文化圈之一。

近代以来中国文化历经磨难,即便此时,中国知识分子对其的祈盼从未停顿。"纵有千古,横有八荒。前途似海,来日方长。美哉我少年中国,与天不老,壮哉我中国少年,与国无疆。"[①]梁启超这激越的文字给处在转折中的中国人多少理想。

[①] 梁启超:《少年中国说》。

19世纪以来,中国已经不可能在自己固有的文化发展的逻辑中演化前进。作为后发现代化的中国,在西方外来势力的干扰下,打断了它自身发展的逻辑,而中华文化其固有的深厚底蕴,中国人民顽强的奋进和努力的探索,也不可能使外来文化毫不改变地移植到中国。"中国近现代新文化既非单纯的西学东渐,也非中华传统文化全方位的直接延续,而是西学与中国传统文化相杂交、相化合的产物。"①

当代中国的发展有着自己的逻辑,它所取得的伟大成就并非空中楼阁,中华文化是其伟大成就的思想支撑。中国的古代、近代和现代文化并不是一个断裂的文化,中国古代文化并未死亡,它以新的形态存活在当代文化中,从近代以来中国传统文化所面临的主要问题是如何消化西方文化的问题,完成自己的社会转变。中国有着自己的文化和历史,它不需要,也不可能完全按照西方的道路实现自己的现代化,而是要学习西方乃至世界各种先进和优秀的文化为我所用,在自己文化的基础上创造新的文化。近四百年的中国文化的演变大体是沿着这样的逻辑发展的。中国文化并不是一个博物馆的文化,一个只是发古人之幽思的死去的文化,它活着,它是发展的。中国文化从晚明以来的四百年历史有着一个一以贯之的逻辑和思想:学习西方、走自己的路,这样的自觉性使得中国文化获得新生。三千年、一百年、六十年,环环相扣,代代相传,万变不离其宗,中国文化,历经磨难,凤凰涅槃。

国家的独立、民族的自觉是中国文化百年变更的一个最重要成果,中华民族在1949年获得国家的独立和民族文化的再生有着中国历史和文化的内在逻辑。美国著名中国学家费正清告诫西方人"要了解中国,不能仅仅靠移植西方的名词,它是一个不同的生命。它的政治只能从其内部进行演变性的了解"。他又说:"中国的国家和社会的当代的形式,是一个基本上独立的进化过程的最终产品,它可以与希腊—罗马的犹太—基督教的西方相比,但绝不是一样的。"②文化民族主义、在西方帝国主义压迫下的国家独立与民族存亡的思想、

---

① 冯天瑜、何晓明、周积明:《中华文化史》第2卷,上海:上海人民出版社,2005年,第924页。
② [美]R.麦克法夸尔、[美]费正清:《革命的中国兴起》,北京:中国社会科学出版社,1990年,第14、15页。

中国几千年的传统文化,所有这些构成了中国当代历史发展的逻辑基础。历史中国和当代中国是融合在一起的一个完整的中国。

今天发展的中国以更大的包容性吸收着各种外来文化,在这个"三千年未有之变局"的伟大历史转折中,中国的传统文化作为它的底色,为现代文化的创新提供了智慧和思想,近现代文化的变迁和发展成为我们今天创造新文化的出发点。正像经过六百年的消化和吸收,中国彻底完成了对佛教的吸收一样。四百年来对西方文化的吸收与改造为今天中华文化的重建打下了坚实的基础,中国以其特有的古代文化的资源和现代文化再生的历程可以给当代世界展示其文化的独特魅力,可以为今天的世界提供一种古代与现代融为一体的智慧与思想。中国传统文化经过近代和当代的洗礼,以新的形态存活在中国人的心中,经过近现代西方文化洗礼后的中华文化仍是我们中国人的精神家园。

在探索中行进的中国人并未迷路,在困顿中创新的中国人并未停顿探索。分歧和争论时时发生,矛盾与苦恼处处缠绕着我们,但我们知道这是一个更为成熟的新的文化形态形成的标志;思想从未像今天这样活跃,社会生活从未像今天这样复杂多面,历史的转型从未像今天这样急速,但我们知道,我们在开创着历史,这一切都是崭新的。在向世界学习的过程中,我们的文化观念开始开阔,在消化外来文化之时,我们开始自觉。在发展中我们获得新生,在伟大的历史成就面前我们有理由为我们的文化感到自豪。中国近三十年所取得的伟大成就完全可以和人类史上任何一段最辉煌的历史相比,我们有理由将自己积淀在三千年文化基础上,历经百年磨难后在这个伟大的时代所迸发出来的思想和智慧介绍给世界,与各国人民分享中国的智慧。

二、全球视野是中国文化"走出去"的学术基础

梁启超当年在谈到中国历史的研究时曾说过,根据中国的历史的发展,研究中国的历史可以划分为:"中国之中国""亚洲之中国"以及"世界之中国"三个阶段。所谓"中国之中国"的研究阶段是指中国

的先秦史,自黄帝时代直至秦统一。这是"中国民族自发达自竞争自团结之时代。"所谓"亚洲之中国"的研究阶段,是为中世史,时间是从秦统一后至清代乾隆末年。这是中华民族与亚洲各民族相互交流并不断融合的时代。所谓"世界之中国"的研究阶段是为近世史。自乾隆末年至当时,这是中华民族与亚洲各民族开始同西方民族交流并产生激烈竞争之时代。由此开始,中国成为世界的一部分。

梁公这样的历时性划分虽然有一定的道理,但实际上中国和世界的关系是一直存在的,尽管中国的地缘有一定的封闭性,但中国文化从一开始就不是一个封闭的文化。中国和世界的关系,并不是从乾隆年间才开始。中国文化在东亚的传播,如果从汉籍传入为起点已经有一千多年①,中国和欧洲的关系也可追溯到久远年代,在汉书中已经有了"大秦国"的记载②,而早在希腊拉丁作家的著作中也开始有了中国的记载,虽然在地理和名称上都尚不准确③。我将西方对中国的认识划分为"游记汉学阶段""传教士汉学阶段"和"专业汉学阶段"三个阶段,虽然这样的划分有待细化,但大体说明欧洲人对中国认识的历史进程。这说明中国文化从来就不是一个完全封闭性的文化,它是在与外部世界文化的交流和会通中发展起来的。因此,在世界范围展开中国文化的研究,这是中国文化的历史本质所要求的。唯有此,才能真正揭示中国文化的世界性意义。

中国文化要"走出去",必须具有全球视野,这就要求我们要探索中国文化对世界各国的传播与影响,对在世界范围内展开的中国文化研究给予学术的关照。在中外文化交流史的背景下追踪中国文化典籍外传的历史与轨迹,梳理中国文化典籍外译的历史、人物和各种译本,研究各国汉学(中国学)发展与变迁的历史,并通过对各国重要的汉学家、汉学名著的翻译和研究,勾勒出世界主要国家汉学(中国学)的发展史。

---

① 参阅严绍璗:《日本中国学史》,南昌:江西人民出版社,1999年。
② 参阅[德]夏德著、朱杰勤译:《大秦国全录》,郑州:大象出版社,2009年;[美]费雷德里克·J.梯加特著、丘进译:《罗马与中国》,郑州:大象出版社,2009年;[英]H.裕尔著、张绪山译:《东域纪程录丛》,昆明:云南人民出版社,2002年。
③ [法]戈岱司编、耿昇译:《希腊拉丁作家远东古文献辑录》,北京:中华书局,1987年。

严绍璗先生在谈到近三十年来的海外汉学(中国学)研究的意义时说:"对中国学术界来说,国际中国学(汉学)正在成为一门引人注目的学术。它意味着我国学术界对中国文化所具有的世界历史性意义的认识愈来愈深入;也意味着我国学术界愈来愈多的人士开始认识到,中国文化作为世界人类的共同精神财富,对它的研究,事实上具有世界性。或许可以说,这是20年来我国人文科学的学术观念的最重要的转变与最重大的提升的标志。"①

我们必须看到中国文化学术的研究已经是一项国际性的学术事业,我们应该在世界范围内展开对中国人文学术的研究,诸如文学、历史、哲学、艺术、宗教、考古,等等,严先生所说的"我国人文科学的学术观念的最重要的转变与最重大的提升",就是说对中国人文的研究已经不仅仅局限在中国本土,而应在世界范围内展开。

当年梁启超这样立论他的中国历史研究时就有两个目的:其一,对西方主导的世界史不满意,因为在西方主导的世界史中中国对人类史的贡献是看不到的。1901年,他在《中国史叙论》中说:"今世之著世界史者,必以泰西各国为中心点,虽日本、俄罗斯之史家(凡著世界史者,日本、俄罗斯皆摈不录)亦无异议焉。盖以过去、现在之间,能推衍文明之力以左右世界者,实惟泰西民族,而他族莫能与争也。"这里他对"西方中心论"的不满已经十分清楚。其二,从世界史的角度重新看待中国文化的地位和贡献。他指出中国史主要应"说明中国民族所产文化,以何为基本,其与世界他部分文化相互之影响何如","说明中国民族在人类全体上之位置及其特性,与其将来对人类所应负之责任"。②虽然当时中国弱积弱贫,但他认为:"中国文明力未必不可以左右世界,即中国史在世界史中当占一强有力之位置也。"③

只有对在世界范围内展开的中国文化研究给予关照,打通中外,从世界的观点来看中国才能揭示中国文化的共同价值和意义。

---

① 任继愈主编:《国际汉学》第5期,郑州:大象出版社,2000年,第6页。
② 梁启超:《中国历史研究法》,《饮冰室合集》专集之七十三,第7页。
③ 梁启超:《中国史叙论》,《饮冰室合集》文集之六,第2页。

三、中国文化学术"走出去"的宏观思考

发展的中国需要在世界范围内重塑自己的国际形象,作为世界大国的中国需要在世界话语体系中有自己的声音,作为唯一延续下来的世界文明古国的中国应向世界展示中华文明特有的魅力,而要做到这一点,进一步推动中国文化走向世界,在世界范围内从更高的学术层面介绍中国文化已经成为中国和平发展之急需。

中国现在已经成为世界性大国,中国不仅在全球有着自己的政治利益和经济利益,同时也有着自己的文化利益。一个大国的崛起不仅仅是经济和政治的崛起,同时也是文化和价值观念的崛起。因此,我们不仅需要从全球的角度谋划我们的经济和政治的发展,同时也需要对中国学术和文化在全球的发展有战略性的规划,从而为中国的国家利益提供学术、文化与价值的支撑。

语言是基础,文化是外围,学术是核心,这是世界主要国家向外部传播自己的文化和观念的基本经验。我们应认真吸取这些经验,在继续做好孔子学院和中国文化中心建设的同时,开始设计中国人文社会科学"走出去"的战略计划,并将中国人文社会科学"走出去"的规划置于国家软实力"走出去"整体战略的核心,给予充分的重视和支持。我们应清醒地认识到:真正能够最终为国家的战略发展服务,使中国影响世界,确保中国发展的和平世界环境,并逐步开始使中国掌握学术和思想的话语权的是中国人文社会科学的研究在世界范围内产生影响。所以,要有更大的眼光,更深刻的认识来全面规划中国人文社会科学的"走出去"战略,提升中国软实力"走出去"的层次和水平,从而使中国的"走出去"战略有分工,有合作,有层次,有计划,形成整个中国软实力"走出去"的整体力量,为中国的进一步发展服务。

在传播自己文化和学术时最忌讳的是将国内政治运作的方式搬到国外。中国人文社会科学学术"走出去"的大忌是:不做调查研究,不从实际出发,在布局和展开这项工作中不是从国外的实际形势出发,完全依靠个人经验和意志来进行决策。在工作内容上,只求国内

舆论的热闹,完全不按照学术和文化本身的特点运作,这样必然最终会使中国学术"走出去"计划失败。不大张旗鼓,不轰轰烈烈,"随风潜入夜,润物细无声",这是它的基本工作方式。在工作的布局和节奏上要掌握好,要有全局性的考虑,全国一盘棋,将学术"走出去"和国家的大战略紧密配合,连成一体。

在全球化的今天,在中国已经成为世界大国的今天,我们应反思我们过去外宣存在的问题,以适应新的形势和新的发展。要根据新的形势,重新思考中国学术"走出去"的思路。以下两个思路是要特别注意避免的。

意识形态的宣传方式。冷战已经结束,冷战时的一些语言和宣传的方法要改变,现在是你中有我,我中有你。从全球化的角度讲中国的贡献;从世界近代史的角度讲中国现代历史的合理性;在金融危机情况下,介绍中国道路和中国模式。这样要比单纯讲中国的成就更为合理。冷战结束,并不意味着西方对中国文化的态度转变。但目前在西方对中国的态度中既有国家的立场,也有意识形态的立场。如何分清西方的这两种立场,有效地宣传中国是很重要的。要解决这个问题就必须站在全球化的背景下考虑国家的利益,站在世界的角度为中国辩护。

西方中心主义的模式。在看待中国和世界的关系时没有文化自觉,没有中国立场是个很严重的问题。一切跟着西方跑,在观念、规则、方法上都是西方的,缺乏文化的自觉性,这样的文化立场在国内已经存在很长时间,因而必然影响我们的学术"走出去"。中国有着自己的历史和文化传统,不能完全按照西方的模式来指导中国的发展。要从文化的多元性说明中国的正当性。那种在骨子里看不起自己的文化,对西方文化顶礼膜拜的观念是极其危险的,这样的观念将会使中国学术"走出去"彻底失败。

四、对话与博弈将是我们与西方文化相处的常态

随着我国综合国力的不断增强,中华文化在世界文化格局中的地位越来越重要。当前,推动中华文化"走出去"、提高中华文化国际

影响力,可谓正逢其时。同时也应清醒地认识到,中华文化"走出去"的过程不可能一帆风顺,必然要付出一番艰辛努力。在这个过程中,我们要认真吸收借鉴世界其他民族的优秀文化,使之为我所用;同时要在世界舞台展现中华文化的魅力,让世界了解中华文化的价值。

近代以来,西方国家在世界文化格局中一直处于主导地位。我国在政治制度、文化传统等方面与西方国家存在较大差异,一些西方媒体至今仍惯用冷战思维、戴着有色眼镜看待中国,甚至从一些文化问题入手,频频向我们提出质疑、诘问。如何应对西方在文化上对中国的偏见、误解,甚至挑衅,是推动中华文化"走出去"必须要认真对待和解决的问题。我们应积极开展平等的文化交流对话,在与其他国家文化交流互动中阐明自己的观点主张,在回击无理指责、澄清误读误解中寻找共同点、增进共识。习近平主席在许多重要外交场合发表讲话,勾画了中华文化的基本立场和轮廓,表达了对待西方文化和世界各种文化的态度。他指出:"当代中国是历史中国的延续和发展,当代中国思想文化也是中国传统思想文化的传承和升华,要认识今天的中国、今天的中国人,就要深入了解中国的文化血脉,准确把握滋养中国人的文化土壤。"这是对中国历史文化发展脉络的科学阐释,为推动中华文化"走出去"、为世界深入了解中华文化提供了基本立足点和视角。他还指出,"文化因交流而多彩,文明因互鉴而丰富",为不同文化进行平等交流提供了宽广视野和理论支撑。

推动中华文化"走出去",既需要我们以多种形式向世界推介中华文化,也需要国内学术界、文化界进一步加强与拓展对其他国家优秀文化传统和成果的研究阐发。同时,对其他国家,尤其是西方国家来说,认识和理解历史悠久又不断焕发新的生机的中华文化,也是一个重要课题。对话与博弈,将是未来相当长时间我们与西方文化相处的基本状态。

在文化传播方面改变西强我弱的局面,推动文化平等交流,需要创新和发展我们自己的传播学理论,努力占据世界文化交流对话的制高点。这需要我们深入探究当今世界格局变化的文化背景与原因,探索建构既具有中国特色,又具有国际视野的文化话语体系,进一步增强我们在世界文化发展中的话语权。需要强调的是,文化与意识形态紧密联系，文化传播工作者一定要把文化传播与维护意识形态安全作为一体两面，纳入自己对中华文化"走出去"的理解与实践。应时刻牢记，"不断扩大中华文化国际影响力，形成与我国国际地位相称的文化软实力，牢牢掌握思想文化领域国际斗争主动权，切实维护国家文化安全"是中华文化"走出去"的根本与前提。

五、发挥外语大学的学术优势，服务国家文化发展战略

北京外国语大学在65年校庆时正式提出北外的战略使命是"把世界介绍给中国和把中国介绍给世界"。这是我国外语大学第一次自觉地将大学的发展与国家的战略任务紧密结合起来。因为中国文化"走出去"是说着外语"走出去"的。同时，中国文化"走出去"作为一项国家战略，急需加强顶层设计、建设高端智库，从中国的国家实力和地位出发，为中国文化"走出去"设计总体战略、中长期发展规划提供咨询；急需充分发挥高校的人才培养的优势，解决当下中国文化"走出去"人才匮乏，高端人才稀缺的不利局面；急需动员高校的学术力量，对中国文化在海外传播的历史、特点、规律做系统研究，为中国文化"走出去"提供学术支撑；急需从国家文化战略的高度做好海外汉学家的工作，充分发挥汉学家在中国文化海外传播的重要作用，培养传播中国文化的国际队伍与本土力量。正是在这样的思考下，北外在2012年建立了中国文化"走出去"协同创新中心，与国内高校、国家机关、学术团体等联合展开中国文化"走出去"的战略研究，为中国文化全球发展提供智慧，为中国文化全球发展培养人才队伍。

战略研究、人才培养、政策建言、舆论引导和公共外交是智库的五大功能。北京外国语大学作为以中国文化在全球发展为其研究目标的智库，这五大功能更有着自己特殊的意义。

就战略研究来说，中国文化"走出去"是一个伟大的事业，"提高中国文化国际影响力"是几代人共同的奋斗目标，因为这样一个目标是和整个世界格局的转变联系在一起的。我们必须认识到中国文化"走出去"绝非一路凯歌，中国文化将随着中国国家整体实力的崛起，

重新回到世界文化的中心,在整个过程中伴随着与西方文化占主导地位的世界文化格局的博弈。因此,中国文化"走出去"的战略研究需要有我们对中国文化自我表达的创新研究为基础,有对中国文化在世界各民族的传播轨迹与路径、各国汉学(中国学)发展与历史变迁、世界各国的中国形象形成的机制等问题的系统深入的学术研究做支撑,只有这样才能真正揭示文明互鉴中的中国文化的世界性意义,做出有学术含量和有实际指导意义的战略研究。

就人才培养来说,北京外国语大紧密配合中国国家利益在全球发展的利益新需求,在做好为国家部门、企业和社会急需的跨文化交流人才培养,做好文化"走出去"急需的复合型专门人才、战略性语言人才和国际化领袖人才的培养方面已经取得了重要的成果,成为我国高端外语人才的培养基地,中国文化"走出去"高端人才培养基地,中国外交家的摇篮。

就政策建言来说,《中国文化"走出去"年度研究报告》是我们的主要成果,这份年度报告至今仍是国内唯一一份跨行业、跨学科,全面展现中国文化"走出去"的研究报告,也是国内高校唯一一份系统考察中国文化"走出去"轨迹,并从学术上加以总结的年度研究报告。2013年我们已经出版了《中国文化走出去年度研究报告(2012卷)》,这次我们出版的《中国文化"走出去"年度研究报告(2015卷)》给读者呈现中国文化在全球发展的新进展、新成果以及我们对其的新思考。为全面总结中国文化"走出去"战略的实施,总结经验,这次我们编辑了近十年来在中国文化"走出去"的各个领域的重要文章。读者可以从这些文集中看到我国各个行业与领域对中国文化"走出去"的认识。

就舆论引导而言,2015年央视多个频道播出了由北外中国海外汉学研究中心主编的大型学术纪录片《纽带》,受到学术界各方面的好评。

2016年是北外中国海外汉学研究中心成立20周年。北外中国海外汉学研究中心作为北外中国文化"走出去"协同创新中心的核心实体单位做了大量的工作。高校智库建设是"以学者为核心,以机构建设为重点,以项目为抓手,以成果转化平台为基础,创新体制机制,整合优质资源,打造高校智库品牌"。作为我校中国文化"走出去"协同创新中心的核心实体单位,为进一步做好智库建设,2015年6月我们将"中国海外汉学研究中心"更名为"国际中国文化研究院",新的名称含有新的寓意,这就是我们的研究对象不再仅仅局限于海外汉学研究,而是把中国文化在海外传播与发展作为我们的研究对象;新的名称预示着我们有了新的目标,我们不仅要在中国文化海外传播的历史、文献、规律等基础学术研究上推出新的研究成果,同时,也预示着我们开始扩张我们的学术研究领域,将当下中国文化在全球的发展研究作为我们的重要任务之一。这次更名表明了我们不仅要在海外汉学研究这一学术研究领域居于领先地位,而且要将我们的基础研究转化为服务国家文化发展的智慧,努力将"国际中国文化研究院"建设成一流的国家智库。

在"我国前所未有地靠近世界舞台中心,前所未有地接近实现中华民族伟大复兴目标、前所未有地具有实现这个目标的能力和信心"这样伟大的历史时刻,回顾我们20年的学术历程,或许李大钊先生的"铁肩担道义,妙手著文章"是我们最好的总结,将安静的书桌和沸腾的生活融合在一起将是我们今后追求的目标。

谨以此为序。

张西平
2016年3月5日写于岳各庄东路阅园小区游心书屋

前　言

21世纪以来,随着中国综合国力的不断增强,人们对中国文化"走出去"战略有了广泛的关注。不过,文化"走出去"有关的研究总体上还处于起步阶段,呈现出零星分散、不成系统的特点。这与我国文化"走出去"的步伐是不相称的。我国在世界范围内影响力不断提升的现状,以及在全球化进程中扮演的新角色和采取的新姿态,已经对文化"走出去"提出了更高的要求。

没有深厚的理论支撑,对策研究及行动就不可能深入、持续和有效。多年来,由于缺乏足够的理论准备,文化"走出去"往往被简单化为办一场演出、展览,很多情况下仍然依靠陈旧的思路和方法去实现。同时,长期以来,人们过于强调文化"走出去"在宣传自身、树立形象这一层面的价值,而忽略了中国文化之于世界文明发展重要贡献的阐释。在全球化和本土化矛盾统一的当下,这一层面的沉默、失语状态,不利于国家文化的可持续"走出去",不利于国家文化软实力的进一步构建。推动文化"走出去"向更高层次和更广范围发展,迫切需要以科学理论和方法,深入研究文化"走出去"发生与发展的规律。

本书选取了一系列文化"走出去"的基础理论研究文章,从多个角度和层面展示了目前学界对于文化"走出去"的认识、判断和思考、建议。在尝试回答"什么是走出去""为什么走出去""怎样走出去"等基本问题的同时,将不同形式、多种路径的"走出去"方法、方式纳入选题范围;在关注由政府主导的文化交流的同时,将视野扩大至民间、企业对文化贸易的思索;既有针对传统的文艺、展览"走出去"所展开的研究,又有围绕"一带一路"重大倡议所做的新探讨。

基于此,本书共分为五编,分别为:文化"走出去"基础理论研究、双边和多边文化交流研究、文化艺术"走出去"研究、地方文化"走出去"研究、对外文化贸易研究。

第一编"文化'走出去'基础理论研究",涉及文化"走出去"、文化自觉、文化外交、国家文化安全、国家形象、软实力、文化传播策略等多个关键方面及其之间关系的理论研究。加强文化"走出去"基础理论建设,需要对文化"走出去"的概念进行界定,对其目的、方式、方法、效果进行深入研究。尽快建立起包含本体论、方法论和认识论的独立基础理论,将为文化"走出去"提供必要的动力和支撑。该编收入的文章是近年来这一领域的代表性研究成果。

近年来,我国文化"走出去"的重要特征之一是顶层设计引领作用增强,配合国家总体外交大局的官方文化外交、文化交流与合作主导文化"走出去"。中国特色大国外交和周边外交塑造了我国对外文化交流的新格局。"一带一路"重大倡议进一步勾勒出了中国外交的路线图,成为中国外交实践的行动指南与指导思想,也为中国对外文化交流与合作指明了方向。第二编"双边和多边文化交流研究"收入的文章均针对双边和多边文化关系、文化交流与合作开展研究,显示出学界对于当前时代背景下的中外文化外交的关注。

无论是执行国与国之间文化交流任务,还是借力国际性文化艺术节的展览展示,抑或是通过剧院间的商业合作,越来越多的中国艺术门类亮相海外,观众群也愈加广泛,遍及世界各地。不过,由于语言文化差异,外国人对中国艺术的认知大多还局限于京剧、杂技、功夫等的技巧性展示,对蕴含其中的深厚文化内涵了解不深。同时,海外商演作为中国艺术"走出去"的重要手段,其成败更是每每引人关注。第三编"文化艺术'走出去'研究"的10篇文章主要针对演艺领域,从不同的层面和角度对我国演艺业"走出去"的现状、特点进行了梳理、总结,针对主要问题,探索性地给出了一些解决方案。

第四编"地方文化'走出去'研究"共收入8篇文章。随着文化部"部省合作"机制的建立,地方文化"走出去"日渐蓬勃。"部省合作"

提高了地方对外文化交流的积极性、主动性、计划性,形成了中央与地方对外文化交流的合力,大大丰富了我国文化"走出去"的内容与形式。不过,目前地方文化"走出去"均突出地域文化特征,缺乏针对性,目标受众不明确,剧目节目"放之四海"。地方积极性日益提升,对顶层设计、统筹规划提出了更高要求。本编选取了一系列以地方文化"走出去"为主题的研究文章,通过对北京、上海、河南、四川、山西、广西、云南等地的专门研究,探索地方文化"走出去"的方法与路径。

第五编关注的是"文化贸易"。目前,我国对外文化贸易还处于起步阶段,文化产品和服务竞争力有限,具有跨国经营实力的文化企业的数量和体量均有待提升,文化产品的国际市场占有率偏低,而且缺少谙熟国际市场规律、对国际文化传播有研究的专门人才队伍。本编选取了一系列以文化贸易为对象的研究文章,分别从我国文化贸易面对的机遇、问题、发展趋势、路径以及人才培养等多个方面展开探索。此外,与日本、韩国、欧盟等国文化贸易政策及实践的比较研究也颇有借鉴价值。

因编者视野有限、准备仓促,遗珠之憾在所难免。因此,本书特在附录中收入了2012年至2014年间公开发表的有关中国文化"走出去"的文章目录和学位论文目录,以便研究者进一步查询。敬请读者在阅读之余,能够谅解并提出宝贵的意见和建议。

目 录

第一编　文化"走出去"基础理论研究

3　近十年来国内"文化'走出去'"研究综述
　　刘　立　何克勇

10　文化自觉与文化"走出去"
　　李炳毅　王丽鸽

20　文化外交与中国文化"走出去"的动因、问题与对策
　　张志洲

31　国家文化安全战略下的中国文化"走出去"战略
　　苏　毅

46　关于"中国文化'走出去'"战略的几个问题
　　董德福　孙　昱

57　中国国家形象的跨文化建构与传播
　　梁晓波

66　本土化与全球化的交融
　　——中国传统文化"走出去"问题探析
　　赵　跃

75　全球化时代中国文化传播策略的当代转型
　　贾磊磊

87 消除软实力"软肋" 传播"中国梦"愿景
　　——论软实力建设中文化传播力的提升策略
　　潘　源

第二编　双边和多边文化交流研究

99 人文交流:海上丝绸之路建设不可或缺的内容
　　赵明龙
107 "丝绸之路经济带"视野的中阿文化交流先行战略
　　张建成
119 略论中国与中亚的文化交流
　　许尔才
127 提升中俄文化外交战略的再思考
　　赵洪波
139 简析中印文化软实力双向传播
　　尹锡南
150 略论中国对巴基斯坦的文化外交
　　杜幼康　李　坤

第三编　文化艺术"走出去"研究

163 中国对外演艺业发展的问题与探索
　　马　明
182 中国文化演出业国际化机遇、挑战与战略选择
　　王海文
192 传统音乐产品"走出去"的保值问题
　　宋　瑾
209 演艺产业"走出去"路径探索
　　——以《吴哥的微笑》境外驻场演出项目为例
　　张迪阳　韩雨伦

214 少数民族演艺产业"走出去"现象探析
　　徐　越

219 中国戏曲的现代化与国际化
　　谢柏梁

224 谈中国戏曲在海外的推广
　　钟　玲

230 从跨文化传播视角探析中国传统表演艺术的海外推广
　　——基于"汉唐乐府"的个案研究
　　向　勇　范　颖

239 民间文化的对外传播与文化调试
　　——以中国民间剪纸艺术为例
　　张　莉

250 文化"走出去"战略背景下中国武术对外发展研究
　　王国志　张宗豪

第四编　地方文化"走出去"研究

263 中国文化地缘战略和中国文化"走出去"的新格局
　　花　建

276 打造推动北京文化"走出去"的强大引擎
　　陈少峰

281 扩大自贸试验区文化服务开放，推进上海对外文化贸易发展
　　曾　军　段似膺

293 中原文化"走出去"的改革与创新方略
　　崔玉宾

299 四川文化"走出去"对策探析
　　庹继光　李　缨

309 扩大非物质文化遗产的对外传播
　　——以山西省为例
　　张艳丰　王　婴

315 广西面向东盟的文化"走出去"模式探析
　　　王春林

324 西双版纳州民族文化"走出去"问题探究
　　　李玉云

第五编　对外文化贸易研究

333 文化贸易理论文献综述
　　　王晓芳

347 新政策环境下我国对外文化贸易发展路径
　　　李怀亮

358 我国对外文化贸易发展的机遇、问题及对策建议
　　　刘绍坚

369 演艺进出口：贸易标的独特属性及发展趋势
　　　李嘉珊

380 中国文化贸易人才培养：实践、困境与展望
　　　李小牧　李嘉珊

390 中日韩文化贸易的竞争性及市场分布研究
　　　顾　江　朱文静

399 欧盟文化贸易政策研究
　　　——兼评对中国文化贸易政策的启示
　　　陈亚芸

413 附录：中国文化"走出去"研究论文存目（2012—2014）

431 论文作者简介

434 编后记

第一编
文化"走出去"基础理论研究

近十年来国内"文化'走出去'"研究综述

刘　立　何克勇

根据杨利英对建国六十年来中国文化的开放历程回顾,建国初期的"两用"原则和"双百"方针是文化开放的萌芽,改革开放初期"对外开放适用于精神文明"是文化开放的探索,改革开放新阶段"引进来"和"走出去"是文化开放的完善,新的战略机遇期文化"走出去"是文化开放格局形成的标志。对我国文化"走出去"的历史回顾显示,自20世纪90年代初以来,中国政府始终致力于推进经济和文化的"走出去"。在2006年之前主要是宏观层面的指引发展方向,从国家发展战略的高度提出文化强国的重要性。2006年之后进入到更为详细、更为具体、更为丰富的规划和实施阶段。2011年前后随着国家经济实力的不断增强,文化"走出去"逐步迈入新格局。伴随着国家的"走出去"战略发展过程,以"文化'走出去'"为主题的学术研究也基本经历了三个阶段,这三个阶段无论是从论文数量还是从研究内容、研究方法上都呈现出较大的转型(见图1)。

笔者在这里使用的文献检索平台为CNKI知网,主题词为"文化'走出去'"。第一阶段是2006年之前的萌芽期。该阶段的研究数量少,内容主要围绕出版贸易这一主题,研究方法为文献法等非实证性研究和新闻报道。2005年发表的四篇论文中除了一篇是关于区域文化走向全国乃至世界的报道之外,其余三篇均是关于版权贸易和图书输出的。

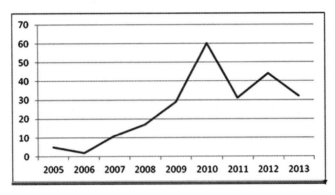

图1 "文化'走出去'"文献年度数量分布

2006年至2010年是第二阶段,也是蓬勃发展阶段,论文数量逐年递增,呈大幅度上升趋势,总量近120篇,是萌芽期的30倍,年均论文24篇。内容上也更加多样,主要包括"走出去"战略、模式、途径和道路研究,区域文化建设和传播研究,文化贸易、文化企业研究,影视动漫业研究,文艺体育等"走出去"研究,出版"走出去"研究,孔子学院研究,其他国家文化"走出去"研究,从语言学、翻译学等角度分析文化"走出去"的研究,回顾综述类以及名人访谈等(见图2)。

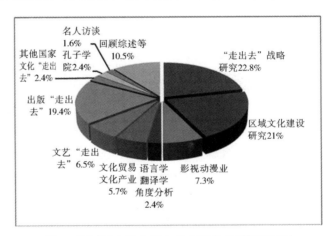

图2 "文化'走出去'"文献内容分布(第二阶段)

在研究"走出去"战略方面,研究者们对中国文化"走出去"的内涵与现状进行了分析,提出"走出去"战略的本质是使文化"引进来"和"走出去"紧密结合起来,形成双向、均衡交流和传播的新格局;进一步创新体制机制、传播方式和公共政策,兼顾内需、外需两个市场,加大政策扶持力度,鼓励文化创新,并不断整合优化各类资源,促进文化更好地"走出去"。区域文化建设和传播的研究成果主要围绕文化强省的主题,提出结合本省历史地理条件,发展特色文化产业,提高本省本市的国际知名度。文化产业指那些包含创作、生产、销售"内容"的产业,而文化贸易主要指与知识产权有关的文化产品和文化服务的贸易活动。目前,世界文化强国都大力推进本国的文化产业,使其成为经济新的增长点。我国的文化产业及贸易也要打破国内文化产业内部存在的壁垒,立足本国市场需求,依靠市场手段,打入国际社会。影视动漫业方面研究者们提出应通过广播影视动漫等多种途径,把中国的声音传向世界各地,树立中国良好的国际形象。采取的途径包括将中国传统文化转化为动漫产品,开发动漫衍生品市场,推进电视节目境外落地,与海外广播影视动漫业进行业务合作,借助新媒体开拓新领域等等。总之,使世界各国的观众了解一个真实的中国,改善"西强我弱"的状况。文艺体育等"走出去"涵盖了歌曲、舞蹈、戏剧、杂技、体育、文化等多个方面。出版"走出去"研究在本阶段占比近20%,萌芽阶段的研究成果也以出版贸易研究为主,这是因为图书出版业是文化外传的先锋。研究者们从版权贸易、国际出版品牌、海外出版实体、海内外市场和自身经营结构等诸多方面探讨了出版"走出去"的现状、存在的问题以及今后的方向和战略模式。关于其他国家文化"走出去"的研究,主要是介绍文化大国的全球战略,还有部分研究成果对比了中国与其他国家的文化政策。第二阶段是欣欣向荣的发展阶段,研究成果丰富,研究视角和方法多元化,理论论证也更加深入和全面。

2011年至今是第三阶段,本阶段共检索出期刊论文近110篇,并且文章质量也有所提升,具体表现在CSSCI来源期刊上相关文章数量占本阶段所有论文的约24%,而且其中有七篇论文得到了国家或省部级项目的资助(见表1)。这个现象是前两个阶段所没有的,在第二阶段检索结果显示只有数篇CSSCI论文得到教育部人文社科研究项目的资助。这说明随着国家文化建设"十一五"规划走向尾声,"十二五"规划正在酝酿,文化"走出去"越来越受到国家政府的高度重视和社会各界的广泛关注。

表 1　CSSCI 来源期刊论文统计(第三阶段)

序号	作者	篇名	期刊名和期刊号	项目资助
1	陈忠良	《架好中国思想文化走出去之桥——谈对外传播图书的翻译》	《上海翻译》2011(3)	
2	任仲伦 林莉丽	《让企业盈利,让文化走出去》	《当代电影》2011(12)	
3	陈少峰	《促进文化内容产业发展的对策性思考》	《中国海洋大学学报:社会科学版》2012(1)	国家社科基金重大项目
4	萧盈盈	《中华文化走出去的现状分析与发展思考》	《现代传播:中国传媒大学学报》2012(1)	
5	崔希亮	《汉语国际教育与中国文化走出去》	《语言文字应用》2012(2)	
6	郭　栋 刘海贵	《文化"走出去工程"的政策体系局限与优化思路——"我国文化走出去工程政策研究"专题研讨会综述》	《新闻大学》2012(5)	国家社科基金重大项目
7	刘笑盈	《简论"文化中国"建设中央视的选择与责任》	《现代传播:中国传媒大学学报》2012(5)	
8	孙大光	《推动中国体育文化走出去战略构想》	《体育文化导刊》2012(5)	
9	程建明	《"文化走出去"的三个致力之点》	《长江论坛》2012(6)	
10	韩　强	《推动中华文化走出去必须加强海外中国学研究》	《新视野》2012(6)	
11	石仲泉	《"海外中国学研究"笔谈——坚持世界眼光,推动国外马克思主义中国化研究》	《新视野》2012(6)	
12	张殿军	《论中国"文化走出去"》	《长江论坛》2012(6)	国家社科基金项目
13	高　奋	《论中华文化走出去的出版策略》	《中国出版》2012(7)	
14	叶　新 林　曦	《从林语堂看中国文化走出去》	《中国出版》2012(9)	

续表

序号	作者	篇名	期刊名和期刊号	项目资助
15	曲慧敏	《论多渠道推动中华文化走出去》	《思想理论教育》2012(7)	
16	杨伟光	《创新文化走出去模式推动中华文化走向世界——在中国传媒大学博士生班的讲演》	《新世界》2012(22)	
17	王宁	《中国文化走出去的自觉与自信——基于海外孔子学院成败得失的分析》	《探索与争鸣》2013(1)	
18	王宁	《中国文化走出去：外语学科大有作为》	《中国外语：中英文版》2013(2)	
19	王志勤 谢天振	《中国文学文化走出去：问题与反思》	《学术月刊》2013(2)	省教育厅社科重点项目
20	王雅坤 耿兆辉	《中国文化走出去的影响因素及路径选择》	《河北学刊》2013(3)	省级社科基金
21	王祖嫘	《打造中国文化走出去的名片——论孔子学院的可持续发展规划》	《学习与探索》2013(4)	
22	元青 潘崇	《中国文化走出去的一段经历——以20世纪上半期中国留英学生为中心的考察》	《社会科学战线》2013(4)	教育部人文社科规划基金
23	俞颖	《让江南水乡古镇面向世界——以英文版〈江南水乡古镇〉策划编辑为例》	《中国编辑》2013(5)	
24	李刚 梁泳梅 刘畅	《中国经济学的学术国际影响力研究——基于对Econlit数据库的统计分析》	《经济学动态》2013(5)	国家社科基金重点项目
25	宋建清 高友萍	《文化翻译与文化走出去》	《中国出版》2013(18)	全国教育科学规划基金项目

从研究内容的维度分析,除了延续第二阶段的研究主题之外,还新增了海外中国学研究,特定领域的学术国际影响研究和海外留学生研究等。研究方法上除了传统的文献法,还使用了各种实证性研究方法。陈少峰指出,发展并提升文化内容产业是繁荣文化的必由之路,也是增强国家文化软实力的重点所在。然而,就目前我国文化内容产业的形势而言,存在着内容创作与内容经营主体激励不足的瓶颈制约,需要采取有效措施加以解决:对内需要解决文化内容创作的激励机制问题,对外需要深化细化相应的具体举措,促进文化内容"走出去"。萧盈盈提出外向型文化企业是"文化'走出去'"的战略要地和实施主体,未来国家仍应坚持文化交流与文化贸易两种渠道并重。郭栋、刘海贵在文中指出我国文化"'走出去'工程"政策主要问题在于体系滞后、不成熟,国内市场政策与国际市场政策之间有严重冲突,而且市场化和国际化发育不充分。程建明认为"文化'走出去'"不仅要展示文化硬实力,更需要彰显和提升文化软实力,要为解决人类困惑和构建和谐世界做出贡献,还应展示"中国形象"。张殿军则深入论证了中国"文化'走出去'"对于促进中国对外经济交流与合作、建设文化大国、提升国家形象的重要意义,并理性地指出中国"文化'走出去'"虽然取得了重大的进展和成就,但是仍然面临着国际文化保护主义、地缘文化影响力有限等问题和挑战,因此中国"文化'走出去'"应该树立理性的文化"主体性"理念,并根据既有文化资源和比较优势,针对不同国家的文化身份和国际文化交往格局,实行有重点、有差异的文化策略。韩强论述了海外中国学对于中国"文化'走出去'"的重要作用。海外中国学是对海外学者关注探讨中国历史、文化以及当代政治、经济、社会发展问题的一系列研究的总称。加强海外中国学研究是提升中国形象、扩大中华文化影响的内在要求,是推动我国文化领域优秀成果和优秀人才走向世界的必经之路,是加强对外文化交流,吸收各国优秀文明成果,促进中华文化和社会发展的必然选择,也是激发全民族文化创造活力,提高国家文化软实力的必经之路。元青等研究了海外留学生传播中国文化的一段历史。20世纪上半期,留英学生在引进吸收西方先进科技与人文社会科学的同时,对外努力翻译儒家经典、宣扬中国文化精神,撰写以中国为题材的学术学位论文,译介中国古典文学,创作与译介中国现代文学,传播中国绘画书法艺术,传授汉语知识,介绍中国本土宗教等对外传播中国文化的工作已构成 20 世纪上半期中英跨文化交流中一个值得注意的文化现象。这一现象的出现,既是 20 世纪上半期留英教育平稳发展的产物,也体现了留英生的文化自觉、文化责任及对外传播中国文化的独特优势条件,同时一战前后弥漫于欧洲的西方文化衰落心理为留英学生对外传播中国文化创造了客观条件。

近些年来,国内还出版了许多"文化'走出去'"的专著,如《北京文化"走出去"国际比较研究》《中华文化"走出去"的财政政策研究》《西部地区民族文化"走出去"战略研究》《中国文化"走出去"发展战略研究》《中国文化走出去年度研究报告(2012 卷)》《我国文化产业"走出去"发展研究:基于文化产品和服务的国际贸易视角》《文化"走出去"与出版创新》《中国民族文化产业的现状与未来——走出去战略》等等。中国国家图书馆里还存有多篇相关的硕士、博士论文。目前尚未检索到与此相关的国外文献资料。以往的研究成果显示:(1)"文化'走出去'"越来越受到从国家到地方,从市场到校园的各层次的广泛关注;(2)"文化'走出去'"从最初的一股脑儿推出去逐步发展到有重点、有步骤、有的放矢地"走出去",对这个主题的研究越来越趋向于理性化;(3)研究者们开始重视"文化'走出去'"的多渠道立体式建构,并开始重视如何走进去,重视对传播方式、传播效果、受众接受度的调查研究。当然,以往的研究成果也显露出一些不足之处:首先,部分研究成果只是泛泛而谈,反复论证"文化'走出去'"的重要意义,但对具体走出去过程中会遇到怎样的问题和挑战,以及如何解决这些问题缺乏深入而有说服力的论证。其次,研究视角多局限于从自身出发,较少能开阔视野,采用对比分析的方法借鉴别国"文化'走出去'"的先进经验。第三,缺乏对文化传播效果的研究。立足于前人的研究基础,伴随着我国改革开放的不断深入,以及"文化'走出去'"战略的不断推进,相信学者们对于中国文化外传这一课题会有新的发现和贡献。

文化自觉与文化"走出去"

李炳毅　王丽鸽

文化是发展的摇篮,是一个民族的灵魂。恩格斯曾指出,文化上的每一个进步都是迈向自由的一步。① 党的十七届六中全会所提出的"努力建设社会主义文化强国"的战略目标,既是立足现实得出的深刻认识,更是着眼未来所做的宏伟规划。文化强国,终将成为时代的趋势和历史的选择。而"文化强国"战略践行的关键在于文化自觉与文化"走出去"的有机结合,这是知与行、认识与实践的统一。

一、文化自觉与文化"走出去"相结合是哲学视野下的辩证统一

就认识与实践的辩证关系而言,马克思主义哲学强调实践与认识的统一,强调二者的紧密结合和相互促进。我们只有正确地理解认识与实践、知与行的相互关系,才能正确而有效地从事现代实践活动。

文化自觉,要求我们既要正确把握文化发展的客观规律,又要主动担当文化发展的历史责任。早在1997年,我国著名社会学家、人类学家、民族学家费孝通先生就提到:"文化自觉是一个艰巨的过程,

---

① 《马克思恩格斯选集》(第三卷),北京:人民出版社,1972年,第154页。

只有在认识自己的文化,理解并接触到多种文化的基础上,才有条件在这个正在形成的多元文化的世界里,确立自己的位置。"诚然,文化是一条河流,只有元素持续不断的汇聚,只有价值和而不同的碰撞,中国文化才得以融入人类文明的汪洋。文化自觉不能简单地停留在对传统文化与本土文化的发掘与重建上,要本着"交流、交融、交锋"的姿态,要怀揣"君子以天下为己任"的情怀,与多元文化互动,与世界文化共荣。

文化"走出去",既是我国经济"走出去"战略在文化产业发展领域的必然延伸,也是我国文化市场对外开放的必然结果。在十七届六中全会的《决定》中,先后五次提及"文化走出去"战略,可见其在深化文化体制改革、推动社会主义文化大发展大繁荣过程中的重要意义。文化"走出去"不能片面地理解为单向地输出,文化鉴别与经验汲取更为重要。我们要在差异之中,求其同;对比之下,取其真。文化"走出去"不是目的,目的在于拥有更开阔的视野、吸收更先进的文化,来发展和完善自己。面对国际文化产业的分工与竞争,如何克服巨大的文化贸易逆差、维护国家文化的安全,如何应对多元价值的冲击、建构文化品格的自强,这是文化"走出去"战略亟待攻破的课题。文化"走出去",不只是文化产品的输出,不只是"孔子学院"的建立,而是文化的交流与思想的对话,这将是我们在他族文化的生活世界里所开展的新的历史实践。

文化自觉与文化"走出去"的有机结合,实质是文化强国视域下,认识与实践的辩证统一。首先,文化自觉是文化"走出去"的动力和源泉。文化"走出去"是为了让世界更全面、更客观地了解中国,是为了让中国更深入、更主动地融入世界。十七届六中全会指出,在当今世界大发展大变革大调整时期,文化在综合国力竞争中的地位和作用更加凸显,维护国家文化安全任务更加艰巨,增强国家文化软实力、中华文化国际影响力要求更加紧迫。在文化自觉的维度下,我们要传承也要创新,要改革也要重建,力图在文化传播中树立品牌,在文化交融下建构品格:让中国勇敢而自信地迎接多元文化的交锋,让世界积极而主动地了解中国文化的价值理念。换言之,文化自觉为文化"走出去"提供了源源不断的动力和生生不息的内容。其次,文化"走出去"是文化自觉的客观要求。文化自觉是为了在文化转型过程中进一步加强自主能力、取得自主地位,来理性面对新环境、新时代下的文化选择。获得自主的前提条件是自我定位,然而,只有"走出去"才能真正地做到"自觉、自信和自强"。国务院参事、国家汉办主任、孔子学院总部总干事许琳女士认为:"中国文化只有'走出去',才能发现不足,找到自身优势。"[①]文化只有在不断地碰撞与激荡中,才能激发文化创新的灵感;价值只有在公平的对话与交流中,才能开创文化繁荣之盛世。

二、文化自觉与文化"走出去"相结合是现实困境中的路径选择

在中国进入全面建设小康社会的关键时期和深化改革开放、加快转变经济发展方式的攻坚时期,"文化自觉"思想的提出和"文化走出去"模式的确立,恰逢其时。90年来,我党积极运用先进文化引领前进方向、凝聚力量、团结民心,不断以思想文化新觉醒、理论创造新成果、文化建设新成就,推动各项事业蓬勃发展,开创了一个个崭新的历史。然而,在中国特色社会主义的伟大实践中,为了能够更加积极主动地进行文化创造,为了能让人民共享文化发展成果,我们必须在科学地把握当今时代发展趋势的前提下,冷静地审视我国文化发展所处的现实困境。

第一,文化精神受到市场经济的利益冲击,文化发展面临着巨大的挑战。声势浩大的古装戏,不演绎盛世治国的方略举措,不讲述传统文化的仁义礼信,却将妃嫔的尔虞我诈、后宫的阴谋权术作为最大的卖点;喧嚣一时的金庸武侠,鸿篇巨著彰显的不是正义与仁爱,江湖暴力与乱世闲情却成为题中之义。温家宝总理在两会记者招待会上明确指出,自由、民主、正义、博爱是人类共同的精神财富,具有普世性价值。然而,当今的部分文化工作者狂热地追求文化市场的商

[①] 2011年11月5日在北京召开的"中华文化怎样'走出去'"论坛,许琳女士在关于"对中国文化'走出去'有怎样的期待"的话题讨论中,提出此观点。

业价值,以至于文化发展出现今天的低俗化、情色化、无厘头化局面。

第二,文化创新停留于"翻新"的原地踏步阶段,抑制了文化发展的内在张力。文化的积淀事实上是一把双刃剑。我们时常讲中国文化源远流长,底蕴深厚,它为我们提供了丰厚的文化资源和广泛的沟通平台,但与此同时,我们也应清醒地认识到,任何文化都具有惰性,表现为传统文化对新文化的排斥与反对。为此,我们要想真正建构出属于这个时代的文化形态和文化产品,必须要用发展的眼光来看待文化,摒弃以往文化复制与文化翻新的做法,真正地解放思想、凝聚精神,以激发文化发展的内在生机与无限张力。

第三,文化产业在取得长足进步的同时,与发达国家相比仍存在较大差距。可以说,我国是文化资源大国,却远不是文化产业强国。中国有着丰富、悠久的文化遗产,这是举世公认的。但从我国目前文化产业的产品开发、产业规模、产品质量、资源绩效、市场竞争力来看,我国较之于美国、日本、韩国等国家,仍存在很大的差距。文化产业发展中产业技术的薄弱、产业结构的矛盾、产业政策的滞后等问题,都将成为今后文化改革的重点。

第四,文化贸易严重赤字,造成人们思想贫乏,信仰缺失。我们必须承认这样一个事实:我们的孩子两岁时看《天线宝宝》、三岁时看《猫和老鼠》、五岁时看《迪加奥特曼》、七岁时看《哈利·波特》、十几岁时玩日本动漫《三国志》,二十几岁时看韩剧、穿韩装、追韩流。外来的文化产品挤占的不只是我们的市场,还有青少年的头脑。长期的文化赤字,带来的只能是拾人牙慧,盲从他人,其中的隐性危机,我们断不可小视。中国的文化自觉与文化自信首先要从改变中国文化赤字开始,以赢得更广泛的国际社会尊重。基于以上事实,只有打破文化发展的现实症结,才能使我们的文化从困境走向繁荣。然而,如何打破这样的症结呢?文化原创力不足、文化翻新过剩,要求"既定文化中的人对其文化有自知之明,明白它的来历、形成的过程、所具有的特色和它发展的趋向"[①],这也是文化自觉的题中之意;文化资源丰富、文化产业滞后,要的是全面的开放并整合文化软实力资源,

---

① 费孝通:《费孝通论文化与文化自觉》,北京:群言出版社,2007年。

打造活泼、多元、健康的文化格局,这正是全民族文化主体性的自觉之路;文化赤字严重、文化品格模糊,要求中华文化积极迎接挑战、走向世界,从跨入国际舞台、呈现亮点,到形成规模、有所影响,这恰是文化"走出去"战略的现实意义。总而言之,文化自觉与文化"走出去"的结合,乃是文化发展打破症结、走出困境的必然选择。

三、文化自觉与文化"走出去"相结合是战略部署内的合理互动

文化强国战略为我们建构了两种美好的愿景,一是中国对世界的文化承诺,二是世界对中国的文化期待。中国文化只有将"自觉"与"走出去"相结合,在二者相互作用、相互影响的过程中,才能不断将文化强国战略推向新的高度。

(一) 文化自觉对文化"走出去"进行科学的引导

首先,文化自觉为文化"走出去"确立科学端正的理念,正视自我、合理扬弃。我们所追求的文化自觉不是故步自封、孤芳自赏式的,而是深入发掘、孜孜求索,考古以明真理,论今以辨是非。这是一个姿态,有助于我们在践行文化"走出去"战略的过程中正其身、立其行;这是一种理念,有助于我们在多元文化的价值选择下,取其精华、去其糟粕。其次,文化自觉为文化"走出去"塑造自信果敢的形象,展现自我、平等对话。在全球化的今天,文化的多元化发展稀释着主流意识形态的主导作用,弱化着价值共同体的向心力。文化的自我觉醒、自我肯定,对凝聚民心、增强民族认同、提升国家综合国力、塑造良好国际形象意义深远。文化的自信与自强将巩固并提升我们的国际话语地位。第三,文化自觉为文化"走出去"搭建和而不同的舞台,超越自我、引领世界。"和而不同"是典型的中国哲学智慧。"和"之前提乃"不同","不同"之目的乃"和谐共生"。这既是文化发展的现实形态,更是文化繁荣的必然选择。我们只有承认并尊重这样的文化规律,才能在世界文化的舞台上拥有自己的专场,赢得自己的观众。

（二）文化"走出去"对文化自觉产生积极的影响

首先，有利于文化自觉过程中传统与现代的结合。中国文化悠悠漫长数千年，积淀至今的文化瑰宝，彰显着传统文化的底蕴和华夏民族的精神。然而，文化的自觉必须充分考虑当下的环境变化，与时俱进。只有文化"走出去"才能顺应时代潮流和历史趋势，为文化自觉提供"一条既连接传统又超越传统的通道"。"走出去"之后，我们才能更加明晰"传统"作何指、"现代"为何物。只有在新的实践中，把传统而优秀的文化精神延伸到社会主义现代化建设的生活世界里，才能促进文化自觉在特定的时空中转生出应有的时代意义。

其次，有利于文化自觉过程中发掘与创新的统一。当我们肩负着文化自觉的重担，站在时间的数轴面前，当下是原点，既要回过头向传统文化致敬，更要迈开步向未来文明前行。文化整合不是目的，目的是推动文化的大发展大繁荣；文化翻新不是途径，途径是改变文化赤字，树立文化品牌。在中国文化走向世界的实践过程中，文化的自我发掘与主动创新，将有助于国家文化核心竞争力的提升和国际良好形象的塑造。

第三，有利于文化自觉过程中民族与世界的交融。全球化过程是国际化与民族化的双向互动过程，民族文化不仅不是全球化的障碍，相反却是全球化的动力。在此背景下重塑和复兴与时代相契合的民族文化，是当代中国共产党人面对的历史使命。"世界上不论哪种文明，无不由多个族群的不同文化融会而成。"[①]为了确保我们的文化自觉能与社会相适应、与时代相协调，必须在保持民族性的前提下走向世界，为文化繁荣注入时代元素。

四、文化自觉与文化"走出去"相结合对文化建设的几点要求

在内在文化转型、外在文化变迁的时代背景下，文化强国任重而

---

① 费孝通：《"美美与共"和人类文明》，《科技文萃》2005 年第 7 期。

道远。对于摆脱文化发展的现实困境和满足文化强国的战略要求而言,文化自觉与文化"走出去"二者的有机结合既是困境中的呼唤,亦是战略内的部署。但是,二者单纯孤立地结合是远远不够的,这种结合必须建立在特定的格局之中、适宜的体系之下,尊重规律、发挥合力才能在具体实践中真正成为文化强国的依托。

(一) 形成"一股合力"

以文"化"自然、以文"化"社会、以文"化"国家乃至以文"化"世界,这是一个十分艰巨而又复杂的过程,只有形成合力,才能推进文化自觉、实现文化自信、走向文化自强,增强中华文化在世界上的感召力和影响力。

首先,在意识形态上,价值的取向可以多元,但核心思想必须一致。党的十七届六中全会指出,要始终坚持推进社会主义核心价值体系建设,用马克思主义中国化最新成果武装全党、教育人民,用中国特色社会主义共同理想凝聚力量,用以爱国主义为核心的民族精神和以改革创新为核心的时代精神鼓舞斗志,用社会主义荣辱观引领风尚。只有推进社会主义核心价值体系建设,才能形成统一而坚固的思想防线,来攻克部分领域道德失范、诚信缺失的难题,来消除部分社会成员人生观、价值观扭曲的现象,来巩固全党全国各族人民团结奋斗的共同思想道德基础。

其次,在参与主体上,承担的角色可以不同,但责任义务必须一致。十七届六中全会指出,推动社会主义文化大发展大繁荣是全党全社会的共同责任。要建立健全党委统一领导、党政齐抓共管、宣传部门组织协调、有关部门分工负责、社会力量积极参与的工作体制和工作格局,形成文化建设强大合力。有效地发挥政府在文化建设中的主导作用,积极地培育人民群众在文化创造中的饱满热情,让全党全社会形成统一的行动战线,来共同肩负推动文化大发展大繁荣的历史责任。

第三,在建构路径上,形式的选择可以多样,但目标方向必须一致。结合十七届六中全会对推进文化改革发展所做的战略部署,我们要大力发展公益性文化事业、保障人民基本文化权益,也要加快发展文化产业、推动文化产业成为国民经济支柱性产业,还要进一步深化改革开放、加快构建有利于文化繁荣发展的体制机制,更要建设宏大的文化人才队伍、为社会主义文化大发展大繁荣提供有力的人才支撑。在文化改革发展的进程中,亟待解决的问题遍及不同领域,势必要求我们在客观事实的基础上,在统一方针的指导下,选择行而有效的方式方法解决现实问题。

(二) 创建"两个格局"

文化自觉与文化"走出去"的结合,要求我们既要立足于改革开放和现代化建设的实践,又要着眼于世界文化发展的前沿。只有创建适应文化发展的文化格局,才能更好地发扬民族文化的优良传统、更充分地汲取世界文明的精华。首先,要形成以公有制为主体、多种所有制共同发展的文化产业格局。十七届六中全会指出,加快发展文化产业,必须毫不动摇地支持和壮大国有或国有控股文化企业,毫不动摇地鼓励和引导各种非公有制文化企业健康发展。要培育一批核心竞争力强的国有或国有控股大型文化企业或企业集团,在发展产业和繁荣市场方面发挥主导作用。

其次,要坚持发展多层次、宽领域的对外文化交流格局。十七届六中全会《决定》要求我们要借鉴吸收人类优秀文明成果,实施文化"走出去"战略,不断增强中华文化国际影响力,向世界展示我国改革开放的崭新形象和我国人民昂扬向上的精神风貌。要积极参与国际文化市场竞争,充分利用国内国外两种文化资源,开拓国内国外两个市场,提高我国文化产品竞争力,形成以民族文化为主体、吸收外来有益文化,推动中华文化走向世界的文化开放格局。

(三) 尊重"三条规律"

文化是一定社会的经济与政治在观念上的能动反映,其形成与发展有着自身的特点和规律。深化文化体制改革,践行文化自觉与文化"走出去"的现实结合,要求我们必须做到"三个尊重",即尊重文化自身发展规律、尊重文化市场运行规律、尊重各国的文化习惯。

首先,尊重文化自身发展规律。"文化事物既不是纯粹的自然物,也不是从天而降的神物,而是人对自然改造的产物。这个本质特征决定了文化总是遵循着'自然—人化'的路线向前发展。它是文化发展的一条基本规律。这条规律回答了文化实现发展的基本来源、途径以及过程。"①在文化自觉与文化"走出去"的过程中,必须尊重这样的规律,以科学发展为主题,以文化繁荣为目的,着力转变文化发展方式,努力提升文化发展水平。

其次,尊重文化市场运行规律。在社会主义市场经济条件下,开展文化建设,实行文化自觉与文化"走出去"结合的发展模式,必须正确认识文化的双重属性(意识形态属性和产业文化属性)。在尊重文化自身发展规律的同时,还要充分尊重文化市场规律。既不能用文化所具有的意识形态特殊性否定其产业的共性,也不能用其产业的共性否认其意识形态特殊性。只有适应社会主义市场经济发展要求,才能推动文化的大发展大繁荣。

第三,尊重各国的文化习惯。文明的碰撞与文化的交流是建构在平等、自由、开放、包容的基础之上的。我们必须承认文化的多样性,理解不同民族之间的文化差异,尊重各国的文化习惯,让宽容增进交流,让理解促进和谐。与此同时,我们也应该清醒地认识到,只有了解并尊重其他民族的文化习惯,中国文化才能在世界范围内获得更广泛的认同。

(四)建构"四个体系"

十七届六中全会研究部署了深化文化体制改革、推动文化大发展大繁荣的具体举措,基于文化自觉与文化"走出去"相结合的客观要求,以下"四个体系"的合理建构尤为重要。

一是建构公共文化服务体系。大力发展公益性文化事业,推动文化事业的全面繁荣,实现和保障公民基本文化权益,体现社会主义的优越性,努力实现基本公共文化服务均等化。充分利用有效资源、丰富服务内容、改善服务形式,进一步完善覆盖城乡、结构合理、功能健全、实用高效的公共文化服务体系。

---

① 韩民青:《论文化发展的特点与规律》,《贵州社会科学》2011年第6期。

二是健全现代文化市场体系。促进文化产品和要素在全国范围内合理流动,构建统一开放、竞争有序的现代文化市场体系,发挥市场在文化资源配置中的基础性作用。在全力打造文化产业综合交易平台和文化产品流通网络的过程中,要平衡文化发展与经济发展之间的关系,使二者相互拉动、共同繁荣。

三是建设文化传承与文化创新体系。既要全面认识祖国传统文化,坚持保护利用、普及弘扬并重,加强对优秀传统文化思想价值的挖掘和阐发,又要建立以企业为主体、市场为导向、产学研相结合的文化技术创新体系,深入实施科技带动战略,增强自主创新能力。

四是建构完善的现代传播体系。在加强传播媒介建设与打造现代集成播控平台的同时,深入发掘传媒的社会价值与责任,让传媒真正成为社会的公器,成为社会的普遍性平台,成为社会文化建设的推动性力量。全面提高社会主义先进文化的辐射力和影响力,构建技术先进、传输快捷、覆盖广泛的现代传播体系。

五、结语

人类历史的前进,始终伴随着文化的交流与融合。上下五千年的华夏文明,经过迁徙与聚合,经历贸易与战争,各民族文化交相往来,又与外来文化相激相荡,生生不息,气象万千。着眼当下,在这样一个力求"以文化国、以文化世界"的时代,我们该以怎样的姿态来面对世界文化的交融,又该以怎样的作为来推进人类文化的繁荣,这是文化强国带给我们的时代追问。在此追问下,"各美其美,美人其美,美美与共,天下大同"似乎成了最好的解答。"各美其美,美人其美"体现的是文化自觉的两层追求:一是抵达个体生命的完善;二是抵达群体社会的理想。"美美与共,天下大同"彰显的是文化自觉的两种境界:一是培养民族文化之担当;二是开创人类文化之共荣。费孝通教授不仅对"文化自觉"做出了高度的概括,更为我们搭建了通往"文化强国"的阶梯,只有认知上的"自觉"与行动上的"走出去"有机结合相互促进,才能有助于我们早日实现"两层追求"与"两种境界"的美好愿景。

文化外交与中国文化"走出去"的动因、问题与对策

张志洲

进入21世纪以来,随着文化在国际关系中的地位愈加凸显,中国的文化外交活动也不断得到拓展,大量的文化年、文化季、文化月、文化周活动逐渐汇聚为文化外交的新潮流。特别是最近数年来,不仅文化外交活动在深入发展,而且理论认识上也进一步升华。由于认识到"文化越来越成为民族凝聚力和创造力的重要源泉、越来越成为综合国力竞争的重要因素",党的十七大报告中提出了要"加强对外文化交流,吸收各国优秀文明成果,增强中华文化国际影响力"。2009年7月,时任国家主席胡锦涛在第十一次驻外使节会议上的讲话中又指出,"要加强公共外交和人文外交,开展各种形式的对外文化交流活动,扎实传播中华优秀文化"。2010年10月18日通过的《中共中央关于制定国民经济和社会发展第十二个五年规划的建议》中,有两处分别写道:"加强对外宣传和文化交流,创新文化'走出去'模式,增强中华文化国际竞争力和影响力";"加强公共外交,广泛开展民间友好交往,推动人文交流,增进中国人民同各国人民相互了解和友谊"。2011年10月召开的中国共产党第十七届中央委员会第六次全体会议上通过的《中共中央关于深化文化体制改革推动社会主义文化大发展大繁荣若干重大问题的决定》对于"推动中华文化走向世界"的"走出去"战略与"积极吸收借鉴国外优秀文化成果"的"引

进来"工作都有着系统和深入的阐述,更是将实施中国文化"走出去"战略和提升中华文化国际影响力作为增强中国国际话语权与国家文化软实力以及"妥善回应外部关切,增进国际社会对我国基本国情、价值观念、发展道路、内外政策的了解和认识,展现我文明、民主、开放、进步的形象"的基本手段。近年来中国的文化外交和对外文化交流,主要就是围绕这两个方面进行的,中国文化"走出去"则是文化外交战略的一个重点。

一、推动中国文化"走出去"的基本动因

(一)冷战后与全球化时代文化在国际关系中的地位上升

人类社会从来就是个文化社会,不存在"没有文化"的社会,因此,人类社会的交往和交流中自然而然渗透着文化因素。在古代,只是因为交通和通讯技术的限制,文化因素的相互影响是比较缓慢的。而且,由于本身的"渗透性",在人们的认知中,也不会特别突出何种交往是属于"文化"的,何种交往是属于政治的或贸易的。不管是"丝绸之路"还是日本遣唐使的历史,不管是唐僧"西天取经"、儒家文化圈的形成还是起源于西亚的三大宗教向欧洲的传播,直至近代的"西学东渐"等,无不说明不同国家和民族间文化交流的源远流长及其对于世界面貌的塑造力。然而,近代民族国家体制的建立,特别是进入20世纪后全球性的民族国家化进程,使得和平与战争、安全保障与霸权争夺、权力和利益这些现实主义的因素成了国家间关系中的主导力量和逻辑,国家间关系往往窄化成了"国际政治"。及至20世纪中后期冷战盛行的年代,尽管民族国家间文化的交流仍然绵延不绝,但世界被"国际政治"所主宰,文化往往成了国家意志与国际政治的婢女,国际文化交流深受国家对于权力和利益的盘算以及意识形态对抗观念的影响。这一时期的文化交流大都局限于不同阵营内部的国家之间,而在跨阵营的国家之间,文化外交通常就是宣传攻势,文化交流通常被当作服务于政治需要的工具。于是,20世纪八九十年代交接之际冷战的终结,也就成了"文化婢女"获得解放或至少增强

了对国际关系施加影响的自主性的历史机遇。再说,与冷战终结后时代相伴随的,是由交通、信息和通讯技术飞速发展、知识经济浪潮汹涌、市场扩张意愿难以遏制等因素所共同推进的全球化时代的到来。冷战终结拆除了原来东西方对抗的国际政治藩篱,其本身为全球化时代的到来提供了巨大的推动力。因此,世人可以看到,全球化时代与冷战后时代的相互重叠以及相互建构。全球化以解构民族国家的主权政治和国际政治为本能,它的冲击进一步削弱了"国际政治"对于国家间关系的主宰地位,使原先被"国际政治"所掩盖、所附庸的文化因素,重新上升到了国际关系中的重要地位。

  冷战后时代文化外交的兴起,首先正是基于文化因素在国际关系中地位上升的反映。而如前言中所论,一些对文化因素地位上升影响广泛的理论认知,也促进了文化外交潮流的形成。其中,有两种理论特别突出:一是亨廷顿的"文明冲突论",二是约瑟夫·奈的"软实力"理论。亨廷顿一改对于国际关系的原有解释范式,将现实主义和新自由制度主义的观察视角放置一边,而从"文明"角度,实际上也可以说就是文化的角度,重新解释冷战后的国际政治,认为文化是现代世界冲突的主要力量,尽管政治、经济、意识形态和国家利益依然重要,但是文化压倒一切;文化对人性而言至关重要,跨越了国界的限制;文化冲突正在破坏文明的断层,因此,文明之间的冲突将是现代世界冲突演化过程中的最新阶段。概言之,他把文化因素看作是冷战后时代世界政治最为重要的基础。亨廷顿的"文明冲突论"尽管被无数学者所批驳,为许多非西方国家不认同,甚至在一定程度上有违美国自身的"政治正确"原则,但它一出场即成为一个世界性话题。它的巨大影响之一,便是将文化因素带到了国际关系的核心视域之内。约瑟夫·奈的"软实力"理论,则把文化、价值观、意识形态的吸引力以及国家形象视为一国软实力的基础,而冷战后时代的国际政治竞争在很大程度上在于软实力的竞争。这一理论将"文化"与"软实力"捆绑在一起,又将"软实力"视为国际关系中权力的至关重要的内容。这两种理论直接将文化因素推上了当今世界国际关系观念的中心地位。文化外交由此有了更加系统的、学术化的认知基础和理论基石。至于中国在冷战终结十来年之后才出现文化外交的明显潮流,只是一个正常的时间差而已。

(二) 中国和平发展的需要

自 20 世纪 80 年代之初,中国就认识到和平与发展是当今世界的主题,中国也一直在推行和平发展的路线、方针和政策,特别是进入 21 世纪之后,这一思路更加理论化和系统化。2010 年 10 月 18 日《中共中央关于制定国民经济和社会发展第十二个五年规划的建议》中论及对外政策部分时再次指出,"高举和平、发展、合作旗帜,奉行独立自主的和平外交政策,坚持走和平发展道路,坚持互利共赢的开放战略,维护我国主权、安全、发展利益,同世界各国一道推动建设持久和平、共同繁荣的和谐世界。"戴秉国在 2010 年 12 月撰写的《坚持走和平发展道路》一文中指出,"这是对当代中国对外举什么旗、走什么路、达到什么目标和怎样实现目标的深刻阐述",同时深入系统地阐述了中国和平发展道路的政策动因、含义、战略意图、强大起来的中国永不称霸等十大问题。2011 年 9 月 6 日国务院新闻办发布的《中国的和平发展白皮书》,更是以专门的国家外交文件形式系统地阐述了坚持和平发展道路:"中国多次向世界宣示,中国始终不渝地走和平发展道路,在坚持自己和平发展的同时,致力于维护世界和平,积极促进各国共同发展繁荣。在进入 21 世纪第二个十年和中国共产党成立 90 周年之际,中国再次向世界郑重宣告,和平发展是中国实现现代化和富民强国、为世界文明进步做出更大贡献的战略抉择。中国将坚定不移地沿着和平发展道路走下去。"走和平发展道路已是中国的既定外交路线和政策,与中国的和谐世界建设目标也是相辅相成的,是对西方国家历史上一旦强大必走建立殖民体系、争夺势力范围、对外武力扩张道路的超越,是打破"国强必霸"模式的明证。

然而,随着日益强大并呈现强劲的崛起态势,不仅西方一些国家立足自身历史经验和现实主义的外交哲学"以小人之心度君子之腹",不时抛出花样翻新的"中国威胁论"、中国挑战美国霸权论、"中国傲慢论""中国新殖民论",诋毁中国人民的和平发展意愿和权利、损害中国在国际社会的良好形象,甚至连周边一些国家和发展中国家也对中国有"国强必霸"的类似疑问,或附和西方某些不负责任的看法。这种情况给中国的和平发展道路和有计划地实现国家现代化发展的战略目标造成了极大困扰,必须积极地予以妥善回应。分析各种形式的外来质疑,有对中国外交政策的误解,但其中很大一部分是出于对中国数千年来形成的"以和为贵"和谐文化的不了解,因此,除了有必要在外交政策上加以澄清外,还有必要通过文化对话、文化解释、文化交流来消除误解,增信释疑,从而为中国的和平发展创造良好的国际环境。而文化本身具有系统性,中国崇尚和平,主张"和而不同""天人合一""以和为贵"、多元共生、"己所不欲勿施于人"的文化价值观也体现在各种具体的文化样式之中,这就决定了中国的文化外交应该全面、深入地开展。而通过文化交流,吸收世界各国的优秀文明成果,也是中国"融入世界"并成为一个在文化上更好地被他国理解和接受的国家的重要途径。简言之,当前中国文化外交潮流的兴起以及文化"走出去"战略的实施,是增强文化软实力的必然选择,更是和平发展的根本需要。

(三) 中国文化自信心的提升与政府外交观念的更新

尽管冷战后与全球化时代文化在国际关系中地位的上升为中国文化外交潮流的兴起提供了国际性的时代背景、知识基础和发展机遇,和平发展的需要为中国文化外交提供了国内政策机遇和政策动力,但是如果对自己的文化缺乏自信,害怕"走出去"后自惭形秽,或者只重视硬实力而不重视文化软实力建设,那也将在根本上制约中国文化外交的开展。近年来中国文化外交潮流的兴起还有一个重要的动力,即文化自信心的提升以及政府外交观念的更新。

中国有世界上唯一的连续不断的五千年文明,有博大精深的灿烂文化,在古代世界一直处于"先进文化"的地位。然而,到了1840年鸦片战争之后的近代,由于不断遭受外来侵略和割地赔款,民族存亡危机,屡战屡败的痛苦经历,"师夷长技以制夷"政策的破产,君主立宪改制的失败,1911年后民国虽建但"革命尚未成功",国家积贫积弱,使国人把对民族前途的思考转向对自身文化的深刻批判甚至否定,五四新文化运动的健将甚至还提出了废除汉字的主张。此后,"全盘西化论"一直颇有市场。其结果是中国的民族文化失去了在西方文化面前的自信心。直到20世纪80年代,还流行柏杨先生关于中国文化是"酱缸文化"的观点,电视系列片《河殇》呼吁放弃中国自身的"黄色文明"而全力拥抱西方的"蓝色文明"。一个没有文化自信心的民族,拿自己的文化与西方的强者比较,觉得中国文化处处不如人,对于"文化走出去"自然缺乏动力。马克斯·韦伯对儒家伦理不能导出资本主义式的生产力发展机制的论断,也成了无数国人对中国文化自惭形秽的圣经般依据。但是,随着中国国力的不断增长并重新走上世界中心舞台,国人的民族文化自信心又回归了,以更加骄傲的眼光来看待和欣赏自己的民族文化,以更博大的胸怀来吸收其他民族的优秀文化成果,也为更加自信地让中国文化"走出去"提供了心理基础。于是,也把向外传播中国的优秀文化和丰富多彩的文化成果当作日益强大起来的中国为世界做贡献的重要方面。与此同时,民族文化自信心的回归也反映到国家外交政策的层面,中国政府的发展和外交战略不再只重视经济、科技、军备等硬实力的发展,而越来越重视文化作为国家软实力的作用,"文化越来越成为综合国力竞争的重要因素"与"提高国家文化软实力"的表述同时被写进了中国共产党的十七大报告之中。政府外交观念的更新,强化了文化软实力在实现外交战略中的应用。中国文化外交新潮流的兴起,中国文化全面"走出去"的态势,正是日益崛起的中国文化自信心不断提升和政府外交观念更新的重要产物。

二、中国文化"走出去"面临的问题

(一) 在文化与软实力关系上存在认识误区

当前中国文化外交潮流的兴起,尤其是大力推动中国文化"走出去",有一个基本的认知前提,即文化交流是塑造国家国际形象和提升国家软实力的重要手段,而为了塑造良好的国际形象和提升软实力,必须积极开展文化外交。这一建立在约瑟夫·奈"软实力"理论之上的认知,却远未考虑到文化外交、国家形象和软实力三者之间逻辑关系的复杂性。固然,文化外交有利于树立良好国家形象以及提升软实力的例子不胜枚举,但相反的事例也随处可见。文化外交必要性的一个前提其实是文化差异性的存在,即对文化差异性越大的国家才越有必要进行文化外交,而文化同质性越强的国家之间,文化外交的空间及其作用则将越小,因为文化外交是要通过实现文化的被认同来获得软实力,文化软实力的基础恰恰是文化被认同的程度。然而,这带来了两个令人困惑的问题。

第一,即使文化同质性很强的国家之间未必能给予对方一个良好的国家形象,文化的认同未必能带来友好的关系,从中也看不到文化作为软实力的踪影。不管是文化同质性极强的西方国家之间还是阿拉伯伊斯兰国家之间,都曾因政治行为和对外政策冲突、权力和利益角逐、意识形态分歧以及外来势力的介入而发生分裂和斗争。在这样的情况下,根本看不出文化转为了软实力而起到积极作用。即使文化同质性确实有利于一国在政策、制度、利益诉求等方面争取另一国民众的认同,但是反过来站在另一国的角度看,文化同质性可能恰好是其受文化兄弟国政策干预的便道。在现实主义国际政治逻辑仍然主导着当今时代国际关系的现实下,文化外交能否转为软实力要视许多其他因素而定,其间并不存在单一的逻辑对应关系。对于中国而言,与西方国家的文化差异性很大,由文化差异或误解而引起的问题可借由文化外交来消除,文化确实可以起到软实力的作用。但是,从近现代以来的历史来看,最了解中国文化的周边"儒家文化圈"国家,如日本、韩国、越南等恰是与中国发生过战争的国家,文化同质性本身也成为"同文同种"的日本侵略中国的借口之一。新加坡作为一个华人国家,其对华政策也是以国际政治的现实主义为基础而非以文化认同为导向。客观地说,文化外交既不能必然保证良好国家形象的建构,也不必然带来软实力的提升,它需要其他条件的参与作用。文化外交为塑造良好的国家形象和提升软实力提供了可能性,而非必然性。概言之,当文化外交遭遇到现实主义的国际政治逻辑时,文化的软实力就难以彰显,影响不了由现实主义外交哲学所主宰的国家间关系的主流。

第二,文化软实力不等于政府软实力。在中文里,政治的国家和民族的国家缺乏区分,以致混淆。事实上,文化往往是属于民族意义的国家(nation),而非政治意义上的国家(state),由文化丰富性或文化价值观被认同而构建起来的国家(nation)形象,不等于政治意义上的国家(state)及其政府形象。这大概也是人们常使用"中华文化"而非"中国文化"的部分理由。换言之,文化软实力是属于民族意义上的国家而非必然属于政治意义上的国家。他国他民族对一国的民族文化传统有正面的看法,并不意味着就对该国的政府形象有认同。就如人们可以因认同法国的自由、民主、博爱文化价值和多族裔文化丰富性而对法国的国家形象有正面看法,但对萨科齐政府可能持有负面观点;人们会认同哲学家、音乐家辈出的德国文化及其构建的良好国家的形象,但不可能认同反动的希特勒法西斯主义政府。文化外交虽然是国家主导性行为,但在政治制度上国家毕竟是由政府来代表的,因此文化外交实质上是一种政府行为。如果他国政府或民众对一国政府的看法是负面的,那么文化外交所塑造的良好国家(nation)形象就难以转化为政府的外交软实力,反而有可能成为批评政府的理由。政府的形象更多的是靠其政策行为和政治理念来构建的,而非靠泛泛而言的"文化"。

(二) 处于文化结构性弱势中的中国如何选择文化价值观进行外交

文化有物质性的(如建筑、瓷器、丝绸等)、精神性的(如宗教、文学艺术、审美等)以及价值性的(如伦理、道德观念等),而在国家形象建构和外交中能发挥软实力作用的,主要是价值观。文化外交因此在一定程度上就是价值观外交。然而中国现在的文化外交侧重的却是物质性的和精神性的方面,而非价值观的方面,这就使文化外交往往"费力不讨好",即达不到将文化外交转化为外交软实力的目的。这里的一个困境或问题在于,在当今时代的国际文化格局中,相对于西方的价值观优势,我们在文化价值观上处于结构性弱势之中。作为一个拥有五千年不间断文明的东方古国,中国的文化本身是一个体系,而且自成一体,其中所包含的价值观多种多样,也往往自相矛盾。这样,一方面,任何断章取义注定是不完整的,因为中国文化体系在根本上是与其古代成熟的农业文明联系在一起的;另一方面,在现实的外交背景下又不能不有所取舍,既要保留自己的文化特质又能与国际社会"主流"价值融合或共生。于是,对文化价值观的取舍就成了中国文化外交的关键。

虽然说儒、道、释构成了中国传统价值体系的主流,但是作为一个"博大精深"的体系,中国文化内在的价值冲突比比皆是。比如,中国文化的主体精神之一是"和谐"价值,但也有强调斗争的,从来不缺乏"与天斗,其乐无穷;与地斗,其乐无穷;与人斗,其乐无穷"的豪情,在讲求人与自然和谐的同时,也颂扬"战天斗地""人定胜天""愚公移山"精神。在社会与政治领域,讲求"和谐"的同时强调恪守等级制(典型如"三纲五常"),希望把和谐秩序建立在权力和权利不平等的基础上,"和谐"和等级制实则是同一个硬币的两面。又如,中国文化中既有"大道之行也,天下为公"的普世情怀,又有"人不为己,天诛地灭"的信条;既有人心齐、泰山移的集体主义精神,又有"各人自扫门前雪,莫管他人瓦上霜"的自私自利主张;既有"满纸的仁义道德",又有纸背后"吃人"的人伦礼教;既提倡"杀身成仁""赴汤蹈火在所不惜",也提倡"好死不如赖活";既有"饿死事小、失节事大"的卫道精神,也有"笑贫不笑娼"的功利主义传统;既有儒家的修齐平治人生诉求,也有道家的出世思想,还有佛家的"万物皆空"理念;如此等等,不一而足。那么,在如此庞杂、矛盾、纠结的中国文化价值体系中,应该选择什么样的价值观来进行文化外交呢?选择的标准,自觉地或不自觉地,无疑应该是中国特质和普世性的结合。然而,中国特质的文化要被表述成普世价值常常不得不被"断章取义"。而以"普世性"的西方现代价值为准则来考虑取舍中国文化的价值观以用于文化外交,本身就说明了中国文化之"结构性弱势"地位,反映了中国文化外交一种深深的价值困境。

三、原则性的对策思考

(一)争取国际话语权,努力改变中国在国际文化价值观中的结构性弱势地位

在一个多样化的世界上,文化价值观的多元性是非常自然的事

情,除了有些文明社会共同的禁忌不可冒犯、共同的规则不可践踏外,很难说某一种文化价值观是优于另一种文化价值观的,同样很难说一种文化价值观具有本质性弱势。然而,近代以来的西方优先发展及其扩张的历史,也建构了西方价值观的世界性强势地位,使其他文化的价值观处于结构性弱势之中。如今的世界虽然权力结构已经发生了巨大变化,但西方文化的强势地位依然依赖两个因素来维护,一是依赖于西方在整体上仍然具有的硬实力优势,二是依赖于原先它所构建的话语权优势。文化价值观演变相对缓慢性和滞后性的特点,也有利于西方即使在硬实力相对衰落后也能继续占有文化价值观优势和话语权优势。文化强势地位的一个重大表现就是话语权优势,而话语权优势又会反过来维护和巩固文化价值观的结构性优势地位,以及对国家政治制度、内政外交行为合法性的辩护,从而转化为软实力,这里的关键是话语权优势。

文化外交能否将文化转化为软实力,关键在于文化价值观能否被认同,而文化价值观被认同有两个条件:要么一国文化所体现的制度和价值符合对象国民众的期待和既有价值认同,要么一国文化外交能起到对他国民众的说服和引领作用。前者意味着该国文化必须是包含"共同制度和价值要素"的文化,后者要求该国文化是一种强势文化或拥有某种主导型话语权。对于中国来说,自身文化的独特性使得我们对于以西方制度为普世准则是不予完全认同的,我们趋同于西方的"共同制度和价值要素"是有明确底线的。因此,通过争取更大的国际话语权来重新阐释中国文化价值观的世界性意义,就是我们可以选择的努力方向。

(二) 构建中国社会核心价值观,在文化现代化、国际化与保持传统文化之间达成最佳的平衡

文化外交的核心既然是价值观外交,那么重构中国社会的核心价值观就是要使中国文化更具有影响力和发挥外交功能的逻辑性要求。文化外交本来就有"引进来"和"走出去"两个方面,以开放包容的心态大胆吸收其他国家和民族的优秀文明成果,以之作为重构中国社会核心价值观的新鲜要素,使我们的文化更具有国际性和现代化色彩,从而更好地获得世界认同,转化为软实力,无疑应该是中国文化外交的一大基本诉求所在。当今中国文化外交的过程应该就是价值观重构的过程以及中国文化更趋向现代化和国际化的过程,然而,中国文化外交的重点仍然应该是"走出去",让世界了解和喜爱中国的文化传统特质,不然将难以达到文化外交的目的,甚至反而失去民族文化的特性和国家的文化身份认同。因此,在文化现代化、国际化与保持传统文化特质之间达成最佳平衡,既是重构中国社会核心价值观的需要,更应该是中国文化外交和文化"走出去"的根本努力方向。

国家文化安全战略下的中国文化"走出去"战略

苏 毅

一、中国文化"走出去"战略的重要性、必要性和可能性

(一) 中国文化"走出去"战略的重要性和必要性

1. 中国文化"走出去"战略是外国正确理解中国政治意图的必要途径

20世纪90年代以来,许多非现实主义的学者开始认为,当前和未来一段时间内,国际冲突的形式不再表现为政治和军事等"高级政治"间的冲突,而表现为经济和文化等"低级政治"间的冲突。在此背景下,亨廷顿的文明冲突论开始独树一帜,开创未来冲突主要体现在文明间冲突的理论。亨廷顿认为"冷战后时代的新世界中,冲突的基本源泉将不再首先是意识形态或经济,而是文化……全球政治的主要冲突将发生于不同文化的国家和集团之间。文明的冲突将主宰全球政治"[1]。

在亨廷顿对文明的划分当中,世界由八种文明组成,即:印度教文明、伊斯兰文明、日本文明、东正教文明、儒家文明、西方文明、非洲

---

[1] 倪世雄:《当代西方国际关系理论》,上海:复旦大学出版社,2004年。

文明和拉丁美洲文明。虽然后来有许多学者提出了不同的观点,甚至有学者对亨廷顿的理论进行批判,但不可否认的是,亨廷顿的理论引发了人们对文化冲突的思考。历史证明文化的不同并不是导致冲突的主要原因,但是在涉及国家利益冲突的时候,文化的不同会成为冲突发生的催化剂。要了解文化对政治冲突的影响,就必须先找到冲突的根源。

冲突与合作是国际关系学界讨论的永恒主题,许多学者从不同的角度来探究冲突发生的根源。詹姆斯·多尔蒂在《争论中的国际关系理论》中把国际关系学界对冲突根源的讨论分成两个部分,即暴力冲突的微观理论和暴力冲突的宏观理论。在宏观理论中,国家成长是国际冲突的根源之一。舒克瑞和诺斯认为,国家成长会导致国家对外扩张,这是因为"这些需求无法在国内得到满足,横向压力形成,并到国界之外去满足这些需求",但他们同时认为横向压力并不一定会导致冲突,只有在不信任、消极等状态下,"需求的重叠最可能转变成暴力冲突"。从舒克瑞等人的理论中我们可以看出,国家成长必然会引起周边国家的恐惧和敌对,而这种恐惧和敌对情绪得不到舒缓的时候,局势就容易失控。

从现实中来看,中国的崛起确实引发了周边国家的恐惧和猜测。一段时期内,"中国威胁论"的观点在中国周边国家中盛行。国内很多学者都对"中国威胁论"的观点进行过反驳,许多学者认为"中国威胁论"是一些别有用心的国家挤压中国的国际空间、阻止中国崛起和发展的手段。但是,我们从国际关系的角度来看,"中国威胁论"的出现具有一定的必然性。中国崛起和周边国家的疑虑事实上就是一种"安全困境",而克服"安全困境"的最好做法就是加强沟通,使彼此意图得到充分的理解。加强沟通的途径除了政治对话以外,文化的交往也是至关重要的。文化交往既可以加深彼此的了解,也可以将自身的意图准确无误地传达给对方国家,如中国文化中的"和"文化就是一个很好的例子。在中国文化中,"和"文化有很多层含义,包括"和谐""和睦""以和为贵""中庸"等,这些含义也是典型的中国人的处世哲学,也是中国的处世哲学。这种文化与西方的"人性本恶"文化形成了鲜明的对比。因此,如何把这种"和"文化向其他国家推广,让他们了解"和"文化的真正含义,将有利于外国对中国战略意图的准确了解。中国的"和平发展"和后来的"和谐世界"战略的提出都很好地证明了这一点。

2. 中国文化"走出去"战略是对经济"走出去"战略持续健康发展的必要保证

近二十多年来,中国的经济保持高速、持续稳定的发展,引发了世界各国对中国经济的广泛关注。1990年的GDP为3 569亿美元,而到了2011年GDP为7万亿美元,增长了近20倍,并且在2010年取代了日本成为世界第二大经济体。中国对外贸易的发展速度也是飞速的,二十多年来中国与世界的贸易量增长了近40倍。从世界经济的增长速度来说,中国当之无愧地成为世界第一,但是就经济发展质量来说,中国仍然落后。

从对外贸易的角度来看,中国与美国的贸易一直都保持着顺差,从国际收支的层面来看,中美贸易发展中,中国获益要高于美国,然而,从贸易质量上来看,中国出口到美国的产品主要还是低附加值的劳动密集型产品,而美国出口到中国的产品却是高附加值的技术密集型和资本密集型产品,这种比较优势在今后相当长一段时间内都无法改变。中美之间的贸易发展是不平衡的,这不仅体现在资本和技术的差距上,也体现在文化产品贸易上。

文化产品是中国文化"走出去"战略中不可或缺的组成部分,也是中国文化"走出去"的最为重要的途径和方法之一。这里的文化产品主要包含了两个层面的含义:第一层面是狭义的文化产品,即音乐、影视、工艺品等具有中国文化特色的产品;第二层面是广义的文化产品,主要体现在产品的文化理念、文化传承等方面。

从文化产品上来看,中国近年来加大了对文化产品贸易的投入力度,文化产品贸易较以前有了明显的增长,根据中国海关的分析报告显示,"随着中华文化在全球影响力的日益增大,我国文化产品出口市场进一步扩大,出口目的地已遍布全球约220个国家或地区"[①]。

---

① http://finance.ifeng.com/roll/20121101/7239718.shtml

然而相对于其他国家而言,中国文化产品贸易仍然处于绝对劣势。据统计,从1995年至2005年间,我国图书出版进口和出口的比例为10∶1;我国的网络游戏市场中,韩国的游戏产品占了近一半的市场份额;中国的动画片超过八成来自西方国家①。至2010年,这一状况仍然没有改变,甚至在与欧美发达国家的图书出口贸易逆差达到了100∶1。从进出口种类来看,中国文化制品出口种类仅为5 691种,而进口种类高达16 602种,其中,中美之间的差距近20倍,中英之间的差距为10倍,中日之间的差距为8倍。1999年中国的出口约一千万美元,只相当于美国大片《泰坦尼克号》发行收入的二百分之一。美国2009年的大片《阿凡达》的票房收入比中国当年电影收入的总和还要高②。美国的影视作品中传播的是美国的文化,而这种文化通过影视作品渗透到其他国家,威力不容小视。没有强大的文化产品市场需求,就没有广阔的文化产品贸易发展空间,就更谈不上文化理念的传播了。

从产品的文化内涵来看,中国对外贸易企业未重视产品的文化内涵。人们往往是先接受一个国家的产品,然后通过产品去了解和认知一个国家的文化。如我们所熟悉的美国好莱坞文化、快餐文化、体育文化等,我们在接受和熟悉这些产品的过程往往就是认知美国文化的过程,美国文化通过这些产业的发展起到了很好的渗透作用。又如,日本企业把创新、民族、忠诚等作为企业的文化内涵,并且通过产品把这些文化内涵带到世界各国,通过使用日本的产品,让我们认识到日本科技的发达和日本民族的创新能力;人们喜欢德国的汽车除了性能和技术方面的考量以外,也受到德国人做事踏实、精益求精这些文化内涵的影响。相比之下,作为有丰富内涵文化的中国来说,却没有重视丰富产品的文化内涵。中国企业"走出去"战略已经实施多年,也有许多企业成功地走到了世界市场,但是缺乏文化内涵的企业扩张行为往往会被当地人误认为是掠夺,如缺乏对当地的人文关怀、造成当地的环境污染、对资源的过度开采等,这些行为不仅不利

---

① 于沛:《经济全球化和文化》,北京:中国社会科学出版社,2012年,第310页。
② 汪段泳:《中国海外利益研究年度报告2008—2009》,上海:上海人民出版社,2010年。

于中国文化的传播,反而有损中国在海外的形象,认为中国人都是"唯利是图"的。

因此,从文化产品的角度来看,全面规划和制定中国文化"走出去"战略是非常重要的,它关系到中国经济"走出去"战略的持续性。

3. 中国文化"走出去"战略是中国对外文化传播的重要载体和必要手段

首先,文化外交是文化"走出去"战略的重要载体,文化外交是公共外交的主要形式。公共外交是一国通过文化交流等形式,对外宣传本国形象,从而提高本国国际形象和国际地位的一种外交方式。传统的公共外交以政府宣传为主,而现在的公共外交内涵更加丰富,外交的主体除了政府以外还有个人、社会团体、非政府组织等。文化外交作为公共外交的主要形式,主要承担三个主要目的:树立国家形象;提高国际地位;扩大国际影响力。中国和平发展过程中需要不断树立负责任大国的形象,争取国际话语权并且加强外国对中国政策的准确理解,这些都需要通过公共外交来完成。文化外交既是公共外交的主要形式,也是中国文化"走出去"战略的重要载体,对中国文化走向世界起到了至关重要的作用。

其次,中国文化"走出去"战略有利于海外中国文化的传承与发展。华侨华人是中国特有的海外人力资源优势,是中国文化在海外传承和发展的重要载体。在华人人口较多的国家中,华人家庭和社区至今仍然保持着一些中国传统习俗,但是,第四代第五代华人受当地文化和西方文化的影响较深,已经无法从祖辈处把中国传统文化继承下来,这也是当前海外华人社会面临的"新的认同困境"。华侨华人是中国在海外的重要人力资源,而中国文化是维系中国与华侨华人的重要纽带。如果没有重视通过这个纽带来维系与华侨华人的联系,那么中国将会失去宝贵的人力资源优势。因此,中国文化"走出去"战略对维系海外华人和海外中国文化的传承来说是非常必要的。

(二) 中国文化"走出去"战略的可能性

1. 中国文化"走出去"战略有强大的政治保障

强大的政治保障主要体现在两个方面:一方面,国内政治层面。中国在 2000 年的时候第一次提出了"走出去"战略,随后几年的"走出去"战略实践过程中更多停留在经济层面,即企业"走出去"。2011 年胡锦涛指出:"要着眼于推动中华文化走向世界,形成与我国国际地位相对称的文化软实力,提高中华文化国际影响力。"[1]中国政府开始重视推动中华文化的国际化,把中国文化"走出去"提升到战略的高度,并且付诸实践。2011 年开始,一则六十秒的中国国家形象宣传片在纽约时代广场大屏幕持续滚动播放,宣传片向美国民众介绍中国的成就、中国的人物以及中国的形象,让美国民众了解真实的中国[2]。另一方面,国际政治层面。中国国际地位的不断提升为中国文化"走出去"战略提供了坚实的后盾。近年来,中国的国际地位显著提升,从 G8 到 G2,从金砖四国到 G20,中国开始在世界政治经济秩序的协调中崭露头角,开始争取更多的国际话语权。国家实力和国际地位的提升必然对文化"走出去"战略的实施有着积极的推动作用。文化并不是脱离国家"硬实力"单独存在的,其变化趋势是与国家硬实力变化成"正相关"的,国家的"硬实力"越强,"软实力"的推广途径就会更广阔、力度就会更强。因此,无论是国内政策层面还是国际政治层面都给中国文化"走出去"战略的实施提供了强大的政治保障。

2. 中国文化"走出去"战略有强大的经济保障

虽然,中国在 2010 年成为世界第二大经济体,但是中国经济仍然处于起步阶段,国内广阔的市场以及强大的消费能力是吸引外国经济体的强大动力。并且,中国在东南亚金融危机和国际金融危机

---

[1] 邓显超:《中国文化走出去面临的挑战》,《党史文苑》2011 年第 9 期。
[2] 陈文力、陶秀墩:《中国文化对外传播战略研究》,北京:九州出版社,2012 年。

中负责任大国的形象更是让许多外资对中国经济充满信心。对外国来说,中国经济的高速稳定发展是具有吸引力的,而学习中国文化将有利于外国商人在中国找到更为广阔的商机。

我们认为,文化是具有经济属性的,一国文化的吸引力大小与经济吸引力大小呈正相关的关系。在海外华文教育的例子中我们可以清楚地了解这种正相关关系,如:1997年金融危机席卷泰国,会讲中文的企业精英因此保住了饭碗,这对泰国华人社会有重要的影响。21世纪,随着中国经济的飞速发展,学讲中文能够给泰国华人带来更多的晋升机会,因此,越来越多的泰国华人开始接受中文教育和华文教育。一位在海外长期生活的朋友在谈到孔子学院的时候提到,近年来越来越多的当地人到孔子学院学习中文,但是他们中的绝大部分并不是对中国文化感兴趣,而是对中国经济的发展感兴趣,认为学习中文能够让自己"搭上中国经济发展这辆高速列车",文化的经济属性不言而喻。我们不能孤立地去实施文化"走出去"战略,应该要看到文化的经济属性。中国经济的强大发展动力为中国文化"走出去"战略提供了强大的物质力量。

3. 中国文化"走出去"战略有强大的人力资源保障

根据庄国土教授的最新估算,全球海外华人的人数为4000多万人[①],今后也将会有越来越多的国人走出国门,成为"新华侨""新华人",海外华人的人数将会越来越多。20世纪70年代以前,中国华侨华人超过七成都集中在东南亚国家,后来越来越多国人选择移民到欧美等发达国家,这也意味着发达国家中海外华人的力量将逐渐壮大。近年来,一些国家的政坛上开始出现华人的身影,海外华人参政议政的积极性也日趋高涨;海外华商利用自身优势为中国企业"走出去"提供了强有力的支持,并且也加强了与中国经济的紧密联系;华人社团和华文媒体也在不断壮大和发展中。无论是华裔政治家、华商和华人社团领袖都可能成为中国文化"走出去"战略的承载者,受到中国文化影响的华裔政治家将会让所在国更加准确地了解中国

---

① 庄国土:《东南亚华侨华人数量的新估算》,《厦门大学学报》(哲学社会科学版)2009年第3期。

国情和理解中国战略意图;华商将更加凸显中国文化的经济属性,促进当地商人更加了解中国文化;华人社团领袖和华人媒体可以最直接地把中国文化传播到世界各地。

4. 中国文化"走出去"战略有行动基础和现实保障

中国文化"走出去"战略有两个重要的载体,一个是孔子学院,另外一个是华文教育。在这两个重要载体中,孔子学院的促进作用更为显著一些。据统计"自中国在2004年建立第一所孔子学院以来,中国孔子学院发展迅速,截至2010年,我国已经在88个国家和地区建立了281所孔子学院。目前,全球学习汉语的人数已达到4 000余万人"[①]。随着孔子学院数量的不断增加,汉语教育将会遍布全球,接触和学习中国文化和汉语的外国人将会越来越多。2011年党的十七届六中全会通过的《中共中央关于深化文化体制改革推动社会主义文化大发展大繁荣若干重大问题的决定》中提出要"推动中华文化走向世界",特别强调要"实施文化走出去工程""加强海外中国文化中心和孔子学院建设"[②]。2013年党的十八届三中全会提出要扩大对外文化交流,推动中华文化走向世界,鼓励社会组织、中资机构等参与孔子学院和海外文化中心建设。孔子学院和华文教育作为中国文化"走出去"战略的重要载体,在近几年的实践过程中不断成熟和发展,为中国进一步加强文化"走出去"战略提供了行动基础和现实保障。

二、中国文化"走出去"战略与文化安全的关系

(一) 中国文化"走出去"战略是中国文化安全战略的重要组成部分

国家文化安全战略是指"从战略层面上,对维护国家安全的各个方面的事宜进行总体设计、规划,构建相关的安全模型,并制定具体

---

① 曹云华:《中国海外利益:华侨华人的角色扮演》,《暨南学报》2012年第10期。
② 新华网:http://news.xinhuanet.com/politics/2011—10/25/c—1297737_2.html。

的实施方案以及机制保障、措施办法等,以维护国家和民族主体文化价值体系、主流意识形态、主要道德评价规范等,使其保持独立性和自主性,以免遭受来自内部和外部的破坏和颠覆"①。事实上,国家文化安全战略是在新安全观背景下产生的,是国家安全战略的重要组成部分,国家安全战略的核心是保护国家的核心利益,而国家文化安全战略的核心是保护国家的核心文化利益。

与中国国家安全战略一样,中国国家文化安全战略也包含了很多内容,其中最为重要的一点就是中国文化"走出去"战略。在改革开放之初,中国国家文化安全战略的侧重点在于如何防范西方国家通过文化问题来干涉中国内政、影响中国政治,从而对中国进行和平演变。虽然"守住底线"是构建中国国家文化安全战略的办法之一,但这种办法通常显得比较被动。随着科学技术的不断创新,新的文化传播途径的出现让这种"严防死守"的办法变得有些"捉襟见肘"。如:被作为美国"向其他国家的民众推介美国的信仰和信念"的 VOA 在 2011 年开始全面停止其普通话短波、中波以及卫星电视广播节目,这其中很大部分原因是因为互联网在中国的广泛使用使收听 VOA 的人数越来越少②。网络、微博等新媒体的广泛使用不断冲击着中国的国家文化安全。在这种背景下,只有采用"以攻代守"的战略,抢占舆论宣传的高地,在国际社会上争取更多的话语权,才能够真正有效地维护国家文化安全。

胡惠林认为,一个国家的文化安全状态往往是和一个国家的文化在世界上的影响力和吸引力大小成正相关关系的,决定一个国家是否是文化大国并不取决于这个国家历史的长短和文化资源的丰俭,而是取决于这个国家对世界的文化贡献力。国家文化安全系数由影响力、吸引力和贡献力决定③。这就意味着中国文化对世界的影响力大小、吸引力大小和贡献力大小决定了中国国家文化安全的系数,"三力"越大,中国国家文化就越安全。而"三力"的大小就取决于中国文化"走出去"战略实施的深浅,中国文化"走出去"战略制定

---

① 张建英:《文化安全战略研究》,北京:国防大学出版社,2011年。
② 胡惠林:《中国国家文化安全论》,上海:上海人民出版社,2011年。
③ 同上。

得越完善,执行得越有效,就会让中国文化更具影响力、吸引力和贡献力,在这种情况下,中国的文化安全系数将越高。因此,中国文化"走出去"战略是中国国家文化安全战略的重要组成部分,对中国国家文化安全战略实施的效果将起到决定性作用。

(二)中国文化"走出去"战略与中国文化安全战略关系的实质是:海外利益与国家利益之间的关系

国家利益是国际关系的核心概念,汉斯摩根索曾经对国家利益的概念进行过明确的定义,他认为国家利益应该包括领土、主权和文化的完整三个方面,国家利益最为本质的问题就在于解决国家的生存问题。然而,不同时期以及不同发展阶段的国家利益内涵是不一致的,换句话说,随着国家的发展和壮大,国家利益的范围不断扩大,内涵不断丰富。随着中国"走出去"战略的提出,海外利益成为中国国家利益的重要组成部分。虽然当前的研究并未对中国的海外利益进行明确的界定,但主流的观点认为海外利益是国家利益的延伸,是国家利益范围的扩大和补充。海外利益与国家利益之间的关系主要表现在三个方面:首先,海外利益是国家利益的延伸;其次,海外利益与国家利益都与国家实力正相关,海外利益代表的"软实力"与国家利益代表的"硬实力"共同构成国家的综合国力;再次,海外利益是国家利益的补充和发展。

我们从国家安全战略的概念中可以看出,一方面,国家安全的核心就是保护国家利益,作为国家安全战略重要组成部分的国家文化安全战略的核心也是保护国家利益。而随着中国国家实力的增强,国家文化安全战略的范围和内涵不断扩大,海外文化安全也成为国家文化安全的范围,而对海外文化安全最好的保护措施就是实施文化"走出去"战略,这事实上也是通过文化"走出去"战略对海外利益进行保护的一种形式。因此,海外利益是国家利益的延伸,文化"走出去"战略是国家文化安全战略的延伸。另一方面,国家文化安全战略是保护国家安全的一个重要战略,它的建立和维护需要国家的综合实力作为后盾。从这个意义上来说,国家文化安全属于"硬实力"的范畴,而文化"走出去"战略并不能依靠"硬实力"而获得文化霸权,应该通过"软实力"来扩张文化的影响力。从这个意义上来说,"走出去"战略属于"软实力"范畴。"走出去"战略和国家文化安全共同构成了国家文化安全战略,"走出去"战略也是国家文化安全战略的延伸和补充。

(三) 中国文化"走出去"战略对中国文化安全战略的构建有促进作用

国家文化安全战略的构建中,如果过多地考虑"内向性"的文化安全战略,将会造成一些不良的后果,如不利于国际文化的交流、无法正确理解别国真实意图等。文化安全也是国家安全的一个部分,在国际社会无政府状态下,它也会陷入一种"安全困境"的状态。一个国家的综合实力不断强大,但是却采取较为"保守"的文化政策,那么将会导致周边国家的不安,因为周边国家无法正确理解这个国家的真正意图。周边国家会认为这种"保守"的文化政策是"文化霸权",甚至理解成"极具威胁的政治意识形态",这种"政治意识形态"被政治科学家认为是导致冲突的重要原因之一。事实上,解决"安全困境"的最佳方法就是交流和沟通,而文化"走出去"战略就是一种交流和沟通的渠道,它既能够准确地向外传播本国的思想和文化,也能够让外国正确地理解本国的真实意图,让"安全困境"导致的潜在冲突可能性得以降低和化解。

然而,在制定和执行文化"走出去"战略的时候,又必须考虑到"度"的问题,程度是否适中直接关系到文化安全战略的成败。文化"走出去"战略是一个长远的战略,适合细水长流,不适合急功近利。如:美国一直以来通过文化战略对中国内政进行干涉,美国的对华文化战略一直都是通过各种途径扩大美国文化对中国的影响"……最终实现中国政治制度的改变……中美之间在文化上的冲突以及由此而形成的美国对于中国文化内政的干涉,都是构成(威胁)中国国家文化安全的重要因素","对于中国来说,来自美国的文化安全威胁就始终是一个重要的国家文化不安全因素"[①]。以此套用,中国文化

---

① 付文科:《全球化下的中国国家文化安全——现状与战略选择》,河南大学硕士学位论文,2006年。

"走出去"战略应该坚持的"度"就在于:不要让中国文化成为威胁别国文化的一个重要不安全因素。因此,"走出去"战略应该做长远的规划,不要威胁别国文化安全,这样才能保证文化安全战略的整体性和有效性。

三、中国文化"走出去"战略的措施

(一)中国文化"走出去"战略要有明确的"核心概念"和准确的"着力点"

首先,中国文化"走出去"需要明确的顶层设计。主要体现在两个方面:一方面是要有明确的"核心文化理念"。这里的"核心文化理念"是指能够走出国门、为世界所容易接受、具有中国文化特色的一种文化理念。美国对外传播的"核心文化理念"是"物质、自由、民主",日本对外传播的"核心文化理念"是"科技、创新、爱国",法国对外传播的"核心文化理念"是"高雅文化的力量"[①]。这些国家的文化推广战略有明确的文化理念,围绕核心文化理念开展对外文化战略将会事半功倍。相比较之下,中国的文化"走出去"战略仍然缺乏明确的核心文化理念,在中国对外战略中能够见到最为核心的概念就是"和"文化,如"和平崛起""和平发展""和平共处""和谐世界"等,虽然"和"文化是中国传统文化的精髓,但"和"文化过于抽象和空泛,缺乏具体的文化推广价值,换句话说就是吸引力不够。另一方面是要有明确的文化"走出去"战略组织和实施机构。美国的对外文化传播职能虽然散落在11个不同部门中,但是国务院专门设立了一个"教育和文化事务局"负责协调文化传播和推广事宜。而且美国的非政府组织在文化推广和传播中也起到了非常重要的作用。"据统计,在美国比较活跃的私人基金会总数超过了6.2万家,资金超过了1 630亿美元",这些基金会和资金都运用到文化对外推广当中。虽然说中国近几年也加大了对外文化推广的力度和投入,但是并没有形成一

---

① 张建英:《文化安全战略研究》,北京:国防大学出版社,2011年。

个统一协调和监管的部门来统筹实施文化"走出去"战略,也缺乏引导民间资本的有效措施。

其次,中国文化"走出去"战略需要有明确的"核心概念"和准确的"着力点"。有学者指出,中国文化"走出去"战略应该要关注流行文化的推广,流行文化更为大众所接受,如果能在这个方面下工夫将会收到很好的成效①。其实关注流行文化的主要目的并不是要摒弃"传统文化"来推广"通俗文化",而是要关注如何找到准确的"着力点"。韩国和美国的经验和做法就是典型案例,韩国把娱乐产业作为对外文化传播的"着力点",成功地把韩剧、韩国舞蹈、韩语等文化产品推广到世界各地,而美国则通过"饮食、科技、娱乐"产业,成功地把"三片"(薯片、芯片、好莱坞大片)推广到世界各地②。那么中国文化的"核心概念"和"着力点"是什么?我们喜欢把能代表中国传统文化色彩的书籍翻译成外文进入外国的市场,根据中国出版科学研究所的统计显示,外国人更乐于接受的书籍是:中国菜谱、中医、气功、风水等。那么,我们也可以考虑把"饮食、医学"等作为中国文化"走出去"战略的"核心概念"和"着力点"。2012年中国推出的《舌尖上的中国》就是一个介绍中国饮食文化的很好的纪录片,被誉为2012年中国最有影响力的纪录片,它不是对中国美食的简单追寻,更多是通过博大精深、极富特色的中国饮食,展现了中国最地道与最质朴的传统情结和民族文化,为如何挖掘饮食背后所代表的返璞归真、兼收并蓄、融合创新的中国独特文化内涵做了很好的示范。

(二)中国文化"走出去"战略要有"营销理念"

文化能否作为产品在市场上销售?传统文化能否通过合理的市场包装而让自己更具吸引力?答案是肯定的。现阶段中国文化"走出去"战略最大的问题就在于没有树立"营销思维",而正是这种"营销思维"的缺乏,让我们失去了很多宝贵的素材和机会。"比如美国拍摄的《功夫熊猫》《花木兰》都是运用了中国的文化资源,耳熟能详

---

① 刘锋:《中国文化走出去:为什么?如何"走"》,《民主》2011年第7期。
② 王岳川:《中国文化软实力与文化安全》,《光明日报》2010年7月29日。

乃至家喻户晓的《西游记》《三国演义》的故事被美国人、日本人制作成动漫和游戏而大赚其钱。"①

市场营销的观念经历了四个重要的发展时期,第一个时期的观念是"生产导向观念",即"我生产什么顾客就得买什么";第二个时期的观念是"推销导向观念",即"我要把我生产的产品推销出去";第三个时期的观念是"顾客导向观念",即"顾客需要什么我就生产什么";第四个时期的观念是"市场营销观念"。与市场营销观念的发展历程类似,文化"走出去"战略的理念也将经历四个发展时期,在第一个时期,国家认为只要把中国文化传播出去了就是"走出去"战略;在第二个时期,国家开始考虑应该通过什么方式更好地把文化推广出去;在第三个时期,国家开始考虑什么文化产品和推广模式能够吸引外国;在第四个时期,逐渐形成相对成熟的"市场营销观念"。从关于"书籍"的例子中就可以看出,中国的"走出去"战略还未进入到第三个阶段,目前仍然停留在第二个阶段,即开始考虑文化推广的方式和载体,如:文化产品、对外交流、华侨华人等。那么,中国的文化"走出去"战略应该如何树立"市场营销"观念呢?

市场营销观念从最初的4P发展到后来的6P(产品、价格、渠道、促销、政策、公共关系),我们在制定和实施中国文化"走出去"战略的时候就要综合考虑运用这6P的概念进行全方位的包装,如:在产品上,我们的文化"走出去"战略应该重点打造"核心概念"产品;在定价上,我们的文化"走出去"战略应该定位为高端的"高雅文化"还是低端的"通俗文化";在渠道上,我们的文化"走出去"战略应该选择怎样的"着力点"行业;在促销上,我们的文化"走出去"战略应该选择怎样的方式来吸引更为广泛的外国人,从而扩大影响力;在政策上,文化"走出去"战略是否能够在政策的持续性和有效性上找到统一;在公共关系上,怎样的文化"走出去"战略能够提升我国的国际形象。只有转变"走出去"战略的观念,真正地去用市场的观念来营销自己的文化,才能让我们的文化更具吸引力,也能保证文化"走出去"战略收到良好的效果。

---

① 陈文力、陶秀墩:《中国文化对外传播战略研究》,北京:九州出版社,2012年。

（三）中国文化"走出去"战略要建立效果反馈机制

中国文化"走出去"战略还应该建立合理的效果反馈机制,通过量化的科学方法对文化"走出去"战略进行评估,通过建立反馈渠道来对效果进行及时反馈,为文化"走出去"战略的调整提供科学的依据。效果反馈机制的缺失将会导致大量投入而不见效果的问题出现。如:我国在纽约时代广场播放中国形象宣传片,耗资 450 亿,滚动播出 20 天,对过往人群进行了 8 000 多次的密集"轰炸",从政府层面看,450 亿、20 天和 8 000 多次这些数据就足以证明国家对文化"走出去"战略的重视和投入,投入代表的就是效果。然而,外国人的真实反馈却是"(我们看到)除了展现出中国丰富的人群和他们的成就外,我不太清楚它们想传达怎样的信息,(短片)并没彰显出中国充满活力的国家形象"①这是典型的反馈机制缺失的案例。

没有效果评估反馈机制,就没有决策的修正和调整的科学依据,就不可能从失败的案例中总结出成功的可能性。所以,建立效果反馈机制,是中国文化"走出去"战略的内在组成部分。

---

① 刘锋:《中国文化走出去:为什么? 如何"走"》,《民主》2011 年第 7 期。

关于"中国文化'走出去'"战略的几个问题

董德福　孙　昱

近年来,中国推行文化"走出去"战略的自觉性越来越强,步骤与策略也越来越明晰,这是中国转变经济发展方式、走和平发展之路并最终实现中华民族伟大复兴的必然选择。身处全球化时代的任何一个国家,关起门来搞文化建设,不仅缺少理论方面的支持,事实上也不可能。中国文化"走出去"是一个复杂的系统工程,有许多基本的、前提性的问题有待我们去破解,从而为实施这一战略廓清道路。

一、中国文化为什么要"走出去"

中国文化"走出去"战略的提出,绝非源于一时的冲动,而是有着客观的必然性。

(一) 文化交流与文化发展规律是中国文化"走出去"战略的理论依据

文化属于上层建筑,它归根结底是由生产方式所决定,同时又有着自身内在的发展规律。随着经济全球化进程的加快,文化走出国门融入世界文化大潮成为必然。正如季羡林先生所说:"文化交流是推动人类社会前进的重要动力之一。我们简直无法想象,如果没有历史上的文化交流,我们今天的社会会是一个什么样子。"①一国文化的发展,必须敢于并善于迎接世界范围内不同文化之间的交流交融交锋,在异质文化的交流交融交锋过程中获得自我更新、自我发展。我们不能孤芳自赏,而应以尊重差异、包容多样、海纳百川的胸襟取世界文化之长,在国际文化交流中激发中国文化的生命力,展示中国文化的独特价值,维护中国文化的自主性,为世界文化发展做出自己应有的贡献。中国文化"走出去"战略的提出,不仅是中国自身文化发展的需要,也是符合世界文化多元化发展规律的明智之举。

(二) 中外文化交流史是中国文化"走出去"战略的历史前提

中国是世界上最古老的文明古国之一,具有五千年的文明史,是世界上唯一文化从未中断的国家。中国文化"走出去"有着悠久的历史,自汉朝始便与波斯、印度等国家开始进行文化交流。此后,丝绸之路的开辟使得中国与外国的文化交流更加频繁。唐宋时期,中国经济发达,文化繁荣,国家开放,国力强盛,可谓文明盛极一时,独步于天下。中国文化不仅泽惠亚洲,而且影响到欧洲近代启蒙运动和资本主义文明的发展。马克思指出:"火药、指南针、印刷术——这是预告资产阶级社会到来的三大发明。火药把骑士阶层炸得粉碎,指南针打开了世界市场并建立了殖民地,而印刷术则变成新教的工具,总的来说变成科学复兴的手段,变成对精神发展创造必要前提的最强大的杠杆。"②相比较于历史上中国对人类文明的贡献,近代以来的中国对人类的贡献则相形见绌。1956年毛泽东在《纪念孙中山先生》一文中颇有感慨地说:"中国应当对于人类有较大的贡献。而这种贡献,在过去一个长时期内,则是太少了。这使我们感到惭愧。"③在此后的半个多世纪里,中国已经在经济、政治、科技、外交等领域为人类文明的发展做出了杰出的贡献,但文化上的贡献还十分有限。尽管拥有丰富灿烂的文化向来被视为中国的一大标签,但"酒香不怕巷子深"的时代早已过去,只有通过文化"走出去"战略扩大中国文化

---

① 季羡林:《〈20世纪中外文学交流史〉序》,《南通师范学院学报》2000年第1期。
② 《马克思恩格斯文集》(第8卷),北京:人民出版社,2009年,第338页。
③ 《毛泽东文集》(第7卷),北京:人民出版社,1999年,第157页。

的海外影响力,我们悠久醇厚的文化底蕴和朝气蓬勃的文化实践才能为世界所了解,其承载的文化精神和核心价值观才能得到更广泛的认同和接受。当今中国推行文化"走出去"战略,可以说是历史上中国文化"走出去"的延续,也是推动世界文明发展的应有之举。

(三) 提高中国核心竞争力是中国文化"走出去"战略的现实目标

党的十七大报告指出:当今时代,"文化越来越成为民族凝聚力和创造力的重要源泉、越来越成为综合国力竞争的重要因素"①。当今世界国家之间的竞争已经从经济、军事、科技等"硬实力"比拼转变为以文化为核心的"软实力"较量。所谓软实力就是"通过吸引而非强迫或收买的手段来达己之所愿的能力。它源于一个国家的文化、政治观念和政策的吸引力"②。

我们要从国家的根本利益出发,在经济发展起来、国力强盛起来的同时,积极实施文化"走出去"战略,着力提升我国的文化软实力,提高我国在国际事务中的话语权和世界上的影响力。中国文化"走出去"不是简单的对外宣传中国文化,而是在营销中国的文化产品,传播中国文化价值观的过程中,引导世界正确认识中国文化的特点和内涵,让世界理解中国正在做或将要做的事情,从而消除所谓的"中国威胁论",使中国在国际交往中游刃有余,为中国的改革开放与和平发展营造良好的国际环境。

二、中国文化拿什么"走出去"

中国有着丰富的文化资源,这为中国文化"走出去"提供了坚实的基础。中国文化凝聚着中国古人和今人的无限智慧,一些历久弥新的文化理念和文化成果为世人所瞩目。但不可否认的是,中国文化中也存在着许多落后于时代、与世界主流价值观相悖的因素。那么,中国文化究竟拿什么"走出去"呢?除了中国传统文化中那些老

---

① 胡锦涛:《高举中国特色社会主义伟大旗帜 为夺取全面建设小康社会新胜利而奋斗——在中国共产党第十七次全国代表大会上的报告》,北京:人民出版社,2007年,第33页。

② [美]约瑟夫·奈:《软力量——世界政坛成功之道》,北京:东方出版社,2005年,第2页。

生常谈的东西之外,当代中国的文化创造中是否也存在着能引领世界文明健康发展的质素呢?

当今世界以和平与发展为主题,但依然充满着地区冲突、宗教纷争、资源掠夺、霸权主义、恐怖主义、环境污染、发展失衡等一系列不和谐的因素。中国文化"走出去"必须为上述问题的解决提供文化价值和方法论的支持。中国文化的核心和精髓是"和","和谐"的理念是中国文化宝贵的遗产,其中的含义非常深刻。《易经》等古代经典强调阴阳平衡,阴阳二气相交而成和谐的状态,从而产生了万物,所谓"和实生物"也。《淮南子·汜论训》指出:"天地之气,莫大于和。和者阴阳调、日夜分而生物,春分而生,秋分而成,生之与成,必得和之精。故圣人之道,宽而栗,严而温,柔而直,猛而仁。太刚则折,太柔则卷,圣人正在刚柔之间,乃得道之本。"孔子及其弟子"和为贵""君子和而不同,小人同而不和"(《论语·子路》)的理念至今仍熠熠生辉。中国传统文化中儒道所谓"天人合一",道家所谓"道法自然",中国佛教所谓"从心开始",均充满了"和谐"的因子,这些文化因子完成创造性转化后,完全应该走向世界。"和谐"是一种理想的状态;也是一种哲学,一种文化;更是一种艺术,一种方法,一种境界。和谐作为一种文化思想在中国源远流长,是中华民族优秀文化的一部分。主要体现在人自身的和谐、人与自然的和谐、人与社会的和谐、异质文化间和谐和民族国家间和谐等方面。中国目前提出了构建社会主义和谐社会的目标任务,表达了共建"和谐世界"的愿景,奉行着"协和万邦"的外交理念,倡导"人类命运共同体"[①]意识,彰显着改革开放、创新发展的时代精神,这一切无不是人类未来发展重要的价值资源。

另外,中国传统文化也注重"仁"的精神,主张"仁者爱人""与人为善""以礼相待""仁义礼智信""义而后取""推己及人""言必信、行必果"等。中国文化中的"和谐"理念、"仁"的境界、"天下一家"的观念、革故鼎新的精神及由此衍生出的与时俱进的创新精神、合作共赢

[①] 胡锦涛:《坚定不移沿着中国特色社会主义道路前进 为全面建成小康社会而奋斗》,北京:人民出版社,2012年,第47页。

的理想等等,是中国文化"走出去"的精髓,它们对于构建健全的人与自然的关系,对于当代政治文明建设、国际交往实践、人生的幸福、未来理想社会的构建等,都具有十分重要的意义。有学者指出:"扩大中华文化的国际影响力的一项迫切任务,是认真总结现代化建设的'中国经验'中所包含的文化因素,使外部世界了解甚至佩服我们的经济成就的同时,也认识以至亲近我们的民族文化。"①

三、中国文化怎样"走出去"

中国文化"走出去"战略是一个由浅入深、由点到面、由表及里的过程,必须在探索中前行。中国文化就像中华民族一样,具有费孝通先生所说的"多元一体"的特征。与文化资源的多样性相适应,从事文化传播的渠道也应丰富多样。

(一) 明确中国文化"走出去"的主体

中国文化要走向世界,责任主体一定是多元的,如政府部门、公司企业、科研机构、文化团体、公民个体等等。政府具有决策层次高、涉及领域广泛、合作信誉好、推进效率高等优点,当然,政府主导的文化"走出去"也是利弊并存,我们认为,政府不能包办一切,它的职能主要在于规划实施中国文化"走出去"战略,制定有效的政策,加强文化管理法律法规建设,研究并培育"走出去"工程与市场接轨的机制。除政府外,文化企业团体应成为中国文化"走出去"的中坚力量。文化企业需根据国际文化市场规律,努力打通我国的文化产品与外国市场之间的通道,借助不同的平台,文化企业从不同的渠道宣传和营销我国的文化产品,在推动对外文化贸易发展,努力实现文化贸易顺差的同时,完成传播中国文化的使命。我们不仅要发挥政府部门和公司企业的作用,还要发挥民间团体和公民个人的作用,专家学者和留学生也应在中国文化"走出去"战略中扮演重要角色,发挥其独特的无法替代的作用。专家学者和留学生的知识涵养和人格独立性,

---

① 童世骏:《文化软实力》,重庆:重庆出版社,2008年,第83、84页。

使得他们在学术交流中承担的文化传播功能更具有权威性、含蓄性,我们应把学术交流与一般文化交流结合起来,把阶段性大规模交流与常规性含蓄交流结合起来,让中国文化诉求得到全世界的理解和认同。此外,还应鼓励智库、学会、青联等团体组织大胆地走上国际舞台,参加国际对话,弥补在国际舞台上看不到中国非政府组织的身影这个缺点。

(二)精选中国文化"走出去"的内容

在明确了中国文化"走出去"责任主体之后,必须规划中国文化"走出去"的重点。文化旅游是经济效益高、资源消耗和环境污染少的产业,中国的自然风光、名胜古迹数不胜数,旅游业发展有着非常独特的优势。如中国服饰文化、酒文化、茶文化、饮食文化、山水文化、历史文化等底蕴深厚,对国际友人具有极强的吸引力,是文化旅游的重要内容和中国文化"走出去"的重要载体。价值观是文化的核心,它与一个国家的意识形态、社会制度、政治观念紧密联系在一起,我国应围绕"和谐"文化理念与和平发展实践大做文章,在文化传播过程中充分发挥自己文化的比较优势。我们向世人展示的中国文化既要有历史的厚重,又要有现时代的气息。文化"走出去"不是简单的贩卖先人的思想遗产,以人为本、天人合一、仁爱精神等等,都需要与时俱进,在创新中赋予其新的时代内涵,并且以新的容易被大众接受的形式呈现出来,电影《功夫熊猫》《花木兰》在中国的成功传播,可以为我们提供诸多启示。

(三)优化文化"走出去"的途径

在中国文化"走出去"的过程中,政府层面可以组织一些符合大众审美的文化交流与文化展示,如举办中外文化年、世界主题博览会、大型国际性文体活动、新闻发布会等,以此展示中国文化的独特魅力,传达中国文化的核心价值观,让世界更好地了解和理解中国。政府还可以利用其他国家和组织举行的艺术节和文化博览会,推广我国丰富多彩的文化资源,在宣传中国的同时,增进与世界各国的友谊。文化企业集团应进行文化市场细分,瞄准国际市场需求,不断推出文化精品,采取演出、展览、销售、跨国合作等形式,积极参与国际文化贸易,扩大我国的文化产品在国际市场上的占有率。中国文化"走出去"也应充分重视教育界和民间团体的力量。中国的高等教育是中国文化"走出去"战略的重要一环,很多高校利用各自优势在国外成立孔子学院、建立汉语教学实验点,大量派出留学生和吸收外国留学生,承办或参与高层次国际学术会议,这些都有利于增加我国在文化意识形态领域的话语权。爱国人士、归国华侨、民主党派人士、政府扶持的一些民间活动,也都能在世界舞台上集中展示中国文化的活力和魅力,提升中国文化的影响力。

(四) 根据不同地区进行分类指导

中国文化"走出去"不能搞一刀切,而应根据文化资源的不同地域分布和海外不同地区文化需求的差异,制定不同的"走出去"战略,挖掘各地独具特色的文化资源,开拓不同的文化市场。就国际文化市场而言,东南亚地区与中国的地理位置接近、文化特性相似,对中国文化有着强烈的需求,我们可以将"走出去"与"引进来"相结合,提高中国文化在这个地区的辐射力和影响力。对于发展中的国家地区,应该主张文化多元化,形成互补型文化贸易区,推动文化的双边和多边交流,促进国家间文化沟通。欧洲和北美地区依然是全球文化市场的核心地区,逐步融入甚至占领这些区域的文化市场,在国际事务中发出中国的声音,是中国文化"走出去"的重要战略目标。就国内文化资源的地域分布而言,北京的政治文化,上海、广东的现代文化,云南、广西、内蒙古、新疆、西藏、四川等地的民族文化,都各具特色,具有自身的比较优势,在中国文化"走出去"战略中扮演着不同的角色,发挥着不同的作用。

四、中国文化"走出去"面临什么样的挑战

中国文化"走出去"不可能一帆风顺,会遇到来自国内外的诸多困难和挑战,主要包括认识上的误区,意识形态方面的冲突,国际贸易壁垒的存在,宣传手段的失当,市场需求的误判等等。中国文化

"走出去"战略的成功实施,必须面对并回应这些挑战。首先,缺少文化自觉与文化自信。人类社会发展史从某种意义上说就是人类文化进步史,任何一个国家和民族的进步,都是以相应的文化觉醒为前提和基础的。改革开放以来,西方文明挟裹着形形色色的商品和思潮向我们涌来,反思批判中国传统文化、拥抱西方"蓝色文明"的声音不绝于耳。从文化意识到文化形态,从文化资本到文化产品,从文化传媒到文化教育,都受到外来文化的影响和冲击。一些人尤其是对中国文化缺乏基本了解、感知、自觉和自信的新生代,充满着崇洋媚外的思想,拜服在美欧乃至日韩的浅表性快餐文化面前,似乎外国月亮真的比中国圆。

一些人在对待民族的历史、传统和文化上,非常热衷地干着自我怀疑、自我作践、自我颠覆、自我否定的蠢事。一些人对中国文化的过去和未来缺少正确的认知,对文化在综合国力竞争中的地位和作用缺少自觉,对文化建设规律和文化贸易规律存在着认识方面的误区,对中国文化的当代价值和全球价值缺少充分的自信。这一切都构成中国文化"走出去"的观念障碍。其次,选择不当,质量粗糙。有人说,越是民族的东西,越是能够走向世界。对此,我们表示谨慎的赞同。庞中英说过:"不要把发展中国的软实力局限在所谓发扬光大'中国传统文化'上。'中国传统文化'提供给我们的'软实力'资源并不很丰富,因为中国文化传统中具有许多不符合世界现代文明进步方向的糟粕性。"[①]如果选择不当将这些糟粕性东西送出国门,也许能博得洋人一笑,但终究是对自己的作践。我们的许多文化企业缺乏文化品牌意识,数量不少的文化产品没有自己的核心技术和自主知识产权。就文化产品的国际化问题而言,目前我国的文化产业存在着两个不容忽视的结构性缺陷,一个是文化产品的进出口总额在我国对外贸易总额中比例偏小,二是文化产品的进出口存在巨大的贸易逆差。文化产品输出存在着重数量轻质量的倾向,出口的文化产品往往不注重包装,不重视营销和推广,这直接导致了中国文化贸易逆差。中国经营文化的企业对政府的依赖性强,外贸理念落后,在

---

① 庞中英:《关于中国的软力量问题》,《国际问题论坛》2006年春季号。

面对西方成熟的市场运作机制的时候,常常招架不住。这些都是中国文化"走出去"过程中亟待解决的问题。再次,存在文化隔阂、文化歧视和文化防御。近年来,伴随着中国的快速发展,国际上"中国威胁论"甚嚣尘上,不仅经济、政治、军事领域是如此,文化领域也时常能听到"中国威胁论"的声音。由于文化的多元特性,不同文化之间存在着隔阂乃至一定程度上的冲突是在所难免的,让外国人了解、理解直至认同、接受中国文化,需要一个较长的过程。又由于宣传意识的淡薄和宣传手段的缺乏,国际上对我国奉行的文化"走出去"战略难以理解,以为是中国在实行文化渗透,这些极不利于中国文化"走出去"战略的实施。全球化时代各国间经济竞争、意识形态竞争异常激烈,为避免外国文化产品挤占本国市场,一些国家对外国文化产品采取准入政策,例如,欧盟国家为电影院放非欧洲本土影片设置最高比例,以此抵御他国的"文化入侵";又如一些国家在中国制造的文化衍生品进入这些国家的时候设置过高的门槛,以此限制我国文化出口,保护和促进本国文化产业的发展。当然,对中国文化"走出去"限制最严重的因素在于文化歧视或文化误解这种非市场壁垒。长期以来,西方发达国家总以为自由、民主、平等、人权等价值是"普世价值",对中国文化要么误解,要么歧视,从而造成中国文化输入这些国家后出现价值折扣现象。1988年,产业经济学家考林·霍斯金斯(Colin Hoskins)和米卢斯(Rolf Mirus)借用"文化贴现"概念说明这个现象,指出:"进口市场的观赏者通常难以认同于其中描述的生活方式、价值观、历史、制度、神话以及物理环境,此外,语言的不同也是文化贴现产生的一个重要原因,因为配音、字幕、不同口音的理解难度等干扰了欣赏。"[1]因此,加强异质文化之间的对话与交流,是消除文化出口贴现,畅通中国文化"走出去"的必要途径,否则,中国文化的核心价值将难以走向世界。

---

[1] [加拿大]考林·霍斯金斯等著,刘丰海等译:《全球电视与电影:产业经济学导论》,北京:新华出版社,2004年,第6页。

五、中国文化"走出去"应采取什么样的策略

(一) 要增强文化自觉和文化自信

按照费孝通先生的解释,文化自觉是指生活在一定文化中的人,对自己的文化有"自知之明",即明白它的来历、形成过程、特色和发展趋向。概括起来说就是"文化的自我觉醒,自我反省,自我创建"①。换言之,所谓文化自觉,即是要自觉地认识到本国文化的来龙去脉,自觉地认识到文化在综合国力的竞争当中地位及文化对社会经济发展的支撑作用越来越重要,自觉地认识到文化建设的特殊规律,并且遵从这个规律。没有文化自觉,就不可能制定文化发展和文化"走出去"战略,即便有此战略,也会因违背文化交流与文化输出的规律而寸步难行。而文化自信本质上是对本国文化——传统文化、革命文化、民族文化——的信念信心,一个对自己文化有充分信心的民族,既不会盲目自大、故步自封,也不会全盘西化,而是有对自身文化进行理性审视和科学分析的勇气,有推进文化创新的自觉。同时,对外来文化采取包容、借鉴、吸收的态度,也是文化自信的重要表现。文化自信不仅关系着对本国文化的价值评判,而且决定着文化的未来走向。对中国文化抱有信心,就能坚定在文化创新基础上走中国特色社会主义文化道路的决心,就能产生让世界人民分享中国文化成果的愿望。相反,一个没有文化自信的民族,是不可能提出并实施文化"走出去"战略的。

(二) 要明确不同主体的责任担当

政府要制定并组织实施中国文化"走出去"战略,加快文化体制改革,建立一套与WTO规则相适应的法律法规体系,加强政府对文化外贸的宏观调控,规范文化贸易秩序,减少和规范行政审批程序,加大对文化产业和文化企事业单位的经费投入,理性制定文化"走出

---

① 费孝通:《反思·对话·文化自觉》,《北京大学学报》(哲学社会科学版)1997年第3期。

去"的步骤。要鼓励文化企业积极参与国际文化贸易竞争,大力培养复合型文化人才,特别是培养具有国际视野和跨文化交流、善于开拓、营销中国文化的国际化文化人才。文化企业集团要加强品牌意识,不断推进文化创新,打造具有中国特色、中国风格且附加值高的文化精品,不断拓展国际文化市场。理论工作者要立足现实,面向世界,将民族意识与世界视野结合起来,不断推进理论创新,创建具有中国特色、中国作风、中国气派的哲学社会科学,在世界文化交流中拥有自己的话语权,为中国文化"走出去"营造学术氛围。

(三)要按照文化传播规律宣传中国文化

文化与经济不同,它具有意识形态性,加上语言、价值观、历史背景、生活方式的差异,在文化交流和文化认同上存在一定障碍。当中国经济大踏步走向世界时,中国文化"走出去"却步履艰难,究其原因,主要在于文化隔阂、意识形态的防御性和贸易保护主义。较之过去,中国文化"走出去"的力度明显增强,已经引起国际社会的警觉。目前有两个最主要的威胁来源:一是全球化在文化领域的推进给我国文化主权带来的威胁,二是美国对华文化政策及其对中国文化的生存和发展带来的威胁。中国历来反对西方国家的文化渗透和价值观输出战略,在中国文化"走出去"步伐加快的今天,我们面临着来自国际社会同样的质疑,这些质疑助长了"中国威胁论"的气焰。对此,我们一方面要坚定地走中国特色的和平发展道路,向世界释放和谐发展、合作共赢的善意;另一方面要尊重文化发展和文化传播规律,运用法律、行政和市场等手段保护自身文化市场和文化利益。运用行政手段强行推进中国文化"走出去"战略是不可取的,必须遵循和而不同的文化理念,向世界表明构建和谐世界的决心,以开放的心态处理异质文化的关系,广开宣传渠道,丰富宣传手段,耐心解释我们的文化战略,以寻求他国的理解和支持。

中国国家形象的跨文化建构与传播

梁晓波

一、国家形象的跨文化传播

一般说来,国家形象是"世界范围内对于一个国家的整体认知和印象的抽象表现",是"一个主权国家和民族在世界舞台上所展示的形状相貌及国际环境中的舆论反映",是"国际社会公众对一国相对稳定的总体评价"。国家形象的建构,除了亲身经历以外,更多的是依靠传播建立起来的,其形式可分为国内传播和海外传播,后者对于国家形象的传播更为重要。其基本内涵为"作为一个系统的国家发出的信息通过特定的国际信道传送、被加工并最终形成国家形象的过程"。换句话说,一国形象的海外传播指的是国家形象在海外不同国家中的传播,会涉及多个国家和语言,所以,又被称为国家形象的跨文化传播。

一般来说,国家形象的跨文化传播会遭遇以下困境:(1)由于历史或现实矛盾,一国形象在另一国的传播会较为糟糕。在一些重大问题上存在历史或现实争议、在战略发展上有着潜在冲突国家的新闻报道中会产生与实际的偏差,一国的形象往往负面报道会多过正面报道。(2)国情不同,发展道路不同,综合国力不同,会导致形象的理解偏差。世界各个国家之间相互发展模式和发展道路差异很大,国家实力相差很大,国情千差万别,世界诸国向着更美好生活的道路依然漫长,不可能奢望每个国家在另一个国家中有着良好的形象传播。(3)意识形态的差异与争斗往往给形象的传播带来不必要的麻烦。当今世界,霸权主义的幽灵不时显现、社会主义与资本主义的竞争并未结束、发展中国家与发达国家对于生存权和发展权的争斗并未停止。同时,某些国家惯于行使霸权主义,包括政治、军事、文化、技术、话语等领域的霸权,在如此的国际非正常体制下,一国的形象在另一国的新闻报道中有时很难找到公正全面的形象。(4)新闻霸权使得国家形象传播难以客观公正。由于当前新闻报道手段、渠道和体制整体呈现"西强他弱"的格局,当今世界新闻报道的主导权为西方国家所控制,非西方国家的形象塑造在国际上或多或少处于被动局面,整体形象往往被西方媒体报道的形象所制约。(5)语言文化差异造成国家形象的正确理解难以保障。尽管世界早已进入全球化时代,世界也日益变为地球村,但各国的语言文化、宗教信仰、风俗习惯等相差很大,一国风行的潮流也许在另一国看成是笑柄,一国不耻的行为在另一国也许是众人争先效仿的潮流。有鉴于此,国家形象的传播必须多方考虑,不能简单而为之。只有重视跨文化的传播,国家形象的传播才能得到有效的保证,才能保证一国的形象得到海外的认同和积极评价,只有这样才有利于国家建设中找准目标,提升形象等。

二、中国国家形象跨文化建构与传播必须认清的现状

当前,在开展我国国家形象跨文化建构与传播中,我们面临着如下不利现实。(1)我国形象建设滞后于现实需要。当前,我国国家形象建设未能跟上经济高速发展、国家整体实力不断提升的现状,形象的传播也未能根据国家在世界上的相应地位,形成展现中国实际、服务于国家下一步发展的格局和形势。在这一点上,传统友好国家的情况好于其他国家,发展中国家的情况好于发达国家。(2)我国国家形象建设与传播无论是在理论建设与实际操作上都落后于西方国家。西方国家很早就注意到了国家形象的重要性,注重对于自身形

象的研究和推介。我国深受中华传统文化的影响,在文化的骨子里面,更看重"桃李不言,下自成蹊"。西方国家既重视行为,更重视行动前后的语言表达。(3)中国国家形象建设与传播受限于当前的国际体系,这既包括现行国际关系的宏观体系,也包括当今国际政治、经济、军事、文化等诸分项方面。比如,在世界经济领域,人民币还不是世界通用的货币,我们不得不面对由西方主要发达国家编织起来的世界经济秩序。(4)国民跨文化意识较为淡薄。尽管中国是一个多民族国家,但跨文化的传播中国并不占有优势,因为中华各民族文化历来长期受中华文明的浸润和滋养,文化之间的鸿沟较小,中国形象跨文化传播在中国国内亚文化中所面临的问题明显要比在异域文化中遇到的问题少得多。西方国家多有外域文化移民的历史,跨文化经验较丰富,而我国境外向内移民情况极少,对于大多数民众来说,跨文化意识和跨文化能力还相当弱或肤浅。(5)我国在发展中所面临的困难和潜在的问题都将是我们在对外形象构建和传播中不可不面对的问题。这其中可能包括环境问题、饮食安全问题、知识产权保护问题、腐败问题、贫富分化问题等。在一段时期内,在建设和传播新型国家形象的道路和征程中,这些问题可能还会伴随我们。

三、中国国家形象跨文化建构与传播的主要应对措施

尽管形势严峻,但面对中国在本世纪崛起,中华民族伟大复兴,中国重新成为维护世界稳定和引导世界繁荣发展的一支重要力量这一现实,我国形象的海外跨文化建构与传播已没有退路,已成为当前中国发展和建设中必须要解决的重要现实问题。总的说来,我们在从事我国形象跨文化建构与传播中,要注意从以下方面采取措施:

(一)构建良好整体战略

首先要对我国当前和今后一个时期内的国家形象确立一个合理而又明确的定位,要综合考虑多方面的因素,尤其要体现出世界眼光和意识,大国责任和胸襟,人类共同发展和追求。因此,我国的国家形象可以定位为:政治上是构建社会发展模式的重要典范,外交上是

推动互利共赢的重要支柱,经济上是引领世界发展的重要引擎,科技上是拓展技术创新的重要源头,军事上是捍卫国家安全与利益、维护世界和平的重要力量,文化上是构建现代和谐社会的重要代表,文明上是促进世界繁荣的重要堡垒,国民上是热爱和平、热爱国家、包容世界的优秀民族。在此整体框架下,大力推进"美丽中国"的建设,从政府、社会各行业(包括企业、公司等)、社区、学校等直到家庭,提出落实"美丽中国"的行为准则,为实现"美丽中国",实现真正的"魅力中国"而努力。

(二) 研究中外文化差异

要大力推进国外文化的研究,尤其是不同国别、区域、民族文化的研究。世界诸国文化千姿百态,民族文化更是风采万千。当前,我们仅以英语来应对拥有数千种语言的世界已难以为继,仅以西方英美文化的研究来审视复杂多样的世界,显然难以把握其他文化的真实面貌。世界诸国语言的多样性、文化的多元性要求我们应该培养更多使用外语的人才,锻造更多的了解、熟悉和掌握对方文化的行家和专家。长期以来,我们强调英美、重视欧洲语言与文化的理念在今后的发展中将无法满足同全世界国家和人民交流的需要。除了英美文化学者,我们同样需要拥有非洲文化、东北亚文化、东南亚文化、中亚文化、南美文化等区域文化的学者,更需要能够运用当地语言和文化进行有效沟通的有识之士。

(三) 发展多重跨文化传播

既要重视国家和政府有目的的形象建构与传播行为,也要重视非政府组织与公民个人在跨文化交际活动中给国家形象增添的筹码。比如,国家的国有或私营公司海外经营、公民海外旅游、各类人员的海外工作的形象,往往会被放大为该国的国家形象。既要重视传统媒体,尤其是报纸、电视、电影的作用,也要重视新媒体空间对国家形象的建构与传播带来的新挑战。当前,互联网的广泛使用已经将跨文化的传播推向了无国界的境地。简单说来,国家的每一个网民都是该国国家形象的代言人,网络上的行为举止一不小心就会触发一场国家形象的舆论大战。一个典型的事例是 2011 年 7 月，美国德克萨斯州的博客达人丹尼·霍尔瓦达，其博客上形容皮蛋是"恶魔煮的蛋"的点评被美国的有线电视新闻国际公司（CNN）网站纳入"全球最恶心食物"榜单，丹尼很快成为中国网友口诛笔伐的对象，并引来了对美国相应食品的诅咒，最后只好通过登报向中国人道歉。可见，网络上的言论要有国家形象底线，弄不好就会踩中跨文化的雷区。

（四）创建特色话语体系

做好中国国家形象的跨文化传播，一个重要方面是要提出有特色的话语体系。国家形象既是个抽象的问题，也是个可以落实到具体实物的事物。要针对中国国家形象的特点，用吸引世界人民的故事和可接受的叙事模式，用世界所关心的话题内容，用世界能听得懂的话语风格，设置中外方都能够参与的议程，建构和传播中国形象；要根据不同文化和语言的特点，设置特定的传播内容、话语框架、话语表达；还要加强世界重要媒体的话语推进模式和话语核心词的研究。应该指出的是，中西方存在着明显的思维方式差异，文化差异与话语表达的差异。这些差异经过长期的积累，会集中体现为民众对许多事物的认知差异。再加上国民关心的问题可能不完全一致，而且双方并不完全了解，甚至还有误解。因此，用什么话语，传播什么内容，在什么时候传播，在什么地方传播，都非常值得研究和探索。我们已经探索性地在美国时代广场播出中国形象的专题广告片，也为"中国制造"在美国播过广告片，近期的领导人动画片等都起到了很好的效果。这些探索，为中国国家形象的海外传播积累了经验。

（五）提升国民整体素质

国家形象与一个国家国民的素质直接相关。国民素质低的，国家形象显然不会好。只有国民素质高的国家才有利于国家形象的建构和传播。国民整体素质涉及的方面很多。比如儒家的礼、义、仁、智、信就可以是直接影响国民形象的要素，而且是国民形象的核心要素。其他方面，比如讲究卫生、乐于助人、遵纪守法、守时准时、容忍大度、节俭朴实、务实求真、爱岗敬业、爱国爱民等个人安身立命的基本素质可以被看作一个国家国民的重要要素,拥有它们并不为国民形象带来非常重要的因子,但如果缺失其中的一个或数个,那对于该国的国民形象显然会带来很大的影响。现代社会对于一国公民的基本素质还提出了更多更高的要求,比如享受良好的教育,有较强的工作能力、沟通能力、创新意识和能力,具有理性思维和现实分析与批判能力,追求科学的意识和精神。在国际化、全球化的今天,拥有良好的跨文化意识和能力,尤其是具有开放意识、国际视野、包容他国文化、乐于接受海外优秀文化以及能够从事跨文化交流和沟通的能力会给一国国民形象带来重要的加分因子。我国改革开放已有30余载,加入世贸组织也有10多年,国民的整体素质在不断提高。国民素质经过"五讲四美三热爱"的锤炼,又经过了"八荣八耻"的教育,当前在大力弘扬社会主义核心价值观和传统文化的作用下,国民素质在新的世纪有了更新的面貌。相比改革开放前那种闭塞面貌,现在的中国人已展示出崭新的现代国家公民的形象。当然,我国公民的素质意识还要进一步加强,尤其是跨文化的意识和能力,创新意识和创新精神也亟待加强,这对我国国家形象的提高大有裨益。

(六) 打造文化传播品牌

当今世界早已进入传播时代,国家形象的对外传播中,需要依托典型的文化载体或符号。我国国家形象的建构与传播,需要设计和建设各式各样的重要产品,并使他们成为中国形象的代言者。首先是创办或举办世界性、国际性或区域性的重大活动;其次是制造重要的行销全球的工业产品,再就是输出能被世界人民喜爱的文化艺术产品;再则是把跨文化传播的产业做大做强。文学作品、舞蹈、歌曲、绘画是其中的必要部分,电影、电视剧更是其中的重要内容;由于动画片往往能得到男女老少的喜爱,因此动漫产业应该成为国家形象的重要建设领地。要重视国家文化符号的建设,把他们与国家的经济实体联系在一起。2011年王一川、董晓萍研究提出了中国最具代表性的文化符号为"汉语(汉字)、孔子、书法、长城、五星红旗、中医、毛泽东、故宫、邓小平、兵马俑",这些传统符号值得我们重视,其他有标志性影响的国家形象符号也同样值得我们重视,比如功夫(太极)、熊猫、茶、中国饮食、京剧、瓷器等符号。这些符号已经在过去几千年的历史中随着中国文化远销海外,如同可口可乐一般,为全世界所熟悉、所接受,甚至也影响了全世界,为世人所钟爱。我们还要重视新的文化符号产出。比如,由于莫言获得诺贝尔文学奖,莫言这个名字和他的文学作品——《红高粱》等就会将中国形象带到全世界。我们更要重视具有时代特色的现代符号设计和产出。这需要发挥民族的特色,也要了解世界的需求,更要注意创新性和时代性的魅力。我们常说,"民族的也是世界的",但世界已经经过了长时间的交流,当下有创新意义的、符合新世纪时代要求的符号才更可能是世界的。

四、中国国家形象建构与传播对策

在形象建构与传播中,我们要注意避免走入一些误区,尤其是那些因认识不到位而容易产生的结果。

(一)整体定位虚幻化

当前,我国国家形象应该是具体明确的,更应该是符合实际的。既要自信、自立、自强,也要脚踏实地、务实求本。任何超脱实际,过于美化中国,甚至陶醉在一种自欺欺人的境地,只会自己害自己。不骄不躁、不卑不亢是我们应该保持的对自身的清醒认识。尽管在短时间内完成了经济的整体腾飞,但我们在人均国民生产总值上与西方发达国家还有很大距离。自高自大的认识,是经不住时间和实际的考验的。

(二)形象传播形式化

对于国家形象的建构,应该落实到实处。实际上,国家形象的传播,其根本基础还是在国家自身,在于国家的客观实际。试想,一个实际上政局动荡、国力衰微、穷困落后、闭塞视听、污染严重的国家,其形象是不可能为世人所称道的。而一个真正美丽的国家,在这个全球化的时代,一个互联网以及新媒体盛行的时代,任何有魅力的地方和故事是逃不过人们的视觉和听觉的。

(三) 认知框架传统化

关于当前我国国家形象的建构,不能简单地定位为传统中华文化影响下的中国,也不能简单符号化为深受孔子思想影响的东方国度,更不能简单地隐喻为龙的传人。这只会把受众带入数千年前的认知定式。经过自鸦片战争以来血与火的洗礼的中国人在实现了自身独立之后,在经过改革开放后,在进入新世纪后,已经实现了新的身份再造和角色转换。如果仅用传统的特点去建构自身,显然会给受众带来认知局限,不利于新的形象建构与传播。要积极探索打造中华民族在世界民族之林中的新身份、新角色,比如积极打造中国人"积极进取、努力奋斗、团结友爱、开放宽容、勇于担当、敢于创新、守卫和平"等形象,在国际上大力塑造"和平发展论""共同发展论""发展双赢论"和"中国贡献论"的形象。

(四) 交流输出意识形态化

国家形象的对外传播免不了会带有一定的意识形态,但国家形象的对外传播不能以意识形态的传播为终极目标,也不能以意识形态的传播为全部内容,只能尽可能地将意识形态弱化或淡化。这二者不是有机结合的问题,而是要尽可能撇清关系。依托意识形态外壳的国家形象传播要么容易引起所在传播地的反感,要么国家的形象会受到一定的扭曲。二者最后的结局都会给国家形象的传播带来损失。尽管当今世界各个国家之间意识形态的斗争依旧尖锐复杂,但直接将意识形态大张旗鼓地进行传播的做法早已过时。

(五) 话语表述他者化

国家形象的对外传播中,应该传递自身的形象,应该尽可能地避免以他者的身份来构建自己,以他者的身份来传递自己。在广告中,我们有时会发现这类现象,为了传递某种产品给受众,广告不得已借用了另外一种产品来传递自身的信息。比如,为了兜售小区的住房,房地产开发商会用"优胜美地""威尼斯城""黄金海岸""东方巴黎"等类似的话语来达到目的。这些话语借用了人们心目中已熟知的某种美好形象,并通过话语启动它,借此提高兜售楼盘的形象。对于小的产品如此做无可厚非,但国家形象的文字宣传显然不能采用这一套。必须用符合本国特性、代表本国实际、区别于他国特点的话语来表达。否则,一方面会造成文化上的丧失自尊、丧失自我的境地,另一方面在政治上还会招来麻烦或外交的风波。

(六)形象打造浮躁化

一国形象的建构、打造和传播往往需要时日,非一朝一夕之功。受众会受到传统形象(形象定式)的影响,会始终抱定以往的老印象。要想改变和打造一个新形象,需要形象的打造与传播者有着良好的耐心和热情。国家形象的传播有时还是个"可遇不可求"的事情,即便是进行了长时间的尝试,也有可能收效甚微,甚至适得其反。对于国家形象的建构与传播,应该摒弃"当前就见效、眼下就起作用"的思想;更应该采取淡定的心态,以始终不渝的心理,锲而不舍地做好国家形象的建构与传播。

五、结论

综上所述,我们需要清醒地认识到当前我国国家形象跨文化建构与传播面临的新形势。在从事跨文化建构与传播的实践中,要做好顶层设计,对我国形象做好切实的定位,大力推进区域文化的研究,加大多重跨文化传播媒介的建设,创建有中国特色的国家形象话语体系,提升国民的整体素质,努力打造文化传播的品牌;摆脱虚幻定位,避免只重形式不重内容与实质的建设,不以简单的传统形象为传播方向,不以意识形态的输出为追求,不用他者的话语来打造自身,避免心态的浮躁和急躁。

本土化与全球化的交融
——中国传统文化"走出去"问题探析

赵 跃

中国传统文化"走出去",也就是中国传统文化的国际传播,是指通过文化交流活动,向世界各地传播中华民族的文化理念和文化形态,提供文化产品和文化服务。中国传统文化"走出去",有利于在互动交流中实现文化的发展。在全球化背景下,我们需要对为什么"走出去"、通过什么渠道"走出去"、如何"走出去"等问题进行探讨。

一、中国传统文化需要"走出去"

五千年的悠久历史给予中国深厚的文化积淀,为我们提供了丰富的文化资源,奠定了宽阔的沟通平台。在进行中国文化的国际传播中,传播什么、怎么传播,关系到传播效果的最终实现。我们认为,中国传统文化是需要首先"走出去"的内容,中国传统文化在中国文化的国际传播中具有重要的意义。

(一) 中国传统文化最能体现中国的核心价值观,它的国际传播是历史发展的必然要求

中国传统文化主要是指以中华民族为创造主体,于晚清以前在中国这块古老的土地上形成和发展起来的,具有鲜明特色和稳定结

构的,世代传承并影响整个社会的、宏大的古典文化体系。① 中国传统文化是中华民族各种文化的统一体,最早可以追溯至远古时代对天地的崇拜,其思想体系以春秋战国时期的诸子百家为源头,以儒家思想为主体,同时受到多家思想流派的影响,总体上呈现出多元趋势。"决定中华特性的那些关键因素不是来自上个世纪的政权国家时期,而是来自几千年的历史,而这就决定了中国特色的独特性"。② 儒家文化对"和而不同"的关系追求以及"中庸之道"的处事原则,反映了人们共同遵守的价值观念、思维方式、审美情趣和生活准则,而其谋求人与自然、社会的和谐统一,注重群体利益、道德仁义、忠孝诚敬等的价值取向,奠定了与世界共同分享、共同对话、共同承担的思想基础,能够满足不同时代、不同民族、不同文化的人们的精神追求。

(二)对西方国家来说,古代中国具有神秘的东方情调,而异国情调正是文化交流与文明了解永恒的冲动③

西方人对东方一直充满向往与憧憬,戏曲、瓷器、丝绸等文化符号在西方人眼中几乎就是中国文化的代名词。最初的中国热兴起于18世纪的欧洲,他们把中国物化为家具、瓷器和茶具等器具,把中国风格理解为稀奇古怪的形式和富丽堂皇的装饰。采用中国装饰题材,摆放带有中国特色的艺术品和工艺品,整体或者局部地模仿中国家庭的布局,这种情况被法国人叫作"中国风格"④。

西方人对中国事物充满热情,日本学者小林太市郎认为,西方人,尤其是法国人,在"全面地学习中国,抛弃各种文化上的中世纪残余,使他们从现实生活,从艺术享受上全面地前进了一步,形成了法国的理性和享乐的近代文化"。⑤ 现在,中国风格不仅包括这些物质符号,还包括中国语言、中国文字、中国思想等非物质符号。文化上的不同是促进中西双方互动、交流的动力。

---

① 赵洪恩、李宝席:《中国传统文化通论》,北京:人民出版社,2003年。
② [英]马丁·雅克:《当"文明国家"中国统治世界时》,《参考消息》2010年2月10日。
③ [瑞士]弗朗西斯·约斯特著,黄敏杰译:《比较文学导论》,长沙:湖南文艺出版社,1998年。
④ 陈志华:《中国造园术在欧洲的影响》,济南:山东画报出版社,2006年。
⑤ 李春:《西方美术史》,西安:陕西人民出版社,2004年。

（三）中国传统文化较少带有意识形态色彩，不易受某些负面报道和评价的影响

当前的中国处在转型变革时期，用二三十年的时间完成西方世界二三百年的发展，这是人类历史上前所未有的一次大飞跃。不过中国在经济急速发展的同时，也带来了各种各样的社会问题，诸如环境污染、食品安全、贫富悬殊、暴力执法等问题被某些西方媒体大肆渲染，从而形成了一系列不利于中国的负面报道和评价，加剧了那些戴着有色眼镜的西方人对中国的不认同。在冷战思维没有完全消除的情况下，意识形态问题也会增加中西双方的隔阂。如果这些与中国文化混淆在一起，就会导致一损俱损现象的发生，严重阻碍中国文化的传播。而中国传统文化对西方世界来说，较少带有意识形态色彩，具有持久性和连续性，不易受到负面报道和评价的影响。

二、中国传统文化"走出去"的原则

中国传统文化扎根于中华民族的沃土，如何使人类文化的这一瑰宝走出国门，与世界人民共享，是文化传播中的重要议题。近年来，在国际市场上大获成功的青春版昆曲《牡丹亭》、浓缩版《粉墨春秋》、原生态舞剧《云南印象》等，都是中国传统文化国际传播的典范。我们认为，只有坚持本土化的根基、全球化的定位、市场化的运作和共同化的价值，才能顺利实现中国传统文化的国际传播。

（一）本土化的根基

传统是一种不以人的意志为转移的文化基因。传统文化的传播和发展必然要植根于中国本土的文化传统之中，只有保持文化自身的民族性和本土化根基，才能实现在世界范围内的更好的传播。如果失去了本土文化的自觉意识和特有的文化精神，文化产品的吸引力就将大打折扣。由白先勇领衔，两岸文化精英合力打造的青春版昆曲《牡丹亭》，坚持"正宗、正统、正派"的原则，在秉承原著的古典精神、保留昆曲古典含蓄写意审美风格的前提下，对其进行现代改编，

取得了巨大成功。该剧在全球巡演,200场演出场场爆满,成为中西文化交流史上的一个极富影响力的事件,为中国传统文化的国际传播树立了典范。2012年12月,在第七届全球孔子学院大会上上演的浓缩版《粉墨春秋》,艺术地呈现了《挑滑车》《拜山》《杀四门》等京剧经典剧目的精彩片段,保留、展示了髯口功、跷子功、水袖等中华戏剧文化的精粹,受到108个国家和地区的大学校长、孔子学院代表的高度赞誉。① 杨丽萍创作、排演的原生态舞剧《云南印象》,展现了中国传统文化的精髓。该剧所有的元素都是由云南民族民间文化构成,透显出浓郁的乡土气息和民族风情,凭借其独有的原生态的舞蹈形式和艺术魅力,在国内外引起极大的轰动。美国的百老汇、芝加哥、拉斯维加斯等都将它定为重点推出剧目。这些成功的跨文化传播案例说明了一个亘古不变的真理:只有民族的才是世界的。

(二) 全球化的定位

坚持本土化的根基,并不意味着对传统的自恋和固守,传统文化的国际传播还要坚持全球化的定位,即在传承传统艺术经验的同时,在国际语境中进行艺术拓展。全球化定位是面向全球进行传播的一种理念,它不是对传统文化立场与价值的解构,而是引入并借助于新的传播模式,使传统文化成为更具包容性和对话性的文化。这要求我们从不同维度研究并采取最适用的传播模式,从受众的视角来阐释带有民族性、地域性的传统文化。如考虑国外观众的欣赏习惯,青春版《牡丹亭》把原本55则故事删为27则,使故事更为紧凑且高潮迭起;孔子学院版《粉墨春秋》则将2小时的原版舞剧浓缩为65分钟,创造性地将中国京剧、舞蹈、武术、杂技等表现形式有机融合在一起。在舞台表现方面,由以前听觉为主的传统演出变为视听并重的现代演出。绚丽多彩的服装、摇曳生姿的舞蹈、灯光布景的变换,都给人以强烈的视觉冲击。但这些舞台处理大多在遵从中国古典戏曲审美旨趣的前提下,结合现代舞台技术予以创造性的编排,保留了中

---

① 《浓缩版〈粉墨春秋〉演出获成功》,http://www.daynews.com.cn/sxrb/abart/A2/1688053.html,2012—12—18。

国写意象征之美和灵动流转的韵致。在内容意义方面,呈现出新时期的文化和历史特征,蕴含着更加复杂的人性内涵。所以,只有把民族性的传统文化放到全球化的文化语境中进行审视,在现代语境中进行重构,才能形成可以沟通的文化理解。

(三) 市场化的运作

一个文化产品能够走向世界,成为文化消费市场的著名品牌,离不开成功的市场运作。如青春版《牡丹亭》在上演以前,白先勇就在国外开设了昆曲讲座,举办了座谈会、学术讨论会,并借助电视、网络等现代媒体扩大影响,吸引主流媒体的目光,培养受众群体。对于外国观众来说,中国戏曲的程式化和虚拟性成为理解的一大障碍,这些前期准备有效地普及了昆曲知识,扫除了观赏障碍,激发了观赏兴趣。该剧在美国上演后,即刻引起轰动,加州大学柏克莱校区马上开设了昆曲课程,音乐系与东方语文系合作,把昆曲当作世界性的歌剧来研究[1]。《云南印象》的成功也与成熟的市场化运作分不开。首先,该舞剧运用了杨丽萍的品牌效应。杨丽萍作为家喻户晓的"孔雀公主",很容易使人们产生观赏的欲望。

其次,把市场和媒体宣传确定为打开市场的钥匙。项目负责人专门组建、培训了一支营销小分队,在北京演出前,特地让12名演员身穿民族服饰走上长安街,在北京市民面前亮相;演出期间,云南省政府更是全程跟踪,并启动了强大的省级媒体阵容,采访首都学界包括人类学、民俗学、艺术学和传播学等领域的著名专家学者,为《云南印象》走进具有社会影响力的精英阶层做了很好的铺垫[2]。

(四) 共同化的价值

由于地域、时代和民族特性的制约,人类的存在可以被看作是一个有限的感性的自然的存在,但同时,人类又是一个无限的理性的文化的存在,这是因为文化包含了超地域性、超时代性和超民族性的特

---

[1] 胡丽娜:《昆曲青春版〈牡丹亭〉跨文化传播的意义》,《武汉大学学报》(人文科学版)2009年第1期。
[2] 林安芹:《大众传媒时代的民间文化传播——以大型舞蹈〈云南印象〉为例》,《民族艺术》2005年第1期。

征。跨文化的传播,要建立在所有交往参与者所能共同接受的价值观的基础之上,这样才会产生共鸣,有效地促进不同文化间的交流,进而推进本土文化价值观的传播。如"青春与爱情"这一超越时空的精神主题,使青春版《牡丹亭》成功消解了传统昆曲文化与受众之间的距离,人们于是就很容易在杜丽娘与柳梦梅生死缠绵、矢志不渝的爱情中产生共鸣。向往个人幸福、呼唤人性解放等共同的价值追求,冲破了时空界限与文化障碍而赢得了世界的认同。《粉墨春秋》讲述了清末民初时期梨园戏班三个武生师兄弟在爱恨情仇中成长的故事。通过三个师兄弟的人生经历,展现了师徒父子情、兄弟手足情、男女爱情及江湖恩怨等人生百态。国外受众或许对这种民族性的背景不够了解,但丑小鸭蜕变为白天鹅的经历,小人物在大时代背景下多舛的命运,只要持有积极向上的人生态度终会成就大业的精神主题,都含有人类共同的情感特质,在不同的文化视域中都能引发共鸣。

三、中国传统文化"走出去"的路径

历史上,中国传统文化对世界文明的贡献堪称卓著。如日本文化刻有唐朝文明的烙印,朝鲜、非洲文化带有明代盛世的影子,整个西方都从古代丝绸之路承载的中华文明中受益匪浅。如今,中国经济的腾飞为文化的发展和对外传播提供了良好契机,只有抓住机遇,积极转变观念并付诸行动,相信不久的将来完全可以重铸曾经的辉煌。

(一) 制定并完善相关政策

推动中国传统文化"走出去",国家的相关政策是首要保障。目前,世界各国都已认识到文化立国的重要性。如韩国在 1997 年亚洲金融危机之后,就正式提出了"文化立国"战略。2005 年韩国发表《文化强国 C—Korea2010》,提出了建设文化大国和知识经济强国的中长期发展蓝图与战略;2010 年,李明博政府发布《内容产业振兴基本计划》,提出力争在未来3年内实现文化产业规模达到世界第7位①。一系列的政策措施保障了韩国文化国际传播的稳步推进,其取得的效果也有目共睹,"文化韩流"早已席卷世界每一个角落。中国也制定了中长期文化发展战略。党的十七届六中全会明确提出要按照全面协调可持续发展的要求,推动文化产业跨越式发展,使之成为新的经济增长点、经济结构战略性调整的重要支点和转变经济发展方式的重要着力点,为推动科学发展提供重要支撑;十八大更是将扎实推进社会主义文化强国建设作为一个重要奋斗目标提了出来。要实现这些目标,国家需要改革和创新文化管理体制和机制,进一步开放和整合文化资源,在鼓励、支持文化事业和文化产业快速发展的同时,积极推进包括传统文化在内的中国文化的国际传播。在传统文化的国际传播中,会遇到很多第一次或无章可循的事情,政府应及时给予政策上的倾斜,为传统文化"走出去"提供便利和保障。

(二) 加大对文化产业的资金扶持力度

资金上的大力支持不仅可以有效地保障文化产业的快速发展,对扩大在国际文化市场上的份额也会起到重要的推动作用。特别是一些民营企业,它们以各自的方式推动了国家间的文化交流,对于中国文化的国际传播发挥了积极的作用,理应得到大力扶持和帮助。如民营传媒企业"俏佳人"于2009年并购了覆盖全美7000万用户、拥有14个频道的美国国际卫视电视台,在洛杉矶成立了ICN国际中国联播网总部,成为第一个进入美国公共收视平台的中国文化传媒企业②。这些民营企业作为输送中国文化的国际平台,完成了很多国家级传媒机构没能完成的任务,但他们获得的国家财政资金的支持远不及国家级传媒机构。所以,政府应在增加资金投入、加大对文化产业资金扶持力度的同时,对在"走出去"中做得好的企业,在税收、奖励、补贴上予以倾斜。应利用税收、信贷等经济杠杆,推动文化产业走入国际文化市场。

---

① 向勇、权基永:《国政方向与政策制定:韩国文化产业政策史研究》,《福建论坛》(人文社会科学版) 2012年第8期。

② 萧盈盈:《中华文化走出去的现状分析与发展思考》,《现代传播》2012年第1期。

(三) 构建多元合作和多层次的传播渠道

推进中国传统文化的国际传播,不可过于依赖政府的推动,因为这容易给人一种文化入侵的感觉,从而遭到反感和抵制。所以,在大力推动政府间的文化交流的同时,要积极推进传播渠道的多元化,努力探索市场化、商业化、产业化的中国传统文化"走出去"的运作方式。不同的传播主体可以从不同角度、各有侧重地进行传播,通过开展国内与国外、政府与企业之间的多元合作,构建多层次的传播渠道。首先,发挥民营机构的传播力量。从国际经验看,政府之间的文化交流活动往往委托企业运营。民营机构以一种非官方的身份,较少受某些西方国家意识形态偏见的影响,在吸引、招揽和使用人才及具体经营上有更大的灵活性。其次,与国外机构加强合作。海外华人协会、文化研究机构、文化传播团体、汉学家、艺术家、媒体等,都是中国传统文化"走出去"的强大推动力,他们的声音在当地具有重要影响,与他们合作能够促进国际营销网络建设,使中国传统文化更快地融入当地。再次,发挥汉字文化圈的辐射力,形成宽领域的对外文化交流格局。汉字作为一种重要纽带,其背后负载着儒、佛、道等一系列的文化与文明。以儒学为代表的传统文化曾经给古代朝鲜、日本、越南等国带来了哲学伦理、政治思想和统治经验,极大地促进了汉文化圈的形成。发挥汉字文化圈的共同影响,不但会增加文化传播中的认同感,还会扩大文化传播主体,形成传播合力。

(四) 创新传播内容与手段,推动中国传统文化的国际表达

中国传统文化"走出去",需要以本土为根基,对有关文化资源进行创造性开发与国际化演绎。创新是文化发展的内在张力,是保持文化生机的必要手段。"当今文化发展,创意制胜,内容为王"[1],所以文化产业也被称为创意产业。通过创意,可以使人的文化创造力成为经济增长的主导要素,可以形成高的产业附加值。世界文化多样性格局中,中国传统文化"走出去"的关键在于如何在保持中华文

---

[1] 黄辉:《巴黎文化产业的现状、特征与发展空间》,《城市观察》2009 年第 3 期。

化人文精神的前提下,富有创意地将丰富的传统文化资源转化成现实的文化资本,生产出既具有中国传统神韵,又符合现代人审美情趣、行为方式和消费习惯的内容产品。我们需要根据国际惯例和目标市场的差别,灵活运用多样化的策略,对中国传统文化进行国际化演绎。只有坚持本土化的根基和全球化的定位,才能找到中国文化与异质文化之间的相契、相通之处,消除文化隔阂,实现文化的认同与融合。

(五) 培养、储备跨文化传播人才

任何时代、任何领域,人才都是事业发展最能动、最重要的因素。由于不同国家的法律制度、文化环境、审美偏好不一样,中国传统文化"走出去",需要培育一大批既了解国外文化历史又熟悉国际文化交流业务,既懂得国际文化贸易规则又具备良好外语知识的复合型人才。首先,要发挥国内高校育人的作用,在文化传播、文化产业、文化管理等相关专业加强对专门人才的培养,提高他们的跨文化传播能力、科技研发能力、市场策划能力、文化沟通能力,以应对迅速发展的国际形势。其次,加强国内外人才的交流与合作,选派相关领域的中青年人才到美、欧、日、韩等文化产业强国研修学习、交流探讨,提升他们的能力和水平。再次,激发个体创作的积极性。目前的中国,个体利用互联网等新兴媒体进行文化创作已成为一种流行趋势。鼓励和保护个人参与创作的积极性,每年新增的原创者数量就会十分庞大,这必将极大地促进包括传统文化在内的整个中国文化的创新和传播。

全球化时代中国文化传播策略的当代转型

贾磊磊

毋庸置疑,全球化为各种文化之间的相互交流创造了更多的机会,也提供了更广阔的对话平台。文化交流的空间获得了前所未有的扩展,特别是以个人为主体的信息交流方式越来越普遍。可是,在一个大众普遍参与的文化交流模式中,在一种海量的信息交流活动中,要想实现文化交流、尤其是跨文化交流的有效性,我们还有诸多尚需努力的工作,这其中至关重要的是要进行中国文化传播策略的时代转型。我们不仅应当在国家之间、民族之间建立通畅的文化交流渠道,在文化交流活动中寻找一种能够保障不同文化相互认知、相互理解的有效方式,以确保文化意义的迅速、有效、准确的传播,而且还应当有效地抵制在全球化过程中出现的话语霸权与文化霸权,保持多样性的文化生态,促进世界文化的共同繁荣。

一、将中国文化的本土化表达转化为国际化表达

目前,人们把20世纪80年代以后以信息技术革命为动力、以跨国公司为主体的生产、流通与消费现象视为全球化的开端,特别是以苏联、东欧解体以及冷战结束当作全球化时代的历史起点[1]。可是,

---

[1] 李彬:《全球新闻传播史》,北京:清华大学出版社,2005年,第470页。

由于各国所介入的全球化程度并不相同,进入全球化的历史时段也并非一致。世界各国不是站在同一个文化历史的起点上,尤其是由于各个国家走过的发展道路不同,尊奉的文化信仰不同,践行的政治理念不同,依循的生活方式也不同,势必造成在文化理念与文化传播方式上的对立与差异。在人类社会还不可能弥合这种"文化分野"的情况下,对不同文化价值观的相互理解与相互尊重会显得极其重要,基于这种情况对本土文化的国际化表达也显得越来越紧迫。

那么,什么才是一种本土文化的国际化表达呢?如果,有一种国际通用的语言,那么,我们就要用这种语言来讲述我们的历史故事;如果,有一种国际共有的传播工具,我们就要使用这种工具来传播我们的文化思想;如果,有一种国际共享的信息载体,我们就要用这种载体来传输我们的核心价值观。我们不能够期望外国人都去学会了汉语再传播我们的文化,在传播媒介高度发达的多媒体时代,传统文化的物质载体需要进行升级换代,我们需要用活动影像替代(不是取代)书刊杂志,用彩色影像替代黑白文字,用交互式的互联网替代单向度的印刷品。虽然,我们不能够把所有的传统文化资源都转化为可以在新媒介上进行传播的文化形态,我们毕竟能够改变"用传统的方式传播传统文化"的陈旧模式,最起码能够让我们的文化产品在格式上,在制作品质上要与国际通行的文化产品相一致。在"传播系统成为整个社会系统发生变化的晴雨表和推进器"的时代[①],这种传播话语的国际化转型,是当今社会结构现代性转型的必然结果,也是其转型的现实动因。

目前,德国的歌德学院、西班牙的塞万提斯学院、韩国的世宗学院、中国的孔子学院都把语言作为文化传播的主要载体。尽管这些机构也举办了许多其他的文化活动,但是,对语言的教学与推广依然是他们的工作重点。这种建立在印刷时代的文化传播理念并没有随着影像时代的来临而相应地有所改变。我们对于文字语言的过度依赖,使我们的对外文化传播不能够满足现实的迫切需求。跨文化研

---

① [美]丹尼尔·勒纳:《传播体系与社会体系》,张国良主编:《20世纪传播学经典文本》,上海:复旦大学出版社,2003年。

究的成果表明:"来自不同文化的人们互动时,最明显的差异,乃在于无法共享符号系统(shared symbol system),甚至还会赋予相同的符号不同的意义。这种符号的异质性是跨文化沟通的最大障碍。"① 所以,如何利用相同的文化符号系统,实现在不同文化背景下人与人之间的相互理解与相互认同,克服跨文化交流中的理解偏颇与认同误差,是实现不同跨文化沟通的必要前提。

其实,相对于复杂的文字语言符号系统,非文字类文化符号在跨文化传播中往往能起到更直接、更便捷、更迅速的作用。这类国际共享、通用的文化符号,主要指的是那些依靠视觉图像及其听觉符号进行表述的意义载体。如一幅意境深远的绘画,一支舒缓悠扬的乐曲,一场激情奔放的舞蹈,一段生动幽默的视频,抑或一座气势恢弘的建筑,以及一部流光溢彩的纪录片。这些直接诉诸人们感觉系统的文化符号对不同民族、不同国家、不同性别乃至不同信仰的人都能够产生直观的、生动的印象,有时它们甚至比文字语言具有更真切、更直接的传播效应。

总之,传播媒介是一个国家和民族文化的重要表征,借助大众传播媒介传播主流文化,对一个国家的文化认同和民族身份的建构起着重要作用,同时,也是在全球化背景下提升国家"文化软实力",增进对民族文化的凝聚力,传达中国文化价值观的重要路径。为此,充分利用现代化的传播媒介与传播方式,实现文化意义的准确互译,防止由于传播方式与传播路径的不当所产生的文化理解的歧义与错位,是实现文化有效传播极其重要而紧迫的现实问题。

二、用多向共享的文化传播理念取代单一呆板的文化宣传模式

事实证明,宣传策略并不是最佳的文化传播策略——最起码不是对外文化交流唯一有效的策略。在汉语中,"宣传"这个词十分常用,通常是指对大众颁布政令、政策时所采用的一种公共传播行为。

---

① 陈国明:《跨文化交际学》,上海:华东师范大学出版社,2009年,第30页。

但是，汉语的宣传译成英文时总存在着被曲解甚至被误用的情况。汉语的"宣传"，在英语中一般用 propaganda 或 publicity 来表示，前者的含意是指散布某种论点或见解，它最常见的是被放在政治环境中使用，特别是指政府或政治团体支持的政治活动，有时是指那些可能采取虚构或夸张的、引人注意的方法，以及用来为某个政治领导人或政党获取支持或影响民意的做法。在大众传播学中它通常会作为一个贬义词来使用。例如，对商业广告，人们认为这只不过是宣传或说教（propaganda）而已①。在《纽约时报》的官方网页中，检索 propaganda 出现的，几乎都是关于政治宣传的文章。可见，美国的主流媒体对这个词的用法一般还是有保留的。对宣传较为中性的表达是 publicity，这个词的使用更为普遍。尽管由于语言的用法会赋予同一个词汇以不同的意义，但是，在关键词语的选取上，依然还是能够体现出选择者的意图所在。在新世纪出版的汉英大辞典里，中共中央宣传部已经改译成了 the Publicity Department, CCCPC②。由国务院新闻办公室策划、外交部、外文局、新华社、中国日报社、中央编译局等单位编译的《汉英外事工作常用词汇》，"中共中央宣传部"的"宣传"一词由原来的"propaganda"改译为"publicity"③，对此，有关专家曾指出，"这是解放思想、锐意革新的一个具体成果。"④通过检索《中国日报》的网页，我们发现了 793 个包含"publicity department"的网页，而包含"propaganda-department"的网页只有 24 个。这已经看出我们对外宣传策略上越来越采取一种中性的词语来表达我们的意图，而不再刻意地将宣传的理念植入到对外文化活动中。然而，在《纽约时报》网站检索中输入"propaganda department"，得到的有两个结果，依然都是关于中国的报道。由此可见，西方传播媒介对中国宣传机构还是存在着固有的偏见，在他们眼里，中国的宣传部门似乎就该叫作"propaganda department"。在我们自己的新华

---

① 《"宣传"的各种英语表达方式》，http://www.tesoon.com/english/htm/07/34937.htm.
② 吴景荣、程镇球主编：《新时代汉英大辞典》，北京：商务印书馆，2000 年。
③ 张明权：《"宣传"到底该怎么翻译？》，《中国日报》中文网，http://language.chinadaily.com.cn/trans/2009—10/27/content_8856201.htm.
④ 同上。

网上,"中共中央宣传部"仍然翻译成"the Propaganda Department of the CPC Central Committee"。值得注意的是,在同一网页中,中共中央对外宣传办公室则已经被译成"the International Communication Office of the CPC Central Committee"。按照这个英文词的本义,宣传的概念已经被传播的概念置换。长期从事新闻翻译研究的上海外国语大学张健教授主张"外宣翻译"一词译为"translation for international communication",在以上两个表述中都引入了"communication"(传播)的理念,来取代"propaganda"(宣传)的理念。就此而言,我们可以说在对外文化传播策略方面,不论是国家的新闻媒介还是主管的中央机关乃至学术领域大家都对同一个问题越来越形成基本的共识。我们深知,对外文化交流乃至中国文化"走出去",并不是靠一两个概念的置换就能够实现的。我们在此所强调的主要问题尽管限定在核心概念的使用上,但是,这并不意味着我们的视野仅仅局限在单一的语言范围内。

英语中的"传播"(communication),原意中包含着通讯、通知、信息、传达、传授、交通、联络、共享等多重意思。1945年11月16日,在伦敦发表的联合国教科文组织(UNESCO)宪章中,曾经这样写道:"为用一切大众传播(mass communication)手段增进各国之间的相互了解而协同努力。"其中的 mass communication 被翻译为"大众传播"(专指报纸、广播、电视、网络等媒体而言),所以,这些媒体也就被统称为"大众传播媒体"。由此可见,传播是指社会信息的相互传递或社会信息系统的交互运行。传播的根本目的不是为了单向的宣传诉求,而是人与人之间、人与社会、机构与机构、国家与国家之间,通过有意义的符号系统进行的信息传递、接受或反馈活动。采取这样一种建立在双向互惠基础上的文化传播策略,无疑比那种单向度的文化宣传模式更容易使对方接受,进而也会更为有效。

传播学巨匠麦克卢汉在1964年就提出了与全球化密切相关的"地球村"概念。他认为,电子媒介在传播重大事件与各种信息的同步化,使地球在时空范围内"缩小"为一个人类共同居住的村落,进而人类进入了"重新部落化"的时代。这种"重新部落化"导致人们需要大众传媒提供一个可以通过想象认同的文化空间。在传播媒介疾速发展的全球化时代，必须考虑到我们的任何文化表达都是一种面对全球媒体的文化宣言——不管我们愿意不愿意它都必将是一种即时性的、外向性的、世界性的表述。正像安东尼·吉登斯所强调的，"我们正在进入一个全球化秩序之中，我们所做的一切都在影响他人而同时被他人所影响。"①所以，我们要用多向共享的文化传播理念取代单一呆板的文化宣传模式。这就是说，我们在传播一种文化理念的同时，也应当注意到能否为对方提供一种艺术享受与审美体验，抑或是一种资讯服务，进而达到心灵层面的相互沟通。

德国的《法兰克福汇报》曾经发表了针对孔子学院的批评性文章。其中核心的观点，就是批评孔子学院并不是一个文化的传播机构，而是一个文化的宣传机构。因为宣传的主导动机与文化的传播效应并不能够相提并论，最起码与人们所期望的文化交流并非一致。孔子学院在西方某些著名高校受到抵制，也是基于他们对孔子学院宣传职能的误解，因为这种带有政府宣传职能的运作模式与他们想象的学术理念相互抵牾，进而造成了文化传播上的深度隔阂。所以，在文化艺术领域，官方的、政府的角色在国际交流、特别是国际文化交流中应当"后置"，推到前台的应当是高等院校、研究机构、艺术院团以及民间文化艺术团体。这样反而能够达到更有效、更广泛的传播效果。

三、实现文化产品在文化取向上的通约整合

目前，中国社会进入了一个历史的转型时代，经济的高速发展犹如巨流奔涌，引起泥沙俱下。在我们面前，不同文化时代的各种角色同时登场。现实的生活几乎能够为各种不同的价值判断提供事实依据。恰恰在这种纷繁复杂的历史语境中，我们的社会现在越来越缺少普遍的集体共识，越来越难于确立共同的价值标准，以至于在我们的社会中显露出前所未有的价值裂变。处在这样的时代，我们的文

---

① "Anthony Giddens and Will Hutton in Conversation," in *On the Edge: Living with Global Capitalism*, ed. Will Hutton and Anthony Giddens, London: Jonathan Cape, 2000, p. 1.

化产品应当对这个社会的精神走向起到一种引领与导航的作用。而要完成这个历史使命，就需要对文化产品形态中所表达的价值观进行通约与整合，而不能将文化产品的经济、社会以及艺术职能肢解开来，好像艺术电影就是浑身的个性，可以完全不顾及观众的感受；商业电影好像就是一脑门子金钱，可以放弃任何的文化责任；主旋律电影就是满腔的时事政策，根本无须考虑观众的审美要求。我们要在文化产业的生产机制中寻找最大的通约性，来整合文化产品的审美、娱乐与教育功能，来实现文化产业在艺术、商业与思想维度的相互统一，而不是将它们相互对立起来。在世界电影史上有许多主流商业电影，在社会的政治影响力与文化价值观的传播方面起到了极其重要的作用。

要实现文化产品在价值理念上的通约整合，就要求我们的文化作品不论讲述的是什么时代的历史故事，选择的是什么类型的叙事形态，都应当体现出中国文化共同的价值取向，而不是在不同的题材、不同的类型、不同的风格影片中各说各话。中国文化产业所传承的价值观不是一个艺术风格的展现问题，而是一种叙事艺术的表达策略问题。说到这里，我们有必要强调，在文化产业领域，我们任何文化价值的表达，其实都是建立在观众对作品的总体认同的基础上。观众不可能接受一部在审美的感觉上被拒绝的作品所表达的思想观念，他们也不可能将一部作品的人物先推出银幕，然后再来接受它留下来的文化思想。美国戏剧理论家阿诺尔德·阿隆森曾经说过，我们现在的戏剧可以没有剧本，没有舞台，没有布景，没有灯光，没有道具，没有服装，甚至可以没有演员，那么，剩下的什么是万万不可缺少的呢？是观众[①]。所以，"观众"在21世纪将成为当代戏剧的本质。在相同的意义上我们也可以说，现在的电影什么都有，有编剧，有导演，有资金，有特技，当然还有明星，那么，我们没有的是什么呢？依然是观众——或是说我们没有足够的观众。一部没有人观看的电影，所有的价值诉求都等于零。只有观众存在，其他的所有价值才有可能一一兑现。

---

① ［德］汉斯·蒂斯·雷曼著，李亦男译：《译者序》，《后戏剧剧场》，北京：北京大学出版社，2010年。

面对全球化的文化语境,中国不可能将文化体系封闭起来进行自我表达,势必要与不同的文化资源进行通约整合。所谓通约,在人文科学领域,通常是指在不同的研究范式之间所存在的相互同构、相互重合的部分。如精神分析学与心理学、符号学与语言学、美学与艺术哲学都是具有通约性的学科。科学哲学家库恩曾经用"不可通约性"(incommensurable)①来表示新、旧两种科学研究范式之间质的差别。在他看来这种不可通约性近似于两种语言的"不可翻译"。在数学领域的涵义是,假如两个不等于零的实数 a 与 b 相除,商是一个有理数,则意味着它们之间可以进行通约。数字中的这种特性称之为可通约性。例如,8 除以 4 等于 2,那么,8 与 4 这两个数就具有可通约性。如果 8 除以 3,两数不可以除尽,商不是有理数,而是无限循环的小数,这两个数即不具有通约性。在天文学里,两个公转于运行轨道的天体,如果它们的公转周期的比例是有理数,那么,它们相互就会呈现出可通约性。例如,海王星与冥王星的轨道周期的比例是 2:3,这两个恒星天体就具有通约性。

固然,在文化领域寻求通约性是一个极具争议性的话题。我们知道,与物质的价值不同的是,文化的价值具有相对性。凡是物质性的东西,在世界上一般都具有统一的认定标准。珠宝在任何民族都是拥有财富的标志,黄金在所有国家都是经济实力的体现。可是,一种文化的价值观,对某个民族来讲可能被奉为金科玉律,可是,对另一个民族来讲也许并不为惜。所以,在文化领域寻求通约性首先会受到文化相对主义者的反对,在"那些坚持文化相对主义的人看来每种文化都有自己明确的目标和伦理,不能以一种文化的目标和伦理为尺度来衡量和要求另一种文化"②。极端的文化相对主义者还会以殉夫自焚、甚至奴隶制度来为自己寻找事实依据来抵制文化的交融与整合。美国人类学联合会执行委员会在 1947 年还不赞成联合国发表的《世界人权宣言》。由此可见,在世界上寻求不同文化之间

---

① [美]托马斯·库恩著,范岱年,纪树立译:《必要的张力——科学的传统和变革论文选》,北京:北京大学出版社,2004 年,第 374 页。

② [美]劳伦斯·哈里森:《文化为什么重要》,[美]塞缪尔·亨廷顿主编:《文化的重要作用——价值观如何影响人类进步》,北京:新华出版社,2002 年,第 13、14 页。

共享的价值观,面临着诸多障碍。在物质领域,尽管一桶石油的价格也会随着市场的波动时起时伏,可是石油的物质属性和实用价值并不会改变,它永远都是驱动汽车奔跑的能源。可是,一种文化价值,有时会在并不长的历史时期内发生根本性的变化。中国在"文化大革命"时期举国信奉的价值观今天几乎已经荡然无存。文化价值的这种相对性与易变性使人们对于文化价值的确认,难以建立一种恒久的历史共识。但是,现在越来越多的人对共同的文化价值开始持有信心。比如,人们现在都会认可文明比愚昧好,光明比黑暗好,和平比战乱好,正义比邪恶好,富裕比贫困好①。这些被世人普遍接受的价值观使不同文化之间具有了某种可通约性。在文化产业领域、尤其对于那些对海外的文化市场有依赖的行业,更要寻找这种可通约性的切入点,这是我们的文化产品能够被他人接受的心理基础。

  如果,我们将文化产业的空间视为一种文化价值观的对弈舞台的话,那么,在这个博弈过程中,我们不能够采取一种有你没我、有我没你的"零和"思维来建构我们的价值体系。世界上许多国家和民族在价值观上都是相通的。举例来说,美国电影《拯救大兵瑞恩》的叙事主题是为了让一个普通的士兵在惨烈的战争中活下来,那么,中国电影《集结号》的叙事主题则是为了让那些死去的普通士兵能够永生;如果说,美国电影关注的是普通人存在的生命价值,中国电影关注的则是普通人牺牲后的生命意义;美国电影是通过防止人的自然死亡来强调生命的意义,中国电影拒绝的是人的"符号性死亡"来强调人的精神价值;在人类价值观的天平上,中国电影讲述的价值观同样具有一种悲天悯人的旷世情怀。为此,对任何一部电影、电视剧,我们不仅仅要考虑它在叙事情节上的合理性、人物性格上的合理性,美学风格上的合理性,而且还要考虑到它在文化价值取向上的合理性。我们不能够将影片情节的可信、性格的鲜明、艺术的完美作为创作的全部要求,我们必须要考虑到在作品中所传播的是什么样的文化理念,体现的是什么样的文化价值观,塑造的是什么样的文化形象。

---

  ① [美]劳伦斯·哈里森:《文化为什么重要》,[美]塞缪尔·亨廷顿主编:《文化的重要作用——价值观如何影响人类进步》,北京:新华出版社,2002年,第13、14页。

四、改变厚古薄今的文化传播策略

中国在迈向文化强国的历史进程中,需要将一种符合当代中国发展现实的文化形象"植入"到我们的文化产品与文化表达方式之中。我们不能再以封建社会旧中国的文化遗产、中华民国时代旧社会的文化符号作为我们当代国家的文化标志。我们现在需要建构与传播的是能够体现我们这个时代特征的文化形象,而不仅是那些深藏在禁宫里的文物,静卧在博物馆里的古董,沉睡在古籍中的文字。我们能够将它们作为文化遗产予以保护,能够作为我们的文化传统予以承传,但不能够作为我们这个时代的文化标志来推广。

我们现在需要的是能够进入市场、具有竞争实力与博弈能力的文化产品,与其他国家的同类产品相抗衡。有些传统文化遗产只能够作为珍品予以收藏,而并不能进入文化产业的流通市场进行推广,而一种不能够进入流通市场的文化产品,无论它过去怎样辉煌,都不能够承担当代中国文化形象建构的时代使命。进而言之,当代中国期望别人认同的并不应当只是光辉灿烂的传统文化,更重要的还是那些能够体现我们时代特征的、绚丽多姿的当代文化。

任何一个国家的文化形象,都不是自我生成的,而是被建构、被塑造的。为此,我们应当按照当代文化的市场需求来配置文化产品的构成元素,根据流行文化的交流方式来搭建文化产业的交易平台,根据当代中国的现实地位来铸造我们的文化形象,根据国家发展的未来需求来传播我们的文化价值观。固然,我们的传统的当代转型文化遗产有长城、十三陵、故宫、颐和园,同样我们当代文化的典范也有国家大剧院、国家博物馆、国家数字化影视制作基地;我们的传统艺术形式有京剧、昆曲、琵琶、古琴,我们当代文化形式还有流行音乐、3D电影、网络游戏。我们的国产影片曾经屡次超过好莱坞进口影片夺取年度单片票房冠军;我们有些娱乐性的电视节目尽管创意取自欧美电视市场,可是现在反过来却在节目形态上影响到海外同类的电视节目的设计;我们获得诺贝尔文学奖的作家莫言所创作的令世人瞩目的小说,我们流行音乐的组合还登上了欢迎外国总统的演出晚会；我们的表演艺术团体（残疾人艺术团）曾经作为联合国的和平特使出访世界各国？这些都是能够体现当代中国文化软实力的文化产品，在某种意义上它们都能够作为当代中国的文化代言人。如果我们总是年复一年地让外国游客上长城，游故宫，听京剧，看陵墓，这样不仅会强化他们对一个旧中国的历史记忆，而且还有可能会消解他们对当代中国的现实印象。总而言之，文化的力量不是靠自我命名、自我确认来实现的，我们的文化只有得到他者的认同，只有赢得他者的肯定，才能够兑现我们文化的价值，才能够实现我们的文化影响力。

我们还应当看到的是，全球化的进程对于文化多样性的建构来说，无疑是一种挑战。它导致的直接后果就是文化上的同质化，使得发达国家的文化产品和价值观念渗透到其他国家，模糊了那些国家原有的民族身份和文化特征。这就是说，掌握了新媒体核心技术的国家，利用强势的科技力量，可以对其特有的文化进行深入而广泛的传播，而在新媒体处于劣势的发展中国家，不仅自身的文化难以通过有效的技术平台进行传播，而且其自身的文化还面临着一种被覆盖、被取代、被压制的境遇。发达国家还利用政治与经济的优势，在双边的文化交流与文化交易中制造文化上的不平等，致使文化多样化的合理诉求在无形之中受到来自发达国家的抑制。

在文化产业化的发展路径上，尽管我们不赞成将我们的文化价值观与其他国家的文化价值观完全对立起来，但是，不管我们借鉴的是哪种文化类型的衣钵，最终连接的都是我们本土文化的"地气"。这个本土化，既指的是我们的作品对自己脚下谋生图存的这片土地的关注，也指的是对我们自己头顶上魂牵梦系的文化天空的认同。美国电影可以利用它覆盖全球的发行放映网络，传播它的商业影片及其文化价值观，可是，发展中国家的电影要想进入美国的电影院线，首先遇到的就是难以支付的高额发行费用。在这种窘境中，所有建立在商业平台上的文化交流诉求，都有可能付之东流。事实上，文化多样性的愿景，在这种看似平等的市场逻辑中，正陷入一种更深的不平等。可是，我们的有些电影作者并没有真正意识到这种文化的现实处境，致使我们在经贸领域通过艰难谈判争得的本土电影市场，却在心理上远离了我们的文化价值观。一位远在美国留学的北大学子在看过影片《中国合伙人》后说,"我承认在这部电影中有很多正面的能量和信息,比如说在困境中背水一战的精神,在创业中愈挫愈奋的勇气,还有兄弟之间的真情等等。可是,在人生轨迹中,从始至终,成冬青们的梦想都是以美国为轴心在疯狂地运转。一个迟迟未被实现,因而显得更加急迫的美国梦始终是成冬青们走不出来的阴影和怪圈。失败也好,成功也好,成冬青们'新梦想'的内容始终被美国所定义。在'新梦想'占领华尔街的那一刻,不知道是成冬青们征服了美国,还是华尔街征服了燕大的湖光塔影?"也许,有人会说,一个被美国定义的梦想有什么不好?然而,一个国家也好,一个民族也罢,如果我们永远捆绑在他者的轮子上,我们还有什么幸福可言,还有什么尊严可论呢?我们不否认中国人对幸福的理解与美国人有类似的地方。在科学技术上,我们可以以别人的目标为基准来校正我们的方向;在物质世界中,我们也可以以他者的标准为尺度来衡量我们的高度。唯独在文化精神与理想境界上,我们不能够自我泯灭我们的民族个性,不能够丧失我们的文化品格。也只有这种多元文化的世界远景,才是人类社会最终的理想福祉。

消除软实力"软肋" 传播"中国梦"愿景
——论软实力建设中文化传播力的提升策略

潘 源

美国哈佛大学教授约瑟夫·奈在其著作《软力量：世界政坛成功之道》中提出"软实力"的简短定义，即"通过吸引而非强迫或收买的手段来达己所愿的能力。它源自一个国家的文化、政治观念和政策的吸引力"[1]，意即依靠吸引力来达到目的的能力。其中，文化之所以成为衍生软实力的重要资源，是因为与政治观念和政策相比，其较少受到意识形态屏障的阻隔，当形态各异的文化所承载的主流价值观趋近而拥有某种同一性，或某文化形态为异国认同而具有一定亲和力时，便可拉近不同国家人民之间的情感距离与心理距离，从而由"人和"达到"政通"，在国际政治中发挥不同于经济和军事等"硬实力"的"软作用"，构成国家的"软实力"。

在我国，以习近平主席为核心的新一代领导集体提出了"中国梦"的伟大思想，指出"实现中华民族伟大复兴的中国梦，就是要实现国家富强、民族振兴、人民幸福"。梦想是全人类共同拥有的美好愿景，国家之梦反映了一个国家的精神指向和文化诉求，承载着传统文化积淀与时代发展精神，既是文化软实力的有机组成部分，也需通过文化软实力的切实提升来实现。因此，文化软实力建设也是实现国

---

[1] [美]约瑟夫·奈著，吴晓辉、钱程译：《软力量：世界政坛成功之道》，北京：东方出版社，2005年。

家梦想的重要根基和必要途径。

一、文化传播力薄弱制约我国文化软实力发展

当前,随着经济全球化的浪潮席卷各个国家和地区,各种文化之间交流频繁,并与政治、经济相互交融,其力量在各国综合国力中的地位和作用日益突出,实现国家梦想亦须文化力的强大支撑。然而,一个国家文化资源丰富,并不意味着其自然拥有雄厚的文化软实力。若要将文化资源转化为国家的软实力,必须通过各种形式和手段,使本国文化在国际上得到广泛认知,从而赢得世界各国、各民族的普遍认同,才有助于树立其良好的国家形象,营造有利的国际舆论环境,获得话语权,增进国家利益,发挥文化的"软"力量。

(一) 传播是增进文化软实力的必经之途

优秀文化必须经过有效传播,才能充分发挥其影响力和吸引力,转化为国家的"软实力"。自古以来,传播一直是文化勃兴与发展的内在动力之一。人类为交流而创造语言,为传播信息而发明文字,在此基础上逐渐形成不同的思维模式,产生不同的人类文明,因此,传播本身便是具有社会本质意义的生命活动和文化行为。美国学者杰拉尔德·米勒将"传播"定义为"信源带有一定的意图将信息传送给接收者,意在对后者的行为施加影响"[1],而影响力与吸引力正是软实力的重要来源。民族文化只有通过有效传播,扩大受众面,才能最大限度地发挥其影响力,转化为软实力。狭隘的民粹主义和文化保守主义不利于民族文化的广泛传播,封闭的文化政策必然桎梏国家的文化传播能力,有效的国际传播乃是优秀民族文化转化为国家软实力的内在要求之一。所以,在全面扩大对外开放的基础上,拓展国家文化传播范围,增加民族文化在国际上的可见度,增强文化产品的国际竞争力,通过提升文化传播力来切实强化文化软实力,已成为国

---

[1] Miller, Gerald R., On Defining Communication: Another Stab, *Journal of Communication*, 1966(16).

家文化发展战略的重中之重。

(二) 我国文化的国际传播处于弱势地位

20世纪90年代以来,以西方为主导的经济全球化趋势迅猛发展,致使大批发展中国家被纳入整个国际经济秩序之中。在这个政治、经济、技术的整合过程中,西方文化和价值观伴随经济和技术的渗透,迅速进入广大发展中国家,引起"文化全球化"之虞,很多弱势国家的文化安全受到极大威胁。文化态势"西强东弱"并非因为西方文化本身更为优越,而是因为西方国家拥有经济实力和传播手段的绝对优势,导致信息和文化单向流动,形成以西方某些超级大国为中心的传播秩序,广大发展中国家只能被动接受信息。就我国而言,据统计,电影海外票房在2008年虽取得佳绩,但仍不到同年美国电影海外票房的3%;2009年,我国图书、报纸、期刊进出口贸易额比例约为7:1;音像制品、电子出版物进出口贸易额比例约为100:1;而与西方的图书版权贸易进出口比约为10:1;2010年,我国核心文化产业进出口总额虽然高达143.9亿美元,但引进、输出比约为3:1,引进和派出的文艺演出每场收入比约为10:1,贸易逆差仍旧严重。在国际互联网上,英文网页占81%,中文信息内容却不到整个互联网信息总量的1%,近3000个世界大型数据库中有70%设在美国。在全球的文化产值中,美国占43%,我国只占3.4%。可见,我国虽有丰厚的文化资源,但相对薄弱的文化传播能力影响了我国文化在国际上的可见度和竞争力。

(三) 传播弱势导致我国国家形象屡遭歪曲

更为严重的是,这种传播弱势导致我国的国家形象在历史上屡遭歪曲。中华民族文化历经数千年,绵延不绝。但在世界舞台上,我国作为东方大国,一直是西方视野中的他者,虽然文化传统悠久,文化资源丰富,但由于历史原因,我国一度缺乏主动地对外宣传和积极交流的意识,在国际舆论中曾处于失语状态,致使西方世界对我国了解甚少且偏见颇多,国家形象遭到任意改写和曲解。当前,随着我国经济、军事、科技等硬实力的大幅提高,一些国家对中国的快速发展又存有疑虑和误识,唯恐中国的发展可能挑战现有的国际政治、经济秩序,散布"中国威胁论"。其实,这种状况一方面源自某些国家自身的霸权意识,他们凭借经济、科技甚至制度力量,以信息资源的占有、分配和交换的不平等,压制和排斥相对弱势的民族文化,从而扩大并巩固既得的政治、经济利益,维持其在国际事务中的中心地位,霸占文化主导权。当中国迅速崛起时,冷战思维使这些国家视中国的强大为威胁,从而掀起多次反华浪潮,并在"文明冲突论"的固化思维中将中华文化视为异质文明加以排斥。另一方面,我国在政治、经济、军事等硬实力增强的同时,未能及时有效地加大我国文化的传播力度,让世界了解我国优秀的文化传统,认识现代化进程中我国的现实活力与和平崛起的愿望,进而认同中华民族文化传统和现代文化发展实际,从而也未能使我国文化与硬实力的增强相辅相成、真正转化为强大的软实力,而是逆向消长。所以,文化传播力不足,不啻成为一大"软肋",制约着我国软实力的有效提升。

二、构建强有力传播体系将中华文化推向世界

倘要消除发展文化软实力的"软肋",就要全面提高我国文化在国际上的传播能力,以消除偏见、打破隔膜、增进共识,从而有效增强国家文化软实力,建构文化大国与强国形象。有鉴于此,我们应进一步提升文化传播的广度和深度,调整文化传播的方式和策略,让世界了解我国以"和谐、仁爱、自然"为核心的价值体系,并以之为基本立足点,与其他文化相结合,从而消除文化之间的隔阂,求同存异,进而为我国创造民主、宽容、公正的舆论环境,谋求各民族、各国家、各文化间的相互尊重、相互理解,促成全球社会的和谐共处与稳定发展。

(一)通过人际传播展开文化外交

在国际传播中,基于面对面交流的"人际传播"方式可及时有效地交换知识、意见、情感、愿望、观念等信息,从而构建人与人之间、不同文化之间的相互认知、互相吸引、互相作用的社会关系网络。所以,我们应充分利用人际传播途径,积极参与国际文化交流。通过在

全球建立孔子学院、在国外高等院校开设汉语课程等形式,推广汉语教育,传播中华文化;通过在驻外使、领馆设立中国文化处、文化中心,举办中国"文化年""文化节"和各种国际文化学术论坛,组织艺术展览、文艺表演、民俗展示等活动,并利用大量灵活的民间文化交流形式充分展现中华文化的风貌,使文化外交成为经济、政治之后的第三大外交形式。

(二) 利用大众传媒推广中华文化

"大众传播"可以有效利用报纸、杂志、图书、广播、电影、电视和互联网等媒介,通过覆盖广泛的强有力传播体系,多维、立体地将优秀的民族文化推向国际。"非艺术传播"领域的新闻媒体承载信息性文本,通过报纸、杂志、广播、电视等传统媒介的新闻栏目以"实录"性文本形态将民族文化信息直接向世界发布。特别是 20 世纪后期,伴随数字技术和通信技术的飞速发展,出现了以计算机和互联网为基本形式的新媒体。新媒体整合各种传统媒体,使以前各自分离的传播形式得以整合或重叠,从而对文字、影像、声音乃至传播者与接受者都进行了重新构型,形成一种新型传受方式。

新媒体强大的融合力不但使各种传统媒介在新的整合下充分发挥其传播潜能,大大拓展人们的感受能力和接触范围,还可突破以往各种媒介的限制,变革人类对意义的获取和领受方式。与传统媒介相比,互联网的"把关人"较少,从而具有较高的"可进入性",电子网络使用户可以随时访问世界各地的新闻,获取即时信息,造成"此在"的现场感和参与感,还可进行与人际传播相仿的互动性交流,缩短了全世界人民之间的距离。通过这些跨界域传播媒介,我国新闻媒体可以及时有效地报道与传播我国当代的政治、经济、文化成就,对重大新闻事件做及时准确的报道与评判,传达国家和民众意志,阐释大政方针,在世界舆论中争取主动权和话语权,展示我国真实的国家形象和民族形象,捍卫与拓展国家权益。广播、电影、电视等大众传播媒介更是拥有"艺术传播"功能,凭借多姿多彩的"环球性"声画语言,通过艺术想象,借助叙事手段,使之产生触及人性、震撼心灵的艺术效果。

约瑟夫·奈曾提到,一位前法国外长认为,美国之所以强大,是因为它通过电影和电视塑造了掌控全球的形象,激发别人的梦想和渴望。可见,将民族文化融入充满韵味的影视艺术作品中推向世界,可在世界受众的知觉和心理上产生意味绵长的传播效果。民族影视作品在参与国际竞争时,往往肩负着实现文化软实力的重任。

在我国,真实塑造本民族形象,体现本民族真实的生态、精神与气质,以独特的艺术魅力和真挚情感打动世界观众,已经成为民族影视作品在对外交流中进行软实力建设的重要职责。我国优秀的文化艺术作品应在国际交流中卓有成效地履行文化外交职能,通过文化娱乐方式,将主流价值创造性地体现出来,让世界观众在审美愉悦和情绪感染中领略当代中国的崭新形象与精神风貌,接受中华民族的核心价值观念,实现其塑造与宣传文化大国形象、增强文化软实力的目的。

(三) 经由商业渠道输出文化价值

在国际市场上,我们应积极开掘我国优秀文化产品的商业输出潜力,扩大对外文化发展与创新贸易,借助从文化创意到产品营销的产业链条,使承载我国核心价值观念、体现我国文化精髓的产品以"商业传播"的方式,通过国际销售渠道走向世界。提高我国优秀文化艺术作品在国际市场上的竞争力,促进我国文化外贸的持续、稳定发展,既是推进我国"文化走出去"战略的重要步骤之一,也可有效展示我国文化艺术方面的突出成就,传播与弘扬中华文化,并使文化产业日益成为新的经济增长点,将文化的精神价值转化为经济价值,推动文化软实力和经济硬实力同步提升,实现两者的相互支撑、促进、转换与融合,共同增强我国的综合国力。这不仅是我国国务院在《文化产业振兴规划》中特别提到要扶持文化对外贸易、从而将发展文化产业上升为国家战略的原因,更是中共中央强调"要精心打造中华民族文化品牌,提高我国文化产业国际竞争力,推动中华文化走向世界"的题中要旨。

三、制定有效传播策略,切实提升我国文化软实力

在充分利用各种媒介优势全方位推广优秀民族文化的同时,我国还需制定有效的传播策略,根据目标国与我国的文化渊源,针对不同地区的文化取向,适当调整文化交流的方式、内容和路径,最大限度地发挥文化传播的积极效果,传递正能量。

(一)以和合能谐理念化解文明冲突

东、西方文化差异较大,易于产生交流障碍,其极端表现便是哈佛大学教授塞缪尔·亨廷顿提出的"文明冲突论"。他声称,区域政治是种族的政治,全球政治是文明的政治,最普遍、重要和危险的冲突是不同文化实体中的人民之间的冲突。"文明间的断层线正在成为全球政治冲突的中心界线"[①];"文明的冲突是对世界和平的最大威胁",[②]而"冲突源于文化差异"。[③] 其实,尽管文化的差异、意识形态的不同在过去、现在都曾引发过冲突,但纵观人类发展史,冲突的主要根源往往是领土争端、资源争夺、经贸摩擦和利益盈亏。相反,文化的交流、融合才是历史发展的必然趋势,并推动了人类的发展与进步,冲突可在文化交流中缓解,矛盾将在相互认同中消弭。亨廷顿列出的几大文明之一的"儒家文明",实际上专指中华文明及其传统文化。而中华传统文化的精髓是"和合"而非"冲突"。中华文明自周代就强调"天下和平""和合故能谐",认为在天地万物中,和谐、协调是最高原则。这种"和合"故能"谐"的文明精神恰恰可以跨越传播屏障,化解矛盾,消解冲突,促进国家之间的友谊与协作。

(二)以和而不同原则寻求文化共识

要让世界了解中华文明以"和合"为精髓的文化传统,我们就应改变被动局面,积极宣传,主动交流,加大文化传播力度。针对西方

---

① [美]塞缪尔·亨廷顿著,周琪等译:《文明的冲突与世界秩序的重建》,上海:上海三联书店,2002年。
② 同上。
③ [德]赫尔穆特·施密特:《全球化与道德重建》,北京:社会科学文献出版社,2001年,第68、69页。

文化强势国家,我们在选择文化输出产品时,要遵循和而不同、求同存异的原则,一方面着重开掘本民族文化中既有普适意义又能体现我国主流价值观的本质因素,并加以充分表现和极力张扬,寻求差异性下的文化共识,通过弘扬人类共同敬守的基本价值和他者易于接受的共通文化形式,来与世界其他文化相沟通、衔接,使我国的文化诉求得到广泛理解和尊重;另一方面,要确保输出作品的文化经典性、时代性与创新性,使之在符合普适价值的基础上体现出鲜明的民族性和现实性,突出民族文化特质和时代精神,让西方受众了解我国人民真实的生活状态、审美趣味和思想情感,感受中华民族特有的民族精神、民族气节和民族忧患意识,向世界展示一种积极健康的国家形象,使我国的文化和价值体系深入人心,进而体现出我国的制度优势与文化特质,有效增进文化软实力。

(三) 以同质同源文化促进区域繁荣

在争取与西方强国平等交流的同时,我国还要以诚恳的姿态加强同第三世界国家的文化交流。特别是同我国历史和文化渊源久远的周边国家,汉文化对其影响不仅广及政治制度、生活方式,而且延伸至道德规范、思维方式等诸多层面,某些国家的社会制度甚至与我国同质同构,很多机构设置亦仿效我国。这种文化上的亲近性可以增进我国同周边国家的友谊,有利于在国际事务中达成共识,从而携手共同维护区域利益。此外,某些邻国正处于社会转型期,由于文化发展水平的拘囿,无法满足本国人民对文化产品的强烈需求,而我国文化与这些国家同宗同源,大量经典传统文化作品和现代流行文化产品颇受其关注与青睐,产生了较为深入和广泛的影响力,从而成为我国文化软实力的现实成就。然而,出于地缘政治因素,某些邻国对我国存有戒心,产生抵触情绪,这不利于我国文化软实力的发挥。在与这些国家的文化交往中,我国应展现大国的胸襟和自信,以充满诚意的方式开展双边或多边文化交流与贸易往来,更多依靠民间组织和市场渠道输出文化产品,通过商业运作推动双边文化贸易同步增长、友好互惠、共同发展。在此,输出文化产品时应尽量选择富有伦理色彩的文化艺术作品,彰显"仁爱孝悌""笃实宽厚""谦和好礼"等中华传统美德，同时努力展示我国当代的国家形象，体现中华民族的时代精神，避免带有不良影响的文化产品在国际市场上流通，尤其在内容层面戒除崇尚强权、热衷暴力等倾向，注重"察和之道"，推广"燮和天下"理念，以消除偏见，增进共识，巩固和深化我国的文化软实力。

（四）以共同梦想谋求人类美好未来

最为重要的是，在对外文化传播与交流过程中，我们特别要强调"中国梦"的核心内涵。使世界人民了解到"中国梦"是强国富民之梦，和平发展之梦，认识到中国的发展宏图与世界理想相一致。

1931年，当美国作家及历史学家詹姆斯·特拉斯洛·亚当斯在《美国的史诗》一书中提出"美国梦"命题时，他强调的是通过个人奋斗获得财富与幸福，这个以个人主义为核心的"美国梦"经由"好莱坞"梦工厂传遍世界，吸引人们前往美国淘金、创业，体现的是对个人利益与名望的追求。而"中国梦"是一种集体梦想和民族追求，凝聚着国家与社会的合力，旨在通过实现中华民族的伟大复兴来保障社会进步、人民幸福。举世瞩目的"2008年北京奥运会"以"同一个世界，同一个梦想"为其主题口号，将中国的梦想与世界联系在一起，表达了中国和世界各国人民追求人类美好未来的共同愿望。我国新一代国家领导人在出国访问时充分阐释了"中国梦"的内涵，指出其中凝聚着世界、国家、民族和个体的期待，包容了多元价值诉求，强调我国同国际社会的互利共赢。所以，"中国梦"是一个国家的承诺，与世界各国、各民族的美好梦想相关联、相通融，都是通向人类美好未来的宏伟蓝图与巨大动力。因此，无论是我国各级单位承办的国际性会展、赛事，还是国家领导人的外事出访，抑或是公民的个人出境旅游，都可成为传播我国美好愿景和文化理念的国际性平台。通过这些国际公共平台，我们向世界传播中国的美好愿景，宣示中华民族实现"中国梦"的意志与决心，表明中国和谐发展的政治取向和文化理念。"中国梦"不但是我国文化软实力建设的一个重要目标，而且是其核心与亮点，同时构成联通中华民族文化与世界各国文化、维系中国人民与世界各国人民友好关系的强力纽带与现实桥梁。

为了将优秀的文化资源和治国理念转化为国家软实力,弘扬与实现"中国梦",我们必须面向世界、面向未来,以更加开放、积极和创新的姿态开展对外文化传播活动,消除我国软实力建设中的"软肋",在国家层面全方位实施与深化文化传播策略,全面提升中华文化传播力,让世界人民更加了解中国,走近中国,认识到中国注重的是"宣文教以张其化",而非"立武备以秉其威",感受到中国不称霸、不扩张、坚持走和平发展道路的决心,确认中国的发展宏图与世界理想相一致,中国是维护世界和平、促进共同进步的重要力量,从而去除"中国威胁论"的不良影响,推动不同文明之间的友好相处、平等对话,营造既有共同价值追求,又能充分张扬个性的和谐氛围,使我国的文化软实力得到切实提升,建设社会主义文化强国,最终实现"中国梦"的美好愿景。

第二编
双边和多边文化交流研究

人文交流:海上丝绸之路建设不可或缺的内容

赵明龙

人文是指人类社会的各种文化现象,是人类文化中的核心部分。我们通常所说的人文,大体可包括科技、教育、文化、卫生、旅游、新闻出版、学术交流、民族民间文化交流等。中国与东盟人文交流历史悠久,共同为创造世界文明做出了重要贡献。面对21世纪共建海上丝绸之路,双方应充分发挥人文交流作用,进一步加强和扩大中国与东盟人文交流与合作,为推进海上丝绸之路建设提供人文支撑。

一、加强和扩大中国与东盟人文交流的作用和意义

(一)加强人文交流有利于增强丝绸之路文化自信和复兴

早在汉代以前,发端于中国的陆上和海上丝绸之路,成为承载中国与东盟经贸人文往来的友谊之桥,海上丝绸之路的开通,对世界文明做出了重大贡献。中国南方沿海通过海上丝绸之路和西南—中南半岛陆路丝绸之路与中国和东南亚国家的人文交流,催生了中国和东南亚国家的古老文明,丝绸之路不仅成为推进中国与东盟商贸繁荣的纽带,而且也是播种友谊、传承文明的重要桥梁。当今在构建21世纪海上丝绸之路中,人文交流充当了当代中国—东盟的文明在国际政治舞台上自信和复兴的有效途径,并成为中国与东盟国家和

平崛起所依托的文化基础。从某种意义上说,21世纪海上丝绸之路能否建成,关键在于人文交流与合作能否取得突破。

(二) 加强人文交流有利于中国与东盟国家及民众增信释疑

缺乏互信缘于双方缺少沟通和相互猜疑。当今世界,中国和东盟都是亚洲经济发展最具活力的地区,同时也是热点敏感问题频发的地区,尤其是南海问题,已成为影响中国和东盟共同推进21世纪海上丝绸之路建设的障碍。如何妥善解决彼此间的争议和矛盾,是我们面临的重大课题和难题。而要破解这一课题,关键在于坚持相互尊重、求同存异、面向未来、合作共赢的原则,用东方智慧来化解矛盾、解决问题、促进和谐。而要实现这一目标,需要人文的力量。因为双边人文交流,是促进双方互相了解的重要纽带,也是沟通感情的重要渠道,更是缩小中国与东盟民族心灵间的距离的重要途径。只有双方多沟通,才能消除误解;只有双方多交流,才能化解矛盾。因此,加强和扩大中国与东盟国家的人文交流,在构建21世纪海上丝绸之路中显得非常重要和迫切。

(三) 加强人文交流可为中国与东盟经济合作搭台唱戏

国际间的文化交流,是促进交流双方或多方文化发展的重要动力,是解放生产力的有力手段,是推动社会前进的动力,其意义极其重大。就中国与东盟而言,人文交流可为中国与东盟多边的互联互通、物流、商贸、旅游、投资、产业合作等注入文化基因,沟通人心,培育人文精神,为开展海上丝绸之路合作扫清思想障碍,铺设新法律、新政策、新制度。当前,东盟一些国家对中国提出的构建新世纪海上丝绸之路产生质疑,对中国的和平崛起产生怀疑,影响经济合作和共建海上丝绸之路。在这种情况下,双方更应该通过加强和扩大人文交流,研究古代海上丝绸之路对东盟国家的影响及世界文明的影响,以史为鉴,就构建海上丝绸之路的可行性、建设目标和实施方案等开展相互讨论、磋商,求同存异,以增强投资合作、共谋发展、互利共赢的信心,携手共建新世纪海上丝绸之路,推进中国—东盟自由贸易区升级版建设进程。

（四）加强人文交流有利于中国与东盟相互学习与借鉴现代文明

中国与东盟各国不仅在古代的历史长河中创造了各自传统优秀文化,丰富了世界文明,而且在当今也创造了多彩的新文明,共存于全球化世界文明当中。这些文明不仅是中国和东盟国家人民共同的重要精神财富,而且也是世界文明的重要成果。当今,在全球一体化中,各种文明在相互影响中相互融合演进,各类文明因多样才有交流互鉴出彩的价值,这些文明是推动世界发展的精神动力,中国与东盟应珍惜各自创造的文明,并应继续学习借鉴世界先进经验。同时,中国与东盟之间也应该相互学习借鉴各自的文明,相互促进,摒弃文明冲突的思维,促进文化交流交融,传承和发扬讲信修睦的文化传统,坚持相互尊重、协商一致、照顾各方舒适度,鼓励不同国家文化交流互鉴,和谐共存,以文化互鉴凝聚理念共识,为推进21世纪海上丝绸之路建设,构建和平繁荣的亚洲注入新智慧、新动力。

二、努力推进中国与东盟的人文交流与合作

改革开放以来,特别是20世纪90年代以来,中国与东盟在许多领域建立了合作机制,人文交流与合作取得了显著的成效。但是,与中国—东盟经济交流相比,人文交流与合作相对滞后,领域仍然较窄,交流深度也不够。因此,在共建21世纪海上丝绸之路中,中国—东盟应将人文交流列为合作的重要内容,并继续加大推进双边的人文交流合作力度,扩大双边交流领域和影响。

（一）继续推进双边教育交流与合作

教育交流是人文交流的重要载体。10年来,中国与东盟以双方高等院校教育合作为主渠道,以学生流动为教育交流合作的中心,积极通过加强顶层设计、政策引导和设立奖学金等措施,不断提升中国—东盟教育交流规模和质量,取得了显著的成效:搭建交流平台,交流合作领域已涵盖各级各类教育;推动落实双方领导人提出的"双10万计划",中国在东盟国家留学生总数已超过11万人,率先提前7

年实现了目标;开展人力资源开发,为东盟培养大批人才,教育交流为中国—东盟合作打造"黄金十年"、实现跨越式发展提供了强力支撑,为该地区经济社会发展以及双边贸易往来奠定了坚实的人才基础。展望未来,中国与东盟教育交流正面临新的发展机遇,中国将进一步深化与东盟各国的教育交流与合作,双方教育部门和机构将继续共同努力,为中国与东盟教育合作注入新的活力,为创造中国—东盟关系未来新的"钻石十年"做出贡献。一是扩大双方留学人员名额。鉴于目前东盟国家在华留学生增长速度大大滞后于中国在东盟的留学生,今后中国应提高给予东盟国家留学生的政府奖学金名额,以顺应东盟国家的教育需求。二是科学安排课程设置。针对当前双方留学生掌握对方国家语言弱化的情况,高校应调整课程和课时,保证留学生有足够的课时学习语言,以熟悉掌握对方国家语言、历史和文化。只有真正学习和了解对方国家的语言、历史和文化,才能为将来的合作、发展打下坚实的基础。三是积极推进双边学历学位互认,使中国与东盟教育实现"一体化"。四是将教育交流纳入"一带一路"建设。中国政府已初步决定将"中国—东盟教育交流周"纳入中国政府"一带一路"发展战略中,从而将会促进中国—东盟教育交流快速发展,再上一个新台阶。

(二) 着力推进中国—东盟科技交流与合作

科技进步和创新在经济社会发展中的支撑和引领作用日益凸显,也是中国与东盟合作的重要内容之一。在过去10年里,通过中国—东盟合作基金,东盟10国与中国开展了33个以人文交流为主的科技项目合作,平均每年有3个科技合作项目启动。同时,中国已经和东盟10国中的8个国家签订政府间科技合作协定,并与印度尼西亚、马来西亚、菲律宾、新加坡、泰国、越南等6国建立双边科技合作联委会机制。在双边联委会机制下,中国科技部与各国科技主管部门一起,实施了逾千个长期合作研究项目和短期交流考察项目,涉及农业、海洋、能源、减灾防灾、医疗卫生、环境等众多领域。自2009年建立"中国—东盟科技论坛"以来,中国已在云南省成功举办了三届中国—东盟科技论坛,主题分别为新能源与可再生能源开发利用、太阳能与建筑一体化技术推广运用、种业技术和贸易等。在共建21世纪海上丝绸之路中,双边应继续加强科技交流与合作,围绕全球性具有挑战的重要领域开展合作,比如粮食安全、能源安全、环境管理、气候变化、贫富差距等,特别是国际陆路大通道项目建设技术问题、非传统安全的技术检测与监控、卫星数据资源共享平台、科技如何支持经济发展等,将是中国—东盟互联互通、通关便利化、区域经济一体化迫切需要解决和攻坚的科技重大问题。

(三)积极推进中国—东盟青少年交流

青少年是国家的未来,民族的希望,是中国—东盟人文交流的主力军。10年来,中国—东盟青年交流取得了较大的成果,中国积极为东盟国家培训了一大批青年干部官员,建立了青年交流合作机制,举办青年企业家论坛,举办各种青年交流活动。今后,中国与东盟将继续推进中国—东盟青少年交流,既要轰轰烈烈地举行各种大联欢活动,更要扎扎实实推进原有的常态化交流合作机制。一是继续加强对东盟国家青年干部的培训工作。除了加大培训规模和力度,应针对东盟青年干部的汉语言基础薄弱,短期培训只能蜻蜓点水的不足,加大东盟青年干部汉语教育,以提高他们的汉语言文化水平,为未来的交流打下良好的基础。二是青年交流活动要走向务实。未来10年,中国将通过举办各种形式的活动,邀请东盟国家1万名青年来华交流,促进相互了解,深化传统友谊,增进相互信任,夯实民意基础。为了办好东盟青年来华交流,今后在推进中国—东盟青年各项交流活动中,从内容到形式都要实实在在,不搞花样,不图虚名,使交流双方扎实推进,获得好的成效。三是继续推进中国与东盟青年交流基地建设。就广西而言,今后除了办好广西国际青年交流学院,还要努力推进中国—东盟青少年交流活动中心(扶绥空港经济区内,占地500亩)建设,为承接区域性国际青少年交流活动提供服务设施。创新中国—东盟青年产业园合作机制,吸引青年企业家投资,发挥中国—东盟青年产业园示范合作的作用。四是创办中国—东盟青少年历史知识竞赛活动,让中国与东盟青少年客观地了解对方国家的历史变迁,面向未来,增强团结。

(四)扩大和活跃中国—东盟文化交流

中国—东盟文化交流是双方人文交流的重头,内容十分丰富。当前,应围绕建设21世纪海上丝绸之路这一主题加强中国与东盟文化交流。首先,要加强中国—东盟影视交流合作。充分发挥影视文化传播快、覆盖广的优势,有计划地制作一批高质量的政论性强、生动形象的历史文化片,通过电视频道、音像制品等,向东盟正面宣传中国与东盟传统友好合作的历史,解读中国与东盟历史发展变迁,让年轻人科学看待历史,珍惜传统友谊,增加正能量。2014年5月15日,由中越泰三方共同合作的"海上丝绸之路"之《海道传奇》电视剧在南宁举行开机仪式。这部电视剧将填补电视剧作品中"海上丝绸之路"题材的空白,将让世人了解到21世纪海上丝绸之路的历史故事和文化内涵。此外,应积极办好海上丝绸之路国际电影节,推动建设海上丝绸之路国际文化交流基地。其次,加强新闻出版业的国际交流。编纂出版大型中国—东盟系列丛书,当前,急需设立中国—东盟海上丝绸之路丛书,出版和翻译一批具有中国与东盟特色的海上丝绸之路优秀人文读物向海内外推介。组织举办中国—东盟图书展览会,推介宣传中国与东盟优秀文化。充分利用现代传媒,开辟广播电视东盟频道,增加报刊版面,加大对东盟国家宣传力度,使文化交流深入东盟国家普通民众。再次,继续加大中国与东盟文化艺术、杂技、文物、非物质文化遗产等交流活动。根据双方交流需求,不断创新交流形式,丰富交流内容,推陈出新,使中国文化深入东盟,东盟文化融入中国,共享双方文明。当前,应结合海上丝绸之路建设,组织海上丝绸之路文物精品赴东盟国家进行巡展,联合东盟国家申请海上丝绸之路相关文化遗产,以保护和传承优秀传统文化遗产。

(五)加强中国—东盟学术交流与合作

以学术交流促进人文交流与合作。10年来,中国—东盟学术交流合作有序推进,广西、云南等省区智库与越南、老挝、泰国等国家智库开展了壮泰族群、跨境民族及经济研究合作取得成效,出版了一批有分量的研究专著。2004年以来,中国—东盟智库战略对话论坛、中国—东盟旅游合作论坛、中国—东盟教育论坛等一系列论坛相继落户南宁、昆明和贵阳,并逐步常态化,对推动中国与东盟人文交流合作起到重要的作用。为了进一步加强中国与东盟学术交流合作,建议如下:一是创建中国—东盟学术交流中心。其功能是学术交流、政策研究、咨询研究、资料中心、援外培训、人才培养、研究生实习、博士后流动等,使之成为中国—东盟学术交流的中心和殿堂、中国—东盟学术研究资料网络中心、培养学术型人才的摇篮、学术人才进修实习流动的基地,为中国—东盟合作提供智力和人才支撑。二是积极提供咨询决策服务。随着中国—东盟双方企业双向投资的增多,各国智库应积极为双方企业提供咨询服务,包括对外投资可行性研究、绩效评估、风险评估、移民安置、资源开发利益分配、社会公益和环保等,帮助企业树立良好形象;合作开展跨国海上丝绸之路建设项目的减轻贫困、产业合作、民族发展、环境保护、非传统安全等问题研究,为双方国家决策部门提供服务。三是开展中国—东盟人文社会科学课题研究合作。根据中国—东盟重点问题开展社会科学研究课题合作。目前,可根据共建21世纪海上丝绸之路,开展一批海上丝绸之路课题研究,既要研究海上丝绸之路历史文化,也要研究当下合作共建海上丝绸之路的应用性课题,为共建海上丝绸之路提供理论支撑。为此,建议国家社科规划办公室设立中国—东盟专项课题研究项目,鼓励西南边疆省区和东盟国家合作申报研究课题。

(六)积极开展中国—东盟民族民间交流

中国与东盟国家有450多个民族,其中有几十个跨境民族。历史上,中国与东盟民族民间交流十分活跃。近10年来,双方民族民间交流也日趋活跃。在构建21世纪海上丝绸之路中,应继续加大双方民族民间交流。首先,鼓励双边民众相互参加双方民间节庆活动。传统节庆活动、民间庙会等,是聚焦人气、影响大、展示民族民间文化的重要平台,如中越凭祥—同登庙会、靖西—高平庙会、中老泰宋干节(泼水节)等,每年数十万、上百万人参加。通过这一平台,可以促进双方民族民间文化交流。其次,联合创办中越壮族侬族岱族"侬峒节(歌圩节)"。中国壮族与越南侬族、岱族共有的侬峒文化(即歌圩文化)资源丰富,历史悠久,每年可联合轮流在中越边境地区举行侬峒节,以丰富两国边民的文化生活,增强民族民间传统友谊。再次,加强民间社会团体交流与合作。仅广西,现有社会科学学术团体(各种学会)和民间科研机构 130 多家,聚焦了五六千各人文学科的精英,是一支重要的民间智库力量,政府应鼓励他们走出去,与东盟相关组织建立各种层次的合作,积极开展学术交流和咨询服务,发挥民间智库外交。第四,设立各种人文交流合作平台。如中国文化中心、孔子学院、壮泰族群研究中心、瑶学、苗学等研究中心、丝绸之路研究中心等,搭建文化交流合作平台,在广阔平台上加强协作,延展友谊。

"丝绸之路经济带"视野的中阿文化交流先行战略

张建成

中国与阿富汗有着两千多年的友好交往史。古"丝绸之路"上中阿文化交流源远流长,今"丝绸之路经济带"下中阿文化交流积厚流光。亚洲"心脏"阿富汗是中国"丝绸之路经济带"战略构想的关键一环。阿富汗所处中亚①区域位居亚欧大陆的核心,深居内陆,远离海洋,是一个具有高度内陆性的十字路口式地缘政治空间,是大国利益的交叉点和争夺点。在全球化与区域化双轮并驱的时代背景下,面临2014年美国从阿富汗撤军的时代契机,共建"丝绸之路经济带"面临全新的机遇与挑战,中阿文化交流先行战略意义重大。

一、"丝绸之路经济带"战略构想,无边界理论实践典范

2013年9月,习近平主席在哈萨克斯坦纳扎尔巴耶夫大学发表

---

① 目前国内外学界关于"中亚"一词的地理概念界定,虽然尚无统一标准,但是已经基本达成"中亚"存在狭义说、广义说的共识。狭义说是目前最为普遍的中亚界定,它仅指苏联解体后新独立的塔吉克斯坦、土库曼斯坦、哈萨克斯坦、乌兹别克斯坦和吉尔吉斯斯坦五个共和国区域。广义说则可溯源至联合国教科文组织1978年巴黎会议的决议,它大体包括今天阿富汗、中国西部、印度北部、伊朗东北部、蒙古国、巴基斯坦以及狭义说所指的五个共和国等区域。这里为了行文主题表达的需要,所用"中亚"涵义采用广义说。关于"中亚"地理概念内涵的嬗变,可参阅潘志平、石岚:《新疆和中亚及有关的地理概念》,《中国边境史地研究》2008年第3期,第114—122页。

演讲时，提出"丝绸之路经济带"的重大倡议。"丝绸之路经济带"横跨亚欧大陆，绵延 7000 多公里，辐射 30 多个国家，总人口近 30 亿。因此，有必要深刻领会"丝绸之路经济带"边界的丰富内涵。

弗里德里希·克拉托赫维尔认为，"作为国际政治组织原则的领土主权概念与超越现有国家边界的跨国交流相互矛盾。"①其实，"地理边界的存在对组织的消极作用很大程度上是由文化的差异引起的，而文化差异对人的影响无疑最为显著。"②因此，在组织地理无边界的情况下，共建"丝绸之路经济带"，如何面临异质文化沟通差异所带来的冲击，加强跨文化和谐交流显得尤为重要。

在全球化与国际化全面来临的 21 世纪，无边界理论的应用空间进一步拓展。20 世纪 80 年代初，经济全球化进程加速，组织的外部环境开始趋于急剧变化，传统的科层制组织弊端突显，无法适应时代的发展。基于霍金提出的"无边界宇宙学"，杰克·韦尔奇开创了其独特的、扁平的管理哲学与操作系统，即"无边界管理"。在这一时代背景下，"作为对传统科层制组织形式的一种颠覆——无边界组织的出现，无疑是组织结构发展历程中的一个重大突破。"③随着 21 世纪的到来，无边界理论已经在国际政治、国际关系等领域赢得生存土壤。

目前，在地缘政治和地缘经济背景下，亚洲"心脏"阿富汗所处的中亚地带，存在若干区域性发展战略，其中影响较为广泛的四大战略是中国的"丝绸之路经济带"、美国的"新丝绸之路"、俄罗斯的"欧亚联盟"和欧盟的"新伙伴关系"。通过表 1 中亚四大战略与对阿富汗定位一览表可知，在这个地缘性竞争特点鲜明的四大战略中，因其独特的地理位置、民族分布与文化渊源，"阿富汗不仅必须被看作是中亚种族难题的一部分，而且在政治上更完全是欧亚大陆巴尔干的一部分。"④"丝绸之路经济带"是国际一体化形势下的合作形态，这种

---

① ［美］詹姆斯·多尔蒂等：《争论中的国际关系》（第五版），北京：世界知识出版社，2013 年，第 184 页。
② 梁坚兴：《无边界理论视角下的人力资源管理》，《中国人力资源开发》2013 年第 19 期，第 18 页。
③ 同上书，第 15 页。
④ ［美］兹比格纽·布热津斯基：《大棋局：美国的首要地位及其地缘战略》，上海：上海人民出版社，2007 年，第 109 页。

合作应当"被定义为一组关系,这组关系不是建立在压制或强迫之上的,而是以成员的共同意志为合法基础的"①。

表1 中亚四大战略与对阿富汗定位一览表

战略名称	"丝绸之路经济带"	"新丝绸之路"	"欧亚联盟"	"新伙伴关系"
倡导者	中国	美国	俄罗斯	欧盟
提出时间	2013年	2011年	2011年	2007
战略目标	中亚东向中国,密切区域联系	中亚南向南亚,形成共同市场	中亚北向东欧,实现区域一体化	中亚西向欧洲,实现区域合作
对阿定位	重要参与国	核心参与国	重要参与国	辐射参与国家
基本特征	1. 无明确"边界" 2. 开放性	1. 无明确"边界" 2. 排他性	1. 有明确"边界" 2. 排他性	1. 有明确"边界" 2. 松散性
进展情况	诞生最晚,尚处于概念建设期,政治、经济等层面存在较大阻力	途经动荡不安的阿富汗,推进缓慢,距离目标尚远	启动时间较早,进程有序推进,但是俄罗斯经济动力支持不足	缺乏有效规范化对话机制,区域合作技术支持不足

在中亚四大战略中,虽然"丝绸之路经济带"兼容性较强,是一个完全开放系统,并且在2013年时中亚五国已经成为中国周边首个睦邻友好、合作共赢的战略伙伴合作区,但是"中国与中亚的人文关系基础不够深厚,部分精英和民众对中国的认同程度不高,对中国在中亚经济存在的扩大既有期待,也有担心"②。担心表现在国家层面上,主要来自对中亚有传统影响的俄罗斯及"丝绸之路经济带"沿线部分国家。而中亚的政治地缘特点决定其未来仍然是世界大国角逐的焦点地区之一。显然,在美国即将从阿富汗撤军的时代背景下,作为"丝绸之路经济带"的重要一环,中国和阿富汗的交流与合作正处

---

① [美]詹姆斯·多尔蒂等:《争论中的国际关系》(第五版),北京:世界知识出版社,2013年,第535页。
② 赵华胜:《浅评中俄美三大战略在中亚的共处》,《国际观察》2014年第1期,第108页。

于诸多现实挑战与机遇并存的十字关口。那么,共建"丝绸之路经济带",中国与阿富汗的交流领域突破口应该在哪呢?

二、"丝绸之路经济带"战略实施,中阿文化交流先行战略必然性

从地缘经济角度而言,"丝绸之路经济带"战略构想是博弈论在国际关系领域中的一次伟大实践。博弈论原本是建立在抽象推理的基础之上,包含谋求取胜的参与者、参与者可获得的收益、参与者的竞争策略、博弈的基本规则、博弈的环境与竞争行为的互动等因素的数学与逻辑的一种结合。邓肯·斯尼达尔等学者认为,"运用以博弈模型为基础的博弈论对建立一个统一的国际关系理论具有很大的发展潜力"。[①] 事实上,博弈论在国际关系研究中的应用已经产生了广泛而深远的学理影响。国际关系可以被抽象为多人非零和博弈,其中一些行为体收益并非以另外一些行为体的损失为代价。"在无政府状态下两个国家之间可以进行合作;合作不仅是可行的,而且可能(根据非零和博弈)形成使双方都获益的绝对收益;多极体系比两极体系更能促进国际合作。"[②]

"丝绸之路经济带"彰显国际性、民族性与兼容性的文化特质,富含开拓创新的时代精神、世界资源的发展意识,具有"科技主义与人本主义相统一的特色。"[③]共建"丝绸之路经济带",体现沿线国家和谐发展的要求,有利于全方位提升沿线国家文化交流的深度与广度,引导沿线国家优秀文化的整合、交流与会通,实现沿线国家文化开放交流水平的新提升。

汉唐以来,作为中外文化交流的桥梁,"丝绸之路"是文化交流、传播与扩散的重要通道,是世界文明的孕育摇篮、多民族融合的人文区域。进入21世纪,作为复合型、多元化的跨区域合作形式,"丝绸之路经济带"是经济全球化、区域一体化的时代产物,是中国外交思

---

① [美]詹姆斯·多尔蒂等:《争论中的国际关系》(第五版),北京:世界知识出版社,2013年,第595页。
② 同上书,第603页。
③ 古龙高、古璇:《"丝绸之路经济带"的文化解析》,《大陆桥视野》2013年第9期,第41页。

维主动求变的地区外交战略。"丝绸之路经济带"不仅是一个地理区域,还是一个跨文化融合空间。换言之,"丝绸之路经济带"的"实质是地理上彼此相连的国家和地区物质与精神的相互交往、交流、合作、互动。"①

第一,作为"丝绸之路经济带"重要参与国家之一,阿富汗与中国有着源远流长的友好交往史。唇齿相依的地缘政治与地缘经济特征,使得阿富汗问题不仅关乎中阿关系,而且关系到中国的地区战略、外交战略和国家安全战略。因此,阿富汗在"丝绸之路经济带"中居于重要枢纽位置。尽管采取西向开放的中国,从未谋求主导阿富汗,也从无霸权野心,但是对阿富汗的局势和前景做出科学判断并非易事,参与阿富汗民族国家重建的领域选取、方式遴选、程度把握与关系平衡,对中国来说是一件值得斟酌再三的事情。因此,中国与阿富汗的文化交流工作需要自信与谦虚兼备、谨慎与冷静同行,审时度势、顺势而为。

第二,文化是一种软实力,更是区域沟通的一种重要情感媒介。中阿合作,实施文化先行战略,就是要让文化成为沟通中阿两国的情感纽带,成为沟通"丝绸之路经济带"沿线国家的情感纽带。由于"丝绸之路经济带"沿线国家在经济体制、政治制度、文化理念、价值观念、发展路径、生活习惯等方面差别很大,区域认同感较弱,而"地区身份或者认同的形成,往往是检验地区经济一体化是否深化的最终标准"。② 因此,中阿文化交流先行战略是推进"丝绸之路经济带"地区认同理念的重要形成动力源,是构建和谐"丝绸之路经济带"建设的重要组成部分。

第三,通过推进文化交流先行战略,深化中阿两国异质人文领域交流力度,增加了解,减少误读。"多元文化之间的相互误读,是发生文化碰撞、冲突的一种认识上常见的原因,徒增文化交流的障碍。"③ 通过换位思考式理解,以平和的心态和开放的思维促进和谐有序的文化交流,让中阿两国文化交流活跃起来,形成你中有我、我中有你、

---

① 陆航:《丝绸之路经济带建设需辅以跨文化传播》,《中国社会科学报》2014年6月11日。
② 门洪华:《中国外交大布局》,杭州:浙江人民出版社,2013年,第115页。
③ 古龙高、古璇:《"丝绸之路经济带"的文化解析》,《大陆桥视野》2013年第9期,第41页。

利益与共、合作互赢的区域一体化发展空间,进而为打造一个政策沟通、道路联通、贸易畅通、货币流通、民心相通的新"丝绸之路经济带"储备人才、增进互信、奠定基础。

三、中阿文化交流先行战略构建地缘互利共赢的生态民族学思考

人类社会是生态系统中一个最重要的子系统。人类在生态系统中最具能动性与破坏性,并直接造成了当今的生态危机。因此,必须强调人类这个子系统的内部关系对于母系统的平衡稳定的强大作用。阿富汗——当今世界最贫困的国家之一,中国——当今世界最大的发展中国家,两者在发展过程中遵循生态整体主义[①]理念相当重要。

作为民族学与生态学的边缘交叉学科,以生态整体主义为出发点的生态民族学适应20世纪以来人类社会维护生存环境,促进多元民族、多元文化发展的需要,"从生态学的角度研究民族的形成、发展及其与所处生态环境之间的共存机制"[②],强调自然环境与民族文化的整体和谐发展。时至今日,生态民族学不但研究不同人类群体对周围环境的生存、文化适应,同时它还与地理学、文化学、政治学等学科相交叉。

第一,中阿两国地缘生态文化共享空间广阔。在全球化、交互式文化大融合的时代背景下,促进中阿生态文化交流与合作具有客观必然性。文化交流与合作是我国西向开放的重要外交举措之一。生态文化交流与合作是一项多层次、多领域的复合工程,必须遵循构建和谐世界的外交理念。"在交流主体上可以包括国家中央政府、地方政府、科研教育机构、社会团体组织、各行业特别是文化行业的企业

[①] 生态整体主义(Ecological Holism)的核心要义是:"把生态系统的整体利益作为最高价值,把是否有利于维持和保护生态系统的完整、和谐、稳定、平衡和持续存在作为评判人类生活方式、科技进步、经济增长和社会发展的终极标准。"参见王诺:《"生态整体主义"辩》,《读书》2004年第2期,第25页。

[②] 陈丽新:《生态民族学视野中的西部开发》,《人民日报》2003年1月10日。

单位以及个人。"①通过积极鼓励、支持各类主体的参与积极性,活跃中阿两国在人员交流、生态科技交流与合作、生态教育培训与合作、生态立法交流与合作、生态文化信息交流、生态产业交流与合作等各类生态文化交流活动。

第二,中阿两国地缘文化格局互补空间广阔。自古以来,阿富汗就是中国与中亚交流的空间走廊。20 世纪 50 年代中阿建交以来,两国文化交流比较频繁,涉及艺术、教育、体育、宗教等诸多领域。早在 1965 年,两国就已经签订《中华人民共和国政府和阿富汗王国政府文化合作协定》。近年来,在华阿富汗留学生不断增多。2008 年阿富汗首家孔子学院在喀布尔大学成立。2010 年阿富汗总统卡尔扎伊访华期间,中国政府宣布从 2011 年起,每年为阿方提供 50 名政府奖学金名额。因此,两国在民族文化资源领域有着巨大的共享空间。民族文化资源的生成、发展离不开一定的生态环境,因此,从某种意义上而言,民族文化就是生态文化,就是人与自然和谐的文化。

第三,中阿两国地缘政治对话空间广阔。"任何地方的政治问题,都将以对自然特征考察的结果而定;对于人口稠密的集团,需要一定的气候和土壤条件。"②受阿富汗特殊的地理位置影响,中国与阿富汗的地缘政治明显具有国际属性。最初,结构现实主义者认为"是国际体系而不是国家内部的政治过程决定国家的国际行为。"③后来,人们发现应该把一个国家的对外政策研究与对内政治的研究谨慎地结合起来。罗伯特·帕特南据此指出,"外交行动必须符合两个条件:一方面要让其他国家能够接受,另一方面要能够获得国内选民的同意。"④因此,"鉴于文化作为社会生活和全球安全重要的前提和导向的特性,同时由于技术所推动的全球化"⑤,文化交流、文化安全,借此带来的政治安全对中阿两国都具有非常重要的时代意义。

---

① 杨雅琳:《促进生态文化国际交流与合作》,《天津经济》2007 年第 6 期,第 43 页。
② [英]哈·麦金德:《历史的地理枢纽》,北京:商务印书馆,2010 年,第 44 页。
③ [美]詹姆斯·多尔蒂等:《争论中的国际关系》(第五版),北京:世界知识出版社,2013 年,第 634 页。
④ 同上书,第 633 页。
⑤ 董璐:《文化安全遭受威胁的后果及其内生性根源》,《国际安全研究》2014 年第 2 期,第 65 页。

四、中阿文化交流先行战略机制是阿富汗民族国家文化重建的"助推器"

作为阿富汗民族国家重建的重要一环,中阿文化交流先行战略机制是否能够担当阿富汗民族国家文化重建"助推器"呢?如果能,努力路径何在?这里运用混沌理论,通过整体、连续的分析视角来解读及预判其重建前景。作为引发自然科学研究和社会科学研究的重大范式转变的混沌理论,自20世纪70年代以来,其影响范围已经涵盖政治学、管理学等诸多社会科学领域。事实上,正是因为"现实世界中非线性是不可避免的,确定性和随机性之间存在着某种内在联系",[①]所以混沌理论在解释复杂动态系统行为领域赢得了发展空间。混沌理论的基本特性主要有以下三点。

第一,具有拓扑混合特质的内在随机性。"随机性完全是系统自身的属性,而与外在因素无关。"[②]阿富汗局势依然动荡不安的根源之一,就在于忽视了阿富汗国家结构的内部属性的自身主导性与外部力量的干扰有限性。因此,当人们普遍认为美国在阿富汗民族国家重建问题上可以发挥主导作用的时候,现实一再表明,这种愿景是一个看似唾手可得的"海市蜃楼"。

第二,受初始条件影响的高度敏感。"混沌系统的长期行为和结果,会敏感地依赖于初始条件,其长期行为是不可预测的。"[③]事实上,阿富汗问题重建困难的关键症结之一是国内部族利益的盘互交错、你争我夺、缺乏对话的土壤。按照传统线性思维方式,如果说阿富汗和平重建依赖于国内部族利益分配的初始条件的话,那么部族利益分配的稍微变动,最终结果也只会是阿富汗民族国家重建进程中的小波动。实则不然,随着外在干扰因子的或强或弱的介入,阿富汗民族国家重建的进程往往呈现出令人意外的局面。

第三,周期轨道稠密的混沌序。"在混沌运动中有序和无序总是

[①] 李京文等:《混沌理论与经济学》,《数量经济技术经济研究》1991年第2期,第19页。
[②] 彭泰权:《混沌理论:公共关系研究的新视野》,《浙江社会科学》2006年第5期,第109—115页。
[③] 同上。

难分难解地联系在一起,有序和无序是统一的,是一种'混沌序'。"①阿富汗民族国家重建进程表面上举步维艰、前景黯淡,但是其本身系统内部并非真正的混乱不堪。换言之,时至今日,阿富汗民族国家重建工作仍然是一种混沌运动,是一种非典型的非周期运动。混沌在这里并非意味着无序或混乱,而是指准确预见一个国家的走向其实非常困难。"开始的规则左右了我们最初所能观察到的细微变化,但是后来的扭曲和转向却使结果与起初的设想相去甚远。"②因此,人们仿佛看不到阿富汗乱局之门的钥匙所在。基于混沌理论的混沌控制方法启示我们,中阿文化交流先行战略机制能够担当阿富汗民族国家文化重建"助推器"。

良好的中阿关系是中阿文化交流先行战略机制切实推进的软环境保障。阿富汗前总统卡尔扎伊在谈到中阿关系的重要性时,曾强调指出阿富汗对中国而言是一个非常重要的国家,"我们是同命运的""一个政治上稳定而强大的中国,也意味着一个政治上稳定的阿富汗"③。而中阿文化交流先行战略机制——中国更关注双方互利共赢的举措——符合混沌控制方法的要义所在。

中阿文化交流先行战略机制的努力路径可从以下三方面入手。

第一,拓展两国生态文化交流与传播渠道,构建文化领域多层次、立体化交流通道。既要通过各类生态文化活动、网络多元文化传播等合适的策略,积极促进中阿两国生态文化意识的提升,又要通过政府机构引导(譬如两国签署文化合作协议、文化部门互访机制等)、学术团体主导(譬如人文社会科学学术交流互访、教育交流与合作等)、民间友好交流(譬如成立民间友好协会、青年友好互访团等)三个层面立体互动交流,提升阿富汗文化重建的文化底蕴。

第二,拓展两国异质文明交流与沟通路径,提升社会人文基础的文化理解与宽容度。中国与阿富汗的文化交流活动应该坚持变与不

---

① 彭泰权:《混沌理论:公共关系研究的新视野》,《浙江社会科学》2006 年第 5 期,第 109—115 页。
② [美]马克·罗伊:《法与经济学中的混沌理论与进化理论》,《经济社会体制比较》2003 年第 1 期,第 108、109 页。
③ [阿富汗]哈米德·卡尔扎伊:《阿富汗在地区合作中的作用》,《现代国际关系》2006 年第 7 期,第 9 页。

变的辩证结合,"积极倡导以儒家思想、王道政治为核心内容的中华战略文化,通过多边对话来增加彼此的认同感与信任"①;通过搭建儒家文明、伊斯兰文明等不同人类思想智慧的交会平台,以理性对话方式推动两国建构起和谐的地区认同理念,助力阿富汗文化进程的推进,促进双边关系的进一步和谐发展,示范中国与"丝绸之路经济带"沿线国家之间的友好合作,为中亚地区区域化合作提供文化动力。

第三,共同借力各类区域性、国际性组织,践行多元合作、互动多赢交流理念。除了"丝绸之路经济带"是首要着力培育的文化交流平台之外,两国要互通有无,共同借力区域性、非区域性国家合作机制,尤其是联合国等各类影响力较大的国际性组织的强大文化辐射功能,善用各类国际文化市场,直面国家文化软实力的竞争,在动态有序竞争中实现中阿文化交流的求同存异,进而推进阿富汗文化重建工作。同时,要注意到阿富汗积极、广泛参与各类多边机制的事实,会使中亚的地缘政治因素呈现复杂趋势,也会使中国西部边疆的周边环境致变因子增多。对这些潜在的不利于中国战略利益的威胁因子,要制定切实可行的安全防范应急预案。

五、美国撤军后的阿富汗情势

与中阿文化交流先行战略的时代相当,2000 年,保罗·克鲁岑提出"人类世"概念,开启人与自然和谐发展研究新视角、新阶段。遗憾的是,人与人和谐相处还只能是一个美好的愿景。翌年,美国即以反恐名义出兵阿富汗,开启新一轮大国博弈阿富汗的序幕。毫无疑问,"地区是政治权力和目标的发源地。强大的国家往往会通过战略行动和自身影响力的结合将国家目标投射在国土之外"。②作为国际政治领域中最久远、最具争议的经典理论之一,均势理论"能够清楚地解释国际体系中的现实现象,并应作为所制定和执行的对外政

---

① 门洪华:《中国外交大布局》,杭州:浙江人民出版社,2013 年,第 116 页。
② [美]彼得·卡赞斯坦:《地区构成的世界:美国帝权中的亚洲和欧洲》,北京:北京大学出版社,2007 年,第 23 页。

策的基础"①。均势的目标是限制冲突的范围,在国家之间进行适度调节,从而实现稳定和安全。

但是美国在阿富汗发动的反恐战争目前已进入第 14 个年头,最初的战略目标基本还在路上。2014 年,奥巴马急于从阿富汗撤军,无论是对阿富汗,还是对中国,抑或中亚的安全都会产生较为复杂的影响。不过"其撤军的战略意图是要在中亚站稳脚跟,欲走还留,在中亚地区形成多个战略支点,以便以点带面地在中亚建立军事基地网络";②同时,把战略重点放在亚太,实行"再平衡",以期遏制中国的崛起。显然,当下美国的打算是以付出代价最小化博弈战略利益最大化,确保阿富汗不再成为"基地组织"发动恐怖袭击的策源地。

目前,阿富汗安全问题依然暗流涌动。2014 年 9 月 30 日,阿什拉夫·加尼在首都喀布尔宣誓就任阿富汗总统的翌日,阿富汗和美国代表在喀布尔签署了阿美《双边安全协议》;2014 年 10 月 1 日凌晨,阿富汗首都喀布尔随即连续发生两起自杀式炸弹袭击,造成至少 7 人死亡,21 人受伤,阿富汗塔利班声称对袭击事件负责,并声明对阿美《双边安全协议》表示坚决反对。显然,"阿富汗民族国家重建问题宛如一枚双刃剑,对内关乎阿富汗诸族群民众利益表达与国家利益得失,对外关乎区域国家乃至全球大国利益博弈。"③

尽管从地缘战略上来讲,美国对阿富汗的关注度已呈下降之势,但是随着阿富汗进入国家重建的关键期、加速期,伴着美军 2014 年从阿富汗撤军的步伐加快,一盘由美国、俄罗斯、中国、伊朗、印度、巴基斯坦、土耳其等诸国围绕阿富汗展开的中亚大博弈棋谱正在渐成。"国家间的互动关系既可能是竞争性的,也可能是合作性的。越是限制互动关系,国际体系就越不稳定。"④国家之间的相互依存意味着国家间"共荣辱、同进退"的心照不宣。"如果所有各方都希望稳定,

---

① [美]詹姆斯·多尔蒂等:《争论中的国际关系》(第五版),北京:世界知识出版社,2013 年,第 48 页。
② 曹筱阳:《2012:中国周边五种安全变革与两大战略走势》,张洁、钟飞腾:《中国周边安全形势评估(2012)》,北京:社会科学文献出版社,2012 年,第 9 页。
③ 张建成:《国内外"阿富汗"研究文献的计量学分析》,《南亚研究》2014 年第 3 期,第 100 页。
④ [美]小约瑟夫·奈等:《理解全球冲突与合作:理论与历史》(第九版),上海:上海人民出版社,2012 年,第 301 页。

那么就可能在均势中出现共同获益的局面。"①因此,阿富汗与其周边区域性或战略性国家间的演进博弈值得关注。作为联合国安理会常任理事国之一、阿富汗的传统友好邻邦,"中国的各种选择已经开始影响亚洲的地缘政治力量分布,而它的经济发展势头必将使它有更强的物质实力和更大的雄心"。②为此,中国要以中阿文化交流先行战略为契机,在阿富汗安全重建上、在中亚安全维护上、在推动"丝绸之路经济带"共建上做出有担当的选择。

第一,以反恐外交为把手,推动区域性多边安全机制的构建。随着美军的撤离,中亚"三股势力"可能会伺机抬头,添乱阿富汗动荡局势,增加中国西部反恐、反分裂主义的压力,影响中亚地区的稳定与安全。两国要加强反恐合作,打一场坚决彻底的反恐战;同时,要发挥"丝绸之路经济带"的辐射作用,积极推动区域性多边安全机制构建,为阿富汗安全、中国西部边疆安全与中亚安全贡献力量。

第二,全面参与阿富汗民族国家重建进程,助力阿富汗民族国家重建进程顺利推进。中阿两国世交良好,2001年以来,中国政府致力于发展中阿关系,积极参与阿富汗和平重建工作。2014年美军撤军后,中国政府在阿富汗的文化重建、政治重建、经济重建、安全重建等诸多领域更要发扬国际人道主义精神,加强与阿富汗的务实合作,实现两国利益的互利双赢。

第三,秉承"亲、诚、惠、容"理念,立足阿富汗,布局大中亚市场。作为中亚国家最主要的贸易伙伴,中国应该抓住机遇,充分利用美国撤军阿富汗后的力量真空期,抢占先机,在全面参与阿富汗民族国家重建的进程中,立足阿富汗,放眼大中亚,主动开拓大中亚市场,逐渐做大、做强"丝绸之路经济带"。

总之,面对地区安全局势,中国发展的战略机遇制高点如何选择是个重要时代命题。毫无疑问,在中国西向开放的战略理念下,"丝绸之路经济带"战略构想横跨欧亚大陆,东连亚太经济圈,西接欧洲经济圈,互利共赢的合作潜力巨大。

---

① [美]詹姆斯·多尔蒂等:《争论中的国际关系》(第五版),北京:世界知识出版社,2013年,第127页。
② [美]兹比格纽·布热津斯基:《大棋局:美国的首要地位及其地缘战略》,上海:上海人民出版社,2007年,第37页。

略论中国与中亚的文化交流

许尔才

一、中国与中亚的文化交流历史悠久、源远流长

文化植根于经济和生活,有广义和狭义之分。广义文化是指人类在社会历史实践中创造的物质财富和精神财富的总和,即物质文化和精神文化[①]。物质资料体现在物质财富,如建筑、住宅、生产工具等。精神文化体现在人类知识发展水平上,如教育、科学艺术成就等方面。文化通常是在狭义上使用的。狭义文化专指精神文化而言。物质资料的生产和人们的社会生活是文化的不竭源泉和动力。

季羡林先生曾说过,文化有一个很突出的特点,就是文化一旦产生,立即向外扩撒,也就是我们常说的文化交流[②]。文化是天下为公的,不管肤色,不择远近,传播扩撒。人类到了今天,之所以能随时进步,对大自然对社会对自己内心认识的越来越深入细致,为自己谋的福利越来越多,重要原因之一就是文化交流。胡锦涛同志在谈到中国与中亚文化交流的重要作用时也指出,在文化上,中国将与中亚各国增进交流。中国同中亚文化自古就相互交融。我们尤其要重视文

---

① 马俊如:《中国当代思想宝库(一)》,北京:中国经济出版社,2001年,第1250页。
② 季羡林:《季羡林散文》,杭州:浙江文艺出版社,2008年,第183页。

化交流在促进双方相互理解、和睦相处方面的作用。

中亚是一个地理名词,有大小之别。大中亚是1979年联合国教科文组织认为的中亚,应包括东到蒙古国、内蒙古东部,南始伊朗、阿富汗北部、印度和巴基斯坦西部,包括中国的新疆、青海、甘肃、河西走廊,西至里海包括当今中亚五国,北达西伯利亚南部一带。小中亚则指1991年独立,1992年3月加入联合国成为国际社会正式成员的中亚五国,即指乌兹别克斯坦、吉尔吉斯斯坦、塔吉克斯坦、土库曼斯坦和哈萨克斯坦五个国家[①]。中亚地区地处东西方交通和商业交流的要道,是古代著名丝绸之路的中心。伴随着商业往来,东西方文化交流也通过中亚活跃起来。

中亚是欧亚大陆两千多年来多民族、多宗教、多元文化汇聚的地区。它的文化东面来自黄河、长江流域,南面来自恒河流域,西面来自幼发拉底河和底格里斯河两河流域,以及伊朗高原和地中海东部。中国与中亚地区的文化交流最早可以追溯到两千多年前,张骞出使西域,不仅促进了中国与中亚地区的经济贸易和政治往来,也促进了双方的文化沟通。西汉时期,中国在西域设置都护标志着中国对西域、包括中亚部分地区的统治正式确立。由此,在文化上,中国与中亚地区的商贸和文化交往越来越发展。通过丝绸之路,中亚地区的葡萄、苜蓿、石榴、胡蒜等植物传到中国,中亚地区的良马珍禽传入中国。制糖技术、琉璃技术也由中亚传入中国。佛教和与佛教有关的文化艺术相继传到中原地区,对中国文化产生了巨大影响。基督教、伊斯兰教和祆教也都是从中亚传入我国的。中亚的各种舞蹈和音乐在隋唐时进入内地,和中国内地原来的舞蹈艺术及音乐紧密结合。

而中国的冶铁技术早在公元前2世纪就已经传入中亚费尔干纳盆地,8世纪中叶,中国的造纸术传到了中亚;12世纪,中国的雕版印刷术传入中亚。公元前5世纪,中国丝绸开始传入中亚各地;6世纪,种桑养蚕缫丝技术传到中亚。12世纪,中国的中药材及梨树、桃树通过丝绸之路传入中亚。可见西汉时期中国与中亚地区的交往极大地促进了东西方经济文化的交流和发展。东汉时班超父子在中亚

---

① 马大正、冯锡时:《中亚五国史纲》,乌鲁木齐:新疆人民出版社,2000年,第3页。

地区的活动,持续了这种交流和发展。

二、中亚五国独立后与中国文化交流状况

1991年中亚五国独立后,我国与中亚五国在经贸、政治、军事和安全领域的合作取得了较大进展。双方签署了许多重要的双边文件,如与哈萨克斯坦、吉尔吉斯斯坦签署的《睦邻友好合作条约》,与乌兹别克斯坦签署的《友好合作伙伴关系条约》,明确了在各个领域开展长期友好合作的原则。具体到文化领域,利用高层互访的机会,我国分别与哈萨克斯坦签署了《科学技术合作协定》《教育合作协议》《2001—2002年文化合作计划》,与乌兹别克斯坦签署了《广播电影电视合作协定》《高等与中等专业教育相互谅解备忘录》,与吉尔吉斯斯坦签署了《文化合作协定》《体育合作协议》《教育合作协定》,与塔吉克斯坦签署了《文化合作协定》《中塔对外友好协会1995—1998年合作计划》,与土库曼斯坦签署了《文化合作协定》《中土1998—2000年教育合作协定》等文件,为我国与中亚国家的文化交流活动确定了基本内容和合作方向。

在教育方面:1.留学生教育。这是中国与中亚五国教育交流的一个重要组成部分。由于地缘因素,留学生教育成为中国新疆对外教育交流的重要途径。近些年,新疆和中亚五国的教育交流主要是通过高校间互派留学生,辅之以中小学之间的交往。特别是新疆部分高校为促进外来留学生事业的发展壮大,一方面,通过各种渠道和周边国家开展多层次和各领域的交流合作;另一方面,还主动出击,加大自我宣传力度,以多种形式吸引留学生来新疆学习。据统计,新疆大学、新疆师范大学、新疆农业大学、新疆财经大学、新疆医科大学是中亚五国留学生比较集中的高校。从历年新疆五所高校中亚留学生人数统计来看,中亚五国的留学生人数呈上升趋势。2.汉语推广基地的建立。我国十分支持中亚国家的汉语推广工作。2002年,我国教育部在吉尔吉斯斯坦的比什凯克人文大学设立了汉语中心,为吉培训汉语专家。我国向汉语中心派遣了教师,并提供了电脑、教材和书籍,以及一定的资金支持。2006年,新疆七项国际汉语推广工

作经国家汉办审批通过并立项：汉语国际推广新疆基地项目、新疆师范大学与吉尔吉斯斯坦民族大学合作建立吉尔吉斯斯坦民族大学孔子学院项目、新疆财经大学与哈萨克斯坦经济大学合作建立孔子学院项目、新疆师范大学附属中学建立汉语国际推广中学实习基地、新疆农业大学附属中学建立汉语国际推广中学实习基地、乌鲁木齐市第八中学建立汉语国际推广中学实习基地。2007年，新疆参与汉语国际推广工作的学校达21所。2008年新疆大学与吉尔吉斯斯坦比什凯克人文大学合作创办了比什凯克人文大学孔子学院，新疆师范大学与塔吉克斯坦国立大学成立了塔吉克斯坦国立大学孔子学院。此外，汉语国际推广基地正积极筹备在吉尔吉斯斯坦奥什、乌兹别克斯坦撒马尔罕、塔吉克斯坦等地区建孔子学院，届时中亚地区的孔子学院将达到九所。目前孔子学院主要开展了汉语教学活动和文化推广活动等。

在科研方面：科研方面的交流呈现逐渐增多的趋势，主要以协同研究科研项目及举办学术会议的形式进行，其中新疆社会科学院中亚研究所及新疆理化技术所与中亚国家交流较多。塔吉克斯坦国家科学院院长 Ilolov Mamadsho、乌兹别克斯坦科学院生物有机化学所、乌兹别克斯坦科学院植物化学研究所 Sagdullaev Shamansur 等在参观了新疆理化研究所后，对今后开展多边合作、联合培养研究生及项目合作方面进行了广泛、深入的洽谈。除此之外，新疆社会科学院积极开展对中亚国家的研究，并陆续推出了《中亚五国概况》《中亚内陆》等系列研究成果、专著。同时双方还举办了各种学术会议。

在文化艺术及体育活动方面：我国和中亚国家相互举办一些文化活动，宣传和介绍对方的文化成就。主要包括一些"文化周"或者"文化日"以及各种文化展览。1992年在土库曼斯坦举行了中国电影周，1999年9月在哈萨克斯坦举办了中国艺术展，2002年4月在哈萨克斯坦举办"中国科技日"，2004年4月在上海举办"阿拉木图文化节"。2004年6月，在乌举办"中国文化日"，期间举行了中国摄影艺术展、中国当代艺术作品展和中国电影节等活动。2005年5月，在北京举办了"乌兹别克斯坦文化日"等。此外，中亚孔子学院也因地制宜开展了一系列文化活动，如哈萨克斯坦国立大学组织了古典诗歌比赛、学术文化讲座及书法比赛,并多次成功举行哈萨克斯坦汉语桥比赛;哈萨克斯坦欧亚大学孔子学院筹办了《2008 到北京看奥运》《中国春节民俗》《北京欢迎你》图片展,还举办了中国春节民俗讲座、春节电影晚会;吉尔吉斯斯坦比什凯克人文大学孔子学院组织了中国文化周、"孔子与中国"文艺演出、摄影展、图书展和元宵节、中秋节庆祝活动;乌兹别克斯坦塔什干孔子学院开设了书法、太极拳、中国歌曲、中国影片欣赏等文化课程。这些活动无疑促进了中国与中亚五国的文化交流。

艺术方面:近年来,我国与中亚国家在文化艺术方面的交流也很广泛而频繁。如 2004 年,哈萨克斯坦东哈州国立大学的 30 名师生来新疆阿勒泰地区参加夏令营活动,并参加了阿勒泰市第四届"金山之夏"文化艺术节的演出。2007 年,新疆民间共组织友好团组 15 批、213 人次出国开展友好交流。中亚国家依托芭蕾舞艺术、音乐等传统艺术优势,经常派出青年艺术家来中国新疆及其他省区开展演出;而新疆的十二木卡姆艺术、维吾尔族舞蹈、歌曲、工艺及哈萨克族手工艺品也为交流提供了内容载体。2007 年 11 月,哈萨克斯坦阿克莫拉周音乐剧院青年艺术家一行 18 人到新疆伊犁哈萨克自治州与新疆青年艺术家交流演出。

体育方面的交流:体育是中国和中亚国家青年人都非常喜欢的活动,也是参与人数最多、范围最多的交流项目。新疆的体育系统多次派出官员和青年运动员前往中亚访问、比赛、交流和考察。中国新疆和中亚各国的地貌特征和文化传统,决定了这一地区较为适合开展大规模的户外徒步、登山、汽车赛和自行车赛等赛事活动。2005 年,中国新疆与哈萨克斯坦阿拉木图签署了双边青年体育交流的协议。2006 年和 2007 年,中哈两国分别在哈萨克斯坦阿拉木图市和中国乌鲁木齐举办了青年运动会。来自阿拉木图和中国新疆的 800 多名青年运动员参加了田径、拳击、国际式摔跤和柔道等项目的比赛。

三、中国与中亚国家文化交流方面存在的问题及对策建议

近年来,虽然我国与中亚地区的文化交流较为顺利,文化合作氛围良好,但也仅仅是起步阶段,与经贸、政治、军事安全等领域的合作相比,我国与中亚国家在文化领域的交流与合作还明显滞后,存在诸多值得注意的问题:

(一)我国对中亚国家尚无明确的中长期文化战略

目前,我国在与中亚国家的文化交流与合作中,文化政策比较零散,缺乏连续性,效果不是很明显,影响力也不够广泛和持久。我国投入资金过少,使一些文化活动很难继续展开。例如,由于我国文化相关部门经费不足,对中亚国家的文化活动资助很少,同时组织赴中亚演出的文艺团体规模有限,次数不多。

(二)我国与中亚国家经济发展水平的差距影响文化交流

刚独立不久的中亚国家尚处于转轨时期,公民社会发展还不够成熟,民间青年组织的发展数量、规模都较小,而原有的青年组织在苏联解体后遇到了资金等困境,难以聚合力量推动民间交流的深化。例如,由于大部分中亚国家经济水平较低,居民收入不高,更重视与中国的经济关系,希望得到我国经济上的帮助,对文化交往热情不高。而我国的文艺团体访问中亚国家时,条件较差,遇到的困难较多,创造的经济效益有限,影响了中方组织者和演出者的积极性。

(三)中文传媒在中亚的影响力较小

目前,在中亚各国还没有当地人创办的中文报纸、杂志,而中文的出版物在中亚也很少见,中文报刊书籍基本上是通过交流赠送的,数量有限。在电视广播覆盖方面,中亚当地居民只有通过卫星电视才能看到中国节目,而由于中亚居民经济水平不高,卫星电视的覆盖率也较低,这在一定程度上影响了中国文化的传播。

（四）我国与中亚各国间的文化交流形式较为单一

目前，双边文化交流的主要形式是举行艺术展、互派艺术团体演出等，而在教育、科技、媒体、出版、学术等领域的交流与合作还远不到位。事实上，中亚国家对中国认识的改变大多是通过民间往来人员的口口相传，而由正式文化交流途径传播的中国文化所产生的影响还较小。

鉴于以上存在的问题，提出以下对策建议：

第一，形成高层次交流与合作机制。在双边官方的支持协助下，可以考虑建立中国与中亚五国文化部门相关领导定期会晤机制，举办中国与中亚各国的文化交流论坛，在政策层面把握文化交流合作的态势及走向。通过双边的文化交流，能进一步了解彼此的优势、特色，实现互惠互利。也可以在中国建立专门的中亚交流中心，并设置专门研究双边文化交流合作问题的部门，为彼此的文化交流合作给予理论上的指导。

第二，加强政策支持力度。中国与中亚国家文化的深入交流合作需要政府及相应政策强有力的支持。官方可以给予一定的政策导向，考虑在经费允许的条件下，设立更多关于搞文化活动的组织，促进中国与中亚五国在某些特色领域实质性的合作项目；鼓励短期访问、短期合作研究，加强相互间的了解。这些都离不开政府及相关部门对中国与中亚五国文化交流合作现状与构想的大力支持。

第三，进一步提升中国文化在中亚传播的影响力。要进一步提炼和传播中国传统文化的优秀价值观。中国很多传统的文化精髓和文明传统不仅是中国社会良性健康稳步前行的推动力，也是对外传播和交流的重要资源。要运用多种方式来扩大对中亚文化传播的影响力，如积极发展面向中亚市场的文化产业，努力向中亚文化市场推出更多具有鲜明中国特色的文化产品和品牌；通过文艺演出、影视交流、图书展示和艺术展览等多种形式，让中亚各国人民从文化的角度更深入地了解当代中国；在经贸合作交流中传播介绍中国文化；要加大对中亚国家的汉语学习和汉语广播节目的投资力度，促进文化交流方面的实质性合作，如建立针对年轻人的更广覆盖面的网站，使中国在中亚的声音越来越响亮。

第四,从战略高度重视文化交流。加深人们对国内外政治形势的理解,增强其马克思主义的政治信仰,建立起与社会主义核心价值体系相一致的人生观、价值观。保证人们形成坚定的反对分裂、维护祖国统一的信念;相互了解是相互合作的前提条件,要开展中国与中亚国家文化的交流合作必须要加强相互了解。因而,建立资源共享平台、信息联合网站是重要途径之一。在中亚国家,"中国威胁论"有一定的市场,原因是多数居民对中国不够了解。受中苏关系紧张时期大量关于中国负面宣传的影响,中亚国家的一些居民认为,中国仍停留在20世纪六七十年代的发展水平。因此,通过加深文化交流才能更好地树立中国的"新形象",改变中亚国家居民对中国的旧印象,增强我国对中亚地区的影响力。同时,为推动文化合作,要进一步拓宽思路,丰富内涵。

第五,改变对外文化交流形式单一的状况。让世界了解中国,同时也要让中国了解世界。对外交流要把能够代表中华民族的文化和项目"走出去",包括像美术品、演出、图书典籍、文物以及在国外的展览、演出。在对外交流的形式上要为外国人着想,要让外国人看得懂。这就要考虑到语言、文化习惯等,这样效果就会更好。随着中国对外开放的力度越来越大,很多外国人对中国的文化越来越感兴趣。有些项目的合作使得汉语热、中国文化热在一些地方也曾经一度出现。对于这样的交流不要追求短期的形式,而要有长远的打算和安排,这样才能使中国文化能够真正的"走出去"。

提升中俄文化外交战略的再思考

赵洪波

当前,随着世界政治和外交格局的急剧变化以及全球化进程的加速发展,特别是后冷战时期国际社会发生的一系列变化,引发了人们从新的起点、新的视角去观察、探讨世界政治和国家关系。与此同时,世界正朝着文化多样化的方向发展,国际文化交往达到了空前的规模和水平。在这些跨国的文化交流中,一部分是通过民间渠道实现的,另一部分则是在国家官方途径下开展的,而且这部分比重在不断扩大,以至成为国家间外交关系的一种形式——文化外交。这种新型外交形式已逐渐成为当代国家总体外交的重要组成部分。

近年来,中国和俄罗斯两国国家交往活动日益频繁,而文化外交在两国的交往中扮演着越来越重要的角色,发挥着不可替代的功能和作用。本文从文化外交的概念出发,深入探讨中俄两国文化外交的价值取向、交流平台和发展潜力等问题,挖掘中俄两国开展文化外交的重大现实意义,以期达到促进中俄两国乃至世界和平发展的目的。

一、文化与外交

文化是一种社会现象,它来源于人的经济生活和政治生活,又以一定的形式去影响社会的经济与政治活动。毛泽东在《新民主主义论》中对文化和经济政治的关系做过精辟的论述:"一定的文化(当作观念形态的文化)是一定社会的政治和经济的反映,又给予伟大影响和作用于一定社会的政治和经济;而经济是基础,政治则是经济的集中表现。这是我们对于文化和政治、经济的关系及政治和经济的关系的基本观点。那么,一定形式的政治和经济是首先决定那一定形态的文化的;然后,那一定形态的文化又才给予影响和作用于一定形态的政治和经济。"①

上述文化与政治的关系也必然适用于文化与外交的关系,外交是一种国家政治行为。在谈到文化与外交的关系时,美国学者洛弗尔这样认为:"人在文化氛围中长大的,受到其基本价值观、民俗习惯和信仰的熏陶……在每个民族国家,统治本身和外交政策的制定都是在某种文化背景中发生的。② 所以说,文化是一个广泛而深刻的概念,一个国家和民族的灵魂在于文化,一个国家和民族的核心价值观也在于文化。文化在民族上的表现就是民族文化,在政治上的表现则为政治文化,而在外交上的表现必然就成为外交文化。文化对一个国家的外交政策的影响是深刻的,因为作为一国核心价值观的文化通常会体现在这个国家的软实力上,当然也就体现其国家战略利益,所有这些又必然要在其外交活动中"对国际局势、格局和关系的判断,对国家角色、地位与目标的定位及对利益的定向与外交政策的制定"③等有所体现。

尽管文化和外交有着天然的联系,但毕竟是两种不同的人类活动形式,一方面是陶冶情操和提高性情的高品位艺术,另一方面又是解决国家间具体问题和看重短期收益的政治事务,但今天人们则把文化和外交结合起来,形成所谓"文化外交",并且赋予它越来越重要的地位。总体来说,对外文化交流,不仅是文化外交。它包含的范围要比文化外交更大,意义更深、更广。文化交流的主体不仅是中央及地方政府,还包括不同的民间组织,如各种基金会、学术团体、宗教机构及商业机构等。而文化外交则通常是由各级政府,特别是中央政

---

① 《毛泽东选集》(第2卷),北京:人民出版社,1991年,第663、664页。
② 李智:《文化外交——一种传播学的解读》,北京:北京大学出版社,2005年,第7页。
③ 同上。

府来组织,重点突出政府在对外政治关系中所起的重要作用。

当今世界全球化和经济一体化的趋势愈来愈明显,经济互相渗透,政治互相影响,国际社会在竞争过程中大有"历史终结"的倾向或危险。面对这样的倾向或危险,拿什么来实现对一个民族国家的支撑,占领国际浪潮冲击下的安全高地?看来能完成此重任的只有文化。这是这个动荡世界人们达成的共识。正是源于这个共识,20世纪90年代以来,发达国家、新兴工业化国家和地区在角逐"安全高地""经济高地"的同时。在"文化高地"也展开了新一轮竞争与博弈。[①] 在这新一轮竞争与博弈中,文化外交成为各国竞相使用的手段。也成为展示各国软实力、扩张综合国力和提升国际形象的有效途径。

二、文化外交的资源禀赋

从当代世界政治外交发展态势来看,越来越多的国家认识到,文化外交是实现国家战略的重要手段,是一种无形的力量,即国家软实力的重要体现,也就是说它是一个国家的文化资源禀赋。不过,一个国家要想充分利用好这个文化资源禀赋,还需要一系列相关辅助条件,这其中包括一国的文化影响力、综合外交实力和政府外交执行力等。这些条件相互影响、相互配合,共同完成一国文化外交的特殊功能。

第一,文化影响力是一国开展文化外交的自然条件。一国文化外交是否能顺利达到预期目标,首先在于该国的文化影响力,它是该国的文化资源禀赋的表现形式。每个民族、国家在长期的历史发展过程中,都会产生丰富多彩的独特文化,随着时间流逝,这些文化被传承下来构成该民族或国家文化影响力的基本要素。世界各国的文化影响力差异很大,文化的数量与发展历史是其影响力的决定因素,也是一国成功开展文化外交的自然条件。一国文化影响力可分为绝对影响力和相对影响力:一国文化外交的绝对影响力取决于该国文

[①] 《开辟文化外交新格局》,《人民日报》(海外版)2013年3月18日。

化类型的数量,而其文化中的先进性和代表性(即文化的发展历史)则成为其文化资源禀赋中的相对影响力。

第二,一国开展文化外交的实力支撑是综合外交实力。单纯的文化影响力大小并不能保证国家的文化外交优势,要想把文化影响力优势转化为成功的文化外交实践,还要依赖于一国经济实力、政治实力以及军事实力的支持。文化影响力优势仅仅为国家成功实施文化外交政策提供了软实力条件,而经济实力、政治实力和军事实力等则是一国的综合外交实力,是一国的硬实力条件,对一国文化外交政策的运作具有绝对的支撑作用。当一国经济发达,政治影响广泛,军事实力强大时,该国文化外交成功的概率必然增大,因此,一国综合外交实力的强弱程度将会影响该国文化外交的局面和成效。[1]

第三,外交执行力是一国开展文化外交的制度保障。良好的执行力是达成组织目标的基本保障。达成文化外交的特殊目标,离不开高效的外交执行力这个制度的保障手段。如果外交上视线不清晰、判断不准确、决心不坚定,就是有再好的地理位置,再充足的食物、原材料的生产和供应,再多的人口数量和再高的人口质量等外交优势,都不能得到很好的发挥。外交是一种政治,更是一种文化和艺术,外交的成功需要高超的运作技巧,而做好文化外交同样需要参与文化外交的各个机构、组织和个人具有敏锐的观察力和准确的判断力,要相互协调配合,形成有效的外交执行力,最终发挥文化外交的独特功能和作用。

三、文化交流——中俄文化外交的基石

文化是人类社会和谐发展的强大动力,它所具有的渗透性、渐进性、亲和性和效益久远性,赋予了文化特有的社会属性。正是这种社会属性,使得当今世界各国、各民族在经济、政治、科技和社会生活等广泛领域互相交融,通过文化交流反映各自的发展和综合国力,促进世界和谐发展。联合国教科文组织 1998 年指出,发展可以最终以文

---

[1] 姜鑫、迟越:《中国文化产业资源配置的省际均衡状态评价》,《当代经济研究》2012 年第 6 期。

化的概念来定义,文化的繁荣是发展的最高目标,文化的创造是人类进步的源泉,文化的多样性是我们人类共同的财富,对发展是至关重要的。著名的未来学家阿尔夫20年前就说过,一个高技术的社会也必然是一个高文化的社会,以此来保持整体的平衡。所有这些都非常明白地告诉我们,未来世界的发展将是文化的发展,文化的发展已经成为21世纪最核心的话题之一。

文化交流、文化沟通是中俄深度合作和长远合作的基础,文化交流在中俄合作中作用非常巨大。中俄两国不仅要重视在经济和贸易方面的合作,更要重视在政治、外交和文化领域的交往与合作,因为这种交往合作是更深层次的,具有巨大潜力的,只有在这些领域达成共识与合作,双方才能逐渐由建设性的伙伴关系走向战略性协作伙伴关系。中俄两国人民交往有着悠久的传统友谊,历史源远流长,交流碰撞中形成较多的相互认同和信任。回顾近十多年中俄两国交往中,双方将建设伙伴关系发展到战略协作伙伴关系,成为好邻居、好伙伴、好朋友,这都与两国长久的历史文化交往中形成的诸多认同和信任有密切关系。从近些年中俄文化交流发展成为文化外交的历程来看,表现出许多特点:

第一,政府高度重视,用制度设计推动文化外交的顺利发展。二十多年来中俄文化交流中政府始终唱主角,在科技、文化和教育等领域一直起着主导作用。1992年12月签订《中俄政府间科技合作协定》,中俄两国之间的科技合作实现了新的突破,随后其合作水平也在逐渐提高。就在同一时间,中俄双方本着进一步发展两国人民之间友好关系和加强两国文化合作的愿望,确信文化交流是增进两国人民之间了解和友谊的重要途径,愿意根据平等互利的原则,鼓励和支持两国相关机构在文化、艺术、教育、社会科学、新闻、出版、广播、电视、电影、体育、旅游和卫生等方面的交流和合作,经友好协商,同意缔结《中华人民共和国政府和俄罗斯联邦政府文化合作协定》。此协定包括了7个具体的文化合作议定书,使中俄文化交流全面铺开。自该协定签订后,两国主管文化的高级官员,包括两国总理,频繁接触,不断深化和扩展该领域的交流。2001年9月,中国朱镕基总理和俄罗斯卡西亚诺夫总理在圣彼得堡举行中俄总理第六次定期会晤,并签署联合公报。双方表示将共同努力,加强定期会晤机制的作用,并就扩大两国在政治、经贸、科技和人文等领域的互利合作和共同关心的国际问题交换了意见。中俄双方还同意在两国定期举办文化节,进行定期文化交流。当然,两国之间的交流与合作是自愿平等的,对促进各自文化的繁荣和发展都是有益的。

2010年11月19日,中俄人文合作委员会文化合作分委会第十次会议在莫斯科召开。会议高度评价了以往的中俄关系和人文合作,回顾总结了双方在文化交流与合作领域的工作情况。双方指出,在2010年期间中俄文化合作持续向前发展,合作交流形式多元化,成果丰硕。会议对下一阶段重点工作进行了部署。双方一致表示将进一步深化两国剧院、博物馆、图书馆等艺术机构及个人的交流工作,同时将加强两国在非物质文化遗产领域和文化产业领域的合作,并积极巩固俄罗斯和中国地方间的文化合作。双方还就制定两国文化部2011—2013年的合作计划达成共识。会后,双方签署了《中俄人文合作委员会文化合作分委会第十次会议纪要》。[①] 2012年12月4日,中俄人文合作委员会文化合作分委会第十二次会议在俄举行。中俄双方在总结两国文化交流合作现状基础上一致认为,中俄国家间文化交流继续保持规模的同时,两国文化界人士的交往应不断深入,地方和边境地区的文化交流要进一步发展。两国文化中心的设立和运作是两国文化交流进一步深化的重要标志,将持续不断为两国间的文化交流做出贡献,增进两国民众之间的相互了解和友谊。

第二,多方参与,使交流合作的广度和深度不断扩展。中俄文化交流是具有广泛意义和全方位的:从内容方面看,它既包括传统意义上的文化艺术交流,还包括科学技术、医疗卫生、广告媒体、教育学术等领域的合作。中国的部分省区,特别是与俄罗斯交界的省区,如中国黑龙江省和俄罗斯阿穆尔州、哈巴罗夫斯克州、滨海边区等地方区域都有各自的文化交流计划项目,都积极开展了多项文化交流合作活动,"黑龙江中俄科技合作及产业化中心"即属于这种合作项目。

[①] 《中俄文化合作分委会第十次会议在莫斯科召开》,http://www.chinaculture.org/cxsj/2010—11/26/content_400224.htm。

2013年8月7日,由中华人民共和国文化部、黑龙江省人民政府和俄罗斯联邦文化部、阿穆尔州政府主办,黑龙江省文化厅、黑河市人民政府、俄罗斯阿穆尔州文化档案部承办的第四届中俄文化大集在黑河世纪广场盛装启幕。中俄文化大集作为中俄国家级区域间文化交流活动,以建设区域性、规模性、机制性的中俄文化交流合作平台为目标,突出高层交流和民众参与,已经初步形成具有文化魅力、经济效益和国内外影响力的大型中俄跨境文化贸易品牌。据介绍,在"文化贸易、文化交流、友好合作、繁荣发展"主题下,本届中俄文化大集以文化交流活动为主要内容、以文化贸易为重点,活动内容和范围进一步拓展,已将体育、教育、广播电视等领域交流纳入其中,活动可持续发展性进一步加强,分为高层交流、展览展销、文艺演出、民众文化、体育文化、文化旅游六大板块,举办数十项文化经贸活动。这一受到两国民众喜爱的双边文化活动立足黑龙江省和阿穆尔州,聚焦黑河市和布拉戈维申斯克市,辐射中国和俄罗斯全境。① 此外,我国非边境地区与俄罗斯部分地区的科技文化交流合作还包括"烟台中俄高新技术产业化合作示范基地""浙江巨化中俄科技园"等。以上项目的开展,极大地扩展了中俄文化交流项目的内容和地域范围,延伸了两国进一步合作的前景。

近些年,中俄在教育领域的合作交流也出现了许多可喜进展。在1992年两国文化合作协议签署后的基础上,两国又签署了《中俄关于相互承认学历学位证书的协议》,使双方交流合作进一步扩展。此后,在委员会工作机制内成立了中俄教育合作分委会,在该委员会的积极推动下,2000年12月,中国国务院副总理李岚清访俄与俄罗斯副总理马特维延科共同主持了中俄教科文卫体合作委员会第一次会议,中俄两国签署和实施了多项教育合作与交流项目,把中俄两国教育交流与合作推上一个新的台阶,将双方文化交流合作活动推向高潮。双方互派留学和研究人员人数不断增加,层次也在不断提高。到目前为止,在中国的俄罗斯留学生达到13000人,在俄罗斯的中国留学生近两万人。我国留学生的留学层次应有尽有,包括了本科、硕

---

① 《第四届中俄文化大集构建跨境文化合作新模式》,文化部网2013年8月12日。

士和博士,专业学习从传统的语言、音乐、绘画,到航天、太空医学。①

中国国家主席习近平 2013 年访俄时指出,两国已商定到 2020 年使双方留学人员总数达到 10 万人。俄罗斯教育和科学部驻华代表玛加丽塔·巴尔然诺娃认为,这个目标是合理和必要的。目前俄中合作非常紧密。两国成功互办文化年中的"国家年"和"语言年",现正在举办"旅游年",而且还将迎来"青年友好交流年"。根据两国政治关系和战略合作关系,10 万留学生的目标是完全可以实现的。俄有理由期待新的中国留学生潮,为实现双方领导人提出的一系列战略合作目标,有必要培养大批相关人才。这说明,中俄文化交流合作有着广阔的前景,为迎接这个交流合作高潮的到来而提前准备相关条件(主要是人才)是完全必要的。

第三,搭建和完善平台,使交流合作落到实处。为促进和发展两国的文化交流合作,使各项协议落到实处,两国共同努力,为已签订的相关协议提供各种条件,搭建和完善各种平台。近年来,为推动中俄文化交流合作,落实已签署的各项协议,两国共同推出"国家年"和"语言年"活动,该活动已成为两国文化交流合作的综合平台。2013 年 7 月 8 日中国文化部部长蔡武在北京会见俄罗斯总统国际文化合作事务特别代表、特命大使米哈伊尔·施维特科依时指出,两国应充分发掘文化交流潜力,将人文交流纳入法制轨道,继续做好大型活动的举办;应积极推动两国在文化产业领域开展合作,研究进一步加强开放两国文化市场,以文化促贸易,实现两国新的经济增长点;应加强两国政府层面交流,加强两国官方文化代表团互访,促进文化管理者在思想领域、政策制定、文化价值观等方面的深入交流;两国应致力于扩大交流面,提升交流质量,实现可持续发展。施维特科依也指出,俄文化部高度重视同中国开展文化交流,中俄两国同为文化大国,文化传统深厚,文化资源丰富,两国开展文化交流与合作潜力巨大,前景广阔,两国应继续加强沟通和合作,将中俄文化交流推向更高水平。他还建议两国除传统合作模式外,应以市场为引导扩大交

---

① 《俄罗斯:中俄将增加互派留学生名额》,南方网,http://www.Southcn.com/edu/zhuanti/desfination/more/200412231372.htm。

流,建议加强在重要行业,如设计领域的交流;建议以 2014 年举办中俄青年交流年为契机,通过相互推荐青年画家到对方国家采风创作、举办两国青年画家联展、拍摄纪录片等形式扩大中俄青年艺术家交流;建议在社会力量基础上建立中俄文化交流合作中心,推动两国艺术家在展览、演出等各方面的交流。①

四、中俄文化交流的发展空间

2013 年 3 月 23 日晚,习近平主席同俄罗斯汉学家、学习汉语的学生和媒体代表的会见,以一席亲切的开场白拉开帷幕,习近平说,"文化就像一个绵延不断的河流,源头来自远古,又由许多支流、干流汇合而成。文化交流是民心工程、未来工程,潜移默化、润物无声。"习主席的话,不仅道出了文化交流的特性和魅力,也预示着中俄文化交流更加美好的明天。通观文化交流的功能和中俄近年文化交流的发展状况,我们认为,中俄文化交流的进一步发展也仍有巨大的提升空间。

第一,文化交流的纵深化有待进一步挖掘。近年来,中俄文化交流范围不断扩展,已由传统文化领域向科技、教育、传媒等领域蔓延,形成良好态势,这对加深中俄两国相互了解和认识具有一定的现实意义。未来,中俄文化交流还需从先进文化因素、历史沉淀因素、经济效益和社会影响等方面进一步挖掘,力争多吸收,多利用,多促进。

第二,中俄文化交流中存在的不平衡现象有待克服。尽管中俄文化交流历史悠久,内容广泛,势头良好,但不可否认的一个局限性是两国文化交流合作始终存在不平衡现象。早在 20 世纪之前,中国只有很少的俄罗斯文化作品被介绍进来,但中国介绍到俄罗斯去的文化作品则数量巨大,包括《红楼梦》《西厢记》等中国优秀古典作品都是较早地被介绍出去的。到了 20 世纪苏联时期,情况正好颠倒了过来,有关苏联的文学、音乐以及科技文化被大量介绍到中国来,而

---

① 《蔡武会见俄罗斯总统国际文化合作事务特别代表、特命大使施维特科依》,《中国文化报》2013 年 7 月 9 日。

当代中国文化介绍到苏联的相对较少。而进入21世纪,再次表现出来中俄文化交流的不平衡性,通过民间、商演渠道,俄罗斯来我国演出的艺术团组,数量大大超过了我国艺术团组赴俄演出的数量。这种局面的形成,原因在于改革开放以来,我国文化市场发展迅猛,对俄罗斯艺术团组有一定的需求,而俄罗斯的文化市场发展缓慢,对中国艺术团组的需求有限。因此,中俄文化交流的这种新的不平衡急需打破,要使更多的中国文化进入俄罗斯,实现新的平衡。

第三,要积极培养中俄文化交流中的管理人才。在中俄两国文化交流进一步发展过程中,一个非常重要的因素不可忽视,那就是人才,这包括懂对方语言文化、了解文化交流操作程序且具有一定管理能力的复合型人才。人才的奇缺,严重地制约两国交流,影响交流质量。从中国的情况来看,近年来俄语没有像英语那样走入中国中小学生的课堂,俄语教学被严重忽视,从而形成了参与两国文化交流的基础性障碍。

第四,要扩大民间文化交流规模,提高其文化层次。近年来,基本上都是半官方或是官方性质进行中俄两国的文化交流,两国的民间文化交流还是受到一定的限制,特别是地方、民营企业、民间团体等参与交流的项目少,层次低。另一方面,即使是两国边境传统民间交流,由于形式不规范,成效不显著,层次也较低,因而较少受到政府的支持。对于以上这些现象,应该引起有关部门的重视,积极采取改进措施。

五、中俄文化外交合作的新契机

在全球化日益深入的今天,文化交流已经成为各国展示自己独特的文化价值理念及发展道路、制度体制、经济社会模式及其成果的有效外交方式,各国在增强自身的国际社会影响力、占据国际道义制高点、增强战略优势等方面,文化外交往往能发挥不可替代的作用。文化是一个民族保持生机与活力的源泉,更是一国软实力的重要组成部分。尤其是在全球化时代,文化越来越成为世界各国共享的精神财富,推动世界文化广泛深入交流,越来越成为促进人类进步与世界和平发展的重要动力。①

在过去的一年,中俄两国和双边关系都经历了重要的发展阶段,两国都顺利地完成了国内重要的政治日程,中俄关系也保持了连续性,呈现出更加良好的发展势头。可以说,中俄关系已经进入了互为重要发展机遇、互为优先合作伙伴的历史新阶段。2013年是中国全面落实中共"十八大"精神的开局之年,也是中俄关系大有可为、实现更好更快发展的一年。一系列的双边活动和事件为两国的文化外交合作提供了良好的新契机。

一是元首互访。应普京总统邀请,2013年中国国家主席习近平对俄进行了国事访问,这次访问将为中俄关系的发展注入强大的动力,开启新的契机。二是务实合作。除了进一步对接中俄毗邻地区的开发战略,推进双方跨境基础设施建设,双方还将积极开展长江中游城市群与俄罗斯伏尔加流域城市群的合作,拓展中俄地方合作的区域和领域,推动中俄互利合作在两国普遍开展。目前中俄双方已经就建设同江—下列宁斯阔耶铁路桥达成了协议,2013年有望开工建设这一重要的跨境基础设施项目。双方还希望在两国的界江界河上建设更多的铁路桥和公路桥,为两国人员交往、毗邻地区的合作提供更加便利的条件。三是扩大人文交流。2013年是俄罗斯的中国旅游年,双方人员往来会更加活跃。此外,两国青年交流将逐步机制化,双方将互派大型青年代表团,中俄友好的接力棒将一代代传承下去。四是国际战略协作。2013年的国际形势将继续复杂深刻演变,中俄作为最重要的战略协作伙伴,双方将继续就重大的国际和地区问题开展密切的沟通、协调,坚定维护两国的共同利益。维护国际和平、安全与稳定。

根据上述活动和发展态势,我们完全有理由相信,在今后的发展过程中,在双方的共同努力和两国民众的大力支持下,中俄一定能够不断地挖掘两国关系的巨大潜能,推动双方文化领域的全面深度合作并取得更多实际成果。② 实现中华民族伟大复兴的"中国梦",对

---

① 温晓娟、于春光:《跨文化因素对企业国际竞争力影响的实证研究》,《国际商务》2012年第5期,第110页。

② 《2013年中俄关系将迎来新契机》,中国新闻网2013年2月26日。

外文化工作责任在肩,文化外交更是任重道远。如何锐意进取,开拓创新,以高度的文化自觉、文化自信和文化自强,续写新时期对外文化工作的华美篇章,让文化外交继续唱响国际舞台,为塑造全球化时代中国大国外交地位提供强有力支持,这是我们的文化责任,也是我们思考和努力的方向。

简析中印文化软实力双向传播

尹锡南

美国学者约瑟夫·奈最早提出"软实力"(softpower)的概念,以反驳当时一度流行的美国衰败论。软实力论迅即在当代国际关系研究中得到广泛的运用。此处主要从文化软实力的视角考察文化因素如何促进中印关系发展的问题。

一、何谓中印文化软实力

约瑟夫·奈认为,未来的中国和印度将成为亚洲巨人,这两个国家的软实力日益显露出"上升趋势"。"只是当前与美国、欧洲和日本相比,这两个国家在许多潜在软实力资源指标上排名还比较落后。"[1]

就中国的文化软实力而言,大致可以分为如下几个方面的内容:传统文化资源如儒家思想、道家思想、中国佛教、孙子兵法、《诗经》、楚辞、唐诗、宋词、四大古典小说等;代表性建筑、历史古迹、旅游胜地如长城、兵马俑、少林寺等;非物质文化遗产如书法、中医、少林拳、太极拳、京剧、川剧、昆曲和各种少数民族舞蹈等;特有的物质产品和动植物如川菜、扬州菜、大熊猫、滇金丝猴、东北虎等;代表中国人美好精神风貌的文化名人、体育明星、文艺明星;孔子学院等海外教学

---

[1] [美]约瑟夫·奈著,马娟娟译:《软实力》,北京:中信出版社,2013年,第117、118页。

机构。

历史学家认为:"大约前2500年起,印度河流域进入金石并用时代,创造了印度历史上第一个灿烂辉煌的文明——印度河流域文明。它也是世界史上值得骄傲的最古老的的文明之一。"[①]印度的文化资源异常丰富,如四大吠陀、《摩诃婆罗多》和《罗摩衍那》等两大史诗、佛教、印度教、耆那教、锡克教等各派宗教、多姿多彩的印度宗教神话、哲学、语言学、科学等。印度古代的代表性建筑、历史古迹、旅游胜地包括泰姬陵、菩提迦耶、那烂陀寺、桑奇大塔、鹿野苑佛寺、胡马雍陵、阿旃陀石窟等。印度非物质文化遗产包括婆罗多舞、卡塔卡利舞和卡塔克舞等。印度瑜伽不仅在中国、而且在世界范围也拥有众多的"粉丝"。印度也有许多引人瞩目的物质产品如纱丽、印度茶和咖喱等。代表印度美好形象的文化名人包括佛陀、阿育王、商羯罗、辩喜、泰戈尔、甘地等。以宝莱坞电影为代表的印度电影可谓印度文化软实力的重要载体之一。印度文化软实力还与其实行资本主义民主体制、使用英语等密切相关。作为全球第二大发展中国家,印度近年来重视本国文化软实力的发展和推广,逐渐形成一套印度式的传播体系。

中国与印度的文化软实力发展和传播均存在一些短期内无法克服的问题。如果说某些国家的"中国威胁论"常使中国文化软实力的世界传播遭遇障碍,印度的政治腐败、贫富不均、教派冲突、恐怖主义问题等也在某种程度上削弱了印度文化软实力的正能量。约瑟夫·奈指出:"文化固然能提供软实力,但国内政策和价值观会制约软实力。印度虽然受益于民主政治,但也从一定程度上受制于过度官僚的政府……在美国,中国的吸引力是有限的,因为美国人担心中国迟早会对美国形成威胁。"[②]

二、中国如何向印度传播文化软实力

随着信息时代的来临,软实力、特别是其中的文化软实力的作用

---

① 林承节:《印度史》,北京:人民出版社,2006年,第11页。
② [美]约瑟夫·奈著,马娟娟译:《软实力》,北京:中信出版社,2013年,第118页。

在国际交流中日益显著。中印两国均不约而同地意识到向外传播文化软实力的重要性,并开始以政治高层发表联合声明的方式,设计中印文化软实力双向传播的未来蓝图。这一切,无疑为中印文化软实力双向传播搭建了极佳的时代舞台。

中印文化软实力的双向传播不仅涉及中国,也涉及印度。这里存在很多复杂的问题,需要分析以厘清思路,为具体的操作规范步骤。

具体来说,中印文化软实力的双向传播,首先要解决双方政治和学术精英的思想共识问题。与开展中印公共外交存在一些不容忽视的阻力相似,中印文化软实力双向传播也面临一些机制或心理障碍,双方在这一点上又有微妙区别。对于中国方面来说,彻底清除西方中心主义思潮非常必要,将眼光转向历史近邻印度乃是明智之举。另一方面,中印之间存在的诸多历史遗留问题,似乎成为横亘在印度精英和大众心灵上难以逾越的"障碍"。受中印历史遗留问题的"包袱"所累,部分印度人士对中国向印度传播文化软实力心存芥蒂。

其次,中印文化合作、人文交流必须以两国政府联合声明的形式进行规范,使其得以机制化运行。在这方面,两国政府近年来已有不俗的作为。2013 年 5 月,李克强总理访问印度时,中印两国发表联合声明,其中几条与中印文化软实力双向传播密切相关。2013 年 10 月,印度总理曼莫汉·辛格访华,两国再次发表联合声明,其中第 8 条涉及中印文化交流:"双方应便利两国人员往来,以实现扩大交往的共同目标。双方还签署了文化合作协定 2013 至 2015 年执行计划,内容包括文化艺术、文化遗产、青年、教育及体育事务、新闻出版与大众传媒等。"①2014 年 9 月,习近平访问印度。中印两国发表联合声明,其中第 11 条指出,鉴于中印之间深厚的文明联系,双方同意启动"中国—印度文化交流计划",进一步推动两国文化及人员交往。例如:"双方同意成立文化部部级磋商机制,以加强文化领域的合

---

① 《中印战略合作伙伴关系未来发展愿景的联合声明》,2013 年 10 月 23 日,http://www.fmprc.gov.cn/ce/cein/chn/zywl/t1092254.htm。

作。"①这些政府声明为中印双方未来建立文化软实力传播均势构建了保障性机制的雏形。假以时日,这种交流机制一旦正式成型,中印文化软实力的传播均势必然会逐步建立起来。

第三,中印文化软实力双向传播应有具体的规划,双方应该辨识传播内容的主次,再结合对方的心理兼容度,按照轻重缓急的原则有序进行。有学者认为:"今天世界热衷于谈论中国成为世界霸主的可能性,但唯一可以让中国软着陆、可以被世界认同的关键恰恰是文化。文化可以帮助中国来说服世界,告诉人们中国文化是和谐的、内敛的、非侵略性的、主张和平共处的文化。"②就中国向印度方面主动积极地传播自己的文化软实力而言,中国传统文化精华应该列入优先传播的范畴,鲁迅、莫言等现当代作家作品也可择优译介,而涉及中印文化交流且对当代印度学术研究价值不菲的一些著作也应优先得到译介和传播。这包括玄奘的《大唐西域记》、黄懋材的《游历刍言》和《印度札记》、康有为的《印度纪行》等。具体的传播方式包括英译、印地语、孟加拉语、泰米尔语等印度语翻译和合译(如《大唐西域记》等已有英译的著述,则考虑以印度语言翻译出版),举办有两国相关学者参加的国际学术研讨会,以上述语言出版或合作出版相关学术著作或论文集,并将此类成果赠送印方相关学者、高校与研究机构。

由于诸多复杂因素,印度翻译中国文化经典的数量远远不能与中国翻译印度经典的数量相匹配。这种情况与中国和西方的经典互译数量失衡非常相似。令人欣喜的是,部分印度学者开始接续此前印度优秀的汉学传统,主动地译介中国古代文学作品。例如,身为中国女婿的狄伯杰(B. R. Deepak)获得中国政府图书奖的中国古诗印地语选译本《中国诗歌》(CiniKavita)便是明显的例子。③ 狄伯杰对中国文学的译介在其他一些印度学者如马尼克、邵葆丽等人那里也能见到。印度学者、译者积极友好的"拿来主义"和中国译者、学者的

---

① 《中华人民共和国和印度共和国关于构建更加紧密的发展伙伴关系的联合声明》,2014 年 9 月 20 日,http://www.fmprc.gov.cn/ce/cein/chn/sgxw/t1193043.htm。
② 王岳川编著:《文化输出:王岳川访谈录》,北京:北京大学出版社,2011 年,第 7 页。
③ Deepak B. R., Trans. *Cini Kavita*, New Delhi: Prakashan Sansthan, 2009.

"送去主义"相互补充,对于中国对印文化软实力的传播意义重大。再举一例。2012年2月25日,印度第一部从中文直接翻译成泰米尔语的中国第一部诗歌总集《诗经》节选译本首发仪式在新德里泰米尔中心举行。《诗经》泰米尔文版由印度外交部现任资深外交官史达仁历经数年主笔翻译而成。史曾在印驻华使领馆工作多年。①

应该优先传播的还包括某些非物质文化遗产如中医和少林拳、太极拳等,优秀的中国当代电影、电视剧等也属于优先传播的对象,因为它们对印度人、特别是对人口众多的印度青少年来说很有吸引力。2011年12月,笔者造访瓦纳拉西时,瞥见该城开设了泰拳馆,而该城并无中国武术馆。笔者发现,印度大学生对成龙等人主演的中国功夫片兴趣浓厚。这说明,中国武术走向印度大有潜力可挖。书法、中国画、京剧、川剧、昆曲和各种少数民族舞蹈等因为跨文明传播的难度很大,最佳方法是培育在华印度留学生对这些中国文化遗产的浓厚兴趣,待其熟悉后,再由他们以各种方式传播到印度青年人中。中国还可以各种方式培养印度青少年对乒乓球等中国青少年擅长的体育项目的兴趣,以为两国青少年创造更多的互动交流契机。

印度食物很有特色,但川菜等中国食物也备受印度人欢迎。目前,印度各大小城市已经开设了数量不一的中餐馆。如何使其经营形成体制化,如何使更多的中国美食进入印度市场,如何使更多的中国厨师去印度传艺或主厨,这是下一步需要考虑的问题。

中国的旅游资源丰富。长城、兵马俑、少林寺、大雁塔、故宫、峨眉山、青城山、武当山、泰山等虽是旅游胜地,但也蕴涵着丰富的中国文化元素。通过这些象征中国的文化符号,印度大众可以在某种程度上感知中国的亲切和魅力。中国的旅游机构应该加大对印度的宣传和推荐力度,争取更多的印度人来华旅游,感知中国的美好形象,提高对华文化亲切度和认同度。

当代中国精神风貌的代表性人物如莫言、郎朗、姚明等文化名人、体育明星、文艺明星,可以各种方式赴印度进行文化采风,或赴印

---

① 《驻印度使馆公使王雪峰出席〈诗经〉印度泰米尔语版首发仪式》,2012年2月28日,http://in.china-embassy.org/chn/sgxw/t909298.htm。

表演,以增加中印文化交流的力度和频率。这些活动应该纳入中国对印公共外交的范畴,重要的是,必须有专门的中央级机构或部门如文化部、外交部等进行领导和协调,并以机制化的方式运作,保证其有序、有规律地进行。

以政府和学界、民间通力合作为基础,在印度开设中国文化中心或类似机构,也是未来中国对印传播文化软实力的努力方向之一。据悉,泰戈尔故居中国展厅落成仪式于2013年5月15日在其故乡加尔各答举行。作为中印文化交流重要项目,该展厅一开始就备受两国重视。该展厅由中国文化部出资筹建,历时两年多完成。泰戈尔故居是加尔各答的著名人文景点,每年吸引大量印度民众和外国游客参观。该展厅展品将在这里长期展出。①

作为中国文化软实力海外传播重要象征的孔子学院虽然已经在印度开始安家落户,但其继续发展尚需中国政府和学术界、民间人士的共同努力,也需要印度方面的大力支持和友好合作。

印度某些人士对中国政治体制、社会发展道路和基本国情还存在误解,这种现象无形中会损害中国的正面形象,削弱中国对印度的文化软实力传播效果。鉴于此,中国方面应该继续加大对印公共外交力度,增加对印文化宣传和国情介绍,使印度对中国的误解降至最低,为中国建立对印文化软实力传播均势营造适宜的氛围。

三、印度如何向中国传播文化软实力

就印度向中国传播其文化软实力而言,既有很多便利,也有一些局限。这首先表现在印度传统文化精华的对华传播上。

迄今为止,中国出现了很多译介和传播印度文学、文化的著名学者,他们为此做出了贡献。在继承梁启超、陈寅恪等前辈的印度学研究成果基础上,以季羡林、金克木、刘安武、黄宝生等为代表的当代学者,推陈出新,锐意补白,或翻译介绍《梨俱吠陀》《摩诃婆罗多》和《罗

---

① 赵旭、吴强:《泰戈尔故居中国展厅落成仪式在加尔各答举行》,2013年5月17日,http://news.xinhuanet.com/collection/2013-05/17/c_124724166.htm。

摩衍那》等两大史诗、迦梨陀娑等为代表的梵语文学、婆罗多和欢增、新护等为代表的梵语诗学、泰戈尔和普列姆昌德等为代表的印度现代文学、《罗摩功行之湖》等印度教文学经典以及丰富多彩的印度古代宗教神话、哲学、语言学、医学著述等，或对其进行研究，这使中国的印度学成果斐然，为印度文化软实力对华传播打下了坚实的基础。季羡林和王邦维等学者对《大唐西域记》《大唐西域求法高僧传》等涉及古代中印文化交流的名著的校注或翻译，也在某种程度上培育了当代学者对印度的文化亲和感。目前，姜景奎等人正在译介《苏尔诗海》等印度教经典，尚劝余等人正在译介甘地的文集，这也是为印度文化软实力对华传播扫清障碍的重要举措之一。当然，这些事例并不说明印度政府和学术界在对华传播自己的传统文化精华方面碌碌无为，相反，印度驻华大使馆以其主办的中文版《今日印度》为龙头，也在这方面做出了努力。不过，由于各种原因，印度学者将自己的古代经典和现代作品译为中文，迄今为止比较少见。

　　虽然中国学者在印度学领域做出了令人瞩目的贡献，但正如有的学者分析的那样，对于印度多元宗教文化的研究，却没有真正地展开。"理解印度的宗教文化，中国必须关注和理解印度宗教文化的真正内核。其中重要的一点就是，要认识到在印度社会占主流地位的自始至终都是印度教文化。从圣雄甘地、《薄伽梵歌》《爱经》、瑜伽等印度宗教文化名牌，我们可以看到，它们都是属于印度教文化范畴内的东西……因此，印度教及其文化才是我们理解当今印度社会的关键。迄今为止，我们在学习和研究印度教及其文化方面是十分不够的。"[①]由于这个原因，中国普通读者和印度学领域外的一般学者，对于印度文化魅力的领略在很多时候都遇到过不同程度的障碍，而印度文化的魅力多半集中在与印度教密切相关的经典作品中。虽然说佛教思想在中国一直流行，但部分印度人士并未将其视为印度文化软实力的核心，这种传播者和外部受众的心态差异对其对华传播文化软实力形成了某种制约，这也是印度文化软实力对外传播的短板。印度学界和政府必须找到一些切实可行的解决方案，为对华传播文

[①] 邱永辉：《全球化背景下的中印文化交流》，《四川大学学报》（哲学社会科学版）2006年第4期，第115页。

化软实力扫清障碍。

既然因为宗教性强而使中国读者存在理解方面的障碍,将印度传统文化经典作为优先传播的对象固然不错,但其传播主体和传播策略需要视情况而定。如此一来,同时列为优先对华传播对象的印度文化软实力资源,或许是印度电影,其中,宝莱坞电影更是首选。只要翻译得当,电影的叙事语言能够很快为中国观众所理解,从而积极有效地传达印度文化的真实信息。鉴于佛教为大多数中国民众熟悉或比较熟悉,印度和中国的相关旅游机构应该多打"佛教文化旅游牌"。在此过程中,在尊重游客自主选择的基础上,印方可以有序推销印度其他带有印度教或伊斯兰教、锡克教、耆那教色彩的古代建筑、历史古迹或旅游胜地,如泰姬陵、胡马雍陵、旁遮普金庙等。当然,借助于中国学者、游客等撰写的图文并茂的印度游记,以及在中国举办印度风情摄影展,印度风情的优美迷人也能得到中国人的认同。希望更多的印度同行也能主动加入这一行列。

同时可以列入优先传播对象的还应包括瑜伽。印度瑜伽如今在中国赢得了众多的"粉丝"。印度前驻华大使苏里宁的夫人普兰·苏里发现瑜伽在中国很多城市流行。她将之视为印度文化软实力在中国的一次成功登陆。她在其中国游记中写道:"这场静悄悄的革命正横扫中国的城市。人们都认为,瑜伽来到中国是因为它先在西方成为一种时髦,然而,瑜伽运动也是印度软实力披荆斩棘地进入喜马拉雅邻国的一种方式。"[1]

一些印度特有的非物质文化遗产如婆罗多舞、卡塔卡利舞和卡塔克舞等印度古典舞、风格独特的各种印度音乐、印度绘画、印度戏剧,限于中国观众、听众的欣赏习惯和审美距离,如何有效地向中国进行传播和介绍,尚需认真思考。通过国际贸易展览会等多种形式,纱丽、印度茶和以咖喱为代表的印度食物也可为中国大众所熟悉。

至于代表印度美好形象和健康风貌的当代著名学者、文化名人、体育、文艺明星,可由印方以各种方式组织他们来华进行采风,或进

---

[1] Pooram Surie, *China: A Search for Its Soul, Leaves from a Beijing Diary*, New Delhi: Konark Publishers, 2009, p. 204.

行各种方式的表演,以增加中印文化交流的力度和频率。中国方面也可主动邀请其来华访问或演出。

对于印度来说,它的文化软实力资源还体现在其所采纳的西方教育制度。因此,吸引中国留学生赴印攻读尼赫鲁大学、德里大学、加尔各答大学、国际大学等大学的学位,也不失为传播其文化软实力的有效方式之一。因为,通过这种长期在印学习的经历,中国留学生一般都会培育对印度风土人情和民族文化的热爱。这种感情也是中印人文交流可持续发展的重要保证。

四、文化软实力双向传播的不利因素

对于中印两国来说,向对方传播自己的文化软实力不同程度地存在一些不利因素。

首先,对印度来说,西方文化的主流地位及其在东方各国的巨大影响,是印度文化世界传播必须面对的现实问题。在世界电影市场上,与美国好莱坞电影相比,印度宝莱坞电影的竞争力自然要打折扣。近20年来,中国的电影院上映的西方电影很多,但却少见印度电影上演。这增加了印度文化软实力对华传播的难度。

印度文化具有很强的民族特色或宗教特性。对一些东西方读者、观众、听众和学者来说,要准确地理解富含民族色彩或宗教色彩的印度文化会遇到很多障碍,这便是其跨文化传播的另一大难题。例如,很多印度电影充满着大段的歌舞情节,不熟悉印度文艺的表演规律或传统,便不能很好地理解这种带有强烈民族色彩的印度歌舞,也就不可能真正欣赏印度电影华丽炫目的风格与热情洋溢的叙事语言。在奥斯卡历史上,印度电影只有三次获得了奥斯卡外语片提名,这就是1957年的《母亲印度》、1988年的《祝福孟买》和2002年的《土地税——印度往事》,但却没有一次拿到奥斯卡最佳外语片奖。"对于印度电影人来说,能获得奥斯卡奖固然值得庆贺,但这不是拍摄电影的主要目的。赚钱才是制作电影的第一目标。"[①]由于语言障碍和

---

① 张讴:《印度文化产业》,北京:外语教学与研究出版社,2007年,第67页。

文化差异，以马拉提语和泰米尔语等印度方言拍摄的电影主要在印度国内放映。这些电影有的如《季风婚礼》等还获得了第 58 届威尼斯电影节的金狮奖。这些方言电影的制作质量高，贴近当地民众生活，更注重反映社会现实，但却很难向中国在内的世界各国观众传播，这自然制约了印度文化"走出去"的战略步伐。《摩诃婆罗多》和《罗摩衍那》这两部古代史诗更是因为篇幅巨大和宗教性强等缘故，其在中国读者中间受欢迎的程度自然不如西方经典，这限制了它们向更多的普通读者进行传播，这些现象对在中国培育更丰富的印度文化亲和力是一种制约。

国家形象的跨文化传播自然要以强大的经济实力为后盾，当今印度经济发展迅速，但其国内建设和军事发展等方面开支巨大，这不能不制约印度政府对提升文化软实力的经费投入。尽管印度政府和民间人士近年来坚持不懈地努力，但其培育、提升和传播文化软实力的道路相当漫长。只有站在国家文化战略的高度看问题，在兼顾国内发展和国际交流的基础上寻求平衡，问题的解决才会迎来转机。

中国向印度传播文化软实力，同样存在一些不容忽视的问题。

首先，政治因素与历史遗留问题对于中国对印传播文化软实力带来了一些难题。例如，孔子学院在印度安家落户的艰难过程已经体现了这点。印度学者对中国政治和中印关系感兴趣者远远超过对中国文学、历史、哲学和宗教感兴趣者的数量。对于错综复杂的中印关系来说，如有文化交流这枚宝贵的"棋子"进行斡旋，很多问题是可以逐渐找到解决办法的，但如缺少文化层面的双向互动而只是一味的单向传播，这绝非正常的跨文化对话。这一问题需要引起中印两国政治家、外交家和学者的高度重视。总而言之，中印文化交流必须维持一种良好的生态平衡，此即笔者所谓必须建立 21 世纪中印文化软实力传播均势的真实内涵。

其次，从文化方面看，印度学界和部分民众的西方中心倾向非常明显。对中国来说，西方文化对于印度的巨大影响，是中国文化向印度传播时必须面对的最大"竞争对手"。莎士比亚等西方作家在印度高校是教学和研究的重点对象，而李白、杜甫和鲁迅等中国文学的代表却难以与之匹敌。值得注意的是，印度对中国举办多次泰戈尔学术研讨会和举办各种形式的泰戈尔纪念活动保持浓厚的兴趣。泰戈尔在中国的译介研究经历了几轮高潮,泰戈尔作品深受中国读者喜爱。2010年以来,泰戈尔国际学术研讨会在中国召开了几次。但是,中国现代文学杰出代表鲁迅虽曾受到印度读者和学者的喜爱和研究,近20年来的鲁迅研究却在印度明显地陷入低谷。这种比较必将导致中国读者和学者心理上出现巨大的落差,这也将在某种程度上抵消泰戈尔为代表的印度文化向中国传播所产生的积极效应。这种一冷一热的畸形状况如长期保持下去,必将对印度文化在中国的健康传播造成某种心理障碍,必将危及中印文化软实力传播均势或机制的建立。

上述中印文化软实力双向传播中已经或必将遭遇的一些不利因素,必然会引起两国政府、学界的重视。综上所述,必须消除这些不利因素的影响,积极有效而有序地开展中印文化合作、学术互动和各种形式的人文交流,为建立健康的中印文化软实力传播机制奠定基础。

目前,中印文化交流出现了很多积极互动的迹象。例如,2011年底,中国著名作家毕飞宇受邀赴加尔各答,参加当地学者为其作品举行的专题研讨会,这表明了印度学界、读者对中国当代文学的兴趣。2012年11月15至17日,印度中国问题研究所主办了"鲁迅文化周暨鲁迅文化研究国际研讨会",印度、中国、韩国、日本、俄罗斯等国研究鲁迅问题的学者60余人受邀参加。2013年,中印两国顶层设计的中印合作研究项目"中印文化交流百科全书"正式启动。薛克翘、刘建、王邦维、姜景奎、陈明、玛姐玉、邵葆丽、嘉玛希和那济世等中印两国学者参与研究。该项目成果即《中印文化交流百科全书》已于2014年以中英文版在两国同时出版。近年来,多个印度文化艺术团在北京、上海等地演出,一些中国演艺团体也赴印度各大城市进行表演,这无疑增加了两国民众对彼此文化的认识和亲切感。这些活动将给建立中印软实力传播均势带来希望,也将为中印关系健康发展打下坚实的文化基础。

略论中国对巴基斯坦的文化外交

杜幼康　李　坤

2011年是中国和巴基斯坦建交60周年。60年来,中巴两国之间的"全天候友谊"和"全方位合作"令国际社会称羡不已。巴基斯坦外长库雷希用"和而不同"生动地诠释了中巴关系。他认为,两国虽然有着不同的政治制度,不同的文化和传统,但却缔造了美好温馨的两国友谊,成为国际关系史上的佳话。[①] 但需要指出的是,中巴两国在"不同的文化和传统"领域,仍相对缺乏与政治、外交合作相得益彰的文化沟通,有待补强和完善。鉴于此,本文将探讨中国对巴推行多层次文化外交的必要性,分析对巴文化外交的四个层次,并在此基础上,论述对巴进行多层次文化外交的现实意义,以期有利于深化中巴两国的"全方位合作",进一步推动两国战略合作伙伴关系的发展。

一、文化外交的定义及行为主体

文化外交(Cultural Diplomacy),顾名思义,即是"以文化传播、交流与沟通为内容所展开的外交,是主权国家利用文化手段达到特

[①] 荣燕、高洁:《巩固深化全天候友谊——巴基斯坦外长重申巴中友谊重要性》,《中亚信息》2010年第3期。

定政治目的或对外战略意图的一种外交活动"①。美国学者弗兰克·宁科维齐认为,文化外交是国际政治中运用文化影响的特殊政策工具。② 一般而言,文化有狭义和广义之分。文化外交基于其所涉及的内容,也可分为狭义的文化外交和广义的文化外交。狭义的文化外交,是指一国政府为主体所进行的以文化交流为载体的外交活动,属于国家行为。例如,政府间签订国际文化交流项目,协商文化协定,缔结文化条约,洽谈文化业务等。这是狭义的、严格意义上的政府文化外交形式。③ 1965年,中巴两国政府签订的文化协定即属这一文化外交形式。广义的文化外交是指政府通过本国"软实力"(文化、价值观等),或通过营造或影响国际舆论,赢得国外民众信任,间接左右他国行为来实现一个国家的外交战略意图④,并进而可理解为"国家之间以及人民之间的思想、信息、艺术和其他方面的文化交流,以培育相互理解"⑤。一个国家欲营造有利的国际舆论环境,减轻国家行动的外部无形阻力,提升外部的支持力,或者增强与他国的双边关系,以促进两国在政治、经济和军事方面的深入合作,则必须给予文化外交以足够的重视。

  本文所涉及的对巴文化外交,即属于上述广义的文化外交。外交虽然是国家和政府的国际性行为,但归根结底需要通过人际交往去实现,需要具体的人员去运作。根据历史的经验,双边关系发展后,政府间通常最先签署文化协定。随着双边关系的逐渐深入,政府不再独家控制,而且为了有效地交流,通常会在其指导下,将相关机构、友好协会、专业团体、企业和个人纳入交流规划之中。因此,本文所指的文化外交的行为主体,包括在文化外交战略框架下的政府有关部门及由其负责管理的各类机构、友好协会、专业团体、企业和个人等。

---

① 李智:《试论文化外交》,《外交学院学报》2003年第1期。
② Frank A. Ninkovich, *The Diplomacy of Ideas: U. S. Foreign Policy and Cultural Relations, 1938—1950*, Cambridge: Cambridge University Press, 1981.
③ 李智:《文化外交——一种传播学的解读》,北京:北京大学出版社,2005年。
④ 同上。
⑤ Milton C. Cummings, *Cultural Diplomacy and the United States Government: A Survey*, Washington, D. C: Center for Arts and Culture, 2003.

二、开展对巴多层次文化外交的必要性

作为实现国家外交政策目标的重要外交形式之一,文化外交是为外交目标服务的。当前,"文化外交已成为国际关系的主要组成部分,需要加大投入力量,扩展渠道,增强自身的影响力"[①]。发达国家较早开始利用文化谋取其有利地位。美国为推行对外文化战略,转向对外"全面扩展和接触",其战略重点对象宽泛化[②],并认为"文化外交能够以一种微妙和可持续的方式,普遍提高其国家安全"[③]。对法国而言,"在海外推广法国文化成为其外交的重要组成部分"[④]。我国外交亟须进一步加强在这方面的投入,对巴外交也不例外。

从软硬实力的角度而言,文化外交作为拓展软实力的一个重要途径,对硬实力的有效使用有重要促进作用。英国一份研究报告就指出,在21世纪,"那些将软硬实力相结合、面对面携手协作的国家将更容易达成它们的目标"[⑤]。但在中巴两国"全方位合作"中,文化合作相比政治、经济、军事等其他维度的合作,可能成为一个"短板",从而影响"水桶"继续增加"友谊之水"。[⑥] 国内已有学者意识到这个问题的紧迫性,甚至提出警告,"缺乏深层次经贸互惠合作和民间往来这两种作为增进财富手段支持的国家关系,一旦外部环境言之,文化认知发生变化时,很容易缺乏实质支撑而坍塌。"[⑦]简言之,文化认知和沟通不足,一定程度上将影响中巴"全天候友谊"的深入发展。因此,我国有必要加强对巴文化外交,避免上述"短板"部分抵消其他

---

① Kristen Bound, Rachel Briggs, John Holden, et al., *Cultural Diplomacy*, Leicester: Iprint(Uk) Ltd., 2007.
② 李智:《文化外交——一种传播学的解读》,北京:北京大学出版社,2005年。
③ U. S. Department of State, The Linchpin of Public Diplomacy: Report of Advisory Committee on Cultural Diplomacy, *Cultural Diplomacy*, Washington D. C.: Deportment of State, 2005.
④ Richard Pells, *Not Like Us*, NewYork: Basic Books, 1997.
⑤ Kristen Bound, Rachel Briggs, Johnholden, et al., *Cultural Diplomacy*, Leicester: Iprint(Uk)Ltd., 2007.
⑥ 即管理学上的"水桶效应",一个水桶无论多高,它盛水的高度取决于其中最低的那块木板。
⑦ 黄君宝、赵鹤芹、毕世宏:《从战略高度认识和深化与巴基斯坦的全面合作》,《亚太经济》2008年第2期。

维度已获得的成就。

中巴两国是山水相连的友好邻邦和相互支持的战略合作伙伴,两国人民有着深厚感情。巴基斯坦民众对中国的良好印象主要来自于巴政府和媒体的影响,即来自于外部信息源的施加;对我国的友好感情主要并非出于与我国民众密切交往而产生的"亲近感",而是基本上源于数十年来"我国对巴政府的坚定支持"[①]。巴大多民众对于中国抑或中国文化的认知较为模糊,普通民众所熟知的仅限于"功夫"和"李小龙",而这却是主要受到了 20 世纪香港电影和美国电影的影响。这从一个侧面反映了中巴文化交流的不足,亟待予以弥补。

其实,新中国成立伊始,即意识到文化外交工作的重要性,周恩来总理就曾指出:"文化是外交工作的两翼中的一翼(另一翼是经济)。"中国前驻法大使吴建民也认为,文化同政治、经济,构成中国外交的三大支柱。[②] 但在实际行动上,我国的文化外交近年来才开始有较大发展,如直到 2004 年之后,才逐渐在国外建立孔子学院。巴基斯坦是我国推行南亚政策与伊斯兰世界政策的"桥头堡",因而对巴开展多层次文化外交,不仅有助于拓宽对巴文化交往渠道,进一步推进中巴两国关系,也有利于我国与伊斯兰世界的文化交流,为我国在伊斯兰世界的外交布局提供重要的文化支撑。同时,这也利于更有效、更广泛地传播中国文化,推进两国人民之间以及我国人民与其他伊斯兰国家人民之间的了解,促进更深层次的相互信任。

三、对巴文化外交的几个层次

(一)继续开展对巴官方文化交流

在文化外交中,官方文化交流必须在其中起到主导作用,并承担对外文化交流的管理工作。中巴两国自建交后,两国之间的文化交流与合作逐步得以发展,并不断地深化和扩展。在 2010 年 12 月温

[①] 黄君宝、赵鹤芹、毕世宏:《从战略高度认识和深化与巴基斯坦的全面合作》,《亚太经济》2008 年第 2 期。

[②] 李智:《文化外交——一种传播学的解读》,北京:北京大学出版社,2005 年。

家宝总理访问巴基斯坦期间,与巴政府签署了《中华人民共和国与巴基斯坦伊斯兰共和国联合声明》,其中第十四条明确规定:全面扩大文化、体育等人文领域交流与合作,深化两国大学、智库、学术机构、新闻媒体、影视等方面的广泛交流,并互设文化中心。双方还决定"保持并逐步扩大中巴百名青年互访制度,加强在青年干部培训、青年企业家交流和青年志愿者服务等方面的合作"。此外,中方邀请100名巴基斯坦高中生来华参加"汉语桥"夏令营活动,继续向巴大学生提供孔子学院奖学金名额,并自2011年起在三年内向巴方提供500名政府奖学金名额。① 巴孔子学院则在五年规划中总结了以往发展的一些问题加以改进,并开始积极建设孔子学院分院,以由点及面、由易到难向深层次发展。② 可以预见,上述举措将大大促进两国间政府直接指导下的文化交流活动,并带动其他方面的交流与合作。

除此之外,驻巴外交人员是我国对巴公共外交的"前线主力",在文化外交中也不例外。驻巴外交机构和人员在一系列外交活动中,应展现中华民族的精神,展示个人外交魅力,提升巴国民众对中国的浓厚兴趣和良好印象,同时也要注意在巴树立中国人团结、热情、与人为善的良好形象。这对于巴民众增进对中国的友好感情,具有重要的作用。简言之,中国应从战略的高度将文化交流设定为对外政策的重要组成部分,推动中巴友谊的原有基础扩大至文化基础上,使"中巴友谊世代相传"的宣示真正具备文化传承性。为此,我国可以适时设立中巴友好交流基金,以加强两国青年的互访,积极促进人员交流,推动中巴交流与合作全面发展。

(二) 大力开展社会力量对巴文化交流

中华文化"走出去"不仅需要政府引导,更需要社会力量的广泛参与。文化部副部长赵少华认为:"民间和普通民众在对外文化交往中发挥着越来越突出的作用,民间文化交流已经成为我国对外文化

---

① 《中华人民共和国与巴基斯坦伊斯兰共和国联合声明》,《人民日报》2010年12月20日。
② 葛立胜:《在孔子学院大会上的发言》,http://www.chinese.cn/college/conference09/article,2009—12/28/content。

交流的半壁江山,日渐成为我国文化'走出去'的一支重要的生力军。"①其中,文化企业"走出去"的成效显著,近年来仅音像制品年出口金额已达2亿元人民币。除文化企业外,两国友好协会、学术界、社会团体,特别是智库,"或者作为公众舆论的塑造者,或者由于其对行政和立法部门的影响",对双边友谊也至关重要。② 此外,我国是一个多民族国家,部分少数民族的信仰与巴人民相同,在文化上具有天然的亲近感,因而这种特殊联系拥有政府层面所不具备的比较优势。例如,中国前驻巴基斯坦大使罗照辉认为,新疆与巴基斯坦的文化合作占尽天时地利人和之利,双方文化相近,宗教信仰相同,双方人员交往密切。③ 在政府指导下,新疆及相关省区的社会力量,如文化团体、商会等完全可以在与巴的文化交流中扮演重要角色。随着我国外交理念向"外交为民"转变,社会力量在外交中开始发挥重要的作用,民间组织和民间人士在国家整体文化外交中的角色得到提升。而民间交流具有亲和力强、成本低等优点,因而民间组织是我国拓展对巴文化外交的重要力量。我国需善加利用,将以上这些民间力量纳入对外文化交流之中,同时积极资助其开展对巴民间外交,为我国的对巴文化外交带来更多丰硕成果。

(三) 积极发挥在巴华人"文化使者"的作用

如上所言,在全球化的大潮下,普通民众在对外文化交往中发挥着越来越突出的作用。而我国在推进文化外交方面的优势体现在中国外交部一位官员的一句话中:"世界上任何地方都能看见中国人的身影,听见中国人的声音。"④不可否认,在巴基斯坦的中国公民数量的确不如在欧美等发达国家的人数多,但亦相当可观,且成迅速扩大

---

① 赵少华:《发挥文化外交独特作用,鼓励民间社会力量参与对外文化交流》,《中国文化报》2009年3月12日。
② [印]拉纳著,罗松涛、邱敬译:《双边外交》,北京:北京大学出版社,2005年。
③ 索伦:《中国驻巴基斯坦大使罗照辉:新疆与巴基斯坦合作占尽天时地利人和》,《中亚信息》2009年第9期。
④ 荣燕\林立平:《外交部领事司副司长介绍中国的领事保护工作情况》,http://www.gov.cn/jrzg/2006—04/28/content_269177.htm。

之势。① 这些在巴华人生活在那里,与巴人民频繁接触,可以有效地扩大两国人民交往的渠道,在展示中国人民形象的同时,也有效地增强了中华文化在巴的感染力和辐射力。而且,个人之间的交流可以有效补充官方交流所顾及不到的盲点,如流行音乐和商业电影等。当然,从效果来看,我国政府相关部门,特别是驻巴使馆,如能予以正确指导、引导和支持,大多在巴华人就能担负起"文化使者"的重任。此外,我们还可以从美国推行"富布赖特"②项目中得到一些启示。2009年,美国驻华大使洪博培在其北京官邸中宴请赴美的富布赖特学者们时曾表示,每位富布赖特学者都是一位大使,都有责任去传播本国的文化,学习对方的文化,推进双方的教育、文化交流。③ 中巴间也有类似美国"富布赖特"的项目,参与这个项目的个人也可以发挥上述作用。

(四) 重视在巴中资企业的文化载体作用

在全球化时代,"非政府组织作为文化外交多元行为体中的一个,也在文化外交活动中起着一定的作用"④。在这方面,日本政府和企业的密切合作在信息时代"软权力"的增进上引领了潮流。⑤ 松下买下米高梅电影公司后,就决定不让它再生产批评日本的电影;由于日本企业的努力,日本的大众文化"对亚洲的青少年有着巨大的吸引力"。美国的企业这方面也有重要的经验,美国公司和广告经营者、好莱坞电影制作室的老板"不仅向世界其他地方出售产品,还推

---

① 据巴内政部2007年数据,在巴中国公民总数为3 000多人,在伊斯兰堡中国公民为400多人,而2007年正是巴国内局势较为动荡时期。另据中国驻巴大使馆人员介绍,2010年在巴中国公民总数为2万多人,在伊斯兰堡人数为3 000多人。

② 富布赖特项目是美国前参议员、来自阿肯色州的J.威廉·富布赖特提出的,立法于1946年建立,是世界上规模最大的国际交流计划,由美国国务院教育和文化事务局按照J.威廉·富布赖特外国学者委员会制定的方针资助对象国的教育工作者、研究人员、专业人员和学生到美国学习,以增进美国和其他国家的相互了解。参见美国驻中国大使馆网站 http://chinese.usembassy—china.org.cn/fulbright_program.html。

③ 此为美国前驻华大使洪博培2009年在其北京寓所宴请接受"富布赖特项目"资助前往美国交流的中国学者们致辞所言,为私人谈话性质,参见中央财经大学戴宏伟教授语,http://daihw.blog.163.com/blog/static/3367896201081063522219/。

④ 简涛洁:《全球化时代的文化外交》,《文汇报》2010年07月19日。

⑤ [美]约瑟夫·奈著,门洪华译:《硬权力与软权力》,北京:北京大学出版社,2005年。

销美国文化及其价值观"①。由此可见,公司企业完全可以在国际文化交流中发挥独特的作用。

多年来,中国有许多企业在巴承包工程项目。2006年中巴制定五年经贸合作发展规划后,中国企业对巴投资出现量的飞跃。② 有人甚至认为,目前"在巴基斯坦几乎所有的基础设施领域,无论是能源还是交通,都有中国公司的参与"③。而且,在巴投资的中资企业不仅中国工程技术人员众多,还具有在巴分布较广的特点。这为中资企业加强中巴文化沟通、赢得巴方员工和附近居民的亲近感提供了重要机遇。另外,也可以借鉴一些跨国公司的经验,设置奖学金和基金会,在为巴培养人才的同时,也为中巴友谊培养"种子"。除上述方式外,还可通过接受官方资助、执行文化交流项目、开展文化交流活动等方式,结合自身特点,参与到对巴文化外交的实践中去。值得一提的是,中国对巴多层次文化外交是平等的文化交流,不同于霸权国家的"文化输出",我们必须坚持自愿、互利、双向、平等的原则。另外,我们在进行多层次文化外交时,必须考虑文化外交的对象,不能"以我为核心",把对外宣传变成"强迫受训"。④ 毛泽东对此也曾说过:"做宣传工作的人,对于自己的宣传对象没有调查,没有研究,没有分析,乱讲一顿,是万万不行的。""否则就等于下决心不要人看,不要人听。"⑤为此,毛泽东提出要做好宣传之前的调查研究工作。我国在开展对巴文化外交的活动中,也必须重视这一问题。

四、开展对巴多层次文化外交的意义

开展对巴多层次文化外交,对于中巴两国关系具有重要的战略意义。首先,对巴多层次文化外交是促进中巴两国人民加深了解与

---

① Richard Pells, *Not Like Us*, New York: Basic Books, 1997.
② 中华人民共和国商务部:《对外投资合作国别(地区)指南——巴基斯坦》,2010年,http://fec.mofcom.gov.cn/gbzn/gobiezhinan.shtml
③ 周戎:《为中国企业的进步喝彩——访巴基斯坦经济界人士艾山·拉贾和杜拉尼》,《光明日报》2008年12月16日。
④ 李智:《文化外交——一种传播学的解读》,北京:北京大学出版社,2005年。
⑤ 毛泽东:《反对党八股》,《毛泽东选集》(第3卷),北京:人民出版社,1968年。

合作的重要途径,对于夯实两国友谊的民意基础具有深远的意义。1955年《亚非会议公报》曾声明:"发展文化合作是促进各国之间了解的最有力的方法之一。"[1]开展对巴多层次文化外交,可以促进中巴两国的文化相互交流、沟通,通过彼此影响、共同学习,增进中巴两国人民的相互理解,加深互相之间的感情,增强两国关系的文化基础。

其次,维护中国良好形象,为华人在当地的安全营造文化环境。近年来,包括在巴华人在内的海外华人安全问题,已经成为我国外交工作的一个重点。而国家形象是一国重要的无形资产,它通过其内在吸引力和形象竞争力展示影响。[2]作为巴亲密的合作伙伴,中国的国家形象对巴民众具有无形的内在吸引力,可以激发其亲近感,从而建构起一种积极、友好的国民间认同。因此,在巴推行文化外交,继续塑造我国良好的国家形象,有利于巴公民增加对我国公民的情感倾向,也有助于为我国公民在巴安全营造一个良好的情感环境。

再次,增进文化融合,为中国企业在当地的生产和商业活动营造友好氛围。经济利益是国家利益中最重要的组成部分,也是国家间关系的重点领域。中巴近年来经贸来往发展迅速,将会有越来越多的中国公司前往巴基斯坦投资。"文化作为一种软实力,其特质似水,柔而有力,沁透人心,潜移默化,具有其他交流无法替代的作用。"[3]通过对巴文化外交,特别是中资企业的相关运作,无疑可增进这些企业与当地民众的文化相通程度,促进与当地民众、媒体的关系,从而为中资企业在当地的经营营造较为理想的环境。

五、结论

文化是一个国家综合国力的重要组成部分,在很大程度上也可以成为巩固国家间友好关系的重要因素。随着全球化日益走向深入,文化作为全球化的重要组成部分在国家间交往中的地位和作用

---

[1] 王缉思:《文明与国际政治》,上海:上海人民出版社,1995年。
[2] 汤光鸿:《论国家形象》,《国际问题研究》2004年第4期。
[3] 黄培昭:《文明古国的文化对接》,《人民日报》2005年11月11日。

也日益凸显,而文化外交对促进国家间友好、推进双边关系的提升起着日益重要、甚至是不可或缺的作用。美国国务院的一份咨询报告视其为"公共外交的关键"[①],称得上是一个恰如其分的评价。巴基斯坦是我国重要的友好邻邦,我国需重视并大力发展对巴文化外交,从官方文化交流、社会力量、在巴华人和在巴中资企业四个方面,建构一个多层次的文化外交框架。这符合中巴两国和两国人民的利益,可不断增进巴人民对我国文化的了解,营造两国交往的良好文化环境,提升我国在巴的亲和力、吸引力和文化影响力,为两国全天候友谊和全方位合作进一步夯实民间基础,使"中巴世代友好"更具可传承性。

---

① U. S. Department of State, The Linchpin of Public Diplomacy: Report of Advisory Committee on Cultural Diplomacy, *Cultural Diplomacy*, Washington D. C. : Deportment of State, 2005.

第三编

文化艺术"走出去"研究

中国对外演艺业发展的问题与探索

马 明

近年来,我国演出市场的场次数、票房和演出收入呈现稳步增长的态势。我国艺术表演团体无论是整体规模、从业人员,还是演出市场收入,都保持着稳步的增长。全国各级艺术表演团体,在繁荣演出市场、传播先进文化、开展艺术教育等方面均发挥着重要作用。

面对西方国家大型演出剧目在国内市场的票房佳绩,中国对外演出贸易则显得疲乏无力。在从演出资源大国蜕变为演出市场强国方面,中国演艺业依旧有着漫长的奋斗路程要走,需要推出一大批国际观众认可的演艺精品,需要更多能够肩负对外演出竞争的大型演艺集团,在推动核心演艺产品和对外演出贸易的过程中不断提升市场竞争力,进而推动文化贸易并提升文化影响力。

一、中国演艺业的发展

演艺业作为文化产业的重要子业态,近十年来依托文化体制改革的深入推进和文化市场的繁荣发展,在演出剧目创作、演出市场主体、剧目营销及观众拓展等产业链环节上取得了瞩目的成绩。其中,国有文艺院团在"转企改制"的推动下,组建了一批上规模、高层次、具有国际影响力的演艺集团;民营演艺企业紧抓演艺业改革的时机,在文化市场中不断夯实做强,年度演出场次和观众上座率等均实现了稳步增长。

2012年,文化部下发的《"十二五"时期文化产业倍增计划》指出,演艺业的发展目标是:"十二五"期间,建设10家左右覆盖全国主要城市的全国性或跨区域的文艺演出院线,打造一批深受人民群众喜爱、久演不衰的精品剧目,形成1—2个国际知名的演艺产业集聚区,大力拓展农村演艺市场,基本满足城乡居民对演艺的消费需求,为实现从演艺大国到演艺强国的跨越奠定基础。

(一) 中国演艺业的发展现状

近年来,我国演艺业在文化产业繁荣发展的宏观背景下,无论是演出场次、票房及观众人数等市场规模指标,还是艺术表演团体、剧目原创等微观主体内在要素,都呈现出了稳步上升的趋势。

第一,演出市场呈持续增长态势。2010—2012年期间,我国演出市场的场次数、票房和演出收入都持续了稳步增长的态势。2012年全年演出总场次200.9万场,比2011年增长10%。其中农村地区的演出场次居首,达到了95.1万场;旅游演出和公共文化服务类的演出场次比重偏低(见图1)。

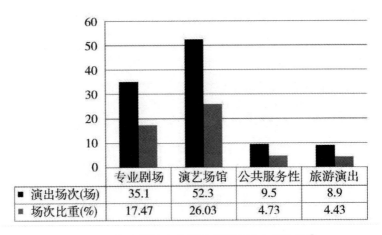

图1 2012年全国演出市场演出场次及分类比重①

演出收入方面,2012年演出总收入355.9亿元,其中票房总收

---

① 数据来源:文化部、中国演出行业协会,《2012中国演出市场年度报告》。

入约135亿元。各类演出票房收入分别为：专业剧场演出61.2亿元，占总票房的45.3%；演艺场馆演出27.8亿元，占总票房的20.6%；旅游演出32.7亿元，占总票房的24.2%；演唱会演出13.3亿元，占总票房的9.9%。

第二，艺术表演团体规模稳步增长。艺术表演团体是我国演艺业的主要组成部分，其主要是指由文化部门主办或实行行业管理的专门从事表演艺术等活动的文化机构，涵盖了戏曲、话剧、歌舞剧、杂技、木偶、皮影等众多艺术门类。根据国家统计局官方数据，近十年来无论是我国艺术表演团体的整体规模、从业人员，还是演出市场收入，都保持着稳步的增长。

2003年，全国共有各类艺术表演团体2 601个，2011年时增长至7 055个（见图2）。① 全国的文艺表演团体在所有制方面主要以公有制和其他所有制（民营、私人）为主，且多数集中在县市级。2012年全国共有演出团体13 000余家，其中国有演出团体完成改制的2 102家；民营演出团体10 000余家。②

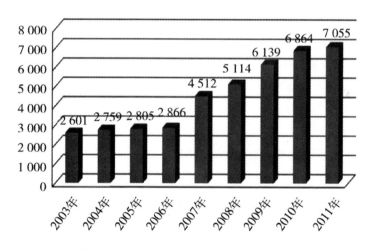

图2　2003—2011年全国艺术表演团体数量

艺术表演团体的所有制性质方面，以2011年为例，国有文艺

---

① 数据来源：国家统计局，http://data.stats.gov.cn/。
② 该数据来自中国演出行业协会《2012中国演出市场年度报告》，因统计口径问题，与国家统计局2011年艺术表演团体数量有差异。

表演团体为2 213个,集体艺术表演团体为291个,其他性质为4 551(见图3)。在行政区域分布方面,中央共有17家艺术表演团体,省(区、市)级为249个,地(市)级为755个,县(市)级为6 034个。

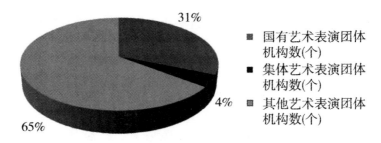

图3　2011年全国艺术表演团体所有制分类比重

同样的,艺术表演团体从业人员也一直呈现着增长的趋势,从2003年的137 059人增加到了2011年的226 599人,增幅达到了65.3%。演出场次从2003年的38.5万场增加到了2011年的154.72万场,增幅约为4倍。总收入从2003年的400 867万元增长至2011年的1 540 263万元(见表1)。中国演出行业协会所发布的《2012中国演出市场年度报告》中指出,2012年国有演出团体人员结构的统计显示,在职人员约15.9万人,表演人员、创作人员、营销人员数的比值约为10∶2∶1,人力资源配备比例呈现失调。在演出收入方面,根据道略文化产业研究中心分析,2010年中国演出市场收入达到108亿元。根据中国演出行业协会发布的《2012中国演出市场年度报告》,2012年全国演出市场演出总收入355.9亿元,其中专业剧场演出比重占到了总票房的45.3%,演唱会演出比重较低,仅为总票房的9.9%(见图4)。

表1 2003—2011年全国艺术表演团体主要统计指标①

艺术表演团体各项指标	2011年	2008年	2005年	2004年	2003年
从业人数（人）	226 599	184 678	141 678	142 081	137 059
演出场次（万场次）	154.72	90.53	45.9	42.5	38.5
总收入合计（万元）	1 540 263	803 030	527 146	485 625	400 867
演出收入（万元）	526 745	133 077	98 268	93 304	71 781

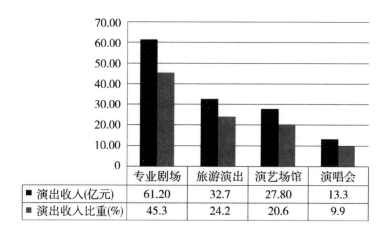

	专业剧场	旅游演出	演艺场馆	演唱会
■ 演出收入(亿元)	61.20	32.7	27.80	13.3
■ 演出收入比重(%)	45.3	24.2	20.6	9.9

图4 2012年中国演出市场收入及分类比重

第三,剧目原创和演出硬件有所提升。2010—2012年,全国各级艺术表演团体加大了对公用房屋、排练场所的建设力度,院团演出硬件设施条件有所改善。2010年,全国艺术表演团体公用房屋建筑面积465.53万平方米,比上年增加了8.87万平方米,增长1.9%;排练练功用房128.72万平方米,比上年增长9.18万平方米,增长7.7%。② 在演出原创剧目方面,各级艺术表演团体表现稳定。其

---

① 数据来源:国家统计局,http://www.stats.gov.cn。
② 文化部财务司:《近几年来全国艺术表演团体发展情况分析》,2011年8月23日,http://www.mcprc.gov.cn/。

中,话剧、儿童剧、滑稽剧团原创首演剧目增长较为明显,京剧的原创首演剧目数呈现递减趋势(见表2)。

表2 2009—2011年全国艺术表演团体原创首演剧目数

	2009年	2010年	2011年
所有艺术表演团体	1 578	1 578	1 578
话剧、儿童剧、滑稽剧团	87	103	143
歌剧、舞剧、歌舞剧团	64	68	98
歌舞团、轻音乐团	246	207	271
乐团、合唱团	100	22	32
京剧	48	36	35

同时,各地纷纷兴建了一大批功能完善、设施完备的艺术表演场馆,演映场次逐年增加,为艺术院团提供了更为优质的演出保障。艺术表演场馆机构数从2008年的1 944个增长至2011年的1 956个,场馆演出场次从740千场次增长至1 040.7千场次(见表3)。

表3 2008—2012年全国艺术表演场馆机构数和演出场次

艺术表演场馆指标	2008年	2009年	2010年	2011年	2012年
场馆机构数(个)	1 944	2 137	2 112	1 956	1 966
场馆演出场次(千场次)	740	606.3	811.2	1 040.7	1 058

演出票务方面,目前全国演出票务公司约200多家,其中拥有票务系统的票务公司约10余家(永乐票务、大麦网、中演票务通等)为演出项目的总代理机构,向上下游各个环节提供综合性的服务。没有票务系统的票务公司大部分为二级分销渠道,开展票务销售业务。

在贯彻中央关于推进公共文化服务建设方面,各级文化主管部门通过政府购买、演出项目补贴以及资金奖励等扶持方式推动了"送戏下乡"等公共性演出,进一步解决艺术表演团体公共性演出难、转点难、搭台难的问题。2005年,文化部、财政部正式实施了"流动舞台车工程"。截至 2010 年底,中央财政共安排专项资金 3 亿元,为剧团和基层文化机构配备了 969 台流动舞台车。2010 年,全国各级艺术表演团体共利用流动舞台车演出 11.41 万场次,观众人次 1.14 亿人次。

第四,艺术院团改制工作取得重大进展。近年来,国有文艺院团"转企改制"数量逐年增长,"转企改制"工作取得了显著成效。中央和省级政府有关职能部门共出台了 40 多项院团改革的配套政策。截至 2010 年底,全国文化系统承担改革任务的 2 086 家国有文艺院团中,已有 461 家完成"转企改制",转企完成率达到 22.1%。截至 2012 年底,全国 2 103 家承担改革任务的文化系统国有文艺院团(不含保留事业体制院团)中,已有 2 100 家完成和基本完成"转企改制"、撤销或划转任务,占总数的 99.86%。转制后的艺术表演团体,按照"面向市场、增强活力"的要求,积极探索和建立新形势下推动院团发展的工作机制,在经济效益和社会效益方面均取得新进展。

(二)中国对外演出的现状和特征

由于中国演出市场仍处于培育和发展阶段,对外演出的整体局面依旧处于演出贸易逆差和演出交流乏力的状况。据中国经济网数据,2007 年至 2008 年,中国主要的 25 个演艺剧目的出口总额为 8 549.49 万元人民币。2009 年,中国境外商业演出团组约为 426 个,演出场次 16 373 场,实现演出收益约为 7 685 万元。而事实上这个收益的数据只相当于一部百老汇音乐剧在中国市场的收入。2010 年,共有 302 项演艺类项目走出国门进行商业演出,演出总场次 25 908 场,出口总收入约为 2 765.6 万美元;

2011 年,共有 126 项演艺产品(项目)走出国门(境)进行商业演出,演出场次为 8 090 场,出口总收入约为 3 171.9 万美元。[①] 2011 年国家艺术院团演出推广交易会上,国家京剧院、中国国家话剧院、中国歌剧舞剧院、中国东方演艺集团有限公司等九个国家级艺术院

---

① 向勇、范颖:《中国对外文化贸易的发展与特点》,张晓明、王家新、章建刚主编:《中国文化产业发展报告(2012—2013)》,北京:社会科学文献出版社,2013 年,第 98 页。

团,分别与相关单位签约各类演出共 571 场,金额 11 594.5 万元。可见,中国演艺公司在对外演出贸易这条路依旧面临着非常激烈的竞争和压力。目前中国对外演出贸易主要呈现以下三方面特点:

第一,国有院团重对外交流,民营院团重对外贸易。中国演艺公司对外演出贸易的主体可以分为以对外演出集团为代表的国有演艺院团和以天创国际演艺公司为代表的民营演艺剧团两大类。其中国有院团的对外演出活动多偏于促进文化交流和提升文化影响力(见表4),而民营演艺院团则以对外演出赢利为主要目的。

表4　2011—2012年部分国有院团对外演出主要剧目

剧目名称	演出机构	演出地点	演出时间
《天鹅湖》	上海芭蕾舞团	日本	2012.11
《逐梦天涯》	广西南宁市艺术剧院	美国	2012.6
《阿依达》	中国国家大剧院(联合)	日本	2012.7
《赤壁》	北京京剧院	奥地利、匈牙利	2012.6
《多彩贵州风》	贵州民族歌舞剧院	澳大利亚	2012.2
《丝路花雨》	甘肃省歌舞剧院	美国	2011.11
《图兰朵》	中国国家大剧院	韩国首尔	2011.6
《武林时空》	中国对外演出公司	欧洲四国	2011.4

以中国对外文化集团公司(CAEG)为例,它是在原中国对外演出公司(CPAA)和中国对外艺术展览中心(CIEA)的基础上组建而成,旗下拥有19家全资境内外企业以及多家控股、参股企业。截至2010年,对外演出集团共向海外派出各类艺术团组达216个,在世界80个国家和地区的210座城市演出19 700场,现场观众超过了3 750万人次,海外演出场次和现场观众分别占集团海内外演出总场次和总观众量的88.1%和94.1%。在2011年,对外文化集团共举办了6 000余场大中小型各类海外演出,其中商业演出项目占60%以上,演出遍及世界五大洲近50个国家和地区的370多座城市,观众总量超过1 000万人次。

民营剧团在对外演出贸易中更为艰辛,以天创国际演艺公司为例,其自成立起便专注于大型演艺项目策划制作与国际演艺项目经纪,先后曾制作了《天幻》《梦幻漓江》《功夫传奇》等七大常态品牌剧目。《功夫传奇》是其对外演出的首部剧目,于2005年在北美进行了长达5个月的巡演,共计150场,观众人数达11万人次,票房总收入300万美元。2009年,《功夫传奇》进入英国伦敦大剧院,连续演出27场,观众上座率为60%。2009年底,天创国际投资354万美元在美国密苏里州布兰森市收购了"白宫剧院"。2012年1—4月《功夫传奇》在西班牙、葡萄牙两国巡演112场。对于大部分的民营剧团而言,现在依旧处于探路和积累经验的阶段,对外演出贸易整体实力依旧非常弱。2009—2012年主要民营剧团对外演出的剧目主要有《龙狮》《功夫传奇》《云南印象》《大梦敦煌》等。

第二,民族演艺产品表现突出,以剧目输出贸易为主导。中国对外演出贸易目前依旧以杂技、功夫剧和民族舞台剧为主,国际演出市场主流的音乐剧和歌舞剧演出则显得较为缺乏。国家文化部外联局数据显示,以杂技为主的民族演艺产品的对外演出创汇额比重达到了80%,表现极其突出。2002年赴美商演的14个团组中11个为杂技团。从中国对外演出的剧目类型看,普遍性地集中在杂技和功夫剧方面。以杂技综艺舞台剧《龙狮》为例,1997年由中国对外演出公司和加拿大太阳马戏共同投资的剧目,在长达10年零9个月的首轮世界巡演中,《龙狮》足迹遍布全球60多个城市,共演出3 843场,上座率保持在90%以上。观众人数累计约900万人次,票房收入约9亿美元,年平均票房为6 000万美元。①

但是,在过去的5年间,杂技和功夫剧的海外市场逐渐萎缩。大部分的专家认为,这是由于中国杂技团体在海外市场繁杂,彼此之间恶性竞争,缺乏影响力的剧目,加之国际经济形势的原因致使杂技、功夫剧的海外订单锐减。在继续保持民族歌舞和杂技类剧目比较优势和品牌影响力的基础上,最近两年部分对外演出机构开始逐渐向多元化类型剧目拓展。例如,有着"可移动的敦煌"之称的舞剧《大梦敦煌》,是兰州歌舞剧院出品的中国国家舞台艺术精品剧目。截至2011年9月底,《大梦敦煌》已在全国32个城市与欧美多个国家演出

---

① 数据来源:求是理论网,http://www.qstheory.cn。

920场,观众逾百万人次,累计票房收入近亿元,成为中国舞剧"多演出、多产出"最为成功的典范。① 同时,无论是对于国有或民营演艺院团,几乎所有的对外演出都是通过剧目的直接输出完成的(见表5)。②

表5　2011—2012年度国家文化出口重点项目录(演出)③

项目名称	项目单位	区域
美国布兰森白宫剧院经营管理项目	天创国际演艺制作交流有限公司	北京
沧州杂技团杂技表演	沧州杂技团	河北
原生态阿希达组合	内蒙古新思路文化艺术发展有限公司	内蒙古
中国昆曲海外演出	苏州昆剧院	江苏
安徽省杂技团赴美定点演出	安徽演艺集团有限责任公司	安徽
民族歌舞剧《槟榔·古韵》	甘什岭槟榔谷原生态黎苗文化旅游区	海南
藏族原生态歌舞乐《藏谜》	九寨沟县容中尔甲文化传播有限公司	四川
民族歌舞《多彩贵州风》	多彩贵州文化艺术有限公司	贵州

演出公司对外演出中依旧以单纯的剧目贸易为主,演出版权贸易的比重依旧较低。剧目输出贸易的形式使得国内演出公司除了获得演出合同所议定收益外,无法分享更多的演出收益,更重要的是相比较于版权贸易输出,剧目输出无法在海外市场形成规模演出场次,市场影响力低。并且中国演艺公司的海外活动基本为单次演出项目业务,与院团、院线相关的对外合资、兼并及收购等业务寥寥无几。

第三,缺乏规模推介平台,对外演出各自为营。中国现在还没有真正意义上的对外演出推介平台,每年举办的诸如中国国际演出交易会基本上还是仅限于国内院团、经纪公司以及剧场,尤其是缺乏一

---

① 《〈大梦敦煌〉发挥海外演出经验推动中国文化走出去》,中国新闻网,http://www.chinanews.com。
② 引自国家商务部,http://www.mofcom.gov.cn/。
③ 同上。

个由国家主管部门或协会所主办的能够邀请国外知名院团、演出商及经纪公司为主的对外演出交易会。因此,在这种情况下导致了各个对外演出机构各自为营,没有统一的支持平台,不仅分散了竞争力,而且直接导致了院团在国际演出市场中的恶性竞争。以杂技对外演出为例,20世纪80、90年代,各个省市的近200多个杂技团都参与了对外交流演出,一时间在国外引起了较强的演出规模。但是,随后由于各个团体之间为了争夺国外演出市场,恶意压低演出费用,缩小演出规模,使得杂技对外演出从2000年之后完全陷入了低潮。随后出现了演出场次越多,平均收益越低的恶性循环。

二、中国对外演出面临的竞争挑战

从20世纪80年代开始,各国文化产业开始了持续繁荣的发展,文化贸易比重不断提升。联合国教科文组织(下文简称UNESCO)在其出版的《文化、贸易和全球化:问题与答案》一书中指出,在过去20多年中,文化商品的国际贸易额呈几何级数增长,世界50家跨国媒体娱乐公司占据了当今世界95%以上的文化市场份额。虽然中国在对外演出及其他文化贸易方面也实现了稳步持续增长。然而,不可否认的是与美国、欧盟及日本这些传统的文化经济强国相比,我国演艺业的对外演出竞争力却令人担忧。例如,我国具有国际水平的演出团体对外演出收入平均每场不到4 000美元,即使是在海外演出价最高的芭蕾舞剧《天鹅湖》,每场也只有约3万美元的收入,而海外著名乐团在上海的单场演出价就高达33万欧元。中国杂技在海外的每场演出价格只有1 000—6 000美元不等,且多数只是简单的劳务输出,缺乏具有自主知识产权和品牌的演出剧目。

(一)国际对外演出市场的格局

作为文化市场中表现最为活跃的演艺业,其和图书、电视、电影及网络等文化产品一样,在跨国化的运动中也面领着对外贸易和竞争的议题。在2000年之后,西方发达国家为了产业升级和稳固对外文化贸易的优势,纷纷加速了对外演出活动的频率。从国际演出市场的宏观格局可见,英国、美国及日本等国依旧是引导欧洲、北美和亚洲演出市场的中坚力量。这一时期,发达国家的对外演出活动主要突出地表现在以下三点:

第一,大规模制作的音乐剧和歌舞剧开始成为国际演出市场中的核心产品。各个国家的演出制作公司、艺术教育机构及文化主管部门积极投身于大型剧目的创作,寄希望于成为国际演出市场中的流行指标。例如,《大河之舞》自1995年2月在都柏林首演以来,已经在全世界演出超过1.2万场,现场观众达到了2 500万人,《大河之舞》的DVD录影在全球销售超过1 500万张。2009年12月到2010年2月,在长达两个半月的时间里,《大河之舞》的热浪席卷中国的13个城市,连续演出60场。《大河之舞》所到之处,场均上座率达九成以上,很多场次更是满场,甚至出现了加座。

第二,大型的传媒集团纷纷开始涉足演出领域。演艺产品和传媒产品之间的渗透趋势加速,演出市场的传统剧场媒介开始出现了数字化和网络化的创新探路。这种竞争趋势也促使各国的文化、艺术研究者开始对于演出市场话语权以及文化主权都提出了诸多的不同看法。

第三,对外演出贸易不再依靠单纯的剧目输出,更多的对外演出机构开始通过版权贸易、对外直接投资剧院和剧场以及本土化合资经营等方式开拓国际演出市场,从而推动了演出市场相关的剧目、人才及资金等竞争要素的跨国化流动。例如,2006年,美国百老汇音乐剧《狮子王》就曾在中国创下演出101场、吸引16万观众、总票房收入7 200万的成绩。2011年,上海亚洲联创文化发展有限公司通过版权引进制作的中文版音乐剧《妈妈咪呀!》仅首轮北京巡演就达到了112场,吸引14万名观众走进剧院,取得4 500万元的票房佳绩。2012年,音乐剧《猫》中文版在上海站的第50场演出后,票房也已突破了3 000万大关。纵观当前中国演艺业在全球文化舞台上的现状,既要面对海外演出市场的激烈挑战,又得不断地在文化体制改革的背景下发展和提升本土演艺企业的竞争力,可谓是任重而道远。

(二) 国际对外演出市场的贸易竞争

英国、美国和日本三国是欧洲、北美和亚洲演出市场中的中坚代表者,尤其是美、英两国凭借着大型音乐剧和歌舞剧在对外演出贸易中的突出贡献,成为国际演出市场中的主要贸易出口国。2009年金融危机的影响下,英美两国的国内演出市场开始出现疲态,这就更进一步地加快了对外演出贸易和跨国经营的脚步。下文将从英国、美国、日本及中国演出市场的核心特色、演出市场规模及对外演出贸易方式等方面比较和阐述国际演出市场的竞争。

1. 对外演出贸易的核心特色

纵观美国、英国、日本及中国对外演出市场,在演出规模和演出特色方面彼此差异明显,笔者将演出规模和演出影响两项指标作为对比要素进而分析四个国家的对外演出贸易的核心特色(见图5)。

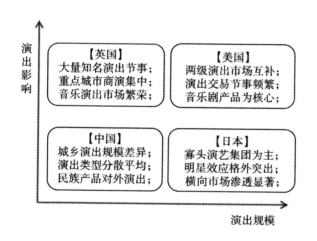

图5　美国、英国、日本及中国演出市场核心特色比较

美国对外演出无论在演出规模,还是在演出影响力方面都表现出了极其明显的优势。例如,巡演和驻演的两级市场互补力非常强,拥有极强影响力的对外演出交易节事,音乐剧是其对外演出的核心竞争产品。英国商业性演出较为集中,主要分布在伦敦、伯明翰和曼彻斯特大型城市。音乐剧和音乐类演唱会成了英国对外演出的主要内容。日本的商业性演出的7成收入都集中在宝冢、四季等四大演艺集团手中,形成了非常明显的寡头竞争的局面。日本的演出明星制度使得其在舞台剧和音乐会对外演出方面优势明显。中国对外演出市场的主力军是民族性的演艺产品,其中80%是杂技和民族歌舞类剧目,特别是以功夫类、技艺类和传统民族歌舞类的演出为主。

2. 对外演出配套机制

演出配套机制主要包括演出经纪、票房销售以及其他辅助中介机构。演出经纪服务包括专业性的演出经纪和综合性的演出经纪,专业性的演出经纪专注于剧目的版权授权、演出协会合同以及巡演事宜等,综合性的演出经纪还包括和演出相关的保险、担保以及抵押等一系列的中介服务。演出经纪的成熟从侧面反映了演出市场机制的完善。此外,除了大量的演出经纪实体机构外,还有一大批组织比较松散的个体经纪人在整个演出市场中提供中介服务。

通过整理各国演出经纪机构的统计数据可知,美国和中国的演出经纪公司总体数较多。其中美国的国际性演出经纪公司是其他各国所不具备的优势条件;英国的专业演出经纪公司达到了610家,其中专门针对剧院的公司为45家,其经纪服务专业细分比较完善;日本方面由于目前的统计数据的限制,其大概约有1 000多家服务演出市场的经纪公司(见表6)。

表6　2011年美国、英国、日本及中国演出经纪服务

国别	演出经纪服务
美国	专业演出经纪公司达到了约1 500家,国际知名大型演出经纪公司8家(如CAA、ICM、WMA),据不完全统计,个体演出经纪人达到了2万人。
英国	专业演出经纪公司有610家,其中剧院专业经纪公司45家,音乐演出服务有52家,国际性知名经纪公司约3家(如Harrison Parrott)。
日本	专业演出经纪公司约1 000多家。
中国	2012年全国演出经纪机构共3 059家,经中国演出和赤豆协会核发的演出经纪人员约34 270人。

2011年美国、英国、日本及中国演出经纪服务,美国专业演出经纪公司达到了约1 500家,国际知名大型演出经纪公司8家(如

CAA、ICM、WMA)。据不完全统计,个体演出经纪人达到了2万人。英国专业演出经纪公司有610家,其中剧院专业经纪公司45家,音乐演出服务有52家,国际性知名经纪公司约3家(如Harrison Parrott)。日本专业演出经纪公司约1 000多家。中国2012年全国演出经纪机构共3 059家,经中国演出行业协会核发的演出经纪人员约34 270人。

在票务销售方面,美国和英国已经建成了全国性的票务系统,美国演出市场的票务公司有综合性的票务公司和专业性的票务公司,综合性的票务公司的业务还涉及体育、电影以及其他节事活动等,专业性的票务公司主要是演艺机构的联盟下设的票务销售公司。目前,美国的大部分城市已经实现了网络票务销售和电话预约售票等业务,英国和日本的商业性演出已经实现了覆盖全国的网络票务,此外在地铁站、旅店及商场等公共场所都拥有票务代理。中国的网络票务销售主要集中在北京、上海及广州等一线城市,二、三线城市依旧是传统售票方式。

3. 对外演出贸易方式

在对外演出贸易方面,美国和英国以版权输出和境外合资公司演出为主,而日本和中国则仍然是以剧目输出为主。其中,英国通过版权输出实现了剧目的本土化演出,从2002年到2010年之间,仅英国音乐剧《妈妈咪呀!》就出现了韩国版本、瑞士版本及中国版本。中国版的《妈妈咪呀!》在2011年缔造了8 500万票房佳绩。日本四季剧团从2004年至2009年演出英国音乐剧《猫》共1 563场公演,吸引了177万观众。从2004年开始,美国和英国加速了在中国和印度等国家演出市场设立合资演出公司和共同经营剧院的步伐。例如,2007年,百老汇倪德伦集团在中国建立新纪元倪德伦公司"中国百老汇院线",后又涉足上海戏剧谷演艺集聚区合作。2008年,中国对外文化集团与英国卡麦隆·麦金托什公司正式对外宣布,将联合投资成立音乐剧制作合资公司。2012年由"音乐剧之父"安德鲁·韦伯创立的英国真正好公司和中国亚洲联创公司正式结盟,在《妈妈咪呀!》中文版成功运营的基础上计划继续推出《猫》和《歌剧魅影》。

三、中国对外演出贸易的战略措施

国际演出市场竞争的议题是以多元文化发展为背书,即不以单纯的经济性表现作为竞争优势的衡量标准,更应该强调创新、开放和包容。纵观自二战之后的国际演出市场,以美国和英国为首的传统经济强国不断致力于拓展国内演出市场,提升对外演出贸易,从而赢得国际演出市场的话语权。美、英两国通过打造纽约百老汇、伦敦西区以及大型演出节事活动,将更多西方经典演出剧目推向了其他国家。在获得巨额票房的同时,对于当地演出市场及文化领域都形成了一定的同质化影响。对于正在培育和发展中的中国演出市场而言,在经历体制改革阵痛的同时,必须直面海外演出市场的冲击和挑战。

(一)对外演出剧目内容方面

第一,创作和生产符合国际演出市场观众的剧目。从英国和美国对外演出市场的剧目内容优势中看到,其投身海外演出的演艺产品以音乐剧和大型舞剧为主。这两种剧目类型在降低"内容折扣"和迎合观众需求方面确实具有一定的优势。然而,当前国际演出市场的观众对于包含多种艺术元素的音乐剧和歌舞剧表现出了空前的热情,这就给准备或正在"走出去"的中国演艺企业提出了要求。面对国际演出市场的竞争,需要更为理性和宽容的开放态度,不仅要让别人的剧目在中国找到舞台,更重要的是要让本土演艺产品能够被国际市场中的观众所接纳。不能一味地专注于杂技和民族歌舞剧目,必须创作和生产符合国际演出市场观众的剧目。这就需要重新梳理不同演艺产品的国际观众群,观众普遍需求较高的演艺产品应该作为目前对外演出中的重点,观众需求较低的可以作为对外交流中的重点,让演出市场和演出交流合理分工,充分利用好国内外的演出资源。

第二,利用核心演艺精品提升国际演出市场竞争优势。在对外演出市场上,各国都是围绕着核心演艺产品来展开贸易竞争。美国音乐剧对外演出占到了其对外演出贸易的一半以上。而反观国内演出市场，各类的演艺产品均衡分布，缺乏核心的竞争产品。中国目前的可利用演出资源依旧比较分散，必须集中力量在核心演艺精品的创作、开发上，也就是说在演艺产业"走出去"的战略上必须首先进行排位。对于承载中国文化的演艺精品必须进行重点投入，对于国际演出市场能够容易接纳的剧目应该进行重点推介。

（二）对外演出机制方面

第一，梳理国有和民营对外演出机构的职能。国有和民营对外演出机构在演出市场资源方面呈现了明显的不均衡状态。国有对外演出公司首要职能应该是完成具有公共性的对外交流。故政府直接或间接扶持的对外演出公司和组织应该集中精力在拓展文化演出交流、提升演出剧目影响等领域。而实现对外演出贸易的目标则更多地应该以商业型的民营演出机构为主，让民营对外演出机构在夯实自我的前提下，努力尝试"走出去"。

第二，举办对外演出国际交易会和设立演出贸易协会。目前国内对外演出的交易平台是由中国演出家协会主办的年度中国国际演出交易会和中国上海国际演出交易会。但是这些交易会的主要参与者基本上是以国内的演出商和院团为主，能够在这些交易会上达成或签约的对外演出合同则是寥寥无几。

对于中国演出企业的"走出去"战略，必须建立一个有着国际影响力的专业性演出交易会，邀请各国主要的演出经纪公司和表演团队参与，给中国及国外演艺企业提供展示的平台，只有这样才能出现更多如天创、云南印象等对外演出成功的案例。按照市场经济发展规律，加快培育以演出公司为主体的对外演出贸易行业协会，整合行业力量，树立出口品牌，充当政府和企业之间沟通的桥梁及企业参与国际合作的纽带。

第三，利用财政杠杆扶持对外演出贸易。针对当前中国对外演出规模不大、剧目种类分散的现状，为了提升在国际演出市场中的竞争优势，应该对涉及对外演出业务和剧目的公司给予税收优惠政策或者演出补贴。可以每年从国内演出市场税收收入中按照一定比例建立对外演出专项发展基金,由文化部或直属机构运营该项基金。明确给予能够在海外演出超过规模场次的(如 50 场)公司或团体资金补贴,从而鼓励推动更多的演出公司进入国际演出市场进行竞争。同时,可以尝试进出口银行在出口信贷额度方面对于对外演出予以适当倾斜,积极为对外演出贸易出口项目提供保险支持。

第四,推动以版权输出为主导的对外演出贸易模式。当前中国剧目输出型的对外演出贸易,虽然演出风险相对较低,但是对外演出票价相对较为低廉,无法与剧目实际收益相挂钩。版权输出型的对外演出贸易模式,避免了剧目输出中的繁冗复杂的演出流程,降低了贸易壁垒,加快了资金回收。在积极创作和生产出优秀的剧目基础上,应该积极鼓励对外演出公司输出剧目版权,提升对外演出的贸易收入,拓展海外演出市场。

(三) 对外演出相关内容方面

第一,建立、健全演出市场数据监测和贸易统计。当前,我国文化主管部门和演出行业协会在演出数据和演出贸易统计方面依旧处于非规范的状态,也凸显了对外演出贸易监管的缺位。这就导致了我们无法较为精确地判断对外演出的市场规模、剧目类型、观众票房以及社会影响力等,国内各级省市没有实时票房统计制度,行业年度报告统计口径差异较大。故可以借鉴百老汇联盟的周票房制。首先,应该在上海、北京及广州一线演出市场建立数据统计收集和监测试点平台,为分析和判断演出市场提供有力的论据保证。其次,统筹各级文化主管部门和统计局,逐渐完善对外演出剧目的类型、主创团队、演出票房及演出影响力等要素的备案和数据统计。

第二,深化演出与旅游节事市场的有机整合。国内目前的旅游演出产值已经占据了整个演出行业三分之一的比重,其中除了部分实景演出之外,大部分的旅游演出中旅游和演出比重极其不协调,使得演出活动只是旅游消费中的附带品,这对于演出市场的长线发展极其不利。特别是对于演出艺术节事活动,没有固定的场所和运营团队,经常游离于各个城市,不但未能推动地方经济发展,在巩固演出市场基础和培养观众方面亦没有明显的推动作用。参考爱丁堡演出艺术节,稳定的长效机制是其国际竞争优势的基础,在此基础上才能够推动整个演出市场的繁荣。

总而言之,21世纪国际演出市场活动将更加频繁,各国拓展对外演出贸易和推动演艺公司跨国化经营也已成为了默而不宣的共识。在宏观文化竞争的背景下,对于中国参与国际演出市场而言,最关键的方法就是充分地利用能够产生竞争优势的要素,提升国际竞争力。面对西方国家大型演出剧目在国内市场的票房佳绩,中国对外演出贸易则显得疲乏无力。在从演出资源大国蜕变为演出市场强国方面,中国演艺业依旧有着漫长的奋斗路程要走,需要推出一大批国际观众认可的演艺精品,需要更多能够肩负对外演出竞争的大型演艺集团。在推动核心演艺产品和对外演出贸易的过程中不断提升市场竞争力,进而推动文化贸易并提升文化影响力。

中国文化演出业国际化机遇、挑战与战略选择

王海文

一、问题的提出

随着全球文化经济的迅猛发展,作为文化产业核心部门的文化演出业在国内外文化市场上表现出强劲的增长势头。据资料显示,金融危机背景下的中国文化演出市场依然火爆。2009年,中国境外商业演出团组数约为426个,演出场次16 373场,获得演出收益约7 685万元,呈现逆势上扬。[①] 现实表明,当下中国文化演出业的繁荣并非一时兴盛,而是危机背景下实现跨越式、国际化发展的重要阶段和契机。我们必须把握这一契机,在机遇与挑战并存的历史背景下大力推进中国文化演出业的国际化步伐,必将对包括文化演出在内的中国文化经济,特别是对外文化贸易的长久健康发展产生深远影响,进一步提升中华文化的国际影响力。有鉴于此,本文将立足于当前国内外社会经济发展背景,全面剖析中国文化演出业国际化进程中面临的机遇与挑战,进而提出相应的对策。

---

① 刘晓林:《中国文化产业有喜有忧》,《人民日报》(海外版)2010年4月29日(第4版)。

二、中国文化演出业国际化机遇

以经济的眼光、市场的手段看待和运作文化演出活动,其结果自然会造就演出活动的商业化,孕育出演出市场,进而随着社会经济发展,形成演出产业,并在经济全球化的推动下,逐步实现文化演出业的国际化。国际化中的文化演出业是分工深化、市场拓展及诸多要素与资源在更广阔范围内实现流动与配置的过程。而当前国内外社会经济环境和条件的变动则为中国文化演出业国际化提供了极好的发展机遇。

(一) 后危机时代全球产业结构加速调整

社会发展史表明,每一次经济大危机带来的不仅仅是经济的萧条,也是社会的重创。如果从整个社会经济系统自身调整,从而为系统在更高水平健康运行铺平道路的角度看,危机中孕育着发展的契机。在全球金融危机带来"阵痛"之后,战略性新兴产业成为"后危机时代"的新宠儿。美国、日本、欧盟等都将注意力转向新兴产业,并给予前所未有的强有力的政策支持。诸多迹象表明,"后危机时代"全球产业结构调整正在加速,各国竞相发展具有战略意义且能够占据未来经济制高点的产业部门。这种变动发展态势成为那些顺应社会发展趋势、具有极大发展潜力的产业部门迎来大发展的绝佳时机。

(二) 中国加快转变经济发展方式,优化经济结构

在全球产业结构加速调整的背景下,中国也在加快转变经济发展方式,优化经济结构。在大力推进工业化、城市化的进程中,中国应更加重视现代制造业和现代服务业的发展,重视技术密集型、知识密集型产业部门的成长。在应对粗放型增长、能源消耗过大、产能过剩、污染严重等发展弊端时,我们也应着力于以集约的手段、低碳的理念推动绿色经济的壮大。当前中国经济在危机中面临的一系列困难,使得转变与优化的任务变得更加紧迫。那些有利于发展方式转变、经济结构优化的产业部门自然将成为优先支持的重点。

(三) 文化、消费与休闲三大经济形态共同催生广阔的文化演出市场

Pratt 指出,文化经济将成为后金融危机时代有力的经济增长点。[①] 而在经济全球化背景下,对外文化贸易无疑是后危机时代文化经济乃至整个社会经济发展的亮点,影响着其发展水平以及未来去向。因此,大力发展文化产业,积极推进相关产业的国际化步伐成为当前及今后中国社会经济发展的重要战略指向。不仅如此,休闲与消费同样成为未来中国经济发展的重要特征,具体表现在从生存需要向发展需要过渡的过程中,人们对精神享受和非物质产品的需求愈加强烈,而这种需求、消费结构和生产、生活方式也正昭示着中国经济的未来走向。可见,文化经济、消费经济以及休闲经济这三大经济形态必将催生广阔的非物质产品生产及消费市场,文化演出自然当属其列。

(四) 文化产业振兴规划颁布与体制改革深化推进文化演出业大发展

2009 年,国务院通过《文化产业振兴规划》,要求发展重点文化产业、实施重大项目带动战略、培育骨干文化企业、扩大文化消费、建设现代文化市场体系以及落实鼓励和支持文化产品与服务出口的政策、扩大对外文化贸易。其中,文化演出属于重点发展的产业部门。2010 年,国家九部委又出台《关于金融支持文化产业振兴和发展繁荣的指导意见》,要求通过有效措施进一步加大对文化产业的支持力度。更为重要的是,2012 年 2 月 17 日召开的全国文化体制改革工作会议,被业界视为文化体制改革工作承前启后的重要一步,中国文化体制改革正在加速推进。上述宏观政策背景表明,中国文化演出业及其他文化产业部门,面临着前所未有的发展契机。积极的政策扶持必将有力推进中国文化演出业的大发展。

[①] Pratt A. C., The Creative and Cultural Economy and the Recession, *Geoforum*, 2009, 40(4): 495－496.

（五）贸易、文化"走出去"战略的深入实施以及国际区域合作内容的不断拓展推进中国文化演出业国际化合作水平

"走出去"战略从 2000 年党的十五届五中全会第一次明确提出到现在大约为十年左右时间。[①] 在这十多年时间里，随着文化经济化和经济文化化的发展，"走出去"的内容也逐步丰富。文化产品和服务成为贸易的重要对象，国际区域合作的内容也在不断拓展，单纯的文化交流已经不能满足社会经济发展的要求。其中，商业文化演出的进出口额呈现逐年增长的繁荣态势。蔡尚伟、王理指出，面向未来，中国的大国地位的确立、中国的国家发展总体战略的实现都要求文化产业必须站在全球高度，内外统筹，全面开启文化产业国际化时代，实现文化产业的外向型发展，助推中华文化的全面复兴。[②] 表 1 是目前中国演艺业"走出去"出现的新模式。该表进一步表明，后危机时代的文化演出业将在文化产业繁荣发展的背景下迎来新的成长期。

（六）中国文化演出业相关要素、资源的特色优势、比较优势逐步显化，产业化水平及国际认可和接受程度不断提升

中国悠久的历史、深厚的文化积淀以及丰富多样的文化资源成为其文化演出业创作的不竭源泉。当前，中国文化演出业相关要素正在不断优化整合，资源的特色优势、比较优势也在挖掘、发展中逐步显现。从经营主体看，目前中国国有演出表演团体 4500 多家，民营艺术表演团体约有 7000 家，演出经纪机构约有 1000 多家，专业的演出场所为 1800 多家，各类演出单位全年演出 200 万场次以上。[③] 中国的文化演出业已经形成多层次的主体结构，为相关资源优势发挥奠定了坚实基础。从演出业与其他产业部门的关系看，演出业与传媒业的渗透融合尤为典型，作品渗透、演员渗透、网络渗透加

[①] 杨利英：《近年来中国文化走出去战略研究综述》，《探索》2009 年第 2 期，第 102－106 页。

[②] 蔡尚伟、王理：《开启中国文化产业国际化时代》，《西南民族大学学报》(人文社会科学版)2010 年第 5 期，第 218－222 页。

[③] 安婧：《文化就是商业、商业就是文化》，《东方早报》2009 年 10 月 21 日（第 B15 版）。

快了中国文化演出业的产业化水平;从演出业集聚情况看,规模经济愈加明显,文化演出业的实力在不断增强(见表2)。近年来,中国文化演出市场日益受到国外的关注,外方演艺经纪公司纷纷表示期待敲响亚洲市场大门,预示着国际化进程中的中国文化演出业将迎来全面繁荣的历史性阶段。①

表1 中国演艺业"走出去"的新模式

模式	模式简述	典型案例
合作运营	国内外演出院团共同制作、运营大型剧目,融入中国文化元素,开拓国内外市场,让中国演出业快速走出国门。	《牡丹亭》:中、美等多方合作将该剧打造成通俗易懂的大众作品,剧团将赴美国百老汇长期演出,并于2011年7月在国内展开巡演。
		《吴哥的微笑》:云南省与柬埔寨合作的文化产业项目,云南文化产业投资控股集团斥资1500万元;云南省100多名演员参演,于2010年9月在柬埔寨文化名城吴哥首演。
海外基地	收购国外剧院,以剧院为演出基地,举办中国剧目演出和文化交流等活动。	《蝶》:创作团队来自6个国家,在不同的文化背景下,共同合作完成,在韩国演出获得特别大奖。
		《哈姆雷特》:被称为"英国出品、日本加工、中国制造"的"混血版",2010年5月作为北京人艺经典演出剧目到日本演出。
		2009年12月,天创国际演艺制作交流有限公司收购了位于美国第三演艺中心密苏里州布兰森市的"白宫剧院",2010年7月驻场演出舞台剧《功夫传奇》。
		2009年12月,东上海国际文化影视集团出资收购了美国田纳西州的两家剧院,分别命名为"东上海剧院"和"宫殿剧院";拟上演功夫剧《少林武魂》和舞剧《周旋》。

(资料来源:盘点中国演出市场八大发展,《北京商报》2010年7月19日第C16版)

---

① 安婧:《海外看好中国演出市场》,《东方早报》2009年10月22日(第B08版)。

表 2 中国演艺集聚区的建设状况

城市	演艺集聚区名称	发展状况
北京	海淀区西山文化创意大道演艺集聚区	演艺集聚区面积5万平方米,以剧场项目为主,一共兴建12座剧场,未来可能逐步开发建筑30多座剧院。
	宣武区天桥演艺产业集聚区	天桥地区将分为天桥表演中心、禄长街活力街区、虎坊桥国粹演出区和留学路演出商务区4个部分。
	东城区五大剧场群	将启动王府井(包括儿艺、人艺等在内)、东二环(包括保利剧院、蜂巢剧场在内)、银街,隆福寺和交通口五大剧场群建设。
	怀柔区原创舞台剧演艺中心	拥有不同规模,不同风格的已建和在建剧场31个,分为核心区的杨宋原创演艺剧场群和外国区的特色演艺剧场群。
上海	上海世博演艺中心	2010年在上海浦东开工,将建设成世界一流水准的现代演艺场馆;一个集综合演艺、艺术展示,时尚娱乐于一体的文化集聚区。
西安	文艺路演艺一条街	将集文艺资源整合、演艺品牌塑造、文化项目建设、城市街区改造为一体,构建艺术中心、演艺、文化商贸、休闲娱乐和街心广场等六大模块。

(资料来源:盘点中国演出市场八大发展趋势,《北京商报》2010年7月19日第16版)

三、中国文化演出业国际化挑战

中国文化演出业国际化虽然面临着历史性的发展机遇,但是还需要迎接诸多挑战,才能抓住机遇,实现跨越式发展。

(一) 如何强化市场理念,加强国际化体制机制建设

目前中国文化演出业市场化理念依然难以适应快速发展的产业态势。新组建的国有文化集团行政色彩依然浓重;新生的民营力量

弱小，不是不适应，就是难以应对生存的压力。此外，很多转型的文化企业推出的项目缺乏，甚至忽视前期调研和市场分析，将决策权交于领导定夺。这种决策方式或许有存在的合理性，然而对于长期、稳定、健康发展的文化演出市场而言，弊端明显，不仅不利于演出创作市场化土壤的培育，而且加剧了演出单位在经营上缺乏市场意识和运作能力的状况，不能充分发挥市场配置资源功能，因此也难以与国际市场接轨。

（二）如何增强自主创新能力，探寻"走出去"的有效路径

中国文化演出市场人才荟萃，演出单位云集。虽然创新精品时有面世，然而尚未形成创新的大众基础和具有国际影响力的大量传世经典，创新空间狭小。虽然在某些部门如杂技行业，有一定的优势，但是可能"占了技术的高端，却成了市场的垫底"，单个节目或几个演员成为外国演出项目组装的"零配件"，不能以完整品牌节目拓展国际市场。[①] 这种"走出去"可谓版权经营意识淡漠，其后果就是"技术"高超，利润却惨淡，不符合市场规律，不适应服务贸易的国际规则与发展趋势。

（三）如何提升经营管理效率，着力培育竞争优势

中国文化演出业存在着经营管理低效、管理成本过高的问题，不仅管理环节繁冗，而且工作量过多，票务系统效率不高。在北京，票务销售的提成是10%～15%，而在上海大约为8%，国外只有5%，加之高场租，由此导致高票价，国际化价格比较优势难以培育。此外，大多数演出商只是接手别人的演出，再通过最后的销售获取差价，而自主经营剧场、自主经营制作演出、靠版权和品牌做演出的非常少。上述问题无疑阻碍了中国文化演出业国际化竞争优势的培育和发挥。

（四）如何做强国际化支持平台，扩大对外交流文化

经济发达国家已经形成较为完善的产业扶持体系，由此全方位

---

① 魏真柏：《以完整品牌节目拓展国内外演出市场》，《杂技与魔术》2008年第4期。

推动本国演出业国际化的发展。目前,中国文化演出业国际化的支持平台体系尚未建立,该体系涉及政策规划、公共服务、金融支持、法律法规以及信息化等方面。因此,政府难以发挥合力作用,也不能与国际文化演出市场有效衔接,亟待加快建立、完善该体系。此外,中国文化演出业的国际交流活动,包括项目合作、发展研讨等,需要进一步扩大,以期为国际化发展提供更多的信息和合作途径。

四、中国文化演出业国际化战略选择

(一)推进中国文化演出业的国际化步伐

顺应文化经济全球化浪潮,以进军国际市场为目标,以实施贸易"走出去"与文化"走出去"战略为背景,大力推进中国文化演出业的国际化步伐。中国文化演出业国际化要站在全球文化经济发展的高度,牢牢抓住后危机时代国际产业结构调整的机遇,充分发挥自身的资源优势,将城市化、工业化与经济文化化、文化经济化统一起来,以"大文化""大市场"的理念进军国际文化演出市场,加快推进中国文化演出业"走出去"的步伐。为此,我们要做好发展战略规划,从各方面创造有利、宽松的环境,在保障国家文化安全的前提下,着力实施产业国际化、贸易国际化、资本国际化以及人才国际化,使文化演出经营理念、创作创意水平、营销能力水准等方面达到国际化层次。

(二)打造全面繁荣的市场局面

适应国际演出市场经营管理规律与规则,坚持社会主义市场经济导向,建设中国文化演出市场国际化创新体制、机制,夯实市场基础,扩大受众范围,打造全面繁荣的市场局面。要处理好转轨时期的困扰和难题,在发挥政府导向作用的同时,一定要坚持以社会主义市场经济为导向,注重市场调研,发挥市场功能,用市场的手段汇聚资源,调节供求,扩大受众范围,建立稳定的观众基础。要依据文化演出市场经营管理规律,加强文化演出业专业化、精细化、人性化管理以及演出单位的集团化经营,打造全面繁荣的市场局面。

（三）实现最佳的经济效益和社会效益

遵循文化演出创作原则和规律，以创造精品、传承经典、服务大众为原则，积极探索演出业产业化流程和创作模式，提高效率，降低成本，实现最佳的经济效益和社会效益。文艺创作要切实遵循自身原则和规律，在激烈的国际竞争中更要以品牌取胜。因此，我们要以创造精品、传承经典为原则，在走品牌化路线的同时，特别要坚持文艺创作的人民大众路线，从而确保创作的根源基础和消费保障，并着力建设文化演出素材、项目储备库，抓好创作环节建设。我们要大力推进中国文化演出业的产业化水平，对于其中的一些具有较强复制性且适宜工业化、标准化流程操作的项目要竭力探索其产业化创作模式，规模化运营，不断提高演出效率，降低成本，为票价调整提供条件，从而实现最佳的经济效益和社会效益。

（四）构建国际化的文化演出营销网络和平台

立足于国际化战略视野，深入研究文化贸易规则和案例，从版权经营入手，大力推进文化演出服务贸易模式的发展，努力构建国际化的文化演出营销网络和平台。

加强对WTO及相关规则和案例的研究，为文化演出单位的"走出去"提供经验支持。特别要重视与贸易有关的知识产权协定，可与国内科研机构、其他演出单位合作，大力推进文化演出单位版权国际化经营。要重视文化演出服务贸易模式多样化，大力推进跨境交付和商业存在模式，对于条件成熟的单位，可以通过上市、并给予其合理性的生存空间，建立有利于文化演出单位发展的收购等行为，加快"走出去"的步伐，努力构建国际化的文化演出营销网络和平台。

（五）创造和谐、有利的国际化环境

运用系统理念和思维，内外并举，各方齐上，充分调动一切有利因素，建设中国文化演出业国际化政策、法规体系、信息化平台，创造和谐、有利的国际化环境。

基于系统理念，首先要做强、做大国内文化演出市场，内外并举，

实现开放性演出业的良性发展。要积极探索、培育各类经营主体,尤其要扶持民营力量、中介机构,建立多层次、多元化的演出市场供给体系和中介服务体系。要发挥政府政策引导、支持的作用,从资金、市场、就业政策、税收、监督等方面进行扶持,包括降低税率、给予出口补贴、促进企业或个人投资、广泛推行基金会制度等,建立立体化的政策扶持体系。要研究各种新生演出组织形式的合法性,加强协会、行会的作用,给予其合理性的生存空间,建立有利于文化演出单位发展的法规体系。对于中国文化演出业,有必要加快其信息化建设,从而促进信息的沟通、组织的管理,乃至各种贸易模式的发展。

传统音乐产品"走出去"的保值问题

宋 瑾

联合国发起的全球性"人类口头与非物质文化遗产保护"工程，将民族传统音乐作为重要保护对象，为此我国政府加入了联合国行动，组织了在本土范围进行的传统音乐保护活动。国家将遗产定为5级，其中国家级为最高级别。仅2009年联合国公布的中国代表作就有22项，其中有10项和音乐相关：花儿、侗族大歌、格萨尔（藏族史诗）、玛纳斯（柯尔克孜史诗）、呼麦、南音、西安鼓乐、粤剧、藏戏、朝鲜族农乐舞。加上最初批准的昆曲、古琴艺术、新疆木卡姆、蒙古长调，就有十多项。第一批国家级保护的传统音乐有几十项，第二批国家级保护的民间音乐有67项。这些音乐遗产是中国的政治经济和文化资源，也是世界共享的政治经济和文化资源。因此，它可以在国内产生社会效益和经济效益，也可以在国外产生社会效益和经济效益。下文探讨几个相关问题：传统音乐作为一种产品，原本具有哪些价值，后来被增加了什么价值或被减少了什么价值，如今要保护并"走出去"，需要注意保护哪些价值才能达到目的。

一、传统音乐产品的价值

传统音乐原本具有三种价值，即实用、审美和二者的混合。作为人工事物，传统音乐拥有漫长的实用历史，也具有漫长的审美历史。

二者的混合则表现在各自功能的实际实现过程中。相较之下,前者更为漫长。

(一) 实用价值

人类创造音乐出于自身的目的,因此音乐首先具有"有用性"。这种有用性表现在音乐的政治、经济和文化的实用功能上。人们需要利用音乐来为各种实用目的服务。在这样的服务中,人与音乐构成功用关系:人是功用主体,音乐是功用对象。所谓功用对象,就是工具。作为工具的音乐,是为它之外的目的服务的。工具不具有独有价值,是可替代的。例如政治宣传鼓动可以用音乐,也可以用其他艺术,或直接的说教;军事上瓦解军心可以用音乐,也可以用其他途径;科学利用中的音乐,也可以用其他东西替代。但是,音乐这种工具具有特殊性,所以人们乐于使用它。所谓"潜移默化,莫善于乐""寓教于乐",古人早就发现并利用了这种特殊性。遗憾的是,国人过于强调音乐实用性,过于把音乐作为特殊工具来使用,常常以实用来遮蔽审美。儒家在治国安邦时就有这样的倾向,幸好孔子还强调要"尽善尽美",尽管他常常重善轻美。近代以来,由于国际国内社会主要矛盾在政治,所以音乐也自然而必然成为一种特殊的政治工具,成为"团结人民,教育人民,打击敌人的有力武器"(毛泽东语)。千年乐教传统还把音乐作为教化的工具,迄今为止中国依然没有真正意义和真正有效的音乐审美教育,美育仅仅是德育的一种特殊形式,音乐在其中仅仅是"裹着糖衣的药"。在经济领域,音乐是一种商品。古今中外音乐商品都是一种重要而特殊的产品。除了文化市场中大量的音乐产品之外,在官学和私学中音乐也具有商品性,等等。如今的音像工业、现代传媒,无不突出音乐的实用功能与价值,无不凸现音乐的商品性质。传统音乐在文化上的实用价值,也表现在其他的有用性上,例如国家庆典宴请之乐,宗教布道之乐(注:方内修行所用音声另当别论),民间婚嫁或丧葬之乐,等等。世界上许多民族的历史靠史诗的吟诵代代相传,音乐在其中是特殊载体,具有特殊的传递知识和民族精神的工具价值。总之,音乐具有特殊的实用价值。这些价值在今天的非物质文化遗产保护中需要甄别清楚,在音乐产品"走出去"的构想中,也需要深思熟虑,例如这些价值是否具有跨文化的意义,对其他国家和民族具有怎样的意义,等等。

(二) 审美价值

在人与神秘世界的关系中,人们用音乐愉悦神灵。尽管这属于实用行为,但是,在这种实用中已经有了人的尺度和主动选择——人的审美判断起决定作用。只有人觉得好吃、好看、好听的东西,才能献给神,否则就不能让神高兴、赐福人间。当人构筑的物质家园初具规模,基本需要得到满足,人类就进一步构筑精神家园,追求更高级的需要的满足。人自身的审美要求便成为广受关注的事项,所谓"爱美之心,人皆有之"。百姓的衣食住行,处处表现出审美倾向,除了梳妆打扮,"为悦己者容",连选购一件生活用品,都要看款式。例如杯子,除了结实耐用外,还要看颜色款式等。款式的选择超出了实用范围,进入了审美范畴。寻找爱人,更是追求长相、身材的美。这种生活中的审美行为发生在百姓身上显得微不足道,但是发生在重要人物例如帝王或名人身上,却显现出巨大的力量,酿造出众多的历史事件。在爱江山和爱美人之间,古今中外编织了多少或美丽或惨烈的爱情故事,并影响了多少政事民事。音乐是以听觉为主的审美对象。自然界并没有太多好听的声音,即便是莺歌燕舞、流水潺潺,听久了也显得很单调。为了满足人类自己的审美需要,出现了专司音乐的行家。如上所述,在娱神的同时,音乐客观上也产生了娱人的效果。而进入追求高级需要的阶段时,人们便合理合法地将音乐作为完全私有的审美对象。王公贵族如此,平头百姓亦然。在乐声中,人们得到极大的满足。当然,并非听音乐都在审美。人和音乐要构成审美关系,需要三个条件:产生审美欲望,选择适合自己审美能力和审美趣味的音乐,直接进入倾听过程。这时人和音乐构成审美关系,人是审美主体,音乐是审美对象。在这样的关系中,音乐的审美价值得到充分实现。从统计上看,目前中国社会上的大众的听觉审美资源以流行音乐为主,其次是西方古典音乐,再次才是传统音乐和现代艺术音乐。后者是地方的或小众的。流行音乐和西方音乐已经是全球共享的了,所以无所谓"走出去",而中国传统音乐则没有走向世界,所以属于这里探讨的问题。作为一种丰富的审美资源,中国传统音乐走出去大有可为。我国个别音乐家在国外金色大厅举办音乐会之所以显得如此隆重,恰恰是因为它太稀少了,太没有普遍性了。

(三)混合价值

即实用价值和审美价值的混合。在现实生活中,音乐发挥的往往是混合功能,实现的往往是混合价值。这是因为现实生活中的人们常常处于多重需要之中,也就是真善美混合的需要之中。例如祭祀音乐,或娱神的音乐,虽然是实用的,功利的,但已经有了人的审美判断和审美选择,并且参与音乐活动的人已经感受到其中的美,音乐实现着混合价值。一般而言,实用音乐于艺术音乐有不同的功能侧重和价值取向,前者重实用,后者重审美。但是,随着情境的转移,二者可以相互转化。例如冼星海的《黄河大合唱》,初期主要出于实用目的,而和平时期则经过加工提高审美价值,常常被当作审美对象;在官方组织的音乐活动中,则体现出混合功能与价值。再如贝多芬的《命运交响曲》,属于典型的艺术作品,却往往被用来激励人心、鼓舞斗志,从而体现混合功能与价值。传统音乐显然具有混合功能和价值,在不同场合中或实用或审美各有侧重。一般而言,它们在跨文化传播中主要体现审美价值,因为跨地域跨文化传播使它们的实用性受到削弱,其更深的原因在于外乡人往往对它们的感性世界更感兴趣,也就是说,主要从审美的角度来对待它们。中央电视台的"原生态唱法"节目就能说明这一点。当然,这和观众接触它们的目的或出发点是密切相关的。要让传统音乐"走出去",就要考虑突出它们的哪种功能与价值。

二、传统音乐产品的增值

现在,在全球化的语境中,传统音乐受到高度重视。早在联合国教科文组织倡议和组织"人类口头与非物质文化遗产保护"运动之前,在 30 多年前,我国就由文化部领导了一场全国范围的"民间乐曲集成"工程,目前已经出版了多数省份的集成。如今,"非遗"保护加大了原先的力度，传统音乐文化在这样的抢救行为中得到一定程度的复苏，其产品也得到政治、经济和文化上的增值。需要探讨的问题是全球化、西方化等大背景下，传统音乐的增值究竟多出了什么，其中的得失利弊究竟在哪里。传统音乐产品的增值出现在全球化语境中。全球化首先是全球西方化，同质化。西方自文艺复兴以来进入现代化进程，以新教伦理作为支柱，以科学理性作为工具，逐步实现工业化。与此同时，能源和市场等都需要扩张，因此有殖民战争。到了19世纪，欧洲进入资本主义黄金时期，全世界都是它的殖民地，英国最强大占据一半份额，所以英语成了世界交际语言。在这样的进程中，西方音乐文化随着枪炮传播到世界各地，也传播到中国。问题在于东方各国都通过被动和主动的方式接受了西方音乐文化，并让它在本土生根、开花、结果。在世界各地都能听到的"新音乐"就是东西方结合的结果，是同质化的典型表现。对于我国来说，"新音乐"是中西结合的产物。问题不止于此，西方音乐文化还进一步渗透到传统音乐文化中。一方面是同质化，一方面是抢救和保护个性音乐文化，如此构成一种张力。在这种情势下，传统音乐文化除了原来的价值之外，被增添了附加值。

（一）政治附加值

为了抵抗全球西方化，世界政治出现了各民族国家都纷纷强调民族文化身份的现象。后殖民批评浪潮席卷全球。它指向殖民者撤退之后，第三世界依然存在西方中心的现象。以中国音乐界为例，目前西方音乐占据主要或主导地位。笔者做过一次调查，北京音乐厅整年上演的音乐节目大部分是西方古典音乐，人民音乐出版社出版的乐谱和书籍大部分是西方音乐内容，各音乐院校的教学内容占大比例的是西方音乐，而即便像民族音乐学这样的学科，其话语系统也是西方的。也就是说，在我们的教学内容中，无论是音乐还是音乐学，大部分都来自西方。因此，在后西方化时代，包括西方人在内的世界人民都反对欧洲中心论。于是，民族文化身份认同成了世界性的潮流，这种主张是国际政治权力关系的体现。传统音乐是民族性的表现之一，因此被赋予了新的政治意义。

（二）经济附加值

中国改革开放 30 年来，随着政治局势的优化，经济繁荣的局面逐步出现。在这样的进程中，文化产业成了最重要的产业之一。音像产业一度成了十大产业之一，广东初期的发展就是一个典型例子。在其他地方，音像产业也发挥了重要作用。一方面表明流行音乐的盛行，一方面则反映了国人生活水平的改善。当然，其中存在良莠不齐的现象，比如在版权上的一些问题以及由此发生的音像制品的质量问题。如今，现代传媒促进了音乐的传播。除了音像业，还有广播电视、音乐会、电脑网络等，都使音乐获得广泛传播。无论内地还是边陲，无论都市还是乡村，都能从现代媒体中听到相同的音乐。现代技术带来了新的传播可能，使非现场音乐欣赏成为可能，也使音乐产品成为特殊商品。当然，音乐商品古已有之。今天的音乐商品，却有更多的存在方式或供需方式。除了音像制品的销售之外，还有网络下载等。在这个经济领域，传统音乐也成了一类特殊商品。随着人们对传统音乐文化认识的增加，传统音乐越来越受到人们的欢迎。中央电视台增加了"原生态唱法"的音乐赛事和集萃专辑，国家非物质文化遗产保护中心不断推出传统音乐的演出，全国各地都在开发利用本地传统音乐资源，用于旅游业。所谓"文化搭台，经济唱戏"，指的就是这种情形。从一个有趣的角度看，正是西方化造成了传统音乐的新鲜感。西方音乐在中国社会生活中已经是耳熟能详的东西，相比之下，传统音乐反而是陌生的东西，引起审美的欲望，也就自然被当作一种文化商品进入流通。

（三）文化附加值

当中国和联合国签署人类口头与非物质文化遗产保护协议，传统音乐就被增添了新的价值，那就是在现阶段备受重视的各级"文化遗产"的价值。为了抵御全球文化同质化，保护民族性，保护世界音乐文化资源，传统音乐的文化价值成了社会各界关注的一个焦点。政府提出了相应的政策和措施，学术界配合政府进行各级遗产的鉴定。在这里音乐人类学或民族音乐学起了重要作用。文化附加值与政治和经济附加值往往交叠在一起,使传统音乐文化变得沉甸甸的。文化附加值还表现在艺术音乐创作领域,许多作曲家早就坚持走创作民族风格的作品这一道路;改编民歌成为创作的一个重要方向,民间音乐在艺术作品中被附加上审美价值。国际上19世纪有民族乐派,20世纪有巴托克、科达伊等,他们都是为民间音乐增值的典型。

三、传统音乐产品的贬值

附加值是双刃剑,其反面是对传统音乐产品原有价值的遮蔽。在现实中,上述政治、经济和文化的增值,不同程度造成了传统音乐产品的异化,或者说它的原有价值受到遮蔽。

(一)政治附加值造成的遮蔽

政治附加值造成的遮蔽表现在强调民族性本身目的的偏移。民族性是一个民族成员自然拥有的,如同血液。民族性一旦受到强调,恰恰表明它已成为外在的东西。对一个少数民族老人来说,他的民族性就内在于他的身心,是无须分辨,也无须强调的。如果他说"我不是某某族的人",谁信?反之,今天许多民族大学的学生,甚至一些民族名人再三强调自己是某某族的人,可是接触下来却没有觉得他们和汉人甚至西方人有什么根本的不同。中性化在环境和人的内心结构上都已经体现出来,这是全球化的重要特征。另外,后现代主义思想家指出,现在世界存在着一种冲突,即全球经济与民族国家之间的冲突,或者说,对一个国家而言,跨国经济活动与国内民族控制之间的冲突。在经济一体化和文化多元化之间,需要处理一系列问题。民族文化身份的强调,在世界一些地区已经酿成了人为的灾难,那是狭隘民族主义必然导致的灾难。但是民族性的强调与极端民族主义之间并无必然因果联系。传统音乐作为民族性的承载者之一,在被添加了政治附加值之后,它原先的价值可能受到遮蔽。换句话说,在作为文化产品"走出去"时,如果处理不好,它可能受到政治利用而失去本来应该有的价值。将心比心,我们中国人觉醒之后,总是对西方中心主义文化输出抱有警惕之心。同样,当我们现在强调自己的音乐文化产品的价值并希望走出国门时,也要防止国外的人们产生相同的警惕。由于中国经济的迅速发展,目前中国在国际事务中的形象越来越突出,孔子学院办到世界各地,在正面影响出现的同时,也有负面影响伴随左右,例如"中国威胁论"的声音,虽然还不响亮,却已经存在。此外,后殖民批评理论指出,东方人往往以西方这个他者的东方想象来重塑自己,从而使自己的面貌受到遮蔽。传统音乐也可能这样,这是需要特别警惕的。目前已经有明显的迹象表明,我们的传统音乐为了迎合西方这个他者的东方想象而被改造。这一点成为后殖民批评的焦点。

(二)经济附加值造成的遮蔽

这个问题在经济发展的今天特别明显。将开发传统音乐产品的经济价值作为地方经济增长点,这已经是普遍现象。各地都不同程度将传统音乐产品作为地方旅游资源。而将传统音乐作为文化产业中的重要产品,则从改革开放以来就一直如此。各地音像公司如雨后春笋般出现,传统音乐被逐渐纳入生产线。在地方经济运作中,"文化搭台,经济唱戏"早已不是新鲜的事物。在电视等传媒中,传统音乐逐渐成为一个看点。如上所述,中央电视台的"原生态"民歌节目受到普遍欢迎。但是,当传统音乐成为商品的同时,它受到"艺术加工"和"现代包装"。在这样的加工和包装中,传统音乐产品的功能发生转变:由综合功能变为单纯的审美功能。这样,它原有的混合价值受到被抽取出的审美价值的遮蔽。

(三)感性样式受到的遮蔽

前文提到文化部搞的30余年民间乐曲集成,出版了许多文本。遗憾的是,那些出版物仅仅是文字、乐谱和图片,而没有声音和影像。因此,笔者一直认为这些出版物自身的价值有限;大规模的集成行为没有取得应该取得的结果。原因主要有两个方面:缺乏当代音乐人类学的观念;缺少必要的物质条件。在音乐人类学看来,音乐是文化,因此只有了解所有的信息,包括一个民族的音乐概念或观念、行为和音声的全部信息,才能把握其音乐文化。据此,文字、记谱和图片不足以呈现出完整的传统音乐面貌。也就是说,要呈现一种民族音乐,必须连同产生它的环境和行为一道记录。记谱只是文化标本,从它那里很难还原声音的韵味;而录音虽然能呈现音乐的韵味,却不能呈现环境和行为所携带的文化信息。更何况音乐教育采取了西方固定音体系,按这样的体系教育获得的视唱能力,往往把属于腔音体系的民族音乐唱成像西方艺术音乐那样的东西。笔者就曾有过这样的经历:用学校习得的方法来唱自己不熟悉的民间音乐记谱,结果使当地人无法忍受。现在在舞台上表现的民间音乐也一样,已经不是原生态的东西。就像鱼离开了海洋环境,失去了原有的环境功能和动态。即便出于审美目的,在动物园和在野生环境看动物,也非常不一样。这几乎是人人都有过的经历,人人都能明白的。早年因为录像机不普及,民间乐曲集成未能利用现代科技进行全面录音录像,而文字记载只能提供想象的一点依据,根本无法让读者还原田野所见所闻所感所知。

(四)"文化遗产"的遮蔽

这是目前又增加的一种遮蔽:非物质文化遗产保护,传统音乐从生活中剥离出来,成为一种表演艺术。例如被选择为传承人的地方人士,在未被任命之前,他出于地方生活之中,本土音乐在他那里是生活本身;成了传承人之后,他有义务将自己掌握的传统音乐技艺传给当地后人,并有义务为前来考察的外乡人表演。这样,本来流淌在他身上的东西,如今成了一种外在的东西。生活是下意识的,表演则是有意识的。生活是自然的,表演是人为的。表演遮蔽了生活,表演的"传统音乐"遮蔽了传统音乐。政治、经济、文化的遮蔽,使传统音乐产品出现贬值现象。让我们进一步来考察这种情形。

在"走出去"时,附加值的遮蔽造成传统音乐产品的贬值是完全可能的。这个问题必须放在全球化语境中来探讨。

经济一体化,国际贸易跨国进行,这和民族国家行政区域管理是有冲突的。许多学者都关注到了这一点。现在纯商业化的传统音乐产品输出,就是在这样的国际贸易环境中进行的。另一种方式是在国内进行的,即旅游文化中的传统歌舞。外国人入境旅游,接触到这些对他们来说很新鲜的音乐文化事物,将它们带出国外,这是一种特殊的"走出去",但是他们并不知道这些歌舞原来的样子。而国内则在从事"文化搭台,经济唱戏"的产业活动中,为了赢得外国人的喜爱,将纳入旅游文化的传统音乐产品进行一种特殊的艺术加工。所谓特殊,即后殖民批评话语所说的"他者"的眼光。即国人是以外国人,特别是西方人的"东方想象"为他者参照来加工民族传统音乐的。我国后殖民批评是从电影业开刀的。一些现代电影屡屡在西方国家获奖,有学者指出这恰恰说明它们迎合了西方的东方口味。现在传统音乐在艺术加工中,也有相似的情况。但是,从国际多元音乐文化的建设来看,越有民族特色的音乐越有价值,那是因为各民族传统音乐未受西方音乐文化的影响,比"新音乐"具有更纯粹的民族个性,因此对多元音乐文化而言更有价值。这种价值是音乐文化原形的价值,而新音乐则是它的杂交型。在经济活动中,这种价值被遮蔽。为了经济利益,以外国的他者作为参照,迎合外国游客的观光需要,推出被扭曲的地方"传统音乐",从长远上看,其结果不仅不能获得外国人的持久喜爱,而且还影响了传统音乐文化的保护。

四、传统音乐产品的保值

传统音乐产品走出去的保值,需要考虑一系列问题。首先是"保值"的确切含义,然后是保值所需的去蔽和对象保护范围,以及提升质量的问题,再次是如何正确认识"市场",最后是保值所需的合力问题。

(一) 保值并非完全回归原有价值

保值所要保的,是传统音乐产品的价值,而传统音乐产品则不是所有传统文化中的音乐,而且也不完全是,甚至不是原生态的传统音乐。因此,"走出去"的传统音乐要保的值,不完全是原来的价值。具体说来,并不是所有传统音乐都适合马上"走出去",特别是依存于方言和传统文化的原生态传统音乐。在世界其他国家和地区还不能像熟悉西方古典音乐文化那样熟悉中国语言和文化的情况下,中国传统音乐产品无法毫不变化地"走出去"并被接受。当然,变化必须有一定的限度。有些传统音乐即便在本土,也无法完全活态留存,无法按原样完全保值,例如宫廷音乐和劳动号子等。但是,祛除增值造成的遮蔽,则是首要的。

(二) 去蔽

政治的去蔽。在国际上过分强调中华民族性,容易引起其他国家和地区的误会甚至反感。特别是全球性金融危机时期,中国经济发展相对稳定,经济实力稳步提升,局部出现了"中国威胁论",因此应该避免让外国人觉得我们在搞中国文化输出。目前"孔子学院"已经遍布世界各地,如果过分强调民族性,将影响已经获得的国际声誉,使局势往不利方向扭转。那时,不仅中国传统音乐产品走不出去,而且其他传统文化产品也将被封闭在国门之内。曾经,西方殖民主义扩张时期,欧洲文化跟在枪炮后面传输到世界各地,引起东方世界的共同抵制。将心比心,如今全球反对西方中心论,我们要避免被误解为"中国中心论",而且要确实不搞中国中心主义。这一点正是第三世界都拥戴的后殖民批评所关注的,我们不要成为新的众矢之的。北京奥运会开幕式以"和"为主题,主题歌《我和你》也充分体现"和"的深厚传统。据介绍,这个主题设置就是针对国际上的"中国威胁论"的,利用奥运会的平台,向全世界输送和平信息。有些人觉得主题歌太软,不硬气,是因为不了解"和"在今天的政治意义,从这里应该可以得到启示。

经济的去蔽。目前中国到处都在搞经济,包括音乐在内的传统文化事项都逐步被商品化,表现在音像制品或现代传媒中的内容,或旅游业、文化创意企业等等开发的对象。"文化搭台,经济唱戏"的结果,是使传统音乐文化变形,甚至变得面目全非。现在全国各地特别是一些经济发达的城市都在搞文化产业,传统音乐是其中的重要开发项目。去蔽,就是要考虑经济利益如何不遮蔽传统音乐产品的价值。为了经济利益,传统音乐产品往往受到各种商业化包装和流行化加工,要去掉附加其上的不实附加值。如有些地方把某乐种的历史拉长,期望通过"古老处理"来增值,就像不实对待一件出土文物一样。流行化加工往往把传统音乐和流行音乐杂交,所谓"新民乐",从一开始就采取商业运作的方式,目的是通过流行化来迎合市场,例如将音腔变为固定音高,将弹性节律变为固定节拍,将音色电声化,将自然动作变为声光电笼罩的广场舞台表演,结果使传统音乐付出韵味减弱、甚至消失的代价。去蔽就是要考虑这些问题,解决这些问题。建议采用多元发展观。

文化的去蔽。一旦传统音乐被当作"非物质遗产"保护,几乎就一边倒成为表演艺术。如上所述电视台的"原生态"演唱,或地方的"原生态"表演。建议采取"生活与表演分离""综合价值与审美价值分离"的多元方式来解决问题。所谓生活与表演分离,指的是让原生态音乐仍然存活在日常生活之中,而让改编的传统音乐存活在表演舞台上。例如要让古琴音乐活在生活中,就要连同它超越世俗的精神一道继承下来。再如要让民间仪式音乐存活在日常生活中,就不要搬到舞台上,不要做所谓艺术加工。而所有传统音乐都可以作为舞台资源来开发,如果这样做,就难免要进行艺术加工。但是,艺术加工要有个尺度,即不能让传统音乐的韵味消失殆尽。在作曲家笔下,传统音乐被改编进入现代作品。这时,原有的综合价值,变成了单一的审美价值。解决方法就是将综合价值和审美价值分离。在民族民间生活中,传统音乐具有综合价值,即实用价值和审美价值的综合。应该在生活中保持传统音乐的各种价值,而在各种舞台上让改编的传统音乐在艺术加工中既保住原有的韵味,又增加了现代审美趣味。

(三) 传统音乐文化的保护范围

无论是生活中的还是舞台上的,传统音乐要保值,都需要保护它的根。传统音乐产品的原有价值是和中国传统文化密切相连的,保值要考虑音乐文本所携带的传统文化信息,也就必然要考虑这些信息的发源地。传统音乐的保值,要连同它的文化一起维护。就像一棵树,要连同它的根一起保护,根深才能叶茂。要杜绝传统文化遭受破坏,就需要保护那些生活中传统音乐赖以存活的事物,例如传统仪式等等。只要政策允许,民族民间习俗活动就能存在,它的根上就会依然长着音乐的花朵。当然,具体问题要具体分析、分别对待。在传统音乐文化中,许多类型都可以活态保护,而一些类型却不能真实地活态存在。例如宫廷音乐、民间的劳动号子等。我们不可能要求现在的政府还保留古代的宫廷仪规、祭祖祭天仪式和宴请规矩等等,从而使用过去的音乐。我们也不可能为了保护船工号子而拒绝使用机动船,为了唱打夯歌而不使用电钻机,为了唱劳动号子而放弃现代生产方式,保留原始劳动方式。因此,对这些传统音乐文化,可以采取虚拟的活态保护措施。例如可以用人工表演来展示它们,也可以用电脑动漫制作来展现它们。恐龙的活态展现就采用了电脑制作的方式。

即便是改编成艺术音乐作品,传统音乐的意义也需要文化之根来保持。人们只有看到传统文化,才能理解那些被改编的音乐的意义,也才能在理解基础上获得深刻的审美体验。就好像自然环境的保护,对野生动物的意义一样。在动物园看老虎等,全然没有了原生环境中的动态。在水族馆里的各种鱼类也如此。一旦动物离开了原生环境,受人工喂养,它们就不再有原始的动态,因为不需要捕食,也不需要防范天敌。例如在珊瑚礁的鱼,之所以色彩斑斓,在珊瑚礁随波浪起伏,是因为那样能够迷惑可作为食物的小鱼虾和天敌,它们在那里有食物链的功能、环境功能等等。而到了水族馆,没了那些动态和功能。即便从审美的角度看,在原始环境的动物也更有价值。

(四)保值的关键是质量

传统音乐产品要保值,无论是在本土还是出口,都需要提升质量。自改革开放以来,中国各方面都得到迅猛发展,首先是各类生产纷纷上马,获得空前繁荣的景象。但是这种繁荣主要表现在数量上,而在质量上仍然还处于低水平。所以,国家"十二五"规划提出两个战略目标,一是提升质量,一是推出中国品牌。在自然传承过程,传统音乐质量参差不齐,有高有低。在经济发展的今天,由于商品化和流行音乐等等的影响,传统音乐质量总体上呈下降趋势。所以,传统音乐产品要"走出去",就必须提升质量。质量的评判标准依照"走出去"的传统音乐多元样式来建立，"原汁原味"的样式，就要讲究原始韵味，艺术加工的样式，则要讲究加工的水平并尽量保持原来的韵味。保值所需要提升的质量中，个性的鲜明是一个重要的指标。而个性鲜明正好符合推出"中国品牌"的需要。就个性而言，传统音乐比新音乐更具有民族个性。因为传统音乐没有受到外来文化的改造，而新音乐则是中西结合的品种。打个比方，传统音乐是"驴"，西方艺术音乐是"马"，新音乐就是"骡"。新音乐具有西方艺术音乐的基因，呈现出来的样式也具有不同于传统音乐的特征。所谓"越是民族的，就越是世界的"，意思是在认可多元文化价值观的世界范围，音乐文化交流应提供他人没有的东西，而不是他人也有的东西。各传统音乐独具特色，个性鲜明，从而可以构成多元音乐文化的局面。相同的东西将在"合并同类项"中被共性所淹没。因此，民族个性应是传统音乐质量的重要指标。

（五）市场在于需要与引导的双重考虑

传统音乐产品"走出去"需要考虑市场需要。目前世界需要了解中国，对中国传统音乐有兴趣。中国传统音乐如同其他民族国家和地区的传统音乐一样，都是全世界的共享资源。在全球化的今天，人们意识到西方化带来的同质化，因此重视非西方的传统音乐文化。文化产业将传统音乐作为开发资源，就需要研究国际文化市场的需要。在本文看来，他人需要的是不同的东西，如上所述，我国各民族的传统音乐由于具有独特个性，因此正符合国际市场的需要。

一方面，应看到世界文化市场的需要是多样的，因此各国传统音乐产品也应该是多样的。市场对多样性的需要，促使我们应该考虑自己的传统音乐产品的多样性。现在要保护和发掘的原生态的传统音乐中，只有宗教音乐在政策保护下具有良好的生存状态，民间音乐正在得到"非物质文化遗产"的保护，文人音乐在小众传播中、在小空间内存活，宫廷音乐则几乎没有得到应有的传播，只存留在个别表演中。传统音乐在和西方艺术结合的"新音乐"中变形式局部存活着，一个世纪以来新音乐一直是我国的主流音乐；改革开放以来传统音乐在和流行音乐结合的"新民乐"中别样变形存活。"走出去"可以根据市场需要推出这些类型。目前比较欠缺的是宫廷音乐、文人音乐和宗教音乐产品的开发,应加以重视。存在一个新空间迄今没有开发,即中国各民族传统音乐和世界其他国家和地区的民族传统音乐结合的产品。历史造成我们总在"中西结合"的思维格局中创造文化产品,在全球化的今天,应突破这一思维格局,推出更多新颖的音乐产品。

另一方面,市场需要引导。如果只是一味地顺应市场,企图占领文化市场的最大份额,那么干脆都生产流行音乐产品,或仅仅生产"新民乐"。20世纪以来,随着后工业社会的来临,西方的新教伦理精神衰弱,消费文化兴起,流行音乐大行其道,并传播到全世界。自古以来,阳春白雪历来都和者少寡。但是,物极必反的规律也总在起作用。从审美的角度看,当人们对流行音乐达到类别层次的审美饱和后,自然会寻找其他类别的音乐。同样,吃多了深加工食品之后,人们往往喜爱原汁原味的东西。传统音乐产品总会受到当地和异地文化消费者的喜爱。但是,光靠市场的自然起伏或消费者受审美饱和规律制约自动选择是不够的,传统音乐产品要"走出去",必须主动创造消费基础。因此要加强中华各民族文化的传播,让世界了解,同时利用各传统音乐产品的鲜明个性,在恰当的时机投放国际市场。目前中国经济稳步发展,提供了良好的基础,孔子学院的普及,也将发挥应有的作用。正是传统音乐文化产品"走出去"的好时机,应当合力进行开发和推广。

(六)传统音乐产品"走出去"的保值需要合力

国际文化市场的开发是一个大工程,如果要获得可持续发展,需要以下多方面的合作。

第一,政府相关政策、法律的支持。目前中国已和联合国签订非物质文化遗产保护条约,并大张旗鼓地进行挖掘与保护工作。许多学者纷纷发表呼吁相关政策和法律支持的文章,希望将开发和保护传统音乐文化资源纳入政府保护之下。中国进入WTO之后,就进入了国际市场的游戏,就要遵守游戏规则。国际市场有许多相关规则,因此需要熟悉和了解。同时,我国也要制定相关政策和法律,目的是更好地和"国际接轨"。如果没有相关政策和法律的规范与支持,传统音乐产品"走出去"的质量就得不到保障。

第二,深入的理论研究,长远的合理规划。传统音乐产品"走出去"是一项长远的事业,因此需要行家进行深入研究。研究的目的是搞清传统音乐产品"走出去"所需要的各方面规律,以及保值的尺度确认,以便实际工作有明确的参照系。同时,还要规划一个长远计划,避免传统音乐产品"走出去"只是一个"兔子尾巴"行为。理论研究的重要性是不言而喻的。本文认为目前传统音乐产品"走出去"还缺少深入的理论研究,因此要特别予以加强。

第三,精细的挖掘、创作与制作。在流行音乐市场,产品良莠不齐。有的高制作,有的滥竽充数。传统音乐产品要持久"走出去",就要在质量上保值。精细的挖掘,就是要吸取理论研究的成果,开发传统音乐项目。关键在于"精细",即全方位考虑相关细节,包括传统音乐的观念、行为和音声,以及历史和语境的所有细微的东西。这些细节能保证产品的丰富性。"创作"并非通常作曲意义的写音符,而是要拿出有创意的方案。注意这些创意不要遮蔽传统音乐的价值;在保护的基础上为之增色。"制作"要忠实实现创意,除了有益的灵感之外,不要随意"二度创作"。通常制作要避免"技术美学"的影响。例如,不要按照技术尺度的"音准"和"音色"等等来制作母带。民族民间音乐自有它的音准和音色感觉,制作者不要按照自己受的教育和概念来改变它们。

第四,通畅的传播渠道的建立。所有从事商贸的工作者都知道,畅通的商品流通渠道非常重要,关系到商品的出售和资金的回流,以及盈利和再生产的可持续性。平时产品信息要不断输送到外界,让世人了解。因此,要建立广泛的产品信息传播网络。目前最有效的是因特网。许多文化企业已经通过电脑网络很好地宣传自己的音乐文化产品,他们的经验值得借鉴。需要注意的是,宣传内容要恰当,避免上文所说的蓄意增值而产生遮蔽(实际的贬值)。

第五,雄厚的经济支持。传统音乐产品"走出去"需要相当的资金来实现产业链各环节的目的,创意、开发、研制、生产、销售各方面都需要经济支持。初创时期需要的支持要有连续性,避免资金断链,使项目流产。特别是项目进行有起伏时,甚至是有失误时,资金不能中断。当第一批产品投放市场,不能急于回报,等待资金回流再投入生产,而需要持续的资金输血,使稚嫩的产品生命存活。

第六,多种人才合作与综合人才培养。这个产业链需要多种人才,所以要培养多种人才,除了创意、创作、制作、生产等人才之外,还有理论研究、产品宣传和销售等人才。还应特别强调管理人才,他们应具备多方面的综合素质和知识技能。目前国内高校正在逐步建立相关专业人才培养层次等。这些人才的培养,应注重最新学科知识和技能,并获取直接的实践经验。当然,对任何产业而言,有用的人才还应具备良好的德行,要德艺双馨。"人事"者,事在人为也。有什么样的人,才有什么样的事,人才是第一位的。

总之,传统音乐产品具有传统音乐文化价值和附加的一些价值,在全球化的今天,在多元音乐文化观念受到世界共同关注和认同的情况下,它也被附加上政治、经济和文化的新价值;这些附加值往往产生遮蔽。为了传统音乐产品更好地"走出去",就必须去蔽保值。保值并非完全回到原有价值,而是根据多元化产品应有的价值保护和开发它们。在现阶段,需要开发那些被保护的传统音乐文化,包括保护它们的根,如宫廷音乐、文人音乐和宗教音乐等开发不充分的项目,应特别重视。保值需要政策法律、理论、产业链、资金和人才等多方面合力才能实现。目前音乐文化产业存在一些问题,主要是各种附加值的遮蔽,需要我们去蔽并参照国内外先进经验进行中国特色的传统音乐产品开发,以平常心让传统音乐产品"走出去"。

演艺产业"走出去"路径探索
——以《吴哥的微笑》境外驻场演出项目为例

张迪阳　韩雨伦

一、结合项目实际,对中国进出口银行进行分析

演艺产业,是指以商业性舞台演出为核心,形成的产业形态及产业集群。演艺产业作为文化产业的重要组成部分,由于其产品本身所具有的艺术性、观赏性、娱乐性,已成为一种老少皆宜、无国界、无语言限制的文化传播方式。在当代,演艺产业已经发展成为传统与现代交融、艺术与科技融合、文化与经济相互推动的产业业态。

从中国全国范围来看,云南省以旅游演出、民族风情展示为核心的演艺产业,具有较大的影响力和广泛的知名度。经过十多年的发展,云南演艺产业的市场化水平不断地得到提升,涌现出《云南印象》《丽水金沙》《希夷之大理》《勐巴拉娜西》等一批舞台演艺精品。其中《云南印象》依靠自身的高水准、市场化以及民族文化创意与演艺产业的完美融合,走出国门、走向世界,在国内外多个城市巡回演出,成为世界范围内都享有良好声誉的演艺品牌。

2009年,为实现云南省文化产业的转型升级、转企改制,推动全省演艺产业更好地进行品牌打造,实现整合发展,云南省歌舞剧院、云南省杂技团,与云南大剧院、云南艺术剧院,以及几个正在筹建的文化重点项目一起,组建成为省属独资的云南文化产业投资控股集

团。云南文投集团是云南省文化事业建设和文化产业发展最主要的融资平台和投资主体,承担开拓国际国内演艺市场的重任。

云南文投集团通过调研,发现柬埔寨的吴哥地区是一个近年来快速发展的国际旅游目的地。2009年,吴哥窟景区的游客接待人数达到了160万人次,并且每年的增长率都在20%以上,游客停留时间也较长,具备大型旅游演艺剧目开展的基本条件。美国、日本、韩国等国的演艺企业,都针对吴哥的旅游演艺市场做过尝试,但是由于水土不服、本土化运作不佳而没有扎根。柬埔寨是东南亚对中国最友好的国家之一,而云南离柬埔寨较近,对柬埔寨的经济文化比较了解。云南文投集团主动对接中国进出口银行申请资金贷款,利用"银企合作"平台,在2010年,云南演艺集团以柬埔寨作为投资目的地,开拓吴哥演艺市场,以此作为集团开拓柬埔寨文化产业项目的投资平台。在柬埔寨,云南演艺集团成功实现《吴哥的微笑》驻场演出,成为我国转制院团第一个"走出去"驻场演出的项目。

2014年3月25日,文化部、商务部等部委在全国文化金融会议上,将云南文投集团的境外驻场演出项目——《吴哥的微笑》的成功经验,总结为中国文化"走出去"的一种全新模式。并在全国文化系统对外文化贸易工作会议上进行了经验交流,将面向全国推广。

二、通过对中国进出口的分析,提出策略

《吴哥的微笑》境外驻场演出项目,采取"统借统还"的方式,云南文投集团获得了中国进出口银行6 500万的贷款支持。通过集团统贷的方式,优化了企业融资还款的结构,解决了境外项目抵押难、监管难的问题,并通过政策性金融带动商业金融的模式,拓宽了文化企业境外经营的资金来源。

针对受理《吴哥的微笑》境外驻场演出项目面临的融资问题,进出口银行积极整合资源,运用"统借统还"的方案,为云南文投集团量身定制了切实可行的贷款方案。统借统还贷款,指的是部分企业为缓解融资难的问题,采取由企业集团或者符合贷款条件的企业向金融机构贷款,然后将全部或部分贷款分拨给下属企业或其关联企业

使用，按支付给金融机构的借款利率收取用于归还金融机构借款的利息，再由贷款企业统一归还金融机构。

第一，关于用款企业融资能力弱的问题，进出口银行综合考虑贷款风险，以"统借统还"的贷款方式，由云南文投集团作为"统借统还"的借款人。贷款发放后，云南文投集团将资金转贷给实际用款企业，以解决实际用款人的融资问题。

第二，关于资金汇路问题，由于该境外驻场演出项目涉及五家境内外演艺企业，进出口银行积极协助云南文投集团在进出口银行开设人民币一般账户，并负责项目在柬埔寨的运营公司柬埔寨暹粒演艺投资有限公司在进出口银行开设境外机构境内外汇账户，定期将节目收入打入账户，解决了资金汇路的问题。

第三，关于资金监管问题，为了保证贷款真正用于项目运营，并及时对项目资金进行监管，进出口银行与中国银行签订代理合作协议。借助中国银行在境外网点多、网上支付快捷等优势，依托中国银行对云南文投集团开设的资金结算账户进行资金监管，有效保障了信贷资产安全。

三、演艺产业"走出去"过程中面临的问题

虽然中国进出口银行通过深入调研，研究贷款方案，开拓性地在该项目上运用了"统借统还"的融资模式，同时满足了云南文投集团及其下属的四家公司的融资需求，助力演艺院团在转企改制中增强竞争力、实现更好的发展。但是，中国演艺产业"走出去"的道路上，仍面临许多复杂深刻的问题。

第一，文化企业融资困难。由于文化企业的无形资产难以评估、金融企业对文化企业的盈利模式和经营状况不了解等，造成了包括演艺企业在内的文化企业与金融企业之间存在诸多的信息不对称，文化企业在融资、贷款等方面难度较大。在贷款担保上，专利、商标等知识产权资产不能在银行作为贷款抵押，使文化企业的扩大发展困难重重。

第二，政府对演艺产业海外经营的引导和支持力度不够。虽然

中央政府针对文化体制改革、文化"走出去"工作，以及云南省面向东南亚、南亚开放的桥头堡建设出台了一系列扶持政策，但政策整体上缺乏指导型，政策间的协调机制不够。尤其是在项目扶持和经费划拨中，演艺企业没能看到实惠。

第三，外向型、复合型演艺经营管理人才缺乏。推动演艺产业"走出去"需要一批外向型、复合型的演艺经营管理人才。但目前，我国演艺行业对国外演艺产业的政策和投资环境不熟悉，演艺经营管理人才缺乏，尚未形成实力强大的国际演艺经营团队，而且后备人才同样严重缺乏。

四、中国演艺企业需要获得多方面的引导和支持

第一，金融支持。建议对文化企业知识产权资产进行评估的方式与国际接轨，结合国外政策制定中国知识产权资产的评估标准，以便更好地评估文化企业贷款融资时的抵押资产，使国家对于文化企业的金融支持政策能够更好地落实。

第二，政策扶持。建议明晰文化产业专项扶持经费中，对于每个行业的立项数量、立项标准、资金划拨比例，使演艺企业能够看到具体有效的政策优惠。同时，增强政策的指导性、协调性，建立健全演艺产业"走出去"过程中文化、商务、外事、财政等部门的协调机制，通过放宽输出政策、简化审批手续，以及给予财政税收优惠等，以鼓励和扶持中国演艺产品的输出。

第三，人才支持。一方面，演艺企业可以通过项目，带动和培养专业的演艺经营管理人才；另一方面，演艺企业需要依托院校，组织现有员工进行培训，订单式培养专业人才，更好地满足企业、满足社会对于演艺产业专业人才的需求。

国有文艺院团作为演艺产业的主力军，实施转企改制以后，在文化"走出去"过程中需要发挥更强的主导作用。符合国际市场需求，又具有代表性的演艺精品，对于树立国家形象、增进民众关系，以及推动外交发展是非常有帮助的。但是，"走出去"的方式和内容不尽相同，而"统借统还"的融资方式只是一种操作性较强、文化企业获益

较多的融资方式。文化企业需要针对不同的市场需要多加研究,使文化产品既能适应所在地国情,也能使双方受益。相信中国文化"走出去"将会带来比其他领域更具持久性的影响。

少数民族演艺产业"走出去"现象探析

徐 越

2012年2月15日,《国家"十二五"时期文化改革发展规划纲要》出台,越来越多的人看到了国家加快发展文化产业的决心。作为文化产业的重要部分,少数民族演艺业产业化发展一直是文化产业发展的重要话题。从壮族对歌"三月三"唱到蒙古族史诗江格尔,从傣家轻灵孔雀飞跳到土家族篝火摆手舞,民族演艺节目已经随着民族地区的深入开发,被我们所认知、熟悉与接受。但尽管如此,民族演艺产业在其发展过程中却仍然存在许多问题和阻碍,并且在成长中日益凸显出来,亟待解决。民族化打造,市场化打磨。理查德·E.凯夫斯在《创意产业经济学:艺术的商业之道》中认为:"创意产业即商业与艺术的契约",意思是文化产业的产业功能是通过整合艺术和商业的相关要素而实现的。[①] 少数民族演艺产业化要解决的首要问题是,怎样将少数民族独有的文化资源转换成为符合市场规律和观众需求的演艺产品。这个产业化过程从表面上看是从资源到产品的一个转变,实际上其中隐含有从资源到作品、再从作品到产品的两个转变。

从资源转换到作品,是指将少数民族文化艺术元素从"不自觉"的原始状态提炼成为具有文化、艺术和审美价值的文化艺术作品,具

---

① 顾江:《文化产业经济学》,南京:南京大学出版社,2007年。

体形式体现为少数民族音乐、舞蹈、手工艺品等。从作品到产品,是指将文化艺术作品按照市场需求进行商业化加工和修改,在演艺业中体现为各类少数民族题材的舞台表演产品。最终,当少数民族演艺产品从单个产品表演发展成可持续、可循环的商业运作,少数民族演艺的产业化方才完成。而事实证明,少数民族文化其自有的特性要完成这种转化,是完全可行的。

一方面少数民族艺术文化资源的独特性造就供给的稀缺性,为其转化奠定可能性基础。少数民族之所以被称之为少数民族,是由于其和汉族地区相比,在文化上有着太多的差异,这正是少数民族独特鲜明的民族脉络之所在。少数民族文化的可贵性,就在于其稀缺性。每个少数民族都有其自身独特的民俗文化。这为打造少数民族演艺产品提供了大量的生产资料。好的演艺产业品牌必须能充分反映出本土文脉,抽取其文化元素,找出能体现地方文明、反映地方特色的独特亮点,少数民族地区,在此方面可谓得天独厚。[①] 所以,演艺产品必须要以当地的少数民族文化精髓为根本,这样才能打造具有少数民族地方特色的高水准、精品演艺项目。

另一方面少数民族文化元素如何尽可能地适应非本民族观众的多元欣赏需求,以获得较大的市场需求空间,又对其转化提出必要性要求。从产业经济学的角度来看,文化产品的产业化并不是因为其稀缺性,而是因为其普及性。文化产品单单只是追求稀缺性,那只能是一种自我狂欢,最终只能是孤芳自赏。所以,怎样对稀缺性内容进行普及性开发,是少数民族文化产品开发过程中的重要问题。只是本民族人民喜闻乐见的东西,并不一定能获得本民族以外民众的青睐。这要求我们在进行少数民族演艺产品开发时,一方面深度挖掘本民族特色,打造民族特色文化精品;另一方面,在遵循表演艺术生产规律的前提下,演艺产品的开发必须要站在观众的角度,按照观众的口味和需求、市场购买力来打磨演艺产品。只有让产品走"民族化打造,市场化打磨"相结合的路子,才能实现少数民族演艺产品的普

---

① [美]理查德·E.凯夫斯:《创意产业经济学——艺术的商业之道》,北京:新华出版社,2004年,第5页。

及化,演艺业的产业化发展。

在满足了以上条件之后,少数民族演艺产品才能被更为广泛的观众所接收。富有少数民族地域特色的民族演艺作品,如果只是作为文化宣传片"走出去",要获得政府的支持和帮助,这并不是一件难事。但是要作为市场产品"走出去",就存在着很多需要攻克的难题。这要求其能够在海外市场获得实实在在的市场份额,拥有可靠的消费需求,文化产品能够真正以其物有所值的价格卖出去,这才是真正做到了民族的,世界的。少数民族演艺产品要想"走出去",首先必须要分清楚到底是宣传品还是市场产品,产品要以消费者的需求为导向。

其次,少数民族的文化作为"作品"的丰富程度和质量层面都是值得肯定的,但是作为"产品",要"走出去"打入国际市场,就必须以当代国际市场产品的原则、市场的原则、技术的标准为指向,从产品形态到推广模式到运营方式,都要跟国际市场彻底地、准确地接轨。要转换成商品去盈利,这是一个商业目的和行为,也只能按照商业规则来运行。标准化、缩小规模、减少复杂程度、自动化程度非常高,但是这和原生态文化却是有矛盾的。

以《云南映象》国际巡演为例,"走出去"是一个尝试,这样的尝试担负了很大的文化差异风险,这个风险即为东西文化的差异冲突、市场定位的冲突、技术标准的冲突。冲突的双方都是正确的,艺术家坚持的是艺术的标准,运营商坚持市场的标准和科学性,这两者之间有巨大的差异性。所以,少数民族演艺业要想真正达到产业化运营,就不能仅仅停留在展示文化的层面,只有把这种文化真正转换成了产品,能够卖得出去,才能称之为产业化。

在这方面,《云南映象》无疑是走在了最前列,在国内市场掌声不断的同时,也将眼光放向了国际市场。但是问题也随之出现,国外观众对于云南,对于杨丽萍的舞蹈并不了解,其知名度并不高,怎么推广出去成了一个大难题。一个产品在西方市场上成功的先决条件是"独特"和"关联"。独特是很多艺术家坚持的,但是却往往容易忽视关联,关联其实就是产品和观众的共鸣感、关联度。为了适合国外观众的口味,适应国外的营销策略,国内文化产品就必须进行改造。每一个优秀的文化都有一定的共通性,但不等于能自动转换成合适别人接受的文化,这中间一定要进行转化和改造。同物质性消费相比,文化消费本身就具有比较强的属地性,国别之间的文化差异比较大,各国消费者在语言、教育背景、价值观念等方面存在差异,文化产品消费的学习和养成成本比较高,转移成本也会比较高,这需要付出很大的代价。① 中国文化不改造即使是走出了国门,也走不进国外观众的心里。把原生态的东西原汁原味地端出去可能并不是一个很好的办法,那只是一种类似于文化展览的行为,而不是现代化的市场行为。中国的少数民族文化要想"走出去",必须要加以改造,要合适当代人,必须用现代化的手段进行重新的改造、解释。这也是为什么《云南映象》会在国际巡演版里进行修改,并且最后以《走进香格里拉》的名字进军国际舞台的原因。

少数民族演艺业产品的市场推广运营也是难题之一。国际文化市场以美国为例,基本上是自给自足。美国电影院里94%是好莱坞电影,只有6%的空间是留给其他国家的,6%里面有140多个国家来争夺市场。演艺市场也是大同小异,同样的结构。所以,如果要想把符合国际市场的演艺产品推广出去,就必须立足国际市场,研究国际市场现状。这里,《云南映象》在欧洲的巡演虽因金融危机不得不停止,但是所做出的努力尝试却也着实为我们的研究提供一个很好的示范,少数民族演艺产品打入国际市场的运营推广策略便显现出来:

第一,借船出海,寻求推广商。中国目前在国外没有专业的文化推广商,所以必须要巧借欧美的推广商、欧美的媒体,通过别人的推广进入别人的运营体系才能在人家的市场有作为。

第二,借力打力。中国在国外没有自己的剧院院线,没有自己的剧院运营公司,这就得借欧美市场的运营渠道,推广和运营是两个核心。要借别人的渠道,就必须按照欧美市场的规则运作,欧美演艺市场的规矩非常严格,国际市场只认准市场反馈。中国的演艺产品,拿到美国市场,必须要自己先出钱买通渠道。派格太合在《云南映象》运营推广上,正是和美国最大的演出经济公司 WMA、最大的娱乐传

---

① 覃雯:《旅游目的地民俗文化资源营销创新研究》,《财经问题研究》2010年第4期。

媒公司 Clear Channel，以及欧洲最大的演出公司 Stage 结盟，才能联手推动《云南映象》在全球巡演。与此同时，他们也与美国 PBS 电视台签了合同，为《云南映象》专门打造一个纪录片，进行全球推广。而这，仅仅还只是个起步阶段，后续工程仍旧需要巨大的资金、人力物力的支持。但是，这样庞大的资金支持，如果仅仅只是靠某一家公司来支持，是绝对不可能的，也没有哪一家公司能够有这样雄厚的经济实力。而这样的运转，在目前，只能是由国家来支持。

此外，政府在少数民族演艺产业化的过程中，究竟应该扮演怎样的角色，是我们必须要明确和摆正的事情。在社会主义市场经济条件下，政府对于文化产业领域主要应该执行的是宏观管理体制。过去的体制弊端已经显现出来，在过去，文化产业大多是由政府来办，不能按照市场化道路走，忽略市场规律、竞争机制的作用；或者完全将文化产品变成宣传品……这些在实践中都严重制约了演艺产业化的发展。当下，政府职能部门应该尽快转变观念，"走出去"的过程中，政府部门应该要由办文化向管文化转变，由微观管理向宏观调控转变，多多给予文化产业创新政策上的、资金上的鼓励和支持，让文化产业发展面向市场，在市场的竞争中求发展，这样才能真正实现文化的产业化。

期待少数民族演艺产业化的可持续发展，并不是简单靠"走出去"这一种战略可以实现的。这条路是具有光明的前途的，但是过程却是百转千回，荆棘丛生，这需要得到企业、市场、政府和社会各界的支持和努力。只有这样，才能让少数民族演艺产业走上良性发展的道路，才能将少数民族演艺产业推上国际舞台，让世界为之倾倒，真正让"民族的，就是世界的"变为现实。

中国戏曲的现代化与国际化

谢柏梁

在中国戏曲的发展长河中,现代化和国际化是两个最为基本的特质。因为戏曲若不与当代观众同步互动,便不可能有长足发展;戏曲若没有外来文化的滋养,也可能成型得缓慢一些;戏曲若不能在世界范围内享有一定的声誉,那就只能养在深闺人未识,缺乏普世化的审美情调和人文精神。逻辑的推演和历史的变迁,就是如此奇妙地实证在中国戏曲的艺术天地之中。

千百年来,戏曲总是在现代化,总是在随着朝代的变化随物赋形,以新的体制、新的内容和新的审美范式在与时代同步。想当年,金院本的名目共六千九十种(陶九成《辍耕录》卷二十五),可到了后世基本上湮灭无闻。元杂剧剧目总数也曾以三位数计,但是臧懋循从远亲麻城锦衣卫刘承禧家巧取豪夺,基本是以汤显祖勘定过的数百种元杂剧加以编选,最后只能是以《元人百种曲》印行。即便这百种曲,在今天也只有少数还能在舞台上演出。如果说声腔艺术每30年一变,那么剧种存活的周期,基本上是以百年作为基本单位而上下周延。

号称唐宋遗音的福建莆仙戏,一向称之为宋元戏剧活化石的梨园戏,倒还是延续至今,其本子古意犹存,其表演别具一格,但是也很难说与唐宋戏剧一脉相传,因为史籍记载几近于无,表演大家也很难上推几代,最多只能说是发思古之幽情、继先辈之传统的近现代版演绎而已。

　　戏曲传统较为丰厚的昆曲,号称有着 600 年历史,实际上从清唱剧到成型的舞台剧,最多 500 年历史。而且这五个世纪以来,昆曲一直处于现代化变法的过程之中。从本戏来看,诸如《鸣凤记》和《清忠谱》之类的当代题材戏,也常常在一段时间内蔚为潮流。再如原本为江西宜黄腔所写的《牡丹亭》,偏偏被叶堂等人改调集曲,成为最为典范的昆曲演唱本。如果完全按照昆曲格律的规范,那就得按照沈璟门徒的诸多昆曲改本来演。至于从昆曲本戏之外的诸多折子戏,逐步失传到寥寥可数的折子戏,再回到重新挖掘整理的新编折子戏,这既是继承传统的尴尬,也是舞台审美过程中自然的淘汰、选择与再造。

　　京剧更是因善变从而具备现代性意义的大剧种。从楚调汉戏到徽班,从湖广音中州韵到京白,从花旦戏居多改为老生戏居多,从青衣戏崛起到大花脸、小花脸代表作的崭露头角,时时皆在现代化的变化过程中。从四大名旦到四小名旦,从麒派到马派,从李少春到李维康,都在不停地求新求变的过程中。现在许多艺术家往往以继承正宗传统自居,不去自立门户,形成流派,这才是真正的数典忘祖,也是京剧缺乏活力的表现。20 世纪所逐步形成的八大京剧样板戏,从题材上现代化,唱腔设计上具备歌剧乃至交响乐的主旋律动机,在表演上开辟了不带水袖的诸多戏曲表演新程式,这正是京剧现代化最为深刻全面的成功体现,也是几代京剧艺术家的心血所凝聚而成。撇开政治因素不论,这也绝不仅仅是一人之功,更不是能够简单否定的一代"红色经典"。

　　20 世纪以来的中国戏曲现代化,可以从以下几个方面来加以观察:

　　第一,从题材内容上看,由于特定的时代要求,涌现出大量现代戏和以古喻今的历史戏。

　　第二,从剧种生长来看,出现了越剧、黄梅戏等一大批流传遐迩的现代剧种和龙江剧、吉剧等新兴剧种。

　　第三,从创作主体上来看,导演中心制逐步取代了演员中心制,一大批强势话剧导演乃至影视导演的涌入,舞美灯光和音响突飞猛进的技术化手段,都使得戏曲向着话剧和影视方面迅速看齐。

第四,从音乐载体上看,主旋律、多声部模式已经逐步取代了以往的多旋律和单声部基调。

第五,从悲剧精神上看,中国戏曲涌现出一大批向着古希腊悲剧精神和莎士比亚戏剧模式看齐的作品,模仿其他欧美作品的戏曲作品也不在少数。

第六,在戏曲现代化与国际化的过程中,开始产生新的演出方式,未来也可能涌现新的剧种,闪烁新的国际化戏曲明星。如肩卜芭蕾剧、戏曲音乐剧、英语戏曲以及各国剧种与中华戏曲的同台演出与相互影响等。有些端倪已经显现出来,关键是看谁能够把戏曲文化与外国戏剧融汇得最好。本世纪以来,国际戏剧家协会越来越多地重视在中国的戏剧联姻活动,国戏、中戏和上戏也通过不同方式在促使不同戏剧样式的嫁接,更加美妙的果实应该会指日可待。

同样,20世纪以来的中国戏曲国际化,也可以从如下几个纬度来思考:

第一,20世纪以来的戏曲对外演出形成了经久不息之风潮,一个世纪以来,各大演出团队的出访国家之多,影响之大,史上无与伦比。这其中最有影响的是梅兰芳京剧的访美演出,韩世昌昆剧的赴日献演,还有程砚秋出国考察与演出的深度思考。20世纪末叶以来,英语粤剧和英语豫剧在海外演出东西方戏剧经典,获得了很好的洋人口碑。就连上海京剧院的中文版《哈姆雷特王子》、杭州越剧院的《心比天高》等,也在西方成为因为看得懂从而倍加欣赏的常演剧目。诸如昆曲《牡丹亭》之各种版本的西方演出,也已经成为各大艺术节上的一大时尚。中国各地具备一定艺术影响力的地方戏曲剧种,没有出国演出的情况,现在倒是越来越少见了。

第二,由外国人作为创作演出主体的戏曲剧目越来越多。国戏德国留学生贡德曼的京剧版《夜莺》,京剧以及西洋歌剧、话剧的同台演出版《界碑亭》,都令人欢呼一个中外合作新时代的到来。另外一位国戏日本留学生石山雄太作为武丑行当的专业演员,还正式加盟过中国京剧院,这也成为史无前例的创举。至于夏威夷大学"洋贵妃"魏丽莎的梅派,日本歌舞伎大师坂东玉三郎与苏州昆剧院的合作演出《牡丹亭》，都开了戏曲发展史上的新篇章。最近，日本樱美林大学的京剧团队，前往作为中国戏曲最高学府的国戏、还有京津地区的其他高校演出京剧折子戏，更是令中国观众眼睛一亮。这也使我们想到在吴汝俊主持的日本京剧院之外，还有另外一家日本昆剧团，在纽约的齐淑芳京剧团和上海昆剧团北美小组，他们还将在海外培养出更多的海外京剧后备人才。

第三，随着昆曲、粤剧、藏戏、京剧和皮影戏等越来越多的戏曲剧种，先后被列入联合国教科文组织所评选的人类口头与非物质文化遗产代表作，关于中国戏曲的保护传承、发展和国际化传播，不仅仅是一国一民的举措，而应由全世界人民共同保护和弘扬。随着这些文化遗产越来越多的交流演出和整体会师，随着中国在各国兴办的孔子学院和文化中心的逐步正规化，随着戏曲孔子学院的规模扩大，中国戏曲艺术的全球化态势还会越来越蓬勃兴旺，蔚为大观。

在中国戏曲现代化与国际化的过程中，最需要分清的倒是如下话题：

就海外演出而言，是一般的公益性演出还是商业化运作？是进社区剧院演出还是排进了世界级大剧院的档期和国际艺术节的阵营？

就剧种来看，中国戏曲当中的某些具备国剧性质之特殊剧种，例如京剧与昆曲，是否也有可能像歌剧、芭蕾舞剧一样，在全世界范围生根开花，另立门户？

就艺术标准与戏曲盛会来看，是否有可能建立起全球范围内标准化、科学化的戏曲比赛标准，每年举办世界性的业余票友和专业演员之巨大盛会？

就艺术品格来看，目前已经有多少戏曲剧种与经典剧目，已经成为世界上各大院校学生，特别是戏剧院系师生的基本常识？

我们对中国戏曲剧作家和表演艺术家的推广，已经到了应该以国家文化战略的高度来进行整体推动的关键时刻。

从教育规格来看，我们培养人才的层次还是太低。举例而言，梅兰芳、俞振飞、张君秋、红线女等一批京昆与地方戏表演艺术家，都曾被海外大学授予荣誉博士学位。但在中国戏曲学院所举办的六届青年京剧研究生班中,尽管成果辉煌,人才辈出,但教育部始终就不肯同意授予硕士学位。以崇洋媚外、厚古薄今的原则,来轻视我们的戏曲表演艺术家,这样的人才培养模式太不科学,太不吻合实际情况。外语说得顺溜的京昆人,也许中州韵湖广音就唱念得不够清晰了。何苦要削足适履,洋为中用,偏去为难那些"台上见"的戏曲表演艺术家们呢?

作为一个人口大国和经济大国,中国要赢得世界人民的更多尊重,还是要打文化牌,还是要展示作为传统文化艺术之优秀结晶的戏曲艺术,还是要尊根问祖,尊重自己民族千百年来所形成的戏曲遗产。这是历史潮流的必然趋势,也是大国崛起的文化品格,更是人类因文学而理解、以戏剧会嘉宾的共同愿望。因此,中国戏曲的现代化与国际化,便是有识之士们所不得不认真思考的重大话题了。

谈中国戏曲在海外的推广

钟 玲

作为一种综合性的舞台表演形式,中国戏曲有着深厚的历史背景和极为丰富的内涵,如何将这一中华文化的精粹更好地向海外推广,使其成为传播中华优秀文化的重要平台,值得我们思考。笔者曾在中国驻美国洛杉矶总领馆文化组工作近4年,参与了国内部分演出团体在当地的推广活动,见证了票房收入与观众口碑俱佳的成功案例,也接触到了演出混乱、多遭投诉的失败情况。笔者结合工作实际以及自己对中国戏曲在海外传播的体会,试图以京剧和川剧在国外演出的实例来探讨中国戏曲在海外的推广与传播。

一、中国戏曲海外演出实例

(一) 梅兰芳京剧团在洛杉矶的演出

2008年10月10日至11日,北京京剧院梅兰芳京剧团在洛杉矶著名的好莱坞柯达剧院演出三场。这是自1930年梅兰芳率团访美,时隔78年后,梅派京剧艺术在美国主流剧院的再次表演。梅兰芳京剧团在柯达剧院分别上演了《杨门女将》《白蛇传》《霸王别姬》《贵妃醉酒》等经典剧目,三场演出吸引观众超过6 000人,其中近一成为美国本土观众,其余为当地华人、华侨。不少热情的观众专程从外州甚至加拿大赶来。演出结束时,全场观众起立鼓掌,梅葆玖连续谢幕多达 7 次。梅兰芳京剧团此次访美,除在柯达剧院演出以外,还分别到加州大学洛杉矶分校、亚太博物馆、加州大学尔湾分校开展京剧讲座,让未曾接触过中国传统表演艺术的美国人大开眼界。多场讲座座无虚席,观众反响热烈、互动踊跃。众多研究中国古典文学和艺术的教授在听了梅兰芳京剧团艺术家的讲座后,认为演讲内容深入浅出、引人入胜,纷纷表示能看到梅老表演,听到艺术家讲座,不但充实了戏剧知识,开拓了眼界,满足了研究的需要,而且还激发了自己对东方文化的更大兴趣。

(二)四川省川剧院在欧洲的两度巡演

2007 年 4 月,四川省川剧院的新编大戏《火焰山》参加法国南希国际艺术节并进行商业巡演,共演出 13 场,观众十分踊跃,票房收入颇为理想。首次合作的成功为四川省川剧院与国外导演的再度携手打下了坚实基础。《火焰山》促进了四川省川剧院与瑞士洛桑剧院的牵手合作,四川省川剧院获得瑞士洛桑剧院 200 余万元的投资,为欧洲观众量身打造川剧《镜花缘》。该剧由四川省川剧院、瑞士洛桑剧院、卢森堡国家剧院和法国南希布利卡剧院联合制作,邀请法国著名歌剧导演查尔斯·托尔吉曼执导,25 名川剧演员共同担纲,2010 年 3 月至 6 月,《镜花缘》在瑞士、卢森堡和法国等地巡演 56 场,观众逾 4 万人。川剧《火焰山》和《镜花缘》通过海外融资、中外共同创作、共享知识产权、演出收益按约分成这一模式,在欧洲商演中获得了前所未有的成功,一改川剧长期靠折子戏或变脸、吐火等技艺独秀海外的局面。

二、演出带来的思考与启示

梅兰芳京剧团和四川省川剧院在欧美市场的演出引起了当地社会各界的重视,也获得了较高评价,这让人深思,并多有启发。

第一,京剧和川剧等中国戏曲集传统文化之大成,戏剧观念独特,演出形式精妙,蕴含了中国人的智慧和民族精神,是世界共享的文化财富，值得也应该向国际社会宣传、推广。中国戏曲以其写意的手法、高度凝练的舞台表现，展现出与西方戏剧迥异的风格。因此，中国戏剧对于西方戏剧界和普通观众来说，可谓"熟悉的陌生人"。自18世纪以来，不少西方艺术家、哲学家开始更加关注东方艺术和东方哲学，并从中受到启发，或创作出独特的艺术作品，或发展出自己的理论体系。1755年，法国伟大的启蒙思想家伏尔泰根据元朝戏剧家纪君祥的《赵氏孤儿》法文译本，创作出了著名的历史剧《中国孤儿》。同年，该剧在巴黎上演，轰动一时，至今仍是法国戏剧界的保留剧目。享有盛誉的德国戏剧理论家、剧作家贝托尔特·布莱希特深受中国文化，特别是中国戏剧的影响，他的很多作品都借鉴了中国戏曲的精髓。例如，脍炙人口的《四川好人》和《图兰朵》的创作灵感即来自中国元代的杂剧。中国文化是东方文化的重要代表，对西方民众来说，它具有很强的神秘感，而中国的戏曲艺术又是中国艺术的集大成者，西方民众希望欣赏、了解和研究中国戏曲的愿望也较为强烈。目前，国外大批热衷中国戏曲的人士主要是一些华人和当地的专业文艺研究人士。通过派遣演出团体在海外传播这一民族艺术瑰宝，一方面可以推广中华文化，吸引更多海外人士认识和了解中国戏曲，加深对中华文化的认同；另一方面也可以激发海外华人的自豪感和自信心，增强他们对祖国的向心力。

第二，高水准艺术团体走出国门，更能激发西方观众的热情。梅兰芳京剧团和四川省川剧院作为著名表演艺术团体，拥有梅葆玖、陈智林等重量级艺术家，号召力较强。不管是梅兰芳京剧团访美还是四川省川剧院访欧巡演，院团都做了认真而专业的全面精心准备，投入资金制作全新的舞台布景和服装，并更新了中外文字幕，演出剧目和演员遴选都务求集萃择英。梅葆玖的《贵妃醉酒》展现了中国女性的内在美，其曼妙舞姿与动人歌喉很快就把西方观众引入中国传统文化美轮美奂的境界中。川剧《镜花缘》改编自小说，想象绚丽斑斓、富有诗意，满足了欧洲观众对中国传统戏剧表演的艺术口味，也为"变脸""吐火"等川剧技艺提供了更为广阔的表现空间。这些剧目都向外国观众展现出了中国戏曲艺术中最灿烂夺目的一面，观众的反响自然热烈。

第三,传播中华传统文化应采取多形式的艺术推广手段。梅兰芳京剧团访美,阵地不囿于剧场,大量的时间和精力放在大学和博物馆,梅兰芳京剧团在柯达剧院演出三场,在各大学、博物馆讲座和交流近一周,受众绝大多数是洛杉矶当地的非华裔青年学生和观众,通过讲学,艺术家们最大限度并最有效地传播了京剧艺术和中华传统文化。四川省川剧院赴欧洲巡演期间,在法国尚贝利卢梭文化艺术中心与大学生进行交流座谈,并走进中小学示范表演、讲授川剧知识。艺术家们通过讲解戏剧历史、生旦净末丑等戏曲角色的分类和特点,将中国戏曲与西洋歌剧进行对比,与听众进行热烈交流,部分演员还在讲座现场展现戏曲表演中的饮酒、吃饭、发怒、喜悦、打斗等情节,使观众如痴如醉。这些讲座内容深入浅出,不但较好地结合了表演与示范,而且现场翻译也精炼、准确,充分展示出了中国戏曲的艺术特征和独特魅力,带给观众极大享受。虽然仅凭几次讲座,观众还无法理解中国戏曲艺术的精华,但却能极大地激发他们对中国传统艺术的兴趣,也有效地培养了潜在受众群,为中国传统戏曲和其他艺术表演形式今后的演出奠定了观众基础。

第四,要针对国外市场进行产品创意设计,熟悉并借鉴西方文化演出的运作模式和规律。例如,《镜花缘》在排练时增加了一些无伴奏的川剧唱腔,使得川剧更接近西方观众熟悉的歌剧表演;相对于国内演出时绚烂的灯光照明,《镜花缘》在海外演出时采用了朴实的照明手法,使川剧表演本色亮相,并将演出时长从通常的 2 小时缩短为 1 小时左右。在演艺市场成熟的欧美国家,演出营销至少在 1 年前就要开始。因此,我们的戏曲节目要在国外演出,就应与熟悉当地演出市场运作的机构合作,提前规划、分步运作、少走弯路。要遵循当地演出市场的规律和要求,尤其如国内民众普遍观念淡漠的消防安全、知识版权等问题,更要高度重视、认真筹划;要充分尊重与吸纳海外合作方的意见和建议,在产品打造、道具制作阶段就启动双方合作,尽量避免出现问题后整改不及时而影响演出计划。

三、对中国戏曲在海外推广的几点建议

目前,中国戏曲在海外的主要演出市场仍然是日本、新加坡等与

中华文化有着深厚渊源的国家,并且商演规模也不大。在欧美国家的戏曲演出则大多是受非营利性质的同乡会、宗教旅游文化等团体组织的邀请,为它们的各种庆典活动而演出,真正面向非华裔观众的戏曲演出活动却很少。促进中国戏曲在海外的推广与传播,使其成为欧美西方观众接受的演出产品,可以说任重道远。中国戏曲虽然让一些外国观众感兴趣,甚至着迷,但它却还没有真正意义上地进入国际演出市场,成为主流的文化艺术产品。因此,在与中国文化背景和欣赏口味完全不同的国家里,要想使戏曲演出叫好又叫座,就不能毕其功于一役,而应做好打持久战的心理和物质准备。笔者认为,中国戏曲在海外的推广需要解决以下几个问题:

第一,培育氛围。一直以来,中国戏曲的海外观众主要集中于老一辈的华人、华侨,他们为抚慰思乡之情而走进剧场。与此同时,自己购票观看中国戏曲的西方普通民众却是凤毛麟角,中国戏曲对于外国观众来说,仍然十分陌生。为了吸引更多的外国民众了解中国戏曲,进而了解中国文化,可以加大孔子学院和文化中心的汉语教学与培训力度,采取举办中国传统戏曲讲座、小型戏曲艺术表演活动等形式,培育浓厚的中国文化氛围;可以尝试采取外国青少年喜欢和熟悉的表现手法来传播中华文化,在戏曲走进外国校园的同时,也让外国大学生走近中国戏曲艺术,实现中华文化艺术在外国社会中的充分浸润。

第二,培育观众。中国戏曲要被外国民众所了解和接受,还需要细水长流式的耐心培养。通过派遣中小规模的戏曲艺术团体赴国外巡演,举办艺术介绍会,演员、专家现场示范、讲解等方式,让外国观众现场感受中国戏曲艺术的魅力,培养他们对中国传统文化的兴趣,也是在培养稳定的海外观众群体。

第三,培育市场。好的推广、宣传和市场营销是商业演出成功的重要条件。中国戏曲要进入海外商业演出市场,需要在宣传上做足功课,除了要力推精品剧目,还要打造明星演员,推出富有票房号召力的"角儿",以树立剧院或公司的品牌。艺术团体还要通过不同渠道,利用多种手段,特别是要尝试一些新兴的网络和科技手段,克服传播与运营环节可能遇到的各种困难,以达到最好的营销效果,成功进入商业演出市场。

　　第四，培育骨干。戏曲作为一种舞台艺术，需要观众在现场氛围中去感受和体会。很多观看了梅兰芳京剧团和四川省川剧院演出的外国观众都是首次走进剧场看戏，他们表示，以前不知道戏曲是怎么回事，认为都是老年人的戏，与现实生活完全脱节，真正走进剧场后才懂得如何欣赏戏曲，知道了戏曲是历史的积淀，品尝到文化的厚重感。因此，对于真正喜欢中国戏曲、了解中国戏曲的外国"票友"，可以尝试选送到中国相关高等院校进行学习，让他们成为中国戏曲艺术的忠实"粉丝"，进而成为传播中华传统文化的重要力量。

　　第五，培育代理。艺术团体要与强有力的当地合作者建立稳固的长期合作关系，借助他们熟悉市场运作、了解演出规律的优势，使其成为中国戏曲在当地的代理商。要考虑他们的利益关切，注重长效合作，使他们成为推动中华文化"走出去"的重要力量。

　　总之，在今后的对外文化工作中，我们要注重打造精品，找准海外合作方，认真按当地演出市场规律办事，克服短视思想，重视产品磨合与适销对路，耐心培养中国戏曲海外演出的文化氛围、观众群体与合作代理商，积极搭建起中华文化对外传播的长效平台。

从跨文化传播视角探析中国传统表演艺术的海外推广
——基于"汉唐乐府"的个案研究

向 勇 范 颖

表演艺术作为一种"面对面"的交流和传播方式,在影像技术日益发达的今天,仍然有其不可取代的地位。表演艺术因其深厚的文化内涵、独特的艺术表现形式、卓越的艺术感染力、视听兼备及现场互动性,在世界各国的文化交流中发挥着重要的作用。

在20世纪80—90年代,中国的很多表演艺术团体以"送出去"的方式走向国际舞台,目的在于执行对外文化交流任务。

在这种方式中,政府承担全部经费,并免费赠票给海外观众。随着中国文化产业的发展,文化贸易作为推动中华文化"走出去"的新方式和新模式,越来越受到关注和支持,因为这样不仅能带来更好的经济效益,而且能够更好地提升国家软实力和中华文化的国际影响力。然而,中国演艺产业"走出去"的道路颇为崎岖。从量上看,中国演出产业存在着巨大的贸易逆差,引进和派出的文艺演出每场收入比约为10∶1,2011年中国全部演艺团体的海外商业演出总收入为2.03亿元[①],不及国外一个著名马戏团一年的海外演出收入;从质上

---

① 中华人民共和国对外文化联络局(港澳台办)、北京大学文化产业研究院:《中国对外文化贸易报告》,北京:北京大学出版社,2012年。

看,杂技、武术等文化含量较低的"娱乐"项目占据大多数,高雅艺术则出口较少,而中国传统表演艺术的海外推广更是举步维艰。[①]

本文运用跨文化传播学的理论,解析中国传统表演艺术海外推广的难点,并以"汉唐乐府"为例,以期总结出几点可供借鉴的经验。

一、表演艺术跨文化传播的"U型"效应

奥伯格(Kalvero Oberg)在 1960 年提出的"U型模型"(U.Curve Model,见图 1),是跨文化传播学探讨文化适应的一个较为通用的模型。"U型模型"将一个人在异文化区域旅居时的文化适应过程分为四个阶段:蜜月期(honeymoon)、危机期(crisis)、恢复期(recovery)和适应期(adjustment)[②]。蜜月期指的是人们在初次接触到异文化时,以一种好奇的眼光和乐观的心态来看待异文化而产生的新鲜感和兴奋感;危机期指的是随着与异文化的接触增多,个体对文化差异的体验愈加深刻,从而会产生某种敌意或者情感上的定势态度;恢复期是指随着个体对异文化的进一步了解,能够发现其积极方面,且语言能力逐渐增加,在新环境中的生存能力得到提高;适应期也可称为同化阶段,指的是人们已经逐渐适应了新环境,焦虑感不复存在,开始在新环境中塑造和发展新的自我。

表演艺术的跨文化传播中,观众在欣赏演出时作为独立的个体,其情感和思维进入异文化表演艺术营造的氛围,也会产生这样的"U型"效应,即观众对异文化表演艺术的接受过程分为四个阶段:好奇(curiosity)、困惑(confusion)、理解(comprehension)和欣赏(appreciation)。在"好奇"阶段,异文化表演艺术带来了新奇感,观众只需要浅层的观赏,典型代表就是杂技和富有民族风情的歌舞表演;在"困惑"阶段,由于"文化折扣"[③],观众无法理解异文化表演的

---

① 张蔚然:《中国文化贸易逆差仍大,海外商业收入不及马戏团》,新浪财经 2010 年 4 月 28 日,http://finance.sina.com.cn/chanjing/cyxw/20100428/10017842267.shtml。

② 《"U型模型"的定义和四个阶段的划分》,William Gudyhunst & Young Yun Kim:*Communicating with Strangers*,p.378。

③ "文化折扣"指因文化背景差异,国际市场中的文化产品不被其他地区受众认同或理解而导致其价值的减低。

内容,更无法体会其中的内涵、寓意和意象,从而感到难以接受和欣赏,典型代表有相声、传统戏曲等;而在"理解"和"欣赏"阶段,观众对异文化表演艺术具备了一定的知识储备,从而不只是满足好奇心,还能理解其深层次的文化内涵——虽然这种理解可能会存在某种程度的偏差,甚至产生共鸣和发自内心的欣赏,典型代表有《少林武魂》和台湾"汉唐乐府"南管古典乐团(以下简称"汉唐乐府")的乐舞表演等。

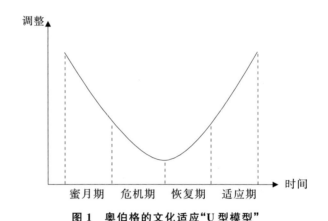

图 1　奥伯格的文化适应"U 型模型"

目前中国能够真正通过商业渠道走向国际市场的表演艺术,大多通过以下两种模式来规避文化折扣造成的"U 型"凹底:

一是选择文化折扣较低的类别,满足海外观众的"猎奇"心理,比如:杂技、武术。目前中国出口的演艺项目中,杂技在项目数量、演出收入、演出场次以及观众人数上所占比例均为最高,2010 年杂技的项目比例为 47%,收入比例为 56%,场次比例为 90%,观众比例 95%。而 2011 年杂技的项目比例仍处于高位,为 44%。其他比重较大的项目还有戏曲、歌舞和武术等,这四大类的数量与收入合计占到我国演艺类出口项目的八成以上[①]。

二是西方表演艺术形式搭配中国元素,比如:中国芭蕾舞团的《大红灯笼高高挂》、中国国家交响乐团的"龙声华韵"系列、红樱束女

---

① 中华人民共和国对外文化联络局(港澳台办)、北京大学文化产业研究院:《中国对外文化贸易报告》,北京:北京大学出版社,2012 年。

子打击乐团的《日月生辉》等等。芭蕾舞、现代舞、交响乐、打击乐等等,都是诞生于西方的表演艺术形式,将中国元素融入其中,能够给海外观众带来耳目一新的感觉。如果仅仅从市场角度来看,这两种模式也能获得不错的票房收入。

但是,如果从文化影响力来看,这两种模式的效果均不理想:第一种模式"以技服人",满足观众的好奇心,但是文化含量不高,承载价值观的能力很弱;第二种模式"以新诱人",让对传统剧目感到倦怠的海外观众耳目一新,但只能成为西方表演艺术市场的"调味品",无法产生文化上的吸引力和认同感,因为西方观众看到的只是他们自己文化的中国改造而已。可见,突破"U型"凹底,正是外国观众对中国传统表演艺术从不解到理解甚至到欣赏和认同的过程,难度很大,却也恰恰是表演艺术走出国门的价值所在。

二、艺术欣赏的主体性与"移情"效应

由于艺术欣赏具有主体性的特点,观众在欣赏异文化的表演艺术时,本身就具有突破"U型"凹底的主观能动性。在欣赏表演艺术的过程中,观众从表面上看处于"静态",但实际上,他们在审美过程中有着极其复杂的心理活动,比如感知、思考、理解、联想、想象等等,帮助他们更好地完成审美意象的生成。艺术欣赏活动中,欣赏主体和艺术作品之间,是一种相互作用的关系。

一方面,艺术作品总是引导着欣赏者向作品所规定的艺术境界运动,另一方面,欣赏主体又总是按照自己的审美理想和审美感受能力来改造和加工作品中的艺术形象。总而言之,艺术鉴赏的本质就是一种审美的再创造。[①] 可是,如果艺术作品的创作者和欣赏主体具有完全不同的文化背景,那么这种"引导"和"再创造"能否找到契合点呢?如"U型"模型所示,如果是杂技、民族歌舞等"文化折扣"较低的表演艺术,则艺术作品的"引导"占据主要地位,观众停留在浅层次的观赏,"再创舞蹈基础理造"的空间有限;如果是相声、传统戏曲

---

① 彭吉象:《艺术学概论》,北京:北京大学出版社,2006年,第17页。

等"文化折扣"较高的表演艺术,则"引导"起不到作用,"再创造"也缺乏源泉,艺术作品与欣赏主体出现背离,无法达到理解,更形不成共鸣;而如果突破了"U型"凹底,艺术作品的"引导"和欣赏主体的"再创造"相互作用,将会产生"移情"。跨文化交流学将"移情"定义为:"察觉到了另一个体验或者将要去体验一种情绪,一个观察者为此做出的情绪化反应。"①在米尔顿·J.贝内特(Milton J. Bennett)的《超越黄金法则:同情与移情》中,将"移情"定义为"想象我们的知性和感性都参与到别人的体验里"。米尔顿·J.贝内特认为,"移情"是由"被引导的想象"发展出来的,它不同用于普通的富有理性思考的"主动想象",而是"顺利地让自己的想象由他人指引,就能做到在想象中参与那个人的经历。这个意识上变化的感觉与想象地参与到一个戏剧或小说当中非常相似"②。

"移情"的一个典型例子,就是欧美观众在看完"汉唐乐府"的表演后,感觉这些舞者"仿佛从画中走出来一般,好肃静,带着菩萨一般的温柔和慈悲";感觉这些音乐"宛如圣乐",让人在欣赏的过程中有种"宛若在天堂的感觉"。在中国传统戏曲梨园戏改编而来的乐舞和中国庙堂音乐的代表南音的"引导"下,西方观众"再创造"出了菩萨和天堂圣乐的意象。可见,"移情"的效果好像盛开的一朵并蒂莲,艺术作品的意象和欣赏主体的意象是两朵不同的莲花,却有着共同的花茎,即人类共通的情感。只有当这种共通的情感引发共鸣时,表演艺术的跨文化传播才能突破"U型"凹底,迈上了新的台阶,产生文化的吸引力、影响力和感召力。

三、"汉唐乐府"个案分析和经验总结

"汉唐乐府"由南管名家陈美娥女士于1983年创办,创造性地将深邃悠扬的南音古乐与典雅脱俗的梨园科步相融合,形成独特的"乐舞"风格。三十年来,"汉唐乐府"蜚声国际,足迹遍及世界各国高等

---

① Ezra Stotland, *Empathy, Fantasy and Helping*, London: Sage Publication, 1978, p.12.
② [美]贝内特著,关世杰、何惺译:《跨文化交流的建构与实践》,北京:北京大学出版社,2012年,第142页。

学府，屡获欧、美、亚地区国际性重要艺术节的邀演。美轮美奂的汉唐遗韵，不仅倾倒了海内外的南音迷，而且让不了解中国传统表演艺术的外国观众也为之着迷，为古老的南音艺术赢得了国际声誉。通过对"汉唐乐府"创办人陈美娥女士以及其他团队成员的访谈调研，笔者将其海外推广的成功经验总结为以下几点：

第一，以学术交流为契机，先赢得学术精英的认可，再推向大众。

从第一次接触南音，到逐渐通过自己的研究和田野调查去了解它的来龙去脉，陈美娥对南音日益敬仰，也为国人不了解南音的历史而感到遗憾。为了确立南音的学术地位，再现华夏文明"活"的气息，陈美娥女士不仅通读了《二十五史》中的乐书、乐志部分，而且在东南亚等南音流布的区域进行了长达8年的田野调查，从"大曲的曲式""琵琶的抱法""与戏曲的差别"等基本问题一点点追溯，最终从经典史籍、南音在民间的人文生态以及音乐本身的曲式结构进行三方比较，发表《清商三调与南音研究》的学术论文，并于1986年获邀到芝加哥、耶鲁等高校演讲并表演。1988年，陈美娥和"汉唐乐府"又获邀到欧洲的牛津、剑桥等11所大学演讲并表演，奠定了"汉唐乐府"在美国和欧洲汉学研究以及东方音乐研究学术圈的影响力。这种学术交流和表演艺术的结合，让那些在古典音乐上具有很强民族优越感的西方学者感到震惊，他们没有想到中国早在汉唐时期就有了这样的音乐美学和作曲方法，而且还保存得这样完整。此后，"汉唐乐府"受到美国林肯中心、巴黎市立剧院、荷兰阿姆斯特丹国家剧院、莫斯科契科夫国家剧院等世界著名艺术殿堂的邀演，足迹遍布世界各大洲。陈美娥女士说："汉唐乐府从来不是为了竞争票房而存在的，而是为了争文化尊严的。但是有了文化尊严，会有更高的票房。"

第二，尊重传统，善于创新，坚持高品质的文化内核。

"汉唐乐府"将梨园戏的科步身段逐一解体，再跟节奏相对舒缓的南音大曲相结合，催生了奇妙的变化，起到了"传统+传统=创新"的效果。"汉唐乐府"以音乐为核心，剔除了梨园歌舞戏中的"戏曲"成分，不言语，不道白，只用音乐和舞蹈来说故事，创造性地再现了华夏民族的宫廷乐舞，为推广南音找到了融合传统与现代的表达形式。"汉唐乐府"坚持原汁原味的文化内核，音乐和舞蹈没有丝毫两方元素,非常纯粹,这种既新又古的风格,使"汉唐乐府"成为从传统到新传统的典范。陈美娥女士认为,艺术是经过历史锤炼,风格固化后,才形成文化、形成传统的。所以,虽然古曲很长,但是她坚持不删节,要把"华夏正音"原汁原味地呈现给海内外观众。

对于"文化折扣"带来的影响以及中国传统艺术在跨文化环境中的认同问题,"汉唐乐府"并未做太多考量,更没有做出艺术上的让步。每次演出前,"汉唐乐府"会提供给观众很好的文字说明,让西方观众了解到他们今天看到的和听到的,是来自中国最古老的传统音乐和舞蹈。"汉唐乐府"相信,西方观众的艺术素养,能够帮助他们理解演艺作品中深层次的文化内涵,找到情感相同的东西。"这些观众每年到世界各地去看很多演出,什么异国情调他们没见过呢?民族风格的差异,他们已经不感兴趣了。他们觉得东方是神秘的,因为我们有千年沧桑,他们希望看到我们深层的、他们学不来的东西,这些只能从我们传统文化的宝藏中去挖。……我在创作的时候,从来不考虑市场,因为考虑不过来。我只能做一台最好的演出,放在那里,雅俗都能共赏,这就是最高的考量。"陈美娥女士如是说。

第三,勤学苦练,精雕细琢,方能引人入胜,"引导"观众的想象。

"汉唐乐府"的团队成员中,有些已经入团十多年甚至二十多年了。除了周末和演出,她们每天都要到台北的排练厅进行训练。她们认为"汉唐乐府"的舞蹈动作,有太多可以精雕细琢的地方。科步身段看似简单,实则不易,往往一个动作,即使悟性很高的学员,每天一板一眼地练习,也需要两个月才能学会。已经入团十多年,陪着"汉唐乐府"成长起来的团员肖贺文认为,"走路"这个最基本的动作,她练了十多年,但仍然做得不够完美,还有可提高的空间,这也是"汉唐乐府"的作品最吸引她的地方。为了保证舞姿的纯正,"汉唐乐府"的学员还会赴泉州接受梨园名师指导,精习生、旦、净、末、丑科,让舞艺更上层楼。"汉唐乐府"还非常注重细节的打造,比如:请叶锦添为《韩熙载夜宴图》设计既传统又新颖华丽的服饰造型,借助现代剧场技术使《洛神赋》的唯美画面更加丰满,请英国牛津大学艺术史博士、国际知名艺术评论家徐小虎担任"汉唐乐府"演出宣传页的英文翻译……此外,为了保证演出的品质,"汉唐乐府"的国际演出费和节目的委托制作费均有严格的标准，宁可签不成合约，也不会降低身价，而且只接受政府或者严肃艺术机构的邀约。

正是这种对艺术品质精益求精的态度，使得"汉唐乐府"的作品经得起观众的挑剔，无论是自行创作的《艳歌行》，还是接受法国巴黎市立剧院委托制作的《洛神赋》和接受荷兰阿姆斯特丹国家剧院委托制作的《韩熙载夜宴图》，品质如一，满足了中西方观众对华夏正音、汉唐气象的想象，"引导"他们感受中华庙堂音乐的深邃悠扬和梨园舞蹈的清丽典雅。陈美娥女士表示，"很多人觉得'汉唐乐府'的表演很美，但是说不出所以然，其实是因为灵魂在。他们感觉自己都要醉掉了，这才是他们通过书本了解然后在自己头脑中想象出来的中华文化。"

四、对演艺"走出去"扶持政策制定的建议

由于西方的文化产品在当今世界占据主流地位，中国的传统表演艺术走向国际市场时，不仅受到营销和渠道的制约，更面临跨文化传播的挑战。中国政府实施战略性文化贸易政策，为本土演艺企业提供扶持，助其走向国际市场，是提升中华文化国际影响力和国家软实力的重要举措。

通过对表演艺术跨文化传播"U型"模型以及"汉唐乐府"的个案分析，笔者认为目前中国演艺产品"走出去"的扶持政策有待完善，对此有以下两点建议：

第一，不仅关注出口项目的数量，更要注重"走出去"的项目质量和影响力。虽然中国演艺项目的出口额逐年增长，但是杂技、武术等文化含量较低、娱乐性较强的项目占据绝大多数，从长远看，这类项目对于中华文化国际影响力和国家软实力的提升帮助不大。因此，政府在给予演艺出口项目资金扶持时，不应只关注出口额、演出场次、观众人数等量化指标，还应关注出口项目的品质和影响力，比如：该项目的邀演机构是国家艺术中心还是娱乐性剧场？外国观众所占比例是多少？外国媒体对该项目的报道力度如何？同时，政府在给予资金扶持时，也应规定资金用途，引导企业将扶持资金用于提升该

项目的品质和国际影响力上,比如:用于剧本和宣传册的翻译、用于演出前期的海外媒体宣传和演出后期的媒体报道,等等。

第二,演出与研讨会、论坛、沙龙等活动相结合,舞蹈基础理论增强传播力度,扩大观众群。中国演艺"走出去",不应只关注几场演出的盈亏或者短时间内贸易额的增减,而应从更广大、更长远的维度来思考对策。如果能像国际书展的主宾国一样,在演出前后举办研讨会、论坛或者沙龙等活动,调动国外汉学家、东亚学系师生的传播力量,则既能扩大演出的观众群,又能借助演出加深海外观众对中国文化的理解和认同,还能引起外国媒体的关注,进一步宣传中国文化。

五、结语

纵观历史,中国丰厚的传统文化曾经深深地影响过欧洲,18世纪时东方艺术的独异魅力曾是欧洲诸国从宫廷到市民的追逐对象,直到19世纪中后期,随着西方对中国经济和军事掠夺的展开,欧洲人才开始用带着文化优越感的透镜来观察东方艺术。近百年来,很多中国的传统艺术式微没落,但是我们不应妄自菲薄,一味地"西化",而应精心保护我们的非物质文化遗产,呵护我们的传统文化,并鼓励适当创新。不同的时代观众的选择是不同的,我们应为未来的观众留下更多的选择。"汉唐乐府"的案例告诉我们,优秀的传统艺术,一旦遇到合适的时机,是可以重新焕发青春、惊艳世界的。

民间文化的对外传播与文化调试
——以中国民间剪纸艺术为例

张 莉

对外传播是指一个国家通过大众媒介进行的跨国或全球范围的传播。我国的对外传播活动以国外受众为目标受众,以寻求国际社会对我国的理解和认同为目标,以树立良好的国家形象、发展本国整体实力为最终目的。对外传播与文化密切相关,更与民间文化紧密相连,这是因为每个国家在其发展过程中,都形成了相对独特的文化。民间文化民族特色强烈,意识形态属性淡薄,易于被国际社会接受,可以以一种更持久、更深入人心的柔性方式塑造国家形象,因此,民间文化对外传播是塑造国家形象的重要工具之一,深受各国政府重视。中国有着无与伦比的优秀民间文化遗产,在对外推介我们的民间文化作品时,我们持有的心态往往是希望将中国民间文化的一切传统风格、特色、形状以及所表现的文化风貌、意识形态等"最中国"的文化都原汁原味地输送出去,认为只有这样,域外受众才能认识真正的中国传统文化,否则就会有"变味""迎合"之嫌;也有人认为中国特色越突出,越受域外欢迎。珍视自己的民族特色没错,但是,对外传播是跨国境、跨文化、跨语言的传播,传播的目的是为了让世界了解中国,传播追求的效果在国外,传播中要面临和解决相当复杂多样的文化差异问题,传播活动只有与当地文化形成对话沟通,才算得上对外传播初见成效。近年,中国文化"走出去"在众多领域取得不小进展,越来越多的舞台演出、中国艺术作品、民俗非遗走出国门,活跃在世界各地,但是我们发现"在国外展示的杂技、唱歌、跳舞等,热闹之后不太容易给人留下深刻印象"。"一些出国演出,不少观众都是华人。这样的演出很难走进国外主流社会,更难给外国人带去心灵的震撼。"[①]这样的结果固然与中国民间文化缺少国际话语权有关,与政府助推、容易被误解为文化"扩张"有关,是不是还有别的原因呢?比如因强调民族性而忽视了普世价值理念,因强调"特色"而忽视了沟通,因强调乡土而忽视了创意,因强调传统而忽视了现代元素。伴随着中国文化世界影响力的不断提升,如何能够在文化"走出去"的同时,真正让中国文化走进世界各国民众心中,成为目前文化"走出去"面临的重大课题。在民间文化"走出去"的大军中,也有不少成功案例,如当代剪纸艺术家吕胜中、卢雪等,在剪纸创作中,他们不仅坚守自己民间文化的精髓,坚守中国文化的精神,而且还注意进行多方面的文化调试,将难登大雅之堂的民间剪纸艺术频频带入世界著名艺术大展,为民间文化走出国门、塑造中国良好形象,开启了一扇智慧之门。他们的成功对中国民间文化"走出去"起到积极的推动作用,具有较强的启示价值。

一、恒长的主题与走出国门

剪纸艺术是我国民间文化的一枝奇葩。剪纸技艺主要依靠民间口传心授予以活态传承,是典型的从意念出发的"意念艺术"。"以象寓意""以意构象",其间渗透着人们的心里感觉、理解和幻想。作品侧重欣赏性和精神愉悦,不是根据客观的自然形态来设计,所以它并不关心表面的像与不像,而是借用概括、夸张、形象等特征,用民间视觉语言元素,"随意"造型。在长期的劳动生活中,人们逐渐总结出约定俗成的意象组合,如老虎是百姓心中的图腾,牡丹象征吉祥如意,鲤鱼象征生殖、富裕,蟠桃象征驱鬼、高寿,麒麟象征神仙庇佑,窗花迎春、喜鹊喜庆等。这些元素都是源于民、用于民,且世代口口相传,

---

① 李珊珊:《走出去:不能演一场了事》,《中国文化报》2014年3月10日。

在延续继承中不断丰富、完善、创新，久而久之成为民间艺术"恒长的主题"，它们仿佛是文字符号，在不同的组合形式下表现不同意境与寄托，只有充分了解这个民族的人才能够解其意、懂其声、入其境；否则，对作品的欣赏只能浅尝辄止，停留在表面的花花绿绿与奇特的造型上，纵有别样的启发，也只能是"雾里看花"、琢磨不透。

中国民间剪纸诞生于古老的农耕文明，在过去，民间剪纸之所以能够得以长久广泛流传，纳福迎祥的表现功能是主要原因。由于地域封闭、生产力低下，以及自然灾害、疾病等逆境侵扰，激发了人们对美满幸福生活的渴求。人们祈求丰衣足食、人丁兴旺、健康长寿、万事如意，颂扬永恒生命，表达虔诚信仰。剪纸成为这种美好愿望的朴素寄托。如今，现代化、城镇化和全球化发展，人民生活发生了翻天覆地的变化，剪纸艺术赖以生存和发展的土壤越来越贫瘠，发展空间越来越狭小，剪纸在我们视野里渐行渐远。过去过春节，家家户户窗棂、灶台、床头、水缸必贴喜庆剪纸，现在贴窗花已可有可无，而灶台、床头、水缸贴花风俗已几乎不为人知。传统民间剪纸一般出自乡村妇女之手，被称作"女红"，在很多人眼里，剪纸成了不登大雅之堂的雕虫小技，即使在许多谙熟中国文化的西方人眼里，中国的剪纸也仅限于窗花。但中国的剪纸艺术毕竟根植于博大精深的中国传统文化之中，浓缩了中华文化的传统理念，递延着古老民族的人文精神与思想脉搏，它是传统信仰与人伦道德的缩影，是象征中国传统文化的一个符号，也是观察一个民族文化传承的窗口，它的对外传播意义深远。

（一）民间剪纸艺术的苏醒

鉴于剪纸在中国民间文化中的重要地位，国家给予高度重视。2006年，中国民间剪纸被列入第一批国家级非物质文化保护遗产名录，2010年又被列入世界非物质文化遗产保护名录。不可否认，随着农耕文明的消亡、社会结构和人的身份的转变，民间剪纸作为非物质文化遗产，必然走向式微。是让剪纸艺术逐渐消亡就此驻足于博物馆还是让其重新焕发青春，答案当然是后者。对此，许多民俗专家、文化学者、民间文化遗产传承人见仁见智。有学者认为，"农耕文明时期诞生的剪纸,到信息时代,正在发生从以实用为主到以欣赏为主的转变"。当代艺术家吕胜中预测"民间集体传承方式将走向消亡,中国现代剪纸将面临和国外剪纸姊妹艺术的广泛交流和联姻,也将拓展技巧和题材"[①]。中国剪纸艺术正处在一个历史的拐点,积极地进行变通发展,才是得以传承发展的坦途。

(二) 吕胜中与小红人

中国传统的民间剪纸作品抓髻娃娃,千百年来一直是大西北农村婆婆们剪纸的首选,这些娃娃都强调招魂、辟邪、送病、驱鬼、镇宅、祈雨抗旱的巫术功能和生命象征喻义。受这些中国传统剪纸艺术中最基本的人造型的启示,吕胜中将人的形象符号化创造出蛙形小红人。在造型上,小红人以平面半抽象形式出现,柔美圆润的曲线和火爆的大红色集于一身,硕大的头部,似青蛙跳跃的动感形体,灵动饱满,充满活力。千百年来,农村婆婆手中诞生了一代又一代剪纸娃娃,这些"娃娃"生活在狭小偏远的农村,肩负着巫术功能和生命象征的寓意,但是,在工业化迅速发展的现代社会,这些"娃娃"的生活空间正在日益缩小,几近消亡。吕胜中从这些民间古朴传统的剪纸作品中看到抽象的精神,用概括而简练的刀法给这些原始民间图式输入鲜活的血液。例如在作品《招魂堂》中,他让不断复制的小红人控制整个展厅的墙壁、立柱、天花板以及角角落落,在灯光的作用下,小红人升腾起神秘的生命意念,从四面八方"爬"向屋顶中央,然后又从那儿垂直悬挂下来。小红人占据展厅每一寸空间,密密麻麻、铺天盖地般簇拥着、裹挟着,仿佛一股流动的玄秘的气流扑面而来,笼罩住每一个进入招魂堂的参观者,唤醒着人们对自身存在状态与意义的全身心体悟,震撼的直觉将参观者由欣赏行为一下子带入深深的自我体验之中。吕胜中把这个中国民间司空见惯、古拙质朴的"小人儿"搬上当代艺术舞台,并赋予它全新的活力和含义。它一路漂洋过海,借实喻虚,周身散发着神秘气息,让现代观众见仁见智、莫衷一是,因此而获得奇伟、玄妙的审美效果。

[①] 韩少华:《无可奈何 民间剪纸的式微之路》,《东方早报》2013 年 2 月 4 日。

(三) 卢雪与安徒生童话

卢雪女士对于剪纸这门古老的民间艺术,不只是停留于被动地传承与保护,而是积极探索剪纸艺术与当代生活和域外文化密切融合的途径。剪纸在许多人看来,无非是乡野艺术,题材多取自吉庆窗花,民间喜事或动物、生肖之类,粗浅俗陋,难登大雅之堂。然而,在卢雪眼里,剪纸是镂空的艺术,她用一把"会唱歌的剪刀"将镂空艺术的"歌声"传遍数十个国家。她创作的 112 幅安徒生童话剪纸作品被丹麦安徒生博物馆永久收藏,她的作品题材丰富,在国外受到青睐,多位外国领导人收藏她的作品。剪纸在卢雪手中,仿佛经历一夜春风,一下子变得那么丰富灿烂,张力无限。它冲破传统局限,从一个普通农家小院,生机盎然地走向世界大舞台。美国、瑞典、韩国、新加坡、丹麦、德国等很多国家和地区都留下卢雪的身影和她美丽的剪纸。随着她的脚步,剪纸这项中国民间艺术,逐渐由"下里巴人"进入高雅的艺术殿堂,也让越来越多的人通过剪纸亲近中国、了解中国。

二、共性展示与差异性改造

传播学认为,信息沟通和影响力的发生是建立在传授双方"共同经验"适度重合的基础之上的。换言之,一切产生现实价值的传播产品必须与人们既有的信息消费经验、偏好和模式相契合,否则,传播者就会沦为"沙漠中的布道者",再好的教义、再多的资金,不会产生任何实际效果[①]。其实,人类许多品质和价值观都是共有的,"共同的经验"容易产生共鸣。吕胜中从传统的中国民间元素中看到人类共性的内容,巧妙地触及人类审美共通感使他成功实现对中国传统民间文化的调试,进而创造出为世界艺术界所认可的艺术形象。吕胜中剪纸艺术中所表现的人类共性内容主要表现在以下几方面:一是小红人不是"某个人"的剪影,而是人类全体的完整概括;二是小红

---

① 喻国明:《是什么妨碍了中国的声音在世界的传播?——关于对外传播的一点断想》,《对外大传播》2004 年第 5 期,第 18—20 页。

人均采用正面对称人形图式,是通行于世界各民族早期文化的表现形式,反映的是人类共同的本质和内容;三是小红人中儿童硕大的头部形象,是现代艺术家共用的艺术符号,一如吕胜中所言是"人类不约而同的自画像";四是在挖掘民族文化精神的同时,小红人还依托了西方现代哲学观念,小红人自由想象的变换和带给观众的那种神秘的内心体验,处处透视出弗洛伊德关于人的精神活动的潜意识和柏格森直觉主义强调的人的创造性、非理性、直觉和无意识的理念。吕胜中用他的剪纸小红人对人性的共通审美旨趣做了独特而明白的阐释,所以才得以使每一位观众在看到它的一刹那,产生心与心的碰撞,油然而生"似曾相识"的亲切,发出"有缘千里来相会"的共鸣。

如果说吕胜中善于在全球化的语境中寻找人性的共同审美旨趣,用一种人类普遍接受和理解的方式展现、表达和沟通我们的区别,卢雪女士则称得上是改造差异性,注意融合和吸收当地文化特色和价值取向的典范。在她的上万件作品中,反映海外世界文化遗产的作品占到50%,她因此被誉为"专题性地用中国传统剪纸艺术表现西方优秀文学作品第一人"。卢雪创作的作品生动再现了安徒生童话,深得丹麦人民喜爱,也因此获赠丹麦"国旗骑士勋章"。卢雪的成功在于:首先,她用安徒生喜爱的剪纸艺术表达安徒生童话,安徒生也是一位剪纸爱好者,安徒生纪念馆的正门上方就是一个他自己的剪纸作品,叫《太阳的笑脸》;其次,与中国剪纸追求抽象、意向、唯美不同,北欧的剪纸更崇尚一幅图就是一首告白、一个故事,卢雪采纳了北欧这种流行的写实为主的剪纸手法,造型追求现实生活中的比例结构;再次,她用西方熟悉的审美范式表达西方陌生的中国儒家文化内容,她让观众逡巡在"熟"与"不熟"之间,令其猜想和着迷。由此看来,无论是抓住共性,还是关注文化上的差异,两位艺术家的秘诀都无非是把意识形态的潜望镜转向"共同经验"下的两种文化的融合之处,适度的文化调试成就了"共同经验"的适度重合。"当代文化的最大意义在于语言的转换",强调的就是双方对传播所应用的各种符号意义的共同理解,所以这里的语言转换正是所谓文化上的调试。美国前助理国务卿、哈佛教授约瑟夫·奈(Joseph S. Nye)认为,"在21世纪国家觉醒时期,真正赢家是那些最会讲故事的国家",这个

"讲故事"讲的就是"国家形象"。无论是抓住普世价值还是用受众国熟悉的内容、结构来展示中国的剪纸艺术和文化,都是用异域受众听得懂的"语言"讲故事,这样最容易吸引听众的注意力。

三、坚守与拓展

吕胜中作品的惊人之处与他善于捕捉人类共性的睿智分不开,但这并不是说他因此可以脱离传统的土壤而站在虚无的高空看世界,事实上,正是传统民间的艺术氛围成就他不断迸发前卫艺术的创作灵感。抓髻娃娃出自中国农村妇女之手,蛙形小红人从这些土生土长的作品中孕育而生,周身洋溢着浓厚的乡土气息。吕胜中用火爆的红色装饰这些原始生灵,完全应和了汉民族的"尚红"心理。红色被视为喜庆、成功、忠勇和正义的象征,尤其有"驱邪护身"和"消灾免祸"的作用,它已经成为汉族乃至于整个中华民族的文化表意符号。吕胜中以其修养和直觉表达了我们民族特有的精神。无怪乎外国人盛赞吕胜中"中国的马蒂斯"时,他回答道:"我不是马蒂斯,我是中国的吕胜中!"民间剪纸种类繁多,千姿百态,但多少年来,传统主题元素基本还是局限于传统的意象组合。如果说喻义和象征都是借此而言彼,传统的意象组合表现的是喻义,而吕胜中剪刀下的小红人则是象征了生命意义的符号。象征离不开喻指,却高于喻义。吕胜中借用这些喻义用不同的组合赋予作品不同的象征,从而超越具体的事理,指向更宽泛、抽象、神秘而博大的形而上精神,借实有喻虚无,借具体喻抽象,观众正是在这种反复的视觉效应碰撞中实现了彼此沟通。例如在《招魂堂》中,小红人象征天地之间生命的剧烈躁动,而在他的另一幅作品《众》中,矛盾的现实存在成为《众》所要表达的象征意义。通过组合、拼接、并置等种种技术手段,吕胜中把"小红人"从民间艺术中的一个性化的符号变成了有温度和情感的象征物,从而拓展提升了民间剪纸的喻义。无数象征"生命符号"的小红人在中国传统文化中孕育,在吕胜中的剪刀下挣脱脐带的束缚,脱离母体,鲜活地诞生,他们冲向世界舞台,演绎着不同的中国故事,诉说着中国精神。不是所有的民间剪纸艺人都能拓展到这样的高度,但是这显然代表着民间剪纸重回生机、走出国门、展示民族文化风采的一个方向。

卢雪的坚守则表现在她自始至终都不忘中国民间剪纸在走出国门、走向国际舞台所肩负的使命。生在孔子的故乡，受儒家文化熏陶，她用大美的民间文化演绎经典的中国文化：创作的《新编成语故事系列》是要告诉人们成语是中国文字的结晶，创作的《论语》和《孔子门生》等近200幅剪纸作品在瑞士、美国、新加坡、瑞典、韩国、丹麦等国家和中国香港地区刮起了中国旋风。她堪称不折不扣的文化使者。如果说吕胜中的剪纸通过形而上的追求在世界舞台开辟了话语权的一席之地，卢雪则用精湛技艺与巧妙构思，以唯美风格、诗化情感表现剪纸艺术。许多人看了她的作品后，惊叹原以为剪纸不过是一种古代民间小工艺，原来剪纸是如此精致、充满现代活力、千变万化的一门艺术，而且题材可以这么丰富广泛。除了信守对中国传统儒家文化的崇拜，她还在剪纸的技法，尤其是题材内容上大胆创新。她的作品吸收了中国民间剪纸特点，又经过精心构图而成，不单纯是美丽的图案，而是被赋予了精神内涵的艺术作品。

四、传统主题与现代元素

民间文化对外传播视域下的文化调试还要重视传统与现代的结合，即传统主题的现代文化调试。吕胜中对民间剪纸艺术进行整理、分析、提炼，紧紧抓住民间艺术的思想、哲学或者说民间文化的实质内涵，令其在现代艺术领域中展现开来。与现代装饰艺术的结合，使他创造出新的艺术语境，可谓传统文化借用现代叙事的成功展示，这是一种当代艺术视野与传统民间艺术的结合，充满了原始的质朴又具有了现代的边界，它既是艺术上的文化回归，也是文化上的艺术创新。卢雪也深知艺术的生命力在于创新，她说"剪纸并非只有乡土的一面，它也可以做出充满创造力与时代感的作品"。宋庆龄、孙中山、张国荣、莎拉·布莱曼、奥运冠军等当代人物，都成为她人物剪纸的原型。不仅如此，她还尝试能否在材料、手法等方面有所突破，并积极寻求和其他艺术结合，为剪纸开拓更广阔的发展空间。她的剪纸图样已被用于雕塑、瓷器、家纺用品的设计之中,还成为 10 余个动漫作品的"主角"。如今,她正在尝试把剪纸理念融入城市景观、工艺品设计以及服装设计等领域。值得一提的是,在吕胜中和卢雪的主题创作中,虽然现代元素无处不在,但传统文化内核依然清晰可见。作品传统的、民间的、原始的视觉不仅没有因现代元素的注入而消失殆尽,反而更加鲜明、生动,每件作品无不彰显传统文化的精髓和时代精神,民间文化的实质内涵更加清晰、震撼,传统主题因此获得质的升华,并释放出古朴而又清新的气息,展现给观众古树发新枝的意境。

世界要了解中国,希望从传统文化的延递中读懂当代中国。"目前在欧洲的中国文化中心的活动和展览基本上还是以传统文化为主,这对于因为现实的中国存在而产生兴趣的外国人、特别是年轻人而说,多少有些'不解渴'的感觉。"① 现实告诉我们传统与现代的有机结合是域外受众渴望领略的风景,"渴望"使域外受众在接受中国文化时由被动而成主动——"心甘情愿"地接受。吕胜中和卢雪的作品,在展示共性和改造差异性的基础上,更注重了传统与现代的结合,也因此较容易冲击现代人的视野、强化当地人对中国民间剪纸艺术的认可和对中国文化的印象。

五、文化调试与民间文化的升华

对外传播塑造国家形象是一门艺术,讲求实效。只有树立新的对外传播理念,使传播符合其特有规律,我国的对外传播才能做到实处。"接受美学"的创始人姚斯认为,一个作品,即使印成书,在读者没有阅读之前,也只是未完成品。民间文化的艺术作品在对外传播过程中也是如此,只有展示在每个观众面前并且被其认可和接受,作品才算完成,作品的意义和想象空间必须由观者来完成。姚斯借用阐释学"视野"的概念,以"期待视野"为中介,以"视野融合"为途径,在作品与受众之间架起了一座桥梁。纵向地说,每一次新的艺术鉴

---

① 姚莉:《中国文化传播在欧洲发力》,《环球时报》2013 年 10 月 18 日。

赏实践,都要受到原有的"期待视野"的制约,同时又都在修正延伸着"期待视野"。横向地说,不同历史语境对受众期待视野有巨大影响,不同文化背景的人们对艺术作品有截然不同的渴望,随着理解不断积累,期待视野会不断放大。如果艺术家创造出的艺术文本不符合欣赏者审美经验,或者与受众的期待视野相违背时,受众对该作品就会少有问津,甚或抵触。但这并不是说我们在对外传播民间文化时一定要"变味""迎合"。其实"新瓶装旧酒""入乡随俗"式的文化调试可以首先使目标受众达到情感上的有效沟通和认可,此后,随着对源语民间文化知识的不断积累,目标受众的兴趣会越来越大,期待视野会越来越广阔,也就会越来越期待深入"原汁原味"的作品中去探索去感受。文化对外传播专家沈苏儒先生在论及文化传播时说,成功传播的结果会呈现多个层次,先是"了解",再是"理解",然后是"同情",最后是"信服"①。由于文化差异造成的跨文化传播的局限性,要达到"理解"的层次已经相当不容易,文化调试的策略就是在努力消除这种局限性。但是这种对局限性的消除绝不是对自己文化的否定,它是在调试中保护,在保护中调试,调试的目的是使目的语受众逐渐地接受源语国家的文化理念,理解源语国家并树立对其的信心。21世纪是一个全球化对民族国家及其文化全面冲击的世纪,从封闭社会到开放的广泛的文化接触。为此,研究民间文化的国家形象传播途径,其方法要更加符合研究对象的实际。国家形象及其文化形象作为国家软实力,对内要形成向心力和凝聚力,对外则要产生亲和力和感召力。文化人类学大师费孝通早就看到经济上的休戚相关和政治上的各行其是、文化上的各美其美,在人类进入全球化进程中会形成一个大矛盾。这给我们带来一个不能不面对的问题,即文化自觉与文化调试的问题。费孝通先生认为,从民族文化自身来说,民族国家及其文化的分化格局面临着如何在一个全球化的世纪中更新自己的使命。实现这个使命一方面要对自己的民族文化有自知之明的文化自觉性,另一方面还要了解其他文化与自身文化的关系,通过相互接触提高自我认识,达到相互理解、相互宽容和多元并存。由此,

---

① 沈苏儒:《对外传播翻译研究文集》,北京:外文出版社,2009年。

他提出文化自觉和文化相容的全球性文化发展途径。置身"国家公关时代",通过"文化调试"对他国民众产生亲和力和感召力,可能标志着我们"文化自觉"的时代高度①。

六、结语

民间文化是最具民族特性也是最具文化差异性的文化品类,正是这种民族性和差异性才是最吸引眼球、最容易引起关注的地方。但是一味主张文化"绝对性""原汁原味"地对外传播,对"国家公关时代"的国家形象建构而言是不现实的。传播者在选择传播内容和方式时要有所取舍、提升与创新,注重对世界文化共性的展示和文化差异性改造,注重用现代元素展示传统文化主题,这种文化调试是中国民间文化对外传播,树立中国国家良好形象的可行性策略。中国民间文化精华丰富多彩,艺术家无处不可以从平常的民间发现高深莫测的传统。如果能根植于自己的文化传统,又兼顾世界文化的共性与差异性,关注时代的召唤,那么对民间文化而言,"越是民族的,越是世界的"这句话一定能真正彰显出异彩。

---

① 于平:《国家文化形象建构的自觉、自信和自强》,《艺术百家》2011年第5期,第32—35页。

文化"走出去"战略背景下中国武术对外发展研究

王国志　张宗豪

武术作为我国最具代表性的民族传统体育项目，历史悠久、内容丰富，具有深厚的文化底蕴，集道德至上、追求教化、享受过程、艺术至上、和谐有度于一体，几乎涵盖了中华文化的所有因子，折射出中华文化的特征和核心价值观，展现了中华民族独特的文化魅力，是中华民族文化的重要表征和文化认同的重要符号，是重要的文化资源和宝贵的文化遗产。在国家深入实施文化"走出去"战略背景下，本文拟对武术对外发展做一探析。

一、关于文化"走出去"战略

（一）何谓文化"走出去"

随着全球化进程的加快，各国之间的政治、经济、文化等领域交流日益频繁，随之而来的各种矛盾也不断加剧。在此背景下，要使中国屹立于世界民族之林，赢得世界话语权，弘扬中国文化和民族精神，使中华文明成为世界文明的一朵绚丽奇葩，必须实施文化"走出去"战略，使西方社会更加了解中国文化，理解、认同、尊重中国文化，享用中国文明（如古代造纸术、印刷术、指南针和火药）给世界文明带来的巨大贡献,改变他国给中国冠名的"经济威胁论""军事威胁论""文化威胁论"等形象。这样才能更好地塑造"和平崛起的大国形象",提高中国的国际地位和世界影响力,推动世界的和谐发展。

(二) 中国文化为何要"走出去"

数千年绵延不断的历史为我们提供了世界上最博大精深的文化资源。勤劳智慧的中华民族在五千年的文明历程中,创造了气势恢宏、内涵丰富、绵延不断的文化成就,使中国几乎在人类知识的所有领域都形成了自己的知识体系和实践传统,包括政治、经济、军事、文学、艺术、戏剧、教育、体育、音乐、语言、宗教、哲学、建筑、医学、饮食等领域。这种传统的丰富性、内源性、原创性和连续性都是其他民族难以企及的。随着中国的崛起,中国文化开始进入前所未有的繁荣和复兴时代。这种繁荣和复兴深度、广度和力度也只有一个文化资源如此丰富的国家才可能做到。过去30多年的中西文化碰撞,不但未使多数中国人丧失文化自信,反而促成了中国人新的文化自觉,在国内掀起国学热、孔子热、老子热、书画热、文物热、茶道热、养生热、中医热等,均体现了中国传统文化的繁荣与复兴。王有布在《中国文化的世界地位》一文中指出:"当代中西文化交流的极不对称和巨大的翻译逆差,使得当代西方对中国文化所知甚少,当然还有一些有关认识的形形色色的不准确,甚至歪曲中国现实,很少有一样东西,能真正深入浅出地介绍中国文化并以西方受众喜闻乐见的形式出现。"[①]中国国家形象的树立也因此受到一定影响。在世界各国激烈竞争的今天,中国应怎样影响世界未来的发展?我们需要新的大国意识,需要大智慧、大战略、大担当,需要自己的国际话语权,为人类做出更大的贡献。我国应利用丰富的文化资源担当此重任,发挥文化强国的作用,塑造和平崛起的大国形象,即文化"走出去"战略的初衷。

(三) 何种文化应"走出去"

我们将通过什么、借助什么实现文化"走出去"战略,塑造良好的

---

① 王有布:《中国文化的世界地位》,《中华读书报》2003年7月23日。

中国形象,让世界更好地认识、了解中国,从而尊重中国?文化部部长蔡武指出:"学会'中国元素、国际表达',用现代的表达手法推出中国的文化产品,赢得国外观众是关键","很长时间内,西方对中国文化的关注大多集中在器物类工艺层面的'国形象'——茶、瓷器、丝织品、工艺品(漆器、玉器、景泰蓝)、建筑园林(17、18 世纪),而对思想文化和艺术文化,尤其是 20 世纪的当代文化理解相当缺乏"。[①] 这提醒我们应注重思想文化和艺术文化的输出;因为真正意义上的文化交流是思想文化的交流,只有思想哲学层面的交流才能深入到文明的内核。当然,对于有着五千年文明、丰厚文化资源的中华民族来讲,有许许多多的典型文化都可以给我们一个满意的答案。如"悠扬动听的音乐、精美绝伦的诗词、龙飞凤舞的书法、风云舒卷的国画、仪态万方的戏曲、幽深典雅的园林、历史悠久的杂技、奥妙无穷的中医"[②]等等,都可以作为中国典型的文化符号"走出去"。作为取之不尽、用之不竭文化资源的汉语,是中华民族的精神血脉,也是民族认同的利器。汉语是世界上使用人数最多的语言,其影响力将随着中国成为世界最大贸易国、经济体、游客输出国而辐射到全世界,遍布世界各国的"孔子学院"已表明中国文字将随着中国的崛起成为中国最大的软实力之一,中国语言展现了西方语言难以达到的那种简洁度、极为丰富的形象感以及超深厚的文化底蕴[③]。也许众多学者认为汉语是中国文化"走出去"的最佳选择。在中华文化形态中,相比于汉语、书法、中医、戏曲等传统文化,中国武术的世界认知度、影响力和感召力可谓独步天下[④]。近年来,武术在世界的"知名度""影响力"不断提升,已成为世界了解中华文化的重要窗口和中华文化走向世界的重要载体。武术是中国元素,是一种典型的身体文化,蕴含丰富的文化哲理,能较好地"国际表达"。作为肩负武术发展重任的武术人,作为中国武术的推广者、传播者,我们认为也许只有中国武术

---

① 许静涛、徐沛君:《摆脱"逆差":文化输出与当代文化建设》,南昌:江西美术出版社,2009 年,第 11 页。
② 王国志:《中国武术:"武"动的线性艺术》,《体育论坛》2011 年第 8 期,第 3 页。
③ 张维为:《中国震撼》,上海:上海人民出版社,2011 年,第 71 页。
④ 栗胜夫、栗晓文:《全球价值链视域下的中华武术对外发展战略思考》,《体育科学》2011 年第 3 期,第 18—20 页。

更能代表中国;因为中国武术集中体现了中华文化的总体特征,是最具中华文化特质的文化形态之一,已成为中华文化走向世界的文化品牌。

二、中国武术对外发展的历程及意义

(一) 中国武术的海外发展历程回顾

有学者指出中国武术已成为濒临灭绝的非物质文化遗产,到了迫切需要保护的地步,其办法就是要传承、传播。20 世纪 30 年代,以老一辈武术家郑怀贤、温敬铭、张文广、刘玉华等为代表的中国武术代表团远赴柏林参加奥运会武术表演,其精湛技艺和精彩表演,使中华武术在世界崭露头角,树立了良好的国家形象。20 世纪 70 年代初,李小龙凭借高超的武术技艺战胜了世界各大搏击高手,再加上功夫影片的海外热播,掀起一股中国功夫浪潮。"功夫"一词因此成为中国武术的代名词,李小龙也因此成为世界追捧的偶像。20 世纪 80 年代,国家体委在全国武术工作会议上提出"要积极稳步地把武术推向世界"。在这样的方针政策指引下,中国武术加快了海外进军的脚步。1985 年,我国正式成立了国际武术联合会筹备委员会。1990 年,在我国正式成立了国际武术联合会。其间,亚洲武术协会、欧洲武术协会、南美洲武术协会、非洲武术协会相继成立[1]。自此,武术迈向世界的步伐不断加快,世界武术锦标赛的举办、武术成功进入亚运会,使武术在国际上产生了重要影响。"武术入奥"也因此成为武术国际化发展的战略目标,为此国家不仅对竞技武术进行了大幅度的改革,而且在方方面面做出了巨大努力,虽未成功,但是在很大程度上扩大了武术的国际化影响[2]。进入 21 世纪,中国武术的海外交流更加频繁,官方的、非官方的武术组织频繁出访,给武术的海外传播提供了更好的展示平台。再加之北京 2008 年奥运会期间武

---

[1] 王岗:《中国武术:走向世界的文化品牌》,《中国社会科学报》2012 年第 5 期。
[2] 国家体委武术研究院:《中国武术史》,北京:人民体育出版社,1996 年,第 455—461 页。

术的频频亮相、功夫熊猫的横空出世、功夫舞台剧的世界巡演等等，使武术的国际影响力与日俱增，从而宣传了中国文化，提升了中国形象。

（二）中国武术能更好地向海外传播中国文化，塑造国家形象，提升国家软实力

"启蒙主义时代，世界上流行的'中国元素'是丝绸、茶叶、瓷器和'礼'性；接下来的100多年里，世界上流行的'中国元素'是辫子、小脚、烟枪和贫弱；新中国成立60年间世界上流行的'中国元素'是中餐、功夫、中国印及和谐世界"①。这反映了一个世纪以来中国元素的"世界表达"，更可见中国武术在当今世界的知名度得到提升。中国文化的"走出去"仅仅靠纯语言交流还远远不够，因为中西方文化的差异，会造成文本翻译的逆差。或许，我们从文本之外能找到更好的答案。将武术看作一种身体语言，一种蕴含中国传统文化的独特语言，一种提升中国软实力的"世界语言"，通过中国武术讲述"中国故事"，抒发中国人的国际情怀。有学者研究表明，在体育领域，足球是巴西的"代言者"，篮球是美国的"国家形象"代表，武术是中国的"形象大使"。早在2006年，作为一位橄榄球迷的美国国务卿赖斯来访中国时对美国棒球进入中国表示了赞许，并称"两国体育交流会让人们更多地了解美国"。在她看来，"靠政府做大量的事去改变和改善人们对美国的印象，远不如大学、音乐家、艺术家和体育活动起到的作用显著"②。近些年以中国功夫为主题的《功夫熊猫》《风中少林》《少林海宝》等动漫电影、舞台剧在世界范围的票房业绩也证明了中国元素的世界号召力。2010年2月3日、4日，河南省教育厅"汉办"率领汉语国际推广少林武术基地学生到美国俄亥俄州举行了名为"武林汉韵"的武术表演，震撼了俄亥俄州的青少年学生和社区居民，他们对中华武术的技艺赞不绝口。这极大地增强了中国文化在

---

① 杨建营、杨建英、郭远巧：《国家形象视角下的武术国际化推广研究》，《山东体育学院学报》2011年第1期，第30页。

② 傅守祥：《锻造中国元素》，《中国文化报》2010年1月29日。

美国的知名度、影响力①。这些都证明了武术对于中国文化"走出去"战略的价值和重要意义。

与文字、语言、艺术、音像、图书相比,中国武术所具有的语言传播特性、人体运动传播特性,更具有消除语言障碍、文化逆差等制约传播效果的优势。今天的中国武术已成为世界"孔子学院"和海外"中国文化中心"开展中华文化传播的主要内容之一②。在功夫剧的世界巡演、"武术汉语"的国际推广、美国斯坦福大学学生身穿中国服装练习中国武术,世界各国"中国文化年"活动中随处可见中国武术的身影。"非洲李小龙"多米尼克·萨艾特浪在非洲、欧洲收徒 3 000 余人传播中国武术等,均充分证明了中国武术在中国文化"走出去"进程中的地位和作用。

(三) 文化"走出去"战略为中国武术的对外发展提供契机

文化"走出去"战略作为我国的文化政策,不再是中国文化发展的战略构想,而是"十二五"社会文化发展务实追求的主要目标,是当今民族文化发展的最强音,是我国争取国际话语权的重要举措。武术是世界公认的中华品牌文化,自新中国成立以来,中国武术蓬勃发展,无论技术还是理论均取得了令人瞩目的成绩,这是值得我们欣慰的;然而,武术的国际化还存在明显的不足。中华武术如何更好地走向世界,在世界的大舞台为中国争取国际话语权,树立国家形象,促进中国文化的传播,提高中国文化软实力,是摆在我们面前的重要课题。中国武术发展不应是一个独立的体系,必须与国家的宏观文化政策衔接,与社会主流文化发展同步,应在政府的主导下培育具有中国文化独立品格的武术特质和与之相适应的文化生态环境③。

国家实施文化"走出去"战略,为武术的发展提供了契机,创造了环境,提供了发展平台。党的十七届六中全会关于推动社会主义文化大发展大繁荣的决定出台,标志着我国文化改革发展进入一个崭新的

---

① 方国清:《武术传播:讲述"中国故事"的"世界语言"》,《浙江体育科学》2011 年第 1 期,第 96 页。
② 王岗:《中国武术:走向世界的文化品牌》,《中国社会科学报》2012 年 2 月 20 日。
③ 尹碧昌、彭鹏:《文化政策视野下中国武术文化发展研究》,《中国体育科技》2010 年第 1 期,第 106 页。

时期,为文化"走出去"战略的实施提供了千载难逢的历史机遇,也为武术的发展提供了契机。党和国家从政策层面对文化发展给予大力支持,这不仅体现着一种舆论氛围的营造,还意味着从政府层面给文化发展以更多的政策、资金、渠道等扶持,中国武术迎来新的发展机遇。

四、中国武术对外发展策略

(一)对海外市场进行深入调研,提高武术在海外的竞争力和占有率

目前我们对中国武术的海外参与、分布、广告宣传、国外受众的消费口味等了解不够深入,仍处于探索阶段,不像其他国家传播自己国家的文化那样有针对性。如韩国跆拳道、韩剧,美国好莱坞电影,他们的生产者和创作者花大力气调研中国市场,研究中国文化,并巧妙利用中国文化元素赢得中国受众的好感,吸引更多的中国受众参与其中,更好地传播了他们的文化。美国导演马克·奥斯伯恩花费了30年时间研究中国文化,利用中国元素的"世界表达"制作了动画片《功夫熊猫》,耗时5年,将其形容为"写给中国的一封情书"[①],冲击着中国的电影市场,至今影响深刻;因此,中国武术应充分了解海外市场和需求,制订针对性的发展策略,提高其海外竞争力。

(二)培育具有国际竞争力和影响力的中国武术文化品牌,打造武术文化精品

中国武术文化品牌不是一个狭义的品牌概念,而是一个宽泛的概念。它不仅有物化的产品,还有无形的资源,包括"赛事品牌,拳种品牌,名人品牌,影视品牌,大师品牌,演艺品牌"[②]等。要大力保护、扶植现有武术品牌,不断培育具有国际影响力的新品牌,提升其国际化程度和国际竞争力,打造跨行业、跨地域的武术文化品牌产业,培

---

① 饶曙光:《树立国际化思维,探索差异化途径》,《中国社会科学报》2011年6月21日。
② 冉学东、王岗:《对中国武术走出去战略的重新思考》,《体育科学》2012年第1期,第76页。

养具有创新意识的武术专门人才。只有武术精品才能更好地体现中国的优秀文化;只有武术精品才能找到市场,引起消费者的兴趣。武术文化精品应是拥有广阔市场、体现中国时代精神和主体文化思想的优秀文化产品。

(三)了解海外市场及其受众所熟悉并乐于接受的武术"讲故事"方式

现代大众文化传播经历了以传者为中心向以受者为中心的转变,更加注重受众的特质和接受心理。要开展海外受众的调研,切实掌握海外受众的参与心理和审美期待,以及理解和接受习惯,打破因语言障碍、文化障碍和审美习惯差异引起的文化壁垒,寻找合适的武术表达方式,借助李小龙、成龙、李连杰等功夫明星的世界影响,打出中国功夫、武侠牌。

(四)借助功夫舞台剧海外巡演,促进武术国际化传播

近年来以中国武术为重要元素而创作的艺术精品,如《风中少林》《武颂》《少林武魂》《盛世雄风》《武林时空》等功夫舞台剧,通过"武"动的身体、生动的故事情节表达丰富的中国文化内涵,别具一格。历时 5 年以"影视明星搭台＋全国武术冠军精英＋原《少林寺》电影的武术明星＋真功夫"拍摄模式精心创作的功夫剧《少林寺传奇》,是真功夫剧的代表性作品,被译成 8 种语言,在海外 24 个国家和地区联播,向海外观众展示出中华武术文化的博大精深和自强不息的民族精神,迎合了海外观众的需求,产生较好的传播效果。正如原国家广电总局电视剧管理司司长李京盛所说:"《少林寺传奇》三部曲讲述了一个饱满的中国故事,它将佛教文化、儒家文化、道教文化和中国传统武术文化融为一体,是传统文化的当代再现,它传达出的不畏强暴、刚正不阿、百折不挠、忠孝仁义的精神与我们当前所提倡的主流价值观相吻合,具有一定的历史性、独特性和当代性。"这些功夫舞台剧的世界巡演,产生强烈轰动,给世界各国人民带来非同一般的视觉享受,使人们在欣赏的过程中接受中国文化,打破了因文化差异而引起的传播障碍,架起了一座国际沟通的桥梁。

（五）借鉴中国京剧海外营销中"细节决定成败"策略

改革开放以来，中国文化的世界影响力虽然明显上升，但是由于方方面面的原因，我们的很多文化元素和文化内涵目前还很难完全让外国受众接纳。比如，《少林足球》一开始进入美国市场很难被接受，其主要原因就是美国人对"少林"一词及文化内涵有陌生感。在目前情况下，中国武术在"走出去"时，应在细节方面尽力消除陌生感，通过宣传语、宣传片、电影海报中的语言和视觉效果运用，使得异域受众感到武术创作内容与其处在"隔"与"不隔"之间，从而激发受众的接受欲望[①]。京剧的海外推广细节值得借鉴，京剧《王子复仇记》取材于莎士比亚经典剧目《哈姆雷特》，本身就是西方观众熟悉的故事，其在荷兰等国的营销中打出"当京剧遇到莎士比亚""哈姆雷特在中国"等宣传语，利用观众熟悉莎士比亚名剧和期待中国京剧文化的双重因素，制造一种"熟悉的陌生感"。在剧目上演前，举办关于京剧的各种讲座，通过演员现场表演、讲解等方式，使国外观众了解京剧、懂得怎样欣赏京剧。凡此种种细节运用，才造就了京剧《王子复仇记》的海外成功。京剧在细节方面的种种用心表现值得借鉴。

（六）创新武术文化产业，实现跨越式发展

"创新乃文化之灵魂，提高原创力乃时代之大势所趋。有出息的民族必定善于创造、勇于开拓，经济文化概莫例外。"创新不足、创新贫瘠是制约中国武术"走出去"的瓶颈。欲摆脱这样的困境，就需要我们在观念、方法上"锻造独特，彰显创意"，打造出真正对世界造成巨大影响的武术精品，提高文化软实力[②]。自古以来，中华民族从不缺乏创新理念和能力，闻名全世界的古代四大发明就是最好的例证。"创新是一个民族进步的灵魂，是一个国家兴旺发达的不竭动力"，"文化引领时代风气之先，其生命力在于创新"，"创新是推动社会主义文化大发展大繁荣的根本动力，是提升社会主义文化软实力，努力

[①] 闫玉刚：《中国电影海外营销"细节决定成败"》，《中国社会科学报》2011年6月21日。
[②] 王岗：《中国武术创造力的思考》，《武术科学》2009年第3期，第17—20页。

建设社会主义文化强国的根本途径"①。要使魂"灵"起来,力"动"起来,光靠"写在纸上,说在嘴上,挂在墙上,落在会上"还远远不够,必须靠创意去开垦、播种、收获,通过创意充实、夯实、翱翔。全球首富比尔·盖茨曾描述说:"创意具有裂变效应,一盎司创意能够带来巨大的商业利益、商业奇迹。"②中国武术要"锻造独特,彰显创意",创新武术文化产业,创造海外发展奇迹。目前,我们需要做的首先是汲取传统文化的营养,形成鲜明的民族性;其次是发掘当代文化的内涵,体现时代感;最后要借鉴海外优秀的成果与经验,赋予其开放性,真正实现海外市场的拓展。

(七) 选择"政府推动、民间配合、贸易主导"模式

这一模式的基本思路是:在文化部、教育部、国家体育总局(武术运动管理中心)等官方机构的大力推动与支持下,辅以民间社团和学术机构的紧密配合与补充,通过服务贸易这一桥梁和通道,让中国武术走向世界,使国外民众、社会精英和舆论界更多、更深入地了解中国武术和中国文化。"国务院应设立中华武术对外发展协调领导小组,将武术的对外发展工程纳入中华文化发展的国家计划中。在实施过程中,相关部委能通力协作,将民族的文化资源运用好、发挥好,争取效果、利益最大化"③。

五、结束语

在国家实施文化"走出去"战略方针的指导下,为武术"走出去"提供了较好的发展平台,创造了发展环境。通过文化"走出去",武术才能更好地向世界"讲述"自己的故事,用独特的身体语言,向世界传达自己的思想和文化精髓,加深世界对中国的认识和了解,改变世界对中国的偏见,更好地塑造国家形象,同时也能使武术实现跨越式发展。

---

① 南振声:《推动社会主义文化大发展大繁荣的三重维度》,《中国社会科学报》2011年12月22日。
② 吴存东:《文化创意产业概论》,北京:中国经济出版社,2010年,第192页。
③ 栗胜夫、栗晓文:《全球价值链视域下的中华武术对外发展战略思考》,《体育科学》2011年第3期,第18—20页。

第四编

地方文化"走出去"研究

中国文化地缘战略和中国文化"走出去"的新格局

花　建

一、文化地缘优势是发展国际文化贸易的基础条件

　　一个世界级强国的综合国力,是硬实力与软实力,包括科技、经济和军事实力,政治、文化和外交能力的有机综合。一个世界级的文化强国必然是一个全球文化贸易的强国,这是由文化的本质规律和全球竞争的潮流所决定的。2010年联合国教科文组织在上海世博园联合国馆内发布了《着力文化多样性与文化间对话》的报告,这份联合国成立65年来第一次关于文化的世界报告,提出了面对21世纪的全球性文化观点:文化特性是一个更加多变的自我改造过程。21世纪的文化有两层含义:一是在传承遗产背景上的自我指涉,二是多元文化交融中的自我创新。所以,多元文化的对话取决于跨文化能力,而跨文化的交流,在很大程度上是由国际文化贸易来实现的。

　　纵观全球,任何一个国家和城市的文化贸易能力,都与它们的地缘条件密切相关。美国著名的地缘政治学家斯皮克曼曾说过:"地理是各国外交中的最基本的因素,部长们来去匆匆,而山脉是始终不可动摇的。"世界上的主要发达国家依托自己的地缘条件和综合实力,形成了自己的文化贸易模式。如果说美国模式,是利用坐拥两洋,纵横大陆,掌控全球主要海峡通道的优势,广泛吸收全球多种资源,以

市场经济基础上的自由、民主、平等、竞争、科学等观念为核心,在开发和输出文化产品方面形成规模化的优势;而欧盟模式,重点在于把文化作为建立超国家体的无形纽带,推动欧洲一体化,包括从1985年开始评选"欧洲文化之都",颁布《全球化世界中的欧洲文化事务》战略框架,鼓励对外文化贸易,发挥欧盟在国际事务中的影响力;那么印度作为新兴大国,主要是利用软件产业和通晓英语的优势,大力开展包括电影、演艺、数字内容等在内的服务贸易。根据联合国贸发署公布的数据,印度的服务贸易中,最占有优势的是:计算机和软件服务、运输服务、旅游服务、个人娱乐和休闲服务等项目。印度作为世界五大软件供应商,逐步利用计算机和软件服务的优势,加入到全球规模的文化生产链、文化供应链、文化服务链、文化价值链。这一成果已经取得了显著的成效。比如:以乔布斯领衔的皮克斯公司创作了优秀的电影动画片《昆虫特工队》《汽车总动员》和《飞屋环游记》等,获得全球一流的电影票房纪录,而皮克斯公司团队在动画电影的制作中就购买了印度软件公司的服务。

至于日本模式,则针对日本陆地有限、四面环海、人口稠密的岛屿国家特点,强调"产业强国,贸易立国",对国际贸易市场保持了高度的敏感性。为了打开国际文化市场,日本产业界把科技开发与时尚创意相结合,在内容和技术两个层面上扩大全球文化贸易的优势,包括"电子化日本""泛在日本""智慧日本"等多个战略框架,和"酷日本"及"酷东京""酷名古屋"等创意时尚开发战略,要求日本在动漫影视、时尚生活、流行音乐、电子游戏等方面的开发必须形成"国民经济的酷值",日本经济产业省的文件提出:到2020年日本在本土以外的亚洲国家的文化产品销售额要超过1万亿日元;同时,日本朝野高度关注对国际贸易的目标市场国家,对各有关国家的法律和贸易关税、文化消费特点、对进口文化商品的接受程度等,进行了大量的研究。

1996年以来,日本先后制定、修改了扶持文化艺术的政策。《特殊21计划》就是日本文化厅为适应21世纪的新文化立国战略制定的,旨在扶持艺术创作活动的计划,其中把"推动国际艺术交流事业"作为所要开展的4项事业之一。日本向海外输出的文化产品和文化服务,不仅仅是大批量生产的商品,也包括了在全世界扩散属于精神领域的日本文化,以争取世界范围内对日本的好感和认同。日本高度重视对海外文化市场的分析,希望通过持之以恒的文化推广,潜移默化地改变其他国家对过去日本人"侵略者"的不良印象,进而对日本文化产生好感而更愿意接受他们的商品。

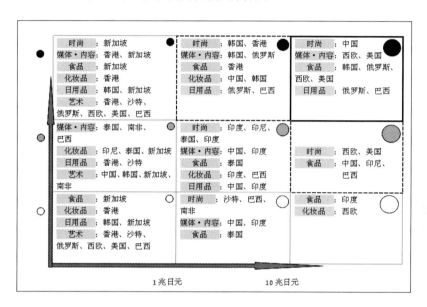

从上面日本经济产业省提供的图表可以发现,日本注重在全球文化贸易中扬长避短,把握最具有竞争优势和市场潜力的贸易输出对象。从竞争优势的角度看,日本最青睐的是美国、西欧、俄罗斯、沙特阿拉伯、韩国、新加坡等市场,从市场潜力的角度看,日本最青睐的是美国、中国、巴西、西欧、印度尼西亚等大国市场,两者相加,权衡轻重,日本把美国、中国、西欧、韩国、俄罗斯等 9 个海外市场作为文化贸易的优先目标。这种对全球文化贸易市场的敏锐分析和分类把握,正是中国需要认真吸取的有益经验。

二、文化地缘战略是中国文化"走出去"的重要依托

中国加强对外文化贸易,是体现中国和平发展道路的必然选择。中国政府庄严地向全球宣布:中国将坚定不移地走和平发展的道路。从历史、现实与未来的结合看,中国和平发展道路符合历史规律、时

代潮流和人心所向,是中国实现现代化,成为世界强国的唯一选择。中国文化软实力建设的根本目标,就是顺应中国和平发展的战略,从文化观念、文化资源、文化创新、文化产业、文化传播、文化民生等方面,建立与国家综合实力相适应的精神支柱、创意源头、资源基础、支柱产业、服务体系,建设成为全球性的文化强国。

这一奋斗目标包含两个方向的含义:一是服从国家战略目标的问题,即争取在21世纪最终实现中华民族的伟大复兴这一世纪梦想,由此,中国文化建设不是自给自足、自我封闭,也不是霸权扩张、强势推广,而是体现中国利益与人类利益的一致性,体现中国的文化建设有助于建设"和谐亚洲""和谐海洋""和谐世界",反对霸权主义,体现中国文化建设对当代世界文化格局的贡献、补充和推动;二是体现中国和平发展的方式问题,也就是中国走向强大与崛起是通过和平方式而非武力扩张和霸权掠夺方式。所以,中国所追求的世界强国,必定内在地要求它是一个最有吸引力和亲和力的"文化强国",中国强调在处理国与国关系中,要采用说服、沟通、感染、交流、引导等方式,而不是霸权、强制、压服和剥夺,因此中国必将要通过大量的文化产品、文化服务、文化交流等,开展大规模的文化贸易,向全球传播中国的文化理念。中国文化生产力的解放和发展离不开国际市场,更离不开国际资源。中国文化越发展,对外部市场和资源的依赖就越大,中国的文化贸易与世界的联系也就将越来越紧密。

中国发展国际文化贸易,要立足于中国国土辽阔、民族众多、地域多样、文化丰富的大国国情,与中国文化发展的地缘战略相结合。中国位于亚洲大陆的中央,向西为连绵的高山和高原,连接全球的能源富集地区,向东为富饶的平原和海岸,连接全球经济发展最快的亚太地区。中国与东北亚、东南亚、西亚、南亚等国家和地区既存在丰富的共同利益,又存在多样的矛盾和冲突。中国周边复杂的地缘环境,又与中国国内发展的不平衡性相联系。从东部到中西部,中国的现代化呈现出一种梯度递进的趋势,各地区的发展和开放存在着很大的差距。区域差异性的基本国情既是中国现代化的强大阻力,又是中国和平崛起的基本条件。这也有助于中国开发各地丰富的文化资源,形成大规模的文化生产能力,并且探索多种多样的国际文化贸易模式。

过去,中国对外文化贸易,主要依托东部沿海地区的中心城市,这一模式与中国建设文化强国的大局很不匹配,要转变观念,全方位拓展东中西部地区对外文化贸易的能量与渠道。从 2008 年以来,国家相继批准颁布了长三角、珠三角、北部湾经济区、江苏沿海地区、成渝经济区、舟山群岛新区等 20 多个区域发展规划,使得区域发展规划上升到国家战略的层面,勾勒出中国经济社会文化的新一轮动力版图,形成有梯度、有波次、有重点的新地缘发展战略。

国家批准颁布的长三角、珠三角、北部湾经济区、成渝经济区、江苏沿海地区等近 20 个区域发展规划,在规划的理念和目标方面,体现了 21 世纪中国和平崛起的宏伟战略和通过不断的转型推动和谐发展的理念;在规划的范围和要求方面,体现了实事求是、因地制宜、阶段推进的战略思想,而没有以行政区划或者省区级别进行"一刀切";在颁布的条件和时机方面,体现了成熟一个、颁布一个的灵活举措,而没有脱离实际地强行在某一个时段统一发布。

中国新地缘发展战略包括了经济、文化、社会、生态等诸领域,总体特点是:1.从跨省区到次区域,突出地缘优势,培育不同层次增长极,不受现有行政区划的限制,有跨省区的如成渝经济区发展规划,也有次区域的如江苏沿海地区发展规划等;2.突出因地制宜,鼓励多样化发展模式,如长三角规划突出了亚太地区重要的国际门户和世界级的大都市群建设,江苏沿海发展规划突出了面向海洋的蓝色经济区特色;如珠三角规划突出了推动"一国两制",促进粤港澳三地的分工合作等;3.区域发展战略与中国国际战略相结合:以区域崛起、内外结合,推动一国两制,促进祖国统一;以地缘优势、梯度辐射,推动对外开放,建设和谐世界。比如海峡西岸集聚区的规划,对推动祖国统一具有重大的意义;而北部湾经济区的建设,将大大增强中国西南部沿海地区的综合实力,为推动中国与东盟自由贸易区,维护中国在南海地区的核心利益创造重要条件;4.软实力与硬实力相结合,因地制宜的文化开发,不但推动了文化产品和文化服务贸易,而且是扩大中国国际影响力、辐射力的必要前提。

国家颁布的区域发展规划,给中国发展国际文化贸易,推动中国走出去,提供了重要的战略性指导理念和因地制宜、协调发展的历史性机遇,也要求各地区从国家增强文化软实力的宏观战略和区域协调发展的大局出发,制定有效的文化产业区域发展规划,包括大力开展国际文化产品贸易和文化服务贸易的规划。有鉴于此,中国文化"走出去",必须与中国新地缘战略,包括文化地缘战略相协调,才能体现国家的统一意志和各地方的广泛积极性,获得可持续发展的动力。

(一) 开发多样资源,形成东中西全方位格局

在传统的国际贸易格局中,靠近沿海的港口城市具有明显的地缘优势,可以降低对外贸易的成本,便于消化外来的先进技术,把产业集群和消费市场结合起来。而在全球化、信息化的时代,信息、金融、物流、航运、高速铁路、高速公路等网络正在覆盖越来越广泛的城乡,传统的贸易格局不断受到挑战。中国扩大对外文化贸易,首先要发挥沿海中心城市和发达地区的作用,形成走向蓝海的前进基地,同时也要发挥内陆地区的资源优势,因势利导开发对外文化贸易。特别是随着人们对于文化产业和创意经济规律的认识深化,内陆地区许多以前被忽视的事物,包括古老的遗址、民俗的技能、工业的遗存、文学的传统、新兴的产业、节能的技术等,都被作为文化和创意的资源开发出来。英国专家查尔斯·兰德利说得好:"创意的基础还包括城市整体的心理基础建设与心态。城市就是通过这种方式,来把握机会和问题,并且营造气氛和环境,凭借奖励、规范和法律,激发创新的禀赋。发挥创意并不意味着只关心新事物。伟大的成就往往是新旧的综合体,因此历史与创意得以相辅相成。"[①]

浙江横店建立影视产业实验区,成为海内外闻名的影视拍摄基地,生产大批中国原创与合资合作的影视作品进入海内外市场,就是一个富于创新活力的典型案例。横店位于浙江中部的丘陵地带,境内纵横着山脉与河流、森林与田野,距离最近的铁路义乌站约为35公里,长期以来交通十分不便。横店人敢于创新,以山野之地缘,以

---

① Charles Landry, *The Creative City-A Toolkit for Urban Innovation*, London: Earthscan, 2008.

世界之胸襟,在活跃的乡镇经济基础上开创性地建设影视服务业,从20世纪90年代以来,横店集团先后投资数十亿元,建设了秦王宫、清明上河图、广州街、香港街、明清民居等28个大型外景拍摄地,配套开发了星级酒店等一大批服务设施,建立了影视城有限公司等针对影视产业的服务企业,提供从群众演员到置景、道具、服饰、餐饮、住宿和拍摄的全套服务。

横店在2004年正式获得"横店影视产业实验区"授牌,2010年4月成功地获得国家5A级景区的称号,吸引了海内外大批影视剧组前来拍摄。2010年入驻横店的影视企业达到382家,接待海内外游客达到841万人次,成为全国百强景区的第4位。从1996年到2010年,横店先后接待影视产业剧组804个,在此拍摄的影视剧21000部(集),占全国古装影视片的1/3以上,包括《鸦片战争》《英雄》《满城尽带黄金甲》等在海内外获得良好效益的知名影视剧。从2004年到2010年,实验区的影视企业累计实现营业收入91亿元,上交税费6.24亿元,开创出一条内陆丘陵地带开展文化生产和文化贸易的成功道路——横店模式[①]。

横店的经验启迪人们:根据中国参与全球经济文化合作的大格局,在中国的东、中、西部,在重点城市和农村乡镇,在沿海港口和内陆山区,都可以因地制宜地建立中国对外文化贸易的产业基地,努力建立向国际市场辐射的网络,探索多样性的文化贸易路径。中国扩大对外文化贸易,既要发挥沿海城市的有利条件,也要发挥内陆地区的资源优势,对这些地区丰富的遗产、良好的生态、独特的物产、新兴的产业等进行文化贸易的开发,形成东中西部全方位对外文化贸易的大格局。

(二)拓展跨境合作,形成国际合作网络

中国对外文化贸易的区域开发战略,还包括积极发展与周边国家的文化产业合作,既要依托本土建立中国对外文化贸易的母港,又要因地制宜建立跨境的中外合资和合作文化产业项目,通过国际并

---

① 根据我们2011年在横店实地调研的材料。

购、海外营销、代理推广、战略合作、共同研发等形式,共同开发更广阔的文化资源和文化市场。随着2011年国务院批准"广西北部湾经济区发展规划",北部湾地区的经济、文化、社会、生态发展战略列入了国家规划,也为防城、北海、钦州、南宁等地区加大对东南亚的辐射提供了重要的前进基地。广西首创山水实景演出《印象·刘三姐》,集漓江山水景观、广西民族文化及中国精英艺术家创作之大成,是全世界第一部"常年大型山水实景演出",也引起了东盟国家的兴趣。在2009年中国—东盟文化产业论坛上,柬埔寨政府文化艺术部行政财务司副司长龙·潘西拉武表示,希望引进中国广西的成功经验,结合柬埔寨的民族文化资源,在世界文化遗产吴哥窟所在的吴哥市,打造大型旅游演出项目——《高棉的微笑》[1]。与此同时,以广西北海市作为母港的跨国旅游线路,即将迎来新的国际文化合作项目。由广西与越南合作投资与开发的下龙湾大型海上实景演出《越南越美》新址已选定和启动建设[2],它将采用中国的项目投资、艺术创意、管理团队等,结合越南的景观资源,形成新的跨国文化服务贸易模式,为中国文化"走出去"打开新的路径。可以预见,21世纪新的十年,中国与东南亚、东北亚、欧盟、北美、澳洲、非洲地区在文化领域的产业合作和贸易互利,必将会推动中国走向世界级的文化强国,也广泛地造福于世界各国人民,形成跨国文化服务贸易的新模式。

(三)突出科技创新,提升贸易的含金量

中国文化"走出去",要依托各地的科技研发优势,努力突破数字内容、视听设备、动漫游戏、绿色印刷、网络服务等关键领域,提高科技进步对文化贸易的贡献率。从全球看,创意、文化、经济与技术的互动和创新,是推动文化贸易的有力杠杆。"创新制胜,王者归来",文化贸易的科技含量越高,其国际竞争的优势就越大。大量统计数据表明:创意、文化、经济与技术的互动和创新,是推动文化贸易的有力杠杆。"创新制胜,王者归来"是国际文化市场的制胜规律,文化出

---

[1] 《柬埔寨:希望打造"高棉的微笑"》,《南宁晚报》2009年10月29日。
[2] 《"越南越美"今年有望试演》,《西江都市报》2010年4月27日。

口产品和服务的创意和技术含量越高,其在国际市场上竞争的优势就越大。依托 IT 技术的数字化、信息化和网络化浪潮向纵深发展,文化产业与科技进步的深度结合和成果产业化,成为它不断开拓新产品、新业态、新市场的强大动力。日本野村研究所 NRI 的专家指出:随着 RFID 技术,2.0 和 3.0 互联网,3G 和 4G 手机等新型移动信息终端、物联网、云计算等的普及,发达国家将在 10 年间从"互联网社会(Internet Society)"进入全领域和全时段覆盖的"泛在网络社会(Ubiquitous Network Society)",新的文化传播样式和文化服务品种正如雨后春笋层出不穷。正如被誉为多媒体之父的加拿大学者哈威·费舍先生所说:数字化是一场温和的革命,"在第一时间便渗透到我们人类活动的所有领域,已经展示了其彻底和不可遏制的爆发力"[1]。著名管理学家彼得·德鲁克曾经指出创新的七个重要来源,包括以社会需要为基础的创新、大量采用科学的及非科学的新知识、从新的视角来把握事物运动的规律、顺应人口结构的变化等[2]。在国际文化贸易的舞台上,发达国家主要采取"一体两翼"的模式,即以创意开发为龙头而延伸开发的产业链,以科技应用和资本运作为两翼的竞争策略。根据联合国贸发会议等的报告:发达国家的创意产品出口优势集中在技术含量高和附加值高的领域,占全球视听媒体和音乐出口额的 89.2%,占出版和印刷媒体出口额的 82.6%,占视觉艺术出口额的 70.7%,占新媒体出口额的 53.8%,与创新模式的推动密不可分。与之对比的是:中国文化进出口贸易格局相对滞后。经过近年来实施文化"走出去"战略,中国文化贸易虽然存在着总体上的逆差,但是进口与出口规模之比已经从 21 世纪初的 10∶1 逐渐缩小到 2009 年的 7∶1 左右。从 2008 年经历全球金融危机以来,中国对外文化贸易中的核心层文化产品规模徘徊在 45—67 亿美元之间,而且主要以文化产品制造业和传统新闻出版业为主,亟待通过产业结构的优化,形成文化贸易的优势[3]。

有鉴于此,提高科技进步的贡献率,把内容创新和科技研发结合

---

[1] 哈威·费舍:《数字冲击波》,北京:旅游教育出版社,2009 年。
[2] [加拿大]《彼得·德鲁克:一个世界级的陌生人》,广州:广东南方日报出版社,2006 年。
[3] 联合国贸发会议等:《创意经济报告》,2010 年。

起来,是推动中国对外文化贸易的突破关键。同样,中国文化"走出去",从根本上说,也必须依托科技进步和创意创新,目前中国科技进步的贡献率,约在40%,即使是长三角、珠三角等经济发达地区,也在50%左右[①]。在中国文化产业领域,科技进步的贡献率也相对有限,这有待于未来十年间有一个跨越式的增长。获得2011年中国文化产业30强的深圳华强文化科技集团,在这方面提供了可贵的经验。该集团从2001年开始投入文化产业的科技自主研发。2002年他们自主开发的"180度环形银幕立体电影成像技术"取得了美国发明专利,"环幕4D影院"进入了海外市场。华强文化科技集团利用多年的IT产品研发经验和科技、人才资源,率先建成了世界领先的"全无纸化"二维动画片生产线,利用人工智能技术、数据库管理技术等自动进行动漫创作,动画片生产的产量为传统模式的10倍。2008年,华强文化科技集团在第四届深圳"文博会"上与伊朗山曼·高斯达公司签约,在伊朗第二大城市伊斯法罕建设总投资8000万欧元的"方特卡通动漫园",使中国成为继美国之后的第二个大型文化主题公园出口国,后来又陆续出口到乌克兰、沙特、南非、尼日利亚等国,成为中国对外文化服务贸易的新亮点。华强文化集团出口至俄罗斯、印度等63个国家的原创动漫产品超过1万分钟;球幕电影、环幕立体电影、运动立体电影、水幕电影、动感电影等特种电影在国际市场也逐渐打开了局面。

根据国际唱片业协会提供的《2011年数字音乐报告》[②],从2004年以来,全球数字内容产业发展迅速,2010年该产业总收入达到158.6亿美元,其中数字游戏占39%,数字音乐占29%,电子报纸占4%。从2004年到2010年全球数字音乐市场竟然增长了1000%,而传统音乐制品市场则逐步萎缩,从2003年到2010年,全球首张唱片销售收入降低77%。中国新兴的数字音乐市场也以每年平均47%的复合增长率迅猛增长[③]。针对数字化音乐等技术含量高和附加值

---

① 《我国正向科技强国迈进 目前科技进步贡献率达40%左右》,新华网,2009年8月25日。
② International Federation of the Phonographic Industry, *IFPI Digital Music Report*, 2011.
③ 周建潮:《数字化时代,传统唱片业的生存与发展——在首届国际创意音乐产业高峰论坛上的演讲》,2009年。

高的文化出口领域,中国要发挥独特的地缘优势和综合实力,在文化科技创新方面有更大的作为。中国在东部沿海地区的北京、广州、上海设立了三大国家级音乐产业基地,在上海建立了第一个国家数字出版基地,展示了依托科技进步、推动文化贸易的战略格局。而大批文化中小企业也可以在这方面大有作为。比如广东民营企业——顺德孔雀廊音像公司开发的《自由飞翔》《月亮之上》等原创音乐,拥有完全的知识产权,通过传统的演唱会、音像出版社和书店发行渠道,每张专辑销售额始终有限,而通过手机付费下载的数字化传播手段,在短时间就在海内外获得广泛的传播,每一套的销售额猛增到原来的数十倍,而他们所打造的"凤凰传奇"也迅速成为一个在海内外华人世界有影响的原创音乐品牌。这些案例证明,文化内容一旦与数字化传播相结合,就会在文化贸易方面形成优势,在国际文化市场上迸发出竞争的活力。

(四)优化服务平台,建立文化贸易基地

中国文化"走出去",要把因地制宜地建立服务平台和出口基地、培育文化贸易企业,作为可持续发展的关键举措。《文化部关于促进中国文化产品和服务走出去总体规划》明确指出:要"根据需要,有选择地在重点口岸建立文化部对外文化贸易出口基地和服务平台"作为促进文化产品和服务"走出去"的重要任务之一。根据商务部的有关统计,目前中国文化出口内容60%集中在文化旅游、设施和用品方面,核心文化产品比率很低,又以图书贸易为大宗,可进行贸易的其他文化产品和服务非常匮乏。有鉴于此,必须通过国际文化贸易平台,鼓励企业开发大量可供贸易的文化品种,形成文化出口的集约型优势。上海国际文化服务贸易平台于2007年9月28日在外高桥保税区正式启动,2011年10月27日,文化部正式将该平台命名为国家对外文化贸易基地,表明我国推动中华文化"走出去"、建设文化强国有了新通道。外高桥保税区位于上海东北端,面对太平洋,濒临长江口,处于中国黄金水道——长江与东海岸线的交汇点,拥有真正意义上的地缘优势。该平台自设立以来,利用保税区"先行先试"的政策优势和贸易便利,不断加强自身协调功能,为中国文化产品、项目

和企业"走出去"铺路搭桥。该平台在近10万平方米的两幢大楼里，已聚集了近80家从事国际文化贸易的龙头企业和骨干企业，注册资本近9亿元，形成税收近亿元。实践证明：文化企业可利用保税区作为海关特殊监管区域实行进口货物进去保税的特殊政策，实现"文化的保税"，比如平台开拓高税收、高附加值的文化艺术品在保税状态下的展示交易服务；将影视后期制作的进口设备在保税状态下使用，提供影视制作服务外包业务；高端演艺设备实现保税租赁，为海内外文化演艺活动提供技术设备。在该平台基础上，国家对外文化贸易基地将从六个方面为中国文化"走出去"提供全方位的服务：

第一，通过拓展平台的展示功能、交易功能和保税服务功能，吸引一批国内知名的文化演艺、影视、传媒、出版、网络、娱乐等文化企业入驻基地，尤其是从事文化产品进出口业务的企业以及国际文化采购商、跨国文化中介公司、国际知名文化投资商等，进一步做大规模。在现有80家入驻企业的基础上，平台将重点吸引全国龙头和世界领先文化企业入驻，到2014年，力争入驻企业数超过200家。

第二，在充分调研的基础上，支持并组织长三角乃至全国外向型文化企业参与各类国际知名展会与交易会，如东京动漫展、科隆动漫展、迈阿密艺术展等活动，为具有国际市场潜力的优秀中国文化产品和项目参与重大国际文化活动提供便利。

第三，充分利用平台地处外高桥保税区"境内关外"的政策优势，在文化部支持和参与下，在平台举办有利于推动文化产业发展和文化贸易的各类综合和专业性进出口文化贸易会议、会展、培训和论坛等活动。同时，将国际性活动与文化产品展示、网络文化交易等操作手段与载体有机结合起来，形成国际论坛、交易、展示、培训为一体的服务运作模式。

第四，在平台已设立的上海文化产权交易所基础上，进一步加大国际文化产权、版权和物权的交易，大力探索网上交易等新技术条件下的文化产权交易方式、渠道策略和推广方式。积极推进平台入驻企业同国内外知名出版商合作形成重点产品交易目录，共同开发新品牌和网络交易流程，有目标、有步骤地推动中国原创文化产品的版权等的出口和交易。

第五，利用上海国际金融中心优势，吸引专业金融服务机构为"走出去"文化企业、项目和产品创新提供贴息贷款等各种金融服务支持，同时，鼓励和吸引相关国际金融机构及其延伸文化金融服务机构入驻基地；吸引专业的担保机构和信保机构入驻基地，创新出口信用机构业务经营与政府政策性担保或财政补贴之间互相联通的运行机制，为文化企业提供形式多样的融资担保服务和出口信用保险等服务与支持。

第六，吸引国内外投资促进机构和优秀海外资金投资中国文化企业，促成海外知名文化企业与中国文化企业进行以产品出口为导向的战略合作。为了推动中国文化"走出去"，也为了加强对星空卫视普通话频道、星空国际频道、Channel［V］音乐频道三个频道的内容和播出管理，加快星空频道本土化，整合优势资源，有效降低运营成本，星空华文中国传媒有限公司确定将星空频道之频道技术支持和后台运营整体从香港移师上海。该平台的规划是到2015年实现文化进出口总量200亿元人民币，保持文化贸易顺差的增长态势。

挑战在前，机遇在前，希望在前，中国依托文化地缘战略，进一步加强对外文化贸易，必将全面提升中国文化软实力，深入开发国内外两种文化资源，以丰富的文化产品和文化服务造福于世界各国人民。

打造推动北京文化"走出去"的强大引擎

陈少峰

北京建设全国文化中心应重视对外文化传播与我国核心价值和整体形象的结合,在对外文化传播交流和文化产品出口的内容选择方面,应兼顾古代文化和当代文化、精英文化和大众文化的推广与交流。要充分发挥文化教育、科研机构、文化人才和创意企业聚集的优势,合力打造推动北京文化"走出去"的强大引擎。

一、关注当代文化、大众文化

北京在建设全国文化中心的过程中,其"走出去"的文化产品需要与核心价值观相一致,能够表达中国当代各个领域发展成就的文化内涵和精神价值。

推动核心价值与文化产品出口的同步化,转换视角是必要的。包含着社会核心价值的文化内容产品的出口,并不是依靠传统一贯运用的宣传手段,而是需要借助于大众文化和文化产业的营销来实现。大众文化或者通俗文化看起来不起眼,但它对树立良好的国家形象帮助巨大。特别是那些励志类的影视、音乐,富于民族文化特色的通俗类小说和创新型故事,乃至餐饮文化、服饰文化等,都是友好型的,同时也具有强大的文化渗透力。例如日本在开展所谓的"动漫外交"时,就非常重视大众文化传播。2009年3月12日,日本外务省公布了外交使团引人注目的最新形象,通过可爱大使在海外推广其软实力。青木美沙子、藤冈静香和木村优这三位流行文化大使身着超短裙、圆点衣和少女校服的造型都源自日本的动漫文化,分别代表着日本的"洛丽塔"、高中女生和辣妹三种亚文化。这种亚文化的传播,与文化产业的竞争力具有相辅相成的作用。

鉴于文化内容产品出口的影响力包含着对于境外青少年的文化熏陶,就要求我们将目标转向传媒受众和新一代的消费者。无论是在国内还是在境外,中国的多数文化内容产品一直针对成年受众群,缺乏面向国内外青少年的文化内容精品和出口产品。相比之下,美国好莱坞电影、日本的动漫和韩流音乐等时尚文化的影响则是针对成年人和未成年人的广泛群体,在未成年人群体中更具有深刻的影响力。应借鉴国外塑造优秀文化虚拟形象的手段和意识,利用"中国龙"等形象,打造像《狮子王》那样既能塑造美好形象又能让所有人易懂的动漫故事或者影视节目。

因此,我们需要重新定位文化内容产品的文化内涵和产品特性。要改变以弘扬历史文化、面向成年人为主的策略,更加关注当代中国社会发展的各项成就和人们生活方式的变化,重视人性、人情,家庭价值观的特点以及时尚文化中对青少年具有亲和力的文化,要以当代文化为主。既要让外国人领略到古老北京的传统魅力,更要让他们感受到当代北京的繁荣与活力。北京不仅是古都北京,更是多彩的北京、时尚的北京,要形成"中国元素,国际制作;中国故事,国际表述"的新理念。

二、实现国际化

国际化是对于商业和文化融合能力的挑战,也是一种必然的趋势。从挑战上看,只有善于把握一般人性特点和民众普遍娱乐需求特点的企业,才能够实现国际化经营。例如,马戏与杂技都是类似的娱乐节目,但是马戏的娱乐性更丰富,更具有互动性,更容易实现商业价值。其给予我们的启示是,可以将杂技和马戏的特点很好地结合起来,提升杂技的商业价值。再如,好莱坞商业大片之所以能够取得很高的国际票房,与它符合不同种族和文化人群的需求有关。文化产业经营管理国际化符合市场国际化的趋势。

国际化是检验一个国家文化产业发展水平的重要指标。仅仅依靠艺术家的努力无法实现文化的国际竞争力,因为在国际化进程中,商业发挥着至关重要的后盾作用。文化交流的国际化和文化产业的国际化必须同步,才能提升文化的国际影响力。在国际化中,不仅要有企业为主体的产业化运作,还要有国际化并购,包括国际化的品牌并购。只有在竞争中脱颖而出的民营企业,才有机会实现跨文化的文化企业并购。

文化竞争在很大程度上已经市场化,是否能够占领国际文化市场是一件大事情。由于国际文化市场存在商业价值的空间,就需要企业深入研究文化产品全球消费者的特点,特别是在产品设计阶段,不仅要考虑到将来文化产品在国内的销售,还应把在全球销售作为影响产品设计的因素之一。例如对于舞台艺术,我们的艺术家和企业家要把吸引观众作为重要的考虑因素,特别是针对剧场观众的特点,增强关于人性化戏剧性冲突的表现力,或者加强娱乐性体验性的内容,如把杂技和魔术结合,把武术和杂技结合等。为了克服国外观众语言障碍的问题,需要增加表演类的非语言交流的项目,如提高音乐剧的比重,或者结合武术表演提高音乐表达的比重等。

三、改进传播与推广策略

以交流促进传播,一方面是让国内外人士在北京就能观赏到我们的演艺和影视节目,也就是结合旅游"在区域内消费"形态的出口;另一方面是组织文化产品输出,特别是实现具有竞争力产品的出口。为此,需要做好现有的各种大型项目交流,提升交流项目的经济和社会效益。例如,可以把文化作品或者产品的翻译介绍,包括不断提高翻译水平和规模提升到文化推广战略的高度,让各国人士通过他们的母语来深入理解和欣赏中国文化。此外,还应当思考如何推动境外的文化公关活动。通过各国留学生、友好人士、我国留学生、华侨等各界人士建立各种文化传播机构,积极介绍和推广中国文化。

四、实施品牌化战略

注重塑造与推广大型文化品牌和品牌项目,关注和重视优秀内容品牌项目的开发,特别是结合已在境外有知名度的文化产品如电影图书等,策划系列品牌包括演艺品牌的项目。例如,可以把中外文化年办得更加卓有成效,把"相约北京""国际艺术节"等办成具有国际影响力的品牌项目。在内容品牌的规划上,可以借助于国外观众熟悉的一些概念等作为内容选择的载体。例如,可以把"花木兰""三国演义""孔子""兵马俑""敦煌""西安故事""长恨歌""龙王"以及各种励志类、环保类题材等作为节目名称,并通过内容品牌化模式创新来体现艺术追求。

让企业成为对外文化传播的主体。对于产品面向海外消费者的出口企业,在节目内容的选择标准上,应当打破主题上的条条框框,以市场为导向,研究适合国外消费者欣赏口味的内容。采取合作互惠的方式促进以文化交流和中国文化资源为内容产品的国际化市场推广策略。联合各种文化机构如企业和剧场共同打造品牌化演艺节目。同时,采取部分交换市场、合作推进的方式,与友好国家及其文化公司和营销企业,相互在彼此的国家推广重点文化项目和文化产品。体育是对外文化传播和塑造文化形象的重要途径之一。北京应当大力发展体育产业,向国外输送更多像姚明这样优秀的运动员,通过形象大使来推动亲和性文化的传播。同时,应当提高我国运动员的文化素质和竞技水平,培养更多具有国际影响力的体育明星。

五、需注意的几个问题

首先,针对公共文化服务体系建设中存在的硬件化倾向,应该扭转建设思路和理念,避免"硬件思维"。这要求地方政府在进行城市文化建设中做好城市规划方案,明确所要建设的是一种与城市规划、建筑、环境相协调的文化,是一种人性化的文化而非面子工程和形象工程文化。从根本上说,这需要从重视展现单一的历史文化思路向重视全面的和立体的文化建设转向。

其次,针对在提升型文化建设中存在的不符合大众实际需求的情况,应该以政府为主导来推动符合群众需求的文化建设。提升型文化旨在改变,重点旨在熏陶和教化青少年。当下我们面临的问题是:一方面,外来文化对少年儿童的影响远甚于本土文化的影响;另一方面,本土文化难以与青少年儿童的兴趣点发生链接,换言之,我们的本土文化在各个环节均缺乏从少年儿童角度考虑问题的视角。这种文化应由政府花大力气去做,同时部分学者和社会精英也当以此为己任,继承和发展出一种由内而生的满足青少年需求的文化,以改变书架上琳琅满目,却多是舶来品的现状。

第三,面对应用型文化建设中盲目跟风和偏重短期盈利的文化建设现象,需要一种文化积累的理念和意识,这不是一蹴而就的事情。城市的文化建设需要做应用型文化,要认真钻研文化产业的发展规律,做足积累,重视科技与文化相结合的力量,注重具有内涵型、体验型的文化建设。但同时需要注意的是,在城市文化建设中,做应用型文化不等同于做复古型文化。复古型文化作为文化产业的体验性特征不足,这也是某些地区盲目建设冠以历史文化之名的娱乐城而收效收益都不理想的原因。

第四,在城市文化建设的过程中,要防止城市标志物等观赏型文化建设中的巨大浪费现象。这种浪费现象一方面说明城市对硬件设施的资金投入不当,说明城市文化建设的规划缺乏相应的文化品位,表现低俗;另一方面也说明了对文化内容和文化活动的投入严重不足。城市化进程中的文化建设应当优先重视文化内容产业的发展,并制定相应的扶持政策和激励内容创造,尤其要制定出更多鼓励以民营文化内容企业为主进行创造和创新的政策和措施。这要求企业通过重视商业模式、产业链形态的价值实现、专业化等来提升自身的核心竞争力,同时也要求政府遵循优先扶持文化内容产业的发展、加大对文化内容企业的财政投入等指导原则。总之,重视内容产业的发展,需要来自于政府层面和企业自身两方面的努力。

第五,针对当前城市文化建设中的文化地产化倾向,需要政府做的是将文化地产公司的工程项目和目标纳入到规范的考核制度框架下,进行规范管理,对其进行前期规划考核和项目善后总结,以便监督它所承诺的文化目标。

扩大自贸试验区文化服务开放，推进上海对外文化贸易发展

曾军　段似膺

一、上海对外文化贸易发展的现状和问题

（一）上海对外文化贸易发展的宏观环境

1. 专项扶持资金项目和多项相关政策为上海对外文化贸易提供支撑

2013年，上海启动了文化"走出去"专项扶持资金项目，重点扶持新闻、出版和版权、广播、电视、电影、文化艺术等领域文化服务和相关产品的国际贸易，积极扶持网络文化、文化休闲娱乐、广告会展等领域文化服务和相关产品的国际贸易，同时也扶持文化用品及相关设备等领域的国际贸易。扶持方式主要有出口项目资助、贷款贴息、政府委托、房租补贴等。其中，出口贸易资助主要是对扶持对象为实现文化产品或服务项目出口而给予的一次性资助；对扶持对象为促进文化产品和服务出口而开展的海外渠道拓展项目给予的一次性资助。对扶持对象具有自主知识产权、积极实施并实现海外发行的单个电影、电视剧、商业演出、出版、动漫游戏等文化项目一般给予不超过15万元的一次性资助，重点扶持对象单个项目一般一次性资助不超过30万元。这显示了上海市政府在扶持文化产品和服务出

口方面的力度和决心。

除了上海市政府的专项扶持资金项目,商务部、中国进出口银行也于2012年提出了《关于"十二五"期间金融支持服务贸易发展的意见》,按照"部门组织推荐,银行独立审贷"的原则,充分发挥商务部与地方商务主管部门的政策优势和组织优势,以及进出口银行总行和经营单位的市场优势与资金优势,共同搭建金融支持服务贸易发展的合作平台,全面支持服务贸易发展。在上海市文化创意产业发展方面,上海制定了多项创新政策。《上海市促进文化创意产业发展财政扶持资金实施办法(试行)》,将122个平台项目和18个课题项目列入扶持范围,市级财政扶持资金2.95亿元,撬动资金投入10.4亿元,其中区县配套资金1.15亿元;把文化创意产业的部分门类纳入营业税改征增值税试点,共入库增值税收入55.8亿元,试点企业4.08万户,占全部试点纳税人的比重超1/4,有效打通了连接第二、第三产业增值税抵扣的链条,从制度上解决了企业多环节经营活动面临的重复征税问题;发布《上海市文化创意产业紧缺人才开发目录》;开展首批30家上海市设计创新示范企业创建工作,试行文化创意类企业"集中登记"模式;在品牌建设方面,印发《关于本市加强品牌建设的若干意见》,成立了品牌建设工作联席会议,明确了一批重点推进的品牌;在知识产权方面,完成对《上海市专利资助办法》的修订。

2. 重大项目建设优化对外文化贸易发展环境

2012年,上海在贸易服务、渠道拓展、信息平台建设和区域合作等多方面投入了重大建设项目。在完善文化贸易服务方面,不断探索文化设备保税租赁服务,探索自用设备、配件保税使用和仓储、保税物流、保函担保等多种方式,创立文化艺术品保税展示厅和保税仓库,启动艺术品交易中心建设,提供高效、优质的进出口代理服务,服务于国内外重点文化展会活动和各类文化企业。在海内外文化贸易渠道拓展方面,上海组团参加了香港国际影视展、法兰克福书展、洛杉矶艺术展、美国E3展及深圳文博会、中国服务贸易大会等国内外一系列重要的文化贸易展会;举办苏浙沪演出业务洽谈会暨长三角国际演出项目交易会,签订演出合同、意向近6 000场次;开展了首届设计之都活动周,举办了国际电影节、动漫游戏博览会、室内设计节、时装周等一批大型活动,加大文化创意产业的推介、展示、交流和交易;在全国率先建立了设计产业"走出去"的海外基地;联合国教科文组织"创意城市"(上海)推进工作办公室与意大利佛罗伦萨市政府签订了合作协议,共同建设"上海佛罗伦萨—中意设计交流中心"。在文化贸易信息平台建设方面,新版中国文化贸易促进网上线,全面提升了信息服务和电子商务功能。在推动区域合作机制方面,成立华东七省市对外文化工作联盟,连续第二年成功承办文化部全国文化系统对外文化贸易工作会议,加快推动部市合作共建基地工作。

(二) 上海对外文化贸易发展面临的主要问题

1. 对外文化贸易范围不够广,市场培育困难

目前上海的文化出口范围主要面向亚太地区,产品主要进入中国港澳台地区,以及日本、韩国、新加坡、澳大利亚等地,能够进入欧美地区的产品还很少。我国文化部产业司网站发布的数据显示,在2011年世界文化市场的格局中,美国、欧盟、日本、韩国所占比重依次为43%、34%、10%和5%,中国仅为4%,且其中大部分为依托廉价劳动力而获得成本优势的"硬件产品",属于内容和创意的"软件产品"则比例不高。究其原因,主要是上海文化软件产品地域性强、国际认同感不够。以电视剧为例,2012年中国电视节目版权输出主要集中在讲华语的国家和地区,或者有大量华人居住的国家和地区;以出版为例,图书"走出去",特别是海外版权贸易和实物出口碰到的难题,集中反映出国际传播方面找市场难,花钱搞市场更难。[1]

2. 对外文化贸易产品特色不明显,缺乏内容竞争力

上海缺乏有影响的、有特色的、适合海外观众的品牌文化服务产

---

① 《上海市有关部门深入调研文化企业出口情况》,http://www.sh-services.gov.cn/news_detail.asp。

品,打入国际市场以获得较高回报。以电视剧为例,中国是全球电视剧、动画和出版物生产第一大国,无论市场规模,还是价格都具有很大优势,但海外市场影响力十分有限;而像英国、韩国等国的电视剧尽管国内市场不大,但出口表现非常强势。我国低廉的劳动力这一国际贸易竞争优势在文化硬件生产中得到延伸,但是在以文化创意为主的内容产业中却无法发挥作用。显然,对外文化贸易非简单的经济输出。"走出去"应该是国内竞争力向国际竞争力的延伸,加强产品的内容制作环节,打造富有中国特色的优质文化贸易产品,是对外文化贸易健康持续发展的根本要素。

3. 文化企业经营范围、所有权等限制多

目前,非公有制经济投资兴办文化企业,除法律法规禁止或需要前置许可审批的项目外,还存在不少影响其发展的体制、机制弊端,如划地区运营限制、经营范围限制、市场准入和投资领域限制、不同所有制企业的不平等待遇等,十分不利于发展新型文化业态以及增强多元化供给能力,而数字技术条件下新的文化商业模式和商业业态的发展尤其需要开放的政策环境。同时,文化内容产业和专业性服务产业之间没有形成全球化条件下的产业整合。单凭体制内条块分割,很难适应现代文化产业营造跨界融合式生态环境、打造全球化条件下的全能化产业链的实际需求,只有适时破解文化与非文化之间、国营与民营之间的体制机制壁垒,形成文化发展的联动合力,现代文化产业体系才有望逐渐建构成型。

(三) 解决问题的思路

1. 理性选择政策扶持的着力点,完善促进文化出口的政策框架

考察这些年来"走出去"专项扶持政策可以发现,旧有的国家政策体系基本上都是由其他行业政策照搬到文化行业而来,是基于如何在同质化竞争中发挥"低成本优势"的政策支持。而2013年上海公布的扶持资金管理办法把拥有自主知识产权作为扶持对象的必要条件,起到了良好的导向作用。然而,目前的政策还没有对作品的创

作者和制作方进行特别的保护,对民营文化生产机构的竞争性生产力量的扶持也很少。

目前的政策扶持仅致力于渠道拓展、版权登记、国际认证等贸易环节,而没有涉及产业内部竞争力培育。如果缺少国内市场政策的支持,我国文化产业国际竞争力的培育就成了无源之水。文化产业国际竞争力生成的根本在于开放竞争环境下对生产者原创能力的扶持和权益的优先保护。政府力量的根本目标应该是鼓励产业创新、成就产业的可持续发展。

因此,发展对外文化贸易并非简单强调政策扶持,还应推出反垄断、知识产权保护、劳动保障等一系列配套政策和法律法规,增加透明度,保证文化服务贸易有序发展;制定和完善有关文化贸易政策,提高文化产业的市场化程度和开放度,打破地区行政界限,加强工商、海关、文化版权管理等部门之间的协调配合,加快文化市场的整合、规范文化市场的秩序、完善文化市场的体系。

2. 立足城市文化遗产,重视文化资源的利用与创新

文化是城市的生命,海派文化就是上海勃勃生气和活力的源泉。1843年开埠以前,上海文化从属于中国古代的江南吴越文化,吴越文化大胆开放的冒险性格及雄健恢宏的拓边精神,构成了"海派"文化的开创性特征。开埠后,西方文明又于此首先登陆华夏大地,上海由一个小镇迅速蜕变为全国的商业经济重心,中西大汇融的"海派"文化随之渐趋形成。

目前,上海共有19处全国重点文物保护单位、163处市级文物保护单位,以及632处、2 138栋优秀历史建筑。此外,上海确立了中心城区12个历史文化风貌区,总面积为27平方公里。在12个风貌区内,共有144条道路和街巷受到严格保护。上海丰富多彩的文化遗产和对外开放理念,是发展文化贸易的内在动力和强大物质基础。然而资源并不等于生产力,要为产品注入上海的文化要素,打造体现出上海文化特色、文化价值的对外文化贸易品牌和文化服务产品,离不开对文化资源的开发利用。如果开发时一味迎合国际市场,对文化资源的精髓缺乏把握,就很有可能会被他国借鉴和重新诠释,渐渐与原有的文化内涵相去甚远。

3. 培养引进经营人才，加强创意人才队伍建设

目前，上海对外文化贸易发展的人才需求主要可以分为国际文化贸易经营人才和各文化行业的创意人才两类。国际文化贸易经营方面的人才稀缺，使得国内企业对国际市场从产品定义、设计到产品管理、营销以及文化服务贸易法律法规等方面的认识都受到相当局限。要积极探索科学培育人才机制，运用产学研一体化模式培养国际化、应用型国际文化贸易专门人才；鼓励和扶持高等院校和中等职业学校开设文化贸易经营管理相关专业，与文化企事业单位共建培养基地；或对有关部门人员进行培训，总结经验教训，将成功模式进行推广。要改善上海在以文化创意为主的内容产业方面缺乏竞争优势的局面，大力培养各文化行业的创意人才是必不可少的举措。应加快研究制定并出台文化贸易各行业原创产品制作的优惠政策和奖励办法，鼓励企业加大创意性人才在员工整体构成中的比重，增设相关培训和创意课程，为本科生和研究生开设与之相关的复合型课程。大力引进、吸纳全国乃至世界各地的各文化行业优秀人才落户上海，使上海成为对外文化贸易创意人才的高地。

4. 充分发挥"国家对外文化贸易基地"作用

国家对外文化贸易基地是上海独一无二的文化贸易平台。2012年，国家对外文化贸易基地内已聚集了120多家文化贸易企业，入驻企业的注册资本达16.9亿元，2012年基地年贸易总额达到17.2亿元，税收贡献近亿元。[①] 文化贸易平台的有效利用，将推动上海国际文化服务贸易平台的进一步发展。依托这一平台，可以打造国内外知名文化企业聚集基地、文化服务进出口贸易基地、文化服务展示推介基地、文化服务贸易金融政策试验基地以及专业化文化服务贸易研究培训基地，搭建文化企业与海外市场沟通交流的桥梁；依托"国家对外文化贸易基地"内的上海文化产权交易所，可以探索新技术

---

① 上海市文化创意产业推进领导小组办公室：《2013年上海文化创意产业发展报告》。

条件下的文化产权、版权的交易品种、交易方式、渠道策略和推广方式,推动文化服务产品交易市场的发展。2013年,中国(上海)自由贸易试验区的设立,更是给对外文化贸易发展提供了难得的机遇。上海应借此机会,加快发展文化产业,壮大文化企业的规模与实力,培育一批具有国际竞争力的外向型文化企业和中介机构,培植一批国际知名文化品牌,积极开拓国际文化市场,为上海文化服务贸易出口奠定坚实基础。

二、利用自贸区试验平台推进上海对外文化贸易发展

(一)明确上海自贸区文化服务的改革空间

1. 明确文化服务扩大开放的"底线",探索"文化内容服务负面清单管理"新模式

文化服务不同于其他领域的服务,文化内容属于精神生产领域,具有鲜明的意识形态属性。因此,文化服务的对外开放,必须旗帜鲜明地坚持有中国特色社会主义方向、坚持马克思主义的指导、坚持中国共产党的领导,必须有利于中国文化的传承创新。与文化服务对外开放的"底线"原则相适应的,是对文化服务领域的"内容管控",即凡不与文化服务对外开放底线发生冲突的内容,从生产、传播、销售等环节实施全面开放。那么,我们的内容底线是什么?其实很简单,就是中国的宪法和法律。而目前的"负面清单"管理则只是从经济活动的领域对文化行业、机构或部门在各个生产、传播、流通、消费等环节进行了若干限定,采取的是"生产环节管控"原则。这与文化服务对外开放的"内容底线管控"原则既有部分重合之处,又有部分不兼容之处。因此,有必要针对文化服务的特殊性,探索用"内容底线"原则替代"生产环节"原则,用文化服务的"负面内容清单"替代现在的"负面(文化服务行业、生产经营环节)清单"。

2. 充分利用现有政策优势，将自贸区打造成上海乃至全国现代文化市场体系的"文化金融服务中心"

自贸区首先是经济领域的开放，因此，充分利用自贸区在行政审批、金融服务、财税支持等方面的政策优势，探索文化服务的经济开放空间是上海自贸区作为"实验区"的重要功能。一方面，利用自贸区现有的政策和服务空间，挖掘政策潜力。如"境内关外"海关政策、保税仓储、保税展示、保税租赁等，进一步推进区内试点经认定的文化企业自用进口文化设备全面享受减免税、制定适合文化企业的税收优惠政策、进一步落实和实施文化产品和服务出口退免税政策以及建立适应文化企业的外汇政策等。另一方面，大力发展文化金融服务，形成自贸区之于上海乃至全国的文化市场体系的核心地位和辐射功能。经过十余年发展，中国众多的文化创意产业园区建设形成了以"文化—科技"相融合的文化产业、以"文化—创意（设计）"为基础的文化产业、以"文化—地产"相结合的文化产业等几种主要模式，唯独缺乏以"文化—金融"为基础的文化产业中心。文化金融服务是文化产业赖以发展的经济基础，也是中国特色文化市场体系构建中最为重要的部分，上海自贸区完全有责任、也有能力将这一"文化金融服务中心"打造出来。

具体而言，可以从以下三个方面来着手：

（1）构建国家级的扶持战略。发挥政府力量，通过创新财政的投入方式，为文化金融服务提供财政资金配套支持。除了直接投资外，还可以通过多种政策杠杆对符合条件的文化企业给予贷款贴息、保费补贴、税收优惠以及对优秀的文化企业或项目给予无偿资助和奖励。引导和促进银行业、证券业、保险业、金融机构等各类资本创新金融产品，改进服务模式，搭建服务平台，为文化企业提供融资支持和金融服务。效仿科技金融，实行部行合作之外，增加与创业风险投资和创投机构的合作，建立文化金融服务中心，打造一个包括银行、保险、中介服务机构、法律服务、培训服务等一站式平台。

（2）推动文化资源金融化，创新金融服务方式。文化资源的金融化过程是通过"资源资产化、资产资本化、资本产权化、产权金融化"

的路线进行的。要突破文化产业与金融机构对接的障碍,必须首先以文化产业的核心资产——版权资产为价值载体,深度挖掘版权资产价值,推动文化资源金融化。以公开的版权交易市场为基础,创新版权资产的价格形成机制。以优质版权推选、版权登记、版权权属核查、版权价值评估、版权交易监管、版权资产处置等一系列版权服务为基础,通过系统组合信贷、抵押(质押)、担保、债券、保险等多种金融业务与金融产品,创新金融服务方式。

(3)推动文化金融中介组织建设。有效整合文化产业、版权产业内部的专业服务力量,为金融机构介入文化产业提供一揽子解决方案和配套服务,鼓励建设一批专业从事文化金融服务的中介组织,如担保机构、小额贷款公司、版权托管机构、评估机构、信用管理机构、版权代理机构等,成为文化金融创新的重要支撑平台。

3. 创新文化服务开放的管理体制和机制,构建"文化管理服务平台"

中共十八大以后,我国行政管理体制最重要的变革就是下放行政审批事项。而上海自贸区的成立,也将在转变政府职能、优化行政管理方面做出积极的努力。不断改进和创新行政服务方式,提高文化管理能力,构建"文化管理服务平台"则是上海自贸区作为"试验区"的根本所在。

(1)优化行政审批。整合文化服务行政审批事项,设立行政审批业务受理和咨询平台,简化办事程序、优化审批流程,推进一站式审批、查验工作,加快文化审批、通关便利化程度。

(2)搭建服务平台。实现从"文化行政管理"到"文化行政服务"转变,通过搭建各类文化服务的信息平台,为自贸区文化企业、机构提供优质服务。如可以推动建立国际文化贸易信息平台、健全国际文化贸易企业和产品数据库、优化国际文化贸易研究平台功能以及建立国际文化贸易翻译服务平台、搭建国际文化贸易项目战略投资合作平台等。

(3)完善监管体系。下放或取消行政审批,并不意味着政府完全退出市场,相反,政府要进一步完善文化市场监管体系,及时掌握文化服务和贸易开放状态。如建立文化企业诚信体系,并制订相应的信用管理机制；继续加强"上海市文化产品和服务进出口统计"及"上海市文化核心产品和服务进出口情况统计"等工作，完善国际文化贸易统计体系。

4. 创新文化服务对外开放新形式，开辟"文化贸易服务"新领域

尽管在目前上海自贸区开列的负面清单中，文化服务领域的开放程度还相当有限，但与文化贸易相关的领域还有非常广阔的创新空间，足以开辟文化贸易服务的诸多新领域。

（1）文化产品仓储服务。利用上海自贸区所拥有的保税仓储物流、离岸保税功能，为境外文化产品提供专业、高端和精良的仓储服务，降低运输、展示和交易成本。

（2）文化设备租赁服务。利用上海自贸区所拥有的保税租赁优势，为自贸区乃至上海高端进口文化设备提供租赁服务，并以此降低自贸区及上海，乃至长三角的影视、演艺、出版、传媒等领域文化企业的技术成本，提升其产品和服务加工的能级，增强其参与国际市场竞争的能力。

（3）文化产品展示服务。利用上海及长三角地区现有的上海国际电影节、上海电视节、中国上海国际艺术节、"上海之春"国际音乐节、中国国际动漫游戏博览会、中国国际数码互动娱乐产品及技术应用展览会、上海书展、上海国际印刷周、上海艺术博览会和上海春季艺术沙龙等知名国际节庆会展，在上海自贸区内拓展国际文化产品展示服务，深化其国际文化贸易功能。

（4）文化服务中介机构。吸引国内外著名文化服务中介机构入驻，引导其加强与海外、境外和国内文化企业的对接合作，形成以上海自贸区为中心的贸易代理、金融服务、推介宣传、法律服务等各类国际文化贸易中介服务机构群，提升上海自贸区面向国际国内文化企业的贸易配套服务能力。如，自贸区可以积极依托商务部和上海市共同主办的中国（上海）国际跨国采购大会，积极发展一批有助于促进我国国际文化贸易的专业文化贸易公司和海外代理机构。

（5）文化服务外包服务。文化服务外包是上海对外文化贸易的重要组成部分，也是国内文化企业"走出去"的重要形式之一。在中

国文化产业发展水平相对较低的状态下,国内的文化企业通过文化服务外包提高创意能力和制作水平,也是必由之路。如可在上海自贸区内建设上海影视动漫游戏制作服务外包分发平台,推动国内优秀制作力量与国际创意、国际资本接轨。

(6)文化衍生后期服务。文化创意产业依其产业属性可以分为文化创意核心产业、文化创意支持产业、文化创意配套产业和文化创意衍生产业,并形成相应的产业集群。在以生产经营管控为特征的负面清单管理机制下,大力发展文化衍生产业,提升后期制作服务功能,可以作为上海自贸区文化服务扩大开放的优先发展途径。可利用保税、免税的优势,吸引国际影视动漫游戏制作企业和设备供应商在上海自贸区的集聚,增强其为上海、长三角乃至全国的国际影视动漫游戏制作的服务功能,并以此加快文化科技的国际产业转移。

5. 加大文化企业"走出去"扶持力度,完善民营、外资参与文化企业经营的细则,搭建上海自贸区"文化服务国际舞台"

目前,中国对外文化贸易存在着严重的贸易逆差,文化"走出去"除了语言文化、意识形态、体制水平等原因之外,更重要的是国内的文化企业或机构满足于国内文化消费市场,缺乏"走出去"的动力。因此,有必要进一步通过财政扶持,扩大对内容原创版权输出的扶持,制定鼓励社会力量参与支持文化企业"走出去"的政策,扩大对文化企业海外营销相关的支持力度,支持影视、动漫、网游、艺术品、音乐及出版等多行业的版权输出。

扩大对"以进代出"的鼓励和扶持力度,有限扩大外资投资中国文化项目和中国企业投资境外文化项目的双向准入和有效路径。可依托上海自贸区进行政策突破,有限试点,如建议允许我国港澳台地区以外的境外投资者在自贸区内设立独资的影视技术公司,开展影视后期技术制作、休闲娱乐类内容影视制作、非时政新闻制作与出版等业务。

(二)上海自贸试验区文化服务扩大对外开放路线图

通过以上分析,不难发现,上海自贸试验区文化服务扩大开放的空间巨大。既不能因为要"扩大开放",就忽视了文化服务所具有的精神生产的意识形态属性,也不能因为要兼顾文化的意识形态属性而束缚了对外开放的手脚。改变现有的"文化(行业、生产经营环节)负面清单"管理模式,实现向"文化(内容)负面清单"管理模式的转变,并结合政府管理手段、经济服务水平、科技自主创新等其他多方面复杂因素的考虑,以顶层设计的方式制定上海自贸区文化服务扩大对外开放的路线图(见表1)。

表1 上海自贸区文化服务扩大对外开放路线图

顺序 领域	1.允许开放	2.有条件逐步开放	3.严格审查	4.不允许开放负面清单
文化技术服务	技术引进	参股合资	外交独资	
文化贸易服务	展示、外包	仓储、租赁	中介	
文化金融服务	保税免税	金融服务	外交独资	
文化管理服务	行政审批	服务平台	监管体系	
文化内容生产	衍生、后期加工	影视动漫游戏	新闻出版	文化内容负面清单

总之,上海自贸试验区的成立,为文化服务扩大开放注入了新的活力,也为上海对外文化贸易的提升提供了崭新的平台。文化服务的扩大开放要以确保我们文化安全为前提,但是,确保文化安全不能简单以"封堵"方式,而应该以"疏导"方式,更不能付出成为"文化孤岛"的代价。因此,只有扩大"文化开放"水平,培育外向型文化企业,支持文化企业到境外开拓市场,积极吸收借鉴国外一切优秀文化成果,引进有利于我国文化发展的人才、技术、经营管理经验,才能真正提高"文化繁荣"程度,才能进一步增强我国建设有中国特色社会主义的"文化自信",才能更好地保障我国的"文化安全"。

中原文化"走出去"的改革与创新方略

崔玉宾

努力将中原文化快速发展成为具有影响力的中国文化因素之一,河南省委、省政府近年来把加快从经济、文化大省向经济、文化强省跨越,实现中原再崛起确定为近阶段的奋斗目标。要实现这一宏伟目标,就需要发挥中原文化软实力,将其作为中原文化推广的精神动力。有助于中原文化"走出去"目标的具体实施,各个部门要切实做好各自的工作,充分利用内外两种资源、两个市场,为中原文化软实力的提升培植土壤,拓展上升空间。为了把中原大省的人才、资本、技术聚集来,形成更深、更广、当量更强的"核聚变",我们必须把握好中原文化产业"走出去"的体制改革与创新对策,方能一求以成。为之,我们须做好以下工作。

一、完善"软实力"体制,促进中原文化"走出去"主体性创新

中原文化"走出去",是我们必须要走的路。现实存在状况虽然不同程度上制约了中原文化软实力的有效提升,但是,我们必须发挥具有中原特色的文化软实力,拓宽中原文化走出去路径。具体有以下几方面的措施。

(一)当代中原文化"走出去"体制创新的核心在于精神创造

促使中原文化的大发展,大繁荣,积极推进具有中原特质的文化"走出去",竭力打造积极进取、昂首向上的中原人文精神,实现中原人口资源向国家人力资源转化,全面提高人的素质,提高知识水准,提高民族意识,切实为中原经济发展建设提供强大精神动力。培育和打造以"根"文化为重点的中原文化品牌。依托豫剧、文物、杂技、节会、庙会、实景演出等文化资源,打造具有鲜明地域特色、有广泛社会影响的文化项目、优秀舞台艺术精品剧目、文博展示项目、文化产业示范区品牌等。

(二)更新观念,强化文化主体意识

文化往出走容易,真正"走出去"却不容易。中原文化从目前来看,应在下述几方面加快思想观念更新:一是,努力改变各种阻碍文化发展的旧的观念与老套的管理和思想,增强中原文化适应改革开放和信息化时代潮流的文化发展需要。二是,要抢先开发河南省具有典型意义的文化资源,要逐步将拥有的文化市场继续拓展,深层次的不断开发和"走出去"战略,不能等市场来要求,而是主动满足市场需求。三是,整合资源,集中力量,转变各自为政、单兵作战的发展思路,避免小、散、乱、弱这个长久以来的通病,积极扭转这种局面,改变过去"互挖墙脚"式的出口方法,不搞低端市场上的互相杀价。

(三)加快创建文化艺术荣誉制度

创建和完善文化艺术荣誉制度和奖励制度,从根本上来规范和引导企业进行文化发展,从政策和机制上来满足市场需求,规范市场行为,凝结心想,集中精力,是文化"走出去"的有力保证和切实有效的政策法宝,不仅标志着河南省对文艺家的尊重,对他们创造成果的肯定,也标志着对自身文化创新发展的期许,对当代文化创新发展成果的自豪和不断推进文化建设、人才培养的努力。

（四）积极策应中原文化"走出去"动意，提升中原文化主体影响力

自我提升中华文化"走出去"战略是国家文化发展战略和外交战略的重要组成部分。河南独特的文化底蕴、优秀的民间艺术和良好的群众文化基础可以为亚洲艺术节这样的区域性国际文化活动增光添彩，郑州雄厚的经济实力也为举办这些大型活动提供了坚强后盾。

二、提高文化管理体制和运行机制改革力度

（一）文化与事业，改革与发展

第一，推进自身文化发展及其传播体制的改进。为了确保中原文化"走出去"，可以在事业单位领域大胆进行改革尝试，只要有利于自身文化发展及其传播的体制改进，应该给予积极肯定且予以推广。

第二，加强公共文化服务运行机制的创新改革，让公共文化服务走在文化"走出去"的前线。

第三，积极推进经营性文化事业单位改制转换，增强其活力和市场竞争力，为中原文化"走出去"奠定扎实的基础。

第四，优化投资环境，完善多渠道、多元化的投资融资机制，促进资源整合与共享。为中原文化发展解决资金上的困难，特别要大力引进省外、国外资金及先进技术和管理方法，利用国内外优秀文化资源，不断增强创新能力；建立健全文化市场准入和退出制度，放宽文化产业准入的标准，鼓励、吸引、扶持民间资本和社会力量投资、参股文化产业。

（二）改进宏观管理，转变政府职能

1. 逐渐创新河南文化管理体制

培育和打造以"根"文化为重点的中原文化品牌。依托豫剧、文物、杂技、节会、庙会、实景演出等文化资源，打造具有鲜明地域特色、

有广泛社会影响的文化项目、优秀舞台艺术精品剧目、文博展示项目、文化产业示范区品牌等。

2. 改善配套政策,加强组织领导

应注重扎实推进文化体制综合改革,加快实现文化大发展大繁荣;加强领导、加大力度,积极落实各项文化体制改革试点任务,以全面推进文化体制改革;加强分类指导,全面推进市直文化事业单位的改革;积极推进经营性文化单位转制改革,并且完善配套政策,破解转企改制难题;在转企改制中切实保障职工的合法权益;推进公共文化服务体系建设;建立健全改革发展政策体系;全面加强基层文化工程的建设;促进民营文化企业健康快速发展;统筹发展各个市区的文化产业和公共文化事业等。

3. 推动文化体制改革还需细化政策

"十七届六中全会在理论上提出创新,将公益性文化事业与文化产业分开,主要目的是解放生产力,这具有很大的意义。"省文联副主席、省作协副主席郑彦英说得好,文化是最需要创新的领域。"随着全会通过的决定,各地各有关部门会出台很多细化的政策,解决改革过程中遇到的新问题。"

4. 文化建设将决定党委、政府业绩

"把文化改革发展成效纳入考核评价体系"这一项,公共文化服务体系的建设将成为政府和官员政绩考核体系中不得缺少的内容。

三、促进中原文化"走出去",加强文化产业及对外文化贸易体制创新

胡锦涛总书记在中共中央政治局集体学习时深刻指出:"国际经验表明,文化产业已经成为经济新的增长点,日益成为国民经济新的战略性支柱产业"。努力推动文化产业成为国民经济战略性支柱产业,是建设中原经济区文化支撑体系的产业载体。

（一）积极培育具有较强竞争力的文化产业和大型跨国文化企业

为了培育具有较强竞争力的文化产业和大型跨国文化企业,应积极实行市场营销战略。文化产品的生产者必须找到能欣赏、接受其产品的消费者,市场营销的目的是使企业和消费者之间的联系达到最优化,双方最大程度的相互满足。

（二）借政府文化发展机遇,积极争取国家优惠经济政策

这几年,国家对文化体制改革试点地区和文化单位不在试点地区的试点单位已经出台了一系列旨在加快文化产业发展的相关政策。我们应该抓住机遇,竭力向中央争取优惠的经济政策.为文化产业发展争取良好的政策环境。

1. 领略政策导向,发展文化事业

以郑州为例,2008年开始,郑州市便计划每年拨出5 000万元资金专项扶持动漫产业。郑州市的扶持政策是,在地方电视台首播的,按二维动画片每分钟1 000元、三维动画片每分钟2 000元标准奖励企业,最高可达300万元;在中央台播出的,按照每分钟二维2 000元、三维4 000元标准奖励,最高可达500万元。下一步希望政府能够多扶持精品动漫产业企业。目前省内的动漫企业,正在主推自己的原创动漫品牌形象"二兔"。同时,"二兔"系列漫画第一册已经由上海人民出版社出版,而260集的"二兔"系列动画片的第一部《二兔等着瞧》已经完工,拿到了发行许可证,很快将在央视及全国各大电视台播出。该片又与伊朗、黎巴嫩等6个国家签过了播出合同,很快将走出国门。

2. 发挥中原文化产业特质,激活其无限生命潜力

文化之所以优于其他产业的发展,就在于其产业形态的定性与界限是模糊的,它具有极大的渗透性、穿透力和亲和力来影响其他行业发展。加大金融对中原文化产业发展支持力度,加快文化产业投融资平台和公共服务平台建设。积极推动文化市场开放,鼓励社会

力量参与公益性文化建设。

四、加强对外文化交流体制革新，开创中原文化"走出去"新局面

开掘中原文化特质内涵，增强海内外华人凝聚力，这是加强对外文化交流工作的方针与动力。扩大对外文化宣传是一个城市形象魅力体现的必经之路。

平乐牡丹画依托洛阳牡丹花会带来的巨大商机，书画作品得到了广大市民和外地游客的好评，现在市场上供不应求。现在进行牡丹画创作的农民，在平乐村已涌现出很多，农民绘画队伍逐年扩大，创作水平逐年提高，他们的作品大部分销往鲁陕晋等地的旅游精品商店，有的还漂洋过海远销日本、美国及东南亚等国家和地区。

相比，今天的中国文化"走出去"不同于过去的对外文化交流，其中最重要的就是增加了文化贸易、文化产业"走出去"的内容，把中国文化"送出去"变成今天的"走出去"，最大的契机是市场经济。文化体制改革从过去改人改制改技，到现在新一轮改革最突出的亮点就是社会主义市场经济兴起后，文化体制改革的目标任务发生了很大的变化，使得"转企改制"进入经营性文化事业单位的改制成为重中之重。因此是市场经济把中国文化"走出去"和文化体制改革很好的联系在一起。所以今天的高峰论坛有了政、产、学、研很好的结合，相信在两个题目上都会取得很好的进展，能够互相促进。

总之，作为地域文化重要分支的中原文化在当代所产生的吸引力、影响力、同化力和感召力已经成为河南文化"软实力"的主要表现形式，当下急需加快中原文化"走出去"体制改革与创新的步伐，要积极营造外部环境，加强中原文化的宣传力度；要加快网络建设，增强中原文化的交流质量；要发挥品牌效应，扩大中原文化的贸易空间；要整合社会资源，提高中原文化的传播能力，助推中原经济区的全面发展。惟其如此，才能确保我中原文化"走出去"的质量和速度，实现河南省在经济与文化方面做强做大。

四川文化"走出去"对策探析

庹继光　李　缨

　　2001年,当时的国家广播电影电视总局开始推行广播影视"走出去工程",拉开了我国文化走出去的序幕;2011年,中共十七届六中全会通过了《中共中央关于深化文化体制改革推动社会主义文化大发展大繁荣若干重大问题的决定》,正式提出"文化走出去"工程:"实施文化走出去工程,完善支持文化产品和服务走出去政策措施,支持重点主流媒体在海外设立分支机构,培育一批具有国际竞争力的外向型文化企业和中介机构,完善译制、推介、咨询等方面扶持机制,开拓国际文化市场。"2013年,中共十八届三中全会通过的《中共中央关于全面深化改革若干重大问题的决定》再度强调:"提高文化开放水平。坚持政府主导、企业主体、市场运作、社会参与,扩大对外文化交流,加强国际传播能力和对外话语体系建设,推动中华文化走向世界。理顺内宣外宣体制,支持重点媒体面向国内国际发展。培育外向型文化企业,支持文化企业到境外开拓市场。"作为一项国家战略,我国"文化走出去"工程至少应当包括两个层面的内涵:第一,实施过程的"走出去",切实把既继承传统优秀文化又弘扬时代精神、既立足本国又面向世界的当代中国文化创新成果传播出去,走出国门,通过交流、贸易等途径与境外用户接触。第二,输出和传播效果上的"走进去",深入用户。中共中央总书记习近平在中共中央政治局第十二次集体学习时强调"提高国家文化软实力,要努力提高国际话语权",并指出要"增强对外话语的创造力、感召力、公信力",其实就是号召我国对外输出的文化产品或服务在契合国外用户现实需求的基础上,真正与用户贴近,并且赢得他们的喜爱,最终被他们接受,达到文化交流与传播的良好效果。

四川是国内公认的文化资源大省,境内文化资源禀赋异常丰富,历史文化资源、民族文化资源、红色文化资源、宗教文化资源和智能文化资源等都有较充足的分布,称得上点多面广,类型多样,以四川为代表的巴蜀文化已然成为国内具有典型性的优质地域文化之一,如此得天独厚的文化资源优势,使得四川在我国文化"走出去"战略实施进程中理应担当重要使命。当前,国家已经出台了一系列政策鼓励各地的文化产品和服务"走出去",这些政策的激励作用是明显的,但政策的作用对象仅限于国内,只能针对政府机构、文化企业等设计出相关的优惠、便利措施。例如税收减免政策等,有助于文化顺利走出国门,而无法直接作用于境外相关主体,难以保证文化产品和服务真正"走进去",在境外市场上销售、展播等,达到文化交流和传播的效果。而要完成这些使命,四川当下一方面要充分运用国家的激励政策,另一方面也有必要实施全方位的文化"走出去"推进策略,为四川文化"走出去"夯实基础。

一、"推销"并举助推巴蜀文化输出

众所周知,文化"走出去"的前提是文化被外界认知、了解,在过去许多年里,四川省注重通过各种途径推介境内文化资源,并取得了明显的成效,如依托在成都举办的中国西部博览会契机,迄今已举办了10届国际旅游文化推介会,向全球推介四川的文化旅游资源,吸引了来自数十个国家或地区的来宾参会;2011年夏季,"文化中国·锦绣四川"欧洲行系列活动成功举办,这次活动把西方主流社会作为对外文化交流的重点,充分展示了四川独特的人文、历史、民族风情和自然风貌,使国际社会通过文化交流增进了对四川经济社会发展的了解和理解。此外,四川藏区文化产品的交流推介力度也日渐加大,阿坝州打造的《藏谜》《羌魂》赴尼泊尔、美国、日本、韩国等国家和中国台湾地区展演访问,大型羌族原生态歌舞《羌魂》应邀赴韩国参加国际文化节,均载誉而归。①

不过,四川文化对外推介的巨大成功,只是为四川文化"走出去"奠定了基础,要全面提升文化软实力,最终仍有赖于四川文化产业的大发展大繁荣:文化产业作为文化生产力,属于文化软实力的物态表现,是文化软实力的物质基础,它使我们的精神家园得以依托。② 四川文化"走出去"的终极标志,必然是四川文化产品与服务的大量外销——理由很简单,只有境外的消费者愿意购买四川的文化产品和服务,才表明他们从内心认可了巴蜀文化,四川文化才可能真正在他们心里扎根。因此,巴蜀文化的对外输出必然要经历从"推介"到"销售"的转变。

尽管"推介"与"销售"有着巨大的反差,但两者之间并无天然的鸿沟,反而在很大程度上是可以勾连的,"韩流"得以在较长一个时期内风靡中国及其他国家,占据这些国家电视剧市场的相当份额,很大程度上源于韩国首先推行试用方针,让海外观众对韩剧成瘾,再让他们掏钱购买。凤凰网披露的信息称,有韩国版权代理商说,韩国政府最初到境外推广韩剧时,为了打造韩剧的知名度和影响力,先投资将韩剧免费在海外电视台播放,韩国企业还投注广告,为韩国电视剧占领海外市场助力。韩剧有影响力之后,在观众的观看意志和收视率的逼迫下,海外国家便不得不向韩国购买电视剧。这个成功的先例,也值得四川省文化管理机构和文化企业借鉴。

二、设立专门机构统筹文化输出

2004年7月,四川省成立了以时任常务副省长蒋巨峰为首的"抢抓奥运商机工作协调小组",小组成员全是副厅级以上官员,这是国内较早设立的此类机构,后来在该领域的各项工作中发挥了积极作用。当下,四川省完全可以延续北京奥运会前率先成立抢抓奥运

---

① 蹇莉:《民族地区文化产业发展的困境和对策》,《西南民族大学学报》2013年第8期。
② 班秀萍:《价值观念 民族精神 文化产业——提升我国文化软实力三题议》,《西南民族大学学报》2013年第7期。

商机专门工作机构的做法,在省文化厅、省商务厅等单位内设立专门负责四川文化"走出去"的工作机构,统筹此项工作,负责协调省内各部门、地区之间的关系,建立文化产业发展推进网络,促进四川文化大规模、高质量地"走出去",并且以文化产品和服务作为先导,延长产业链条,推动四川相关领域的经济发展。

建议四川省设立四川文化"走出去"的专门工作机构,除了文化"走出去"本身具有提升文化软实力的巨大价值外,还在于文化"走出去"可以带动其他产业全面发展,产生巨大的辐射功能:韩国进出口银行海外经济研究所发表的调查表明,韩国文化产业出口每增加100美元,就能使韩国商品出口增加412美元。该调查结果由韩国2001年至2011年向92个国家出口的文化产业及其他商品的出口额数据分析得出。韩剧、韩国电影等"韩流"席卷全球,各国对韩国产品的好感上升,从而促进了手机等韩国IT商品的销量。韩国文化产业出口每增加100美元,韩国的手机、家电等IT产品平均增加395美元。从消费品项目来看,文化商品出口对信息通信产品、服装、加工食品出口带来的影响很大。[①] 在列席2014年四川省政协会议时,几位侨胞也提出了主旨完全一致的建议:四川企业要走出国门,也要将四川文化作为"敲门砖",充分发挥四川文化对四川外向型经济发展的引领作用。

此外,四川推进文化产业输出的专门机构还应当组织相关企业、文化生产单位等,充分借力国家政策,为四川文化产品对外输出服务。

当前,国家出台了诸多政策,努力推进我国文化"走出去"。在此进程中,四川省理应充分利用国家的政策,如我国在非洲免费推广影视作品的机会,大力促进四川影视剧输出;此外,利用我国与东盟国家开展全方位合作的机会,加强四川文化产品的对外输出。

在广播影视作品"走出去工程"实施过程中,我国也在尝试借鉴韩国"免费开路"的推广模式:中国国际广播电台和中国国际电视总公司等单位,正在合力把10部电视剧、52部电影、5部动画片、4部

---

① 禾泽:《韩国:文化出口带动其他商品出口》,《中国文化报》2012年6月11日。

纪录片这样规模的国产影视剧一起译制并推向非洲,以此开启中国电视剧输出的新时代。数月之后,中国电视剧在非洲形成的良好传播效应即将被全面扩大。预计今后3—5年内,中国将把优秀的国产电视剧逐步推向非洲:2013年,范围首先定为15国,2014年计划达到30国,直到遍及与我国建交的所有非洲国家。其推广形式还都在探索中,国际台、央视的电视剧总公司和其他涉外企业都在寻找各自资源,力求电视剧通过当地主流电视台播出。据相关人士介绍,在推广初期,这些电视剧都将以免费的形式播出,是出于培育市场的考虑。① 近年来,四川先后制作了一大批高质量的影视作品,完全可以通过自荐、组织推荐等形式进入我国对非洲推广的影视作品行列,使四川影视的影响扩展到遥远的非洲大地。

在对外合作过程中,地缘优势是一个重要的考量因素,四川省地处我国西南边陲,与东南亚国家是近邻,而近年来我国与东南亚国家间强化了文化合作:2005年8月,《中华人民共和国政府和东南亚国家联盟成员国政府文化合作谅解备忘录》在泰国首都曼谷签署;中国—东盟自由贸易区于2010年1月1日建成,而文化产业能进一步深化中国—东盟自由贸易区的交流合作内容、拓宽交流合作领域、提升文化产业交流合作层次,是建设中国—东盟自由贸易区的迫切需要和重要组成部分。在中国与东南亚国家强化全方位合作的进程中,广西壮族自治区举措颇多,力度很大,也取得了不错的成效,四川省同样应加大力度,促使更多的四川文化产品、服务和文化项目纳入双边合作的范畴,推进四川文化对东盟国家的输出。

三、实施品牌战略提升文化竞争力

文化品牌是文化软实力的重要标志,体现了文化的核心竞争力,是文化的经济价值与精神价值的双重凝聚。从某种意义上说,文化

---

① 马新蕊:《从韩剧、美剧看中国影视剧走出去战略》,《人民论坛》2013年第26期。

品牌就是文化产业最好最有效的通行证和广告语。为此,有研究者明确指出:一个国家文化产业的发展水平与这个国家拥有多少文化产业著名品牌有密切的关联,任何一个文化强国的崛起都需要一批自主名牌的支撑。我国文化产业的大发展需要名牌支撑。因此,在"十二五"时期,我国文化产业必须加强品牌建设,以"品牌"为突破口,切实提高我国文化产品质量的整体水平,加快培育一批具有自主知识产权和质量竞争力的知名文化品牌,进一步增强我国文化产业的国际竞争力,努力促进发展方式转变,提高经济发展的质量和效益。①

由于文化产业发展相对滞后,我国在文化品牌建设和扩展方面存在着明显的反差,具体表现为历史传统文化品牌较多,而现代文化品牌较少,以高科技为基础的新型文化品牌更少,文化资源性品牌较多,创意性文化品牌较少,具有国际和国家影响力的文化品牌更少。这一现状在四川省文化品牌建设进程中同样存在,在 2014 年 4 月召开的第二届中国文化旅游品牌建设与发展峰会上,公布了"影响世界的中国文化旅游名城、名县、名镇、名景、名人、口号"等一批六类知名文化旅游品牌获奖名单。在"中国文化旅游名城"类别中,成都市仅次于北京市、重庆市和杭州市,排名全国第四;而在"中国文化旅游名景"类别中,四川省内的九寨沟风景区、峨眉山风景区均进入了国内前十名。但是,仅仅依靠这些历史性品牌、资源性品牌,远远无法满足四川文化全面"走出去"的现实需要,目前四川正在积极探索文化精品、文化品牌的发展道路,在全省范围内持续实施"一市一州一品"对外文化品牌工程,促进省内优秀文化产品和服务进入国际市场,例如成都市将办好国际非物质文化遗产节作为打造国际知名文化品牌的重要着力点。

实施文化品牌战略,必然要高度重视文化创意产业的发展,只有建立在创意基础上的原创性文化产品,才能成为真正的文化精品,确立自身的品牌形象,在激烈的文化市场竞争中立于不败之地。实践证明,创新性创意才能被规模化产业化开发。创意既包括新颖内涵

---

① 尹良润:《文化产业品牌的基本特征与传播策略》,《新闻爱好者》2013 年第 7 期。

的原创文化及其衍生文化的创意(原始文化创新),也包括对现有文化资源进行重组、整合后派生出新的具有震撼力的文化产品的想法(集成文化创新),从而依靠其创造出巨大的文化附加值。①四川不缺优良的文化资源,但它们与西部其他地区在民族民俗文化资源等方面存在着某种程度的雷同,其产业化开发也面临着同质化的弊端,只有创意人才的塑造,其产生的文化产品与服务在品质、模式上才可能呈现出较大的差异性,形成具有独特性乃至唯一性的文化商品,并形成市场认可度颇高的文化品牌,赢得境外文化消费者的喜爱。

四、利用窗口展示魅力输出文化

目前,四川省已经与国外许多省、州、县等建立了友好伙伴关系,同时四川省境内多所高校在国外开设了十余所孔子学院,这些合作关系均可作为四川文化输出的平台和窗口,充分展示四川文化的魅力,争取四川文化产品和服务的对外输出机会。

1982年,四川省与美国华盛顿州缔结第一对省级友好伙伴关系,此后经过近30年的对外交往,到2010年,四川省已经与国外建立了13对友好关系,四川省与这些友好伙伴在经贸、文化、教育等方面不断加强合作。不过,就目前的友好交往状况而言,四川省尽管在文化、艺术、教育、卫生、体育、新闻等方面开展了多种形式、丰富多彩的交流活动,但大多局限于展览、演出等推介性的文化交往,各对口友好城市之间相继开展了绘画展、少儿文艺演出、青年歌舞交流演出、川菜表演献艺、新闻记者互访、足球友好比赛等各种交流活动;相反,在此期间,四川与国外友好城市地区达成各种经济合作项目400余项,涵盖工业、农业、科技、基础设施等领域,促成引进外资上亿美元,友好城市关系成为全省"扩大对外开放、增强开放实效"的重要渠道,但文化产业的合作,特别是四川文化的对外销售成果却不明显。强调四川省要充分利用对外的友好省、州、县等伙伴关系,开展文化

---

① 金琳:《文化生态视野下河南区域文化产业发展对策》,《新闻爱好者》2012年第20期。

对外输出,尤其是对外销售,一个重要因素在于弥补我国加入世界贸易组织时留下的缺憾,2001年中国为了尽快融入世界经济圈,获得更多的经贸机会,在争取到加入世贸组织的核心利益之际,适当牺牲了一些局部利益,表现为对外承诺较多,而对于我国商品输出,包括文化产品对外贸易的权利争取则不够充分,这些都对我国文化"走出去"的长远发展造成了潜在的不利影响。为此,四川省可以通过签署各类双边协议、合作文件等,在一定范围内改变这种对国内文化产品和服务输出不利的格局,为四川文化输出争取到良好的国际氛围,因为在世界贸易组织的文化产业框架协议中,我国产品和服务输出在市场开放、企业准入、配额等方面,都需要得到其他国家或独立关税区的政府或相关权力部门承诺,否则我国文化产品的对外输出将面临层层关卡,包括关税和非关税壁垒等,必须借助对方承担的法律义务来消除,而双边合作文件可望在一定程度上解决这个困境,签署文件的外方为了达到自身的目的,会通过向其境内有权机构游说、施加影响等途径促使该国(地区)在适当范围内开放,便于四川文化产品和服务进入该市场,取得较为稳定的市场地位。

四川省内高校在境外设立有十余所孔子学院,完全可以成为四川文化对外输出的另一个优质平台和窗口,目前四川大学、西南交通大学、电子科技大学、西南财经大学、四川师范大学、四川农业大学等高校均在境外设立有孔子学院,如与四川大学合作的包括韩国又松大学孔子学院,美国亚利桑那州立大学孔子学院、犹他大学孔子学院和华盛顿州孔子学院等;与西南财经大学合作的美国东北大学孔子学院、马其顿大学孔子学院、纽约州立奥尔巴尼大学孔子学院;与西南交通大学合作的瑞典卡尔斯塔德大学孔子学院;与电子科技大学合作的法国蒙彼利埃第二大学孔子学院;与四川师范大学合作的巴基斯坦卡拉奇大学孔子学院、韩国延世大学孔子学院;与四川农业大学合作的法国格列诺波尔第二大学孔子学院等。孔子学院是我国在全球推广汉语和传播中国文化与国学的教育和文化交流机构,其核心任务之一便是在学院所在地和国家传播中国优秀的传统文化,由四川省内高校负责建设的这些孔子学院,遍及亚洲、欧洲和美洲等地,如果能遵循统一的教材、培训模式,向当地学员传授四川优秀文化,将极大地促进四川文化的对外传播。为此,四川省有关部门应当着手组织力量,编写适合在各国孔子学院教授的四川文化教材,并尽快培训出一支精干的师资队伍,利用孔子学院的优质平台,长期从事四川文化的对外传播工作。

五、境外设立文化产品产销基地

当今世界,各国之间实行的法律制度差异较大,其中法人的国籍认定标准呈现出多样化态势,主要有成员国籍主义、设立地主义、住所地主义、准据法主义、法人设立地和法人住所地并用主义等观点,各国在法律实践活动中分别采用不同的认定标准,这为四川在境外开设文化生产、销售等类型的企业,规避其他国家对于境外文化产品进口的多重壁垒提供了运作空间。

当下,世界上许多国家强调国家文化安全,我国也不例外。在此背景下,不少国家对于境外文化产品和服务进口,尤其是影视作品、图书等核心文化产品输入做了严格限制,如韩国一方面对外大力输出其电视剧、电影等,另一方面却在国内严格限制国外电视剧进口,曾在数年间仅仅进口了五六部中国电视剧,而且不在电视台播出,只将其制作成音像制品,就是一个明显的个案。在此背景下,充分利用其他国家的法律规范,合理安排四川省内的国有、民营等文化企业,特别是从事影视作品、图书等主营业务的公司、企业等到境外开设全资子公司,或者控股当地企业,然后由境外的这些公司、企业直接在当地生产或销售文化产品,就可以从根本上改变四川文化产品出口的性质,将文化产品和服务出口变为当地、本国企业自主生产,从而规避这些国家或地区对于境外文化产品进口的诸多限制。此外,这些在境外设立的公司、企业等还可以直接与四川省内的企业开展文化合作,便于四川文化产品和服务的便捷输出与到达,使之深入用户,获得认可。

令人欣慰的是,前不久,四川省政府已经发布了《关于加快对外文化贸易的实施意见》,明确鼓励四川文化企业通过新设、兼并、收购、合作等方式,在境外收购文化企业、演出剧场和文化项目实体,在境外设立演艺经纪公司、艺术品经营机构、文化经营机构等,实现落地经营,并支持文化企业投资兴办海外文化贸易基地。相信这些举措能够在相当程度上促进四川文化产品在境外直接生产和销售,从而顺利地走出国门,与境外消费者见面。

扩大非物质文化遗产的对外传播
——以山西省为例

张艳丰　王 曌

非物质形态存在的文化表现方式,包括口头传统、表演艺术、社会习俗、礼仪仪式、节庆活动、传统工艺知识和技能等。非物质文化遗产是各民族传承民族文化、以人为本的活态文化样式,反映了不同民族的民族个性和审美习惯,与物质文化遗产一起承载着人类文明的发展史,体现了文化的多样性和创造力。据统计,目前中国拥有的非物质文化遗产数量位居世界第一,这些文化遗产反映了中华民族悠久的历史,体现了中华民族丰富多彩、意蕴深厚的民族文化。近年来,在各级政府和全社会的共同努力下,非物质文化遗产保护工作取得了显著成就,从国家到地方政府都成立了非物质文化遗产保护的专职部门,有些地方甚至把非物质文化遗产的申报和发掘工作看作是地方发展的一个重要方面。文化的保护离不开宣传和交流,党的十七届六中全会提出,要创新文化"走出去"模式,推动中华文化走向世界,积极吸收借鉴国外优秀文化成果。在此背景下,扩大非物质文化遗产这种独特文化形式的对外传播,不仅可以更好地推动中华文化走向世界,继承和弘扬中华民族的优秀传统文化,同时也是保护我国非物质文化遗产的重要途径。本文以山西省为例,根据非物质文化遗产的特点和对外传播的规律探讨非物质文化对外传播的意义和形式,提供一些非物质文化遗产对外传播的思路。

一、由政府部门成立专家组研究非物质文化遗产的对外宣传和对外译介

作为中华文明的发祥地之一,山西拥有得天独厚的优势,各级非物质文化遗产数量众多、门类齐全。如山西特有的祭祖文化、根祖文化、姓氏文化等反映了山西厚重的历史积淀和独特的地域文化,而晋商文化是对儒家传统文化精神、文化智慧、文化伦理的高度崇仰和创新发展[①],凸显了山西深厚的文化底蕴,包含了社会、经济、历史、民俗等丰富的内容。如何对这些文化内容和形式所体现的民族色彩和文化魅力进行对外宣传和对外译介是极富挑战性的一项工作。传播学认为,为了达到最佳的传播效果,传播者在传播过程中应注重信息传播的载体和受众。跨文化传播是在具有明显差异的文化观念和表征体系的人们之间进行的交流,除了文化及政治误读现象。在非物质文化的对外传播中,如果不顾及其他民族的话语修辞方式,将地方文化的形象纯粹用中国的思维方式进行符号化,必将影响传播效果,甚至会造成负面影响。山西出版集团曾于2006年推出画册《山西省非物质文化遗产名录图典》,图文并茂、内容丰富,可以说是对山西的非物质文化遗产起到了很好的宣传作用。但是从跨文化传播的角度来看,这本画册只有汉语文字介绍,而没有对应的其他语种说明,无法承担跨文化对外传播的重任。在书店及各种国际交流活动中,也鲜见针对山西非物质文化遗产的外文介绍资料。网络和数字化传媒已逐渐成为信息交流和文化传播的重要载体,从百度、谷歌,以及山西地方官网的查询结果来看,山西非物质文化的外文语料极少,而为数不多的外文语料又存在各种各样的问题。有些译文仅考虑"忠实"的问题,造成过度直译,译文晦涩难懂。还有些译文则随意删减原文信息,对基本的文化常识缺乏调查研究,出现或多或少的一些误译。

从2007年开始,山西省开始实施"文化走出去战略",积极开展文化交流活动,多渠道搭建对外文化展示平台,连续多年举办的"平

---

① 艾斐:《晋商》,太原:山西经济出版社,2009年。

遥国际摄影节""国际煤炭博览会""五台山国际旅游节",以及"华夏文明看山西"等活动业已成为山西省对外文化交流的重要窗口。然而,这些对外宣传工作主要面向国内,对地方文化,尤其是非物质文化在国际范围的传播不管是格局上还是力度上都略显不足。因而山西省应由政府部门组织成立专家小组,对山西非物质文化遗产的宣传内容和话语方式进行深入研究,从战略部署到实施方案都力争体现对外文化传播的规律,以引发更为广泛的情感共鸣,达到对外传播的最佳效果。

二、与地方旅游业进行有效对接

文化是旅游产业发展的重要根基,旅游产业要保持健康持续的发展,就必须重视对文化资源的利用,提升旅游产业的文化内涵。

从世界旅游发展的趋势看,游客的需求已从单纯的景点观光,转变为对当地人文历史和社会风俗的了解认识,因此文化旅游应运而生,成为近年来世界旅游发展的主流。世界旅游组织对文化旅游的定义是人们想了解彼此的生活和思想所发生的旅行。广义上的文化旅游是指在寻求和参与全新或更深文化体验基础上的一种特别兴趣,是一种文化现象,是对新文化的体验;狭义的文化旅游则是指人类记忆中一种正在消失的生活和生产方式场景或地方特色。[①] 可以说,文化旅游就是游客对某一个地域的非物质文化遗产的体验和感受。从对外传播的角度来看,旅游业是传播地方非物质文化遗产的一个理想载体,通过旅游,游客可以直观地了解一个地方的文化内涵,亲身领略某个地域的物质文化和非物质文化的魅力。

山西拥有丰富的文物遗存和非物质文化遗产,加强地方文化建设、拓展文化产业、提升文化软实力,就必须将文化发展同地方旅游业的发展进行有效对接。早在 2002 年初,山西省就在全国率先提出建设"文化强省"的概念。2003 年 8 月,山西省正式出台了《山西省建设文化强省发展规划纲要(2003～2010)》,决心利用山西丰富的文

---

① 朱桃杏、陆林:《近 10 年文化旅游研究进展》,《旅游学刊》2005 年第 6 期。

化资源大力发展文化事业和文化产业,在产业结构调整中探索和开辟新的经济增长点。2006年,山西省人大十届四次会议将"文化旅游业"定位成"山西的新兴支柱产业"。2012年,袁纯清书记指出,发展文化产业,"要以战略思维和世界眼光,创新资源转化的思路和途径。要推动丰富的文化资源与旅游业相结合,对历史文化资源进行充分开发、科学开发、高位开发,为加快资源依赖向创新驱动转变探索新路。"[①]以文化资源为依托来打造文化强省,不仅有利于山西地方文化的自身发展,更是山西省实现转型跨越发展的一个重要方面。

因而山西各地市应把旅游业看作非物质文化遗产对外传播的重要窗口,加强跨文化交流的意识,注重对外传播的效应。在旅游路线上,应增强对当地民俗等非物质文化的开发,突出以文化为主体的旅游路线,以吸引更多的海外游客;每个景区应研发当地非遗产品,并提升工艺品的质量,聘请专家对包装文字和内容简介进行翻译,其中至少包括英语、法语、日语等常用语种;由主管单位组织专家翻译介绍山西各地旅游景点和当地的非物质文化遗产,并出版正式刊物,同时完善数字化传媒的外文语料库建设,以景区、书店和网络为载体进行多方位的推广。

三、与试办翻译硕士专业学位的院校合作培养专业翻译人员

根据山西省"十二五"转型跨越发展的定位,山西省对应用型专业翻译人才的需求量有了极大增长,但从目前的统计情况来看,虽然从事翻译工作,包括口译和笔译的人员为数不少,但既了解山西历史文化又精通翻译专业的高素质人才极为匮乏,没有形成稳定的专业队伍。此外,在进行对外译介等翻译工作时,很多主管部门和相关译者都有个误区,以为只要是外语专业的学生或从业者便可胜任,把翻译工作看作是一种语言到另一种语言简单的文字转换,有些部门甚至直接用翻译软件或网络技术处理一些文字翻译,结果错误百出,甚

---

① 袁纯清:《把山西文化资源优势转为发展优势》,《党建》2012年第4期。

至出现严重的语用失误,造成极为恶劣的国际影响。

  2007年,国务院学位委员会批准设置翻译硕士专业学位(MTI),以培养高层次、应用型、专业化的翻译人才。截至2010年9月,获准试办MTI的高校已达158所,其中包括山西省的三所高校:山西大学、山西师范大学和太原理工大学。MTI的培养目标和传统的学术型翻译硕士(MA)有很大的不同,MTI注重培养职业译员所具备的职业素养和实践能力,如翻译服务提供能力、语言能力、跨文化能力、电子工具使用能力、特定领域专业能力、项目管理能力和团队合作能力等。这些能力需要在具体的工作环境中不断提高和完善,因此MTI的培养模式是把传授型课程模式转变为突出本地化的实战演练型课程模式,具有专业化和职业化的特点[1]。山西各级部门应加强与省内具备MTI培养资格的院校合作,完成非物质文化遗产的资料翻译、国际交流等各种对外传播活动,在实战中打造出能为我所用的专业译员。高校可开设与山西地方经济文化,尤其是非物质文化遗产等内容密切相关的口译和笔译课程,从教材编写到授课模式都以本地化为基本设计理念,完成山西非物质文化的对外译介,并设立相关科研课题,以产学研互动的方式,真正达到MTI的预期培养目标,培养出服务于本地发展的专业翻译人才,同时也有助于促进本地化产业的长远发展,保证山西非物质文化对外传播的有效性。

四、建立非物质文化遗产的外文数字化信息平台

  信息和网络技术的迅速发展使得各种资源被整合到数字化平台,互联网业已成为人们获取信息的主要手段。目前山西省已建立了"山西非物质文化遗产保护中心"官方网,设立了"新闻快讯""学术交流""法规文件""图片展区""名录项目""申报系统"等专栏,对山西省非物质文化遗产的发掘整理、保护完善,以及宣传推广起到了重要作用。然而这一平台只有中文一种语言,而且从栏目设计到内容提要都针对的是国内,甚至是仅限于山西范围内的受众,没有针对国际

---

[1] 苗菊、朱琳:《本地化与本地化翻译人才的培养》,《中国翻译》2008年第5期。

市场以及更广泛的海外受众进行网站设计,因而山西省有必要由政府牵头,由相关专业的专家和MTI院校合作完善山西非物质文化遗产的数字化信息平台,完成英语、法语、日语等主要语种的平行语料库,尽量做到从语言服务到网页设计和内容介绍都符合国际通例和国外读者的需求,以达到对外宣传的目的,从而推动山西省地方文化的对外传播工作,扩大非物质文化遗产在国际上的影响力。各地市相关部门应对当地的非物质文化资源进行数字化整合,充分利用各种媒介手段,如电子文本、图片、动漫、数字化信息等,对旅游文化、地方民俗、舞台艺术等非物质文化遗产进行数字化加工,然后由省市相关部门统一管理,以政府网的形式提供一个反映地方非物质文化遗产的外文资源共享平台。

五、与孔子学院进行多方位合作

孔子学院是由国家汉办组织管理、中外合作建立的非营利性教育机构,以适应世界各国及地区对汉语学习的需求,目的是增进世界各地人民对中国语言文化的了解,发展中国与世界各国的友好关系,促进世界多元文化的发展。近几年,山西省多所高校与国家汉办在美国、亚美尼亚等国合作开办了孔子学院(课堂),每年派出的教师均由国家汉办统一选拔并进行培训。山西省相关部门应抓住机遇,与各孔子学院(课堂)合作培训师资,并积极搭建山西非物质文化遗产的对外交流平台,这样,一方面可以利用各种资源完善自身的对外传播体系,推动山西非物质文化遗产"走出去",带来直观的宣传和经济效应,同时也切合了孔子学院的办学宗旨,增进了山西文化与世界各地不同民族文化的交流与合作。总之,非物质文化遗产是一个地域、一个民族历史发展和人文精神的积淀。在其形成和发展过程中,不断经历着时间、空间的整合演变和创新发展。从某种意义上而言,没有与外部因素的互动交流,也就无从谈起非物质文化自身的传承和发展,因而非物质文化遗产对外传播的意义不仅仅在于通过宣传手段推动地方社会经济的全面发展,带来直观的经济效益,更重要的是,通过传播达到与外部动因的交流,促进自身的创新和发展,唯此才能保持长久的生命力。

广西面向东盟的文化"走出去"模式探析

王春林

广西第十次党代会提出,要推动广西成为"中国与东盟文化交流枢纽、中国文化走向东盟的主力省区"。广西与东盟国家具有地缘近、人缘亲、文缘深的比较优势,在建设中国—东盟自由贸易区过程中,广西按照国家实施文化"走出去"的战略布局,发挥连接东盟桥头堡的优势和作用;在与东盟各国日益密切的经贸与文化往来中,组织多姿多彩的文化"走出去"活动,积累了不少经验,但也遇到一些问题与矛盾。面对东盟多元文化日趋激烈的竞争,深入探究具有区域特色的文化"走出去"模式,对增强中国文化"走出去"的成效和力度具有重要现实意义。

一、广西面向东盟文化"走出去"的基本模式与途径

广西与东盟山水相连、民族相近、习俗相似,文化交流历史悠久。近年来,广西借助中国—东盟博览会平台和《中国与东盟文化合作谅解备忘录》签署的支撑,在文化"走出去"方面形成了以对外文化交流为主、对外文化宣传与文化服务贸易为辅,多层次、多渠道相互协调、相互促进的格局。

(一) 通过中国—东盟博览会、峰会等大型公共外交平台"走出去"

2003年以来,广西每年举办中国—东盟博览会、中国—东盟商务与投资峰会、南宁国际民歌节、泛北部湾经济合作论坛等一系列较高规格和较大规模的国际盛会,从三个层面实现文化"走出去"。其一是利用峰会、论坛等大型高级国际对话机制将我国与东盟间的贸易、投资、产业合作诸多领域的政策理念与东盟各国政要与管理精英沟通,达到更好地让东盟国家接受和了解。其二是节会的文化魅力打动外国观众,塑造了我国良好的国家形象。每届中国—东盟博览会、中国—东盟商务与投资峰会都与南宁国际民歌节整合在一起,形成"两会一节"。每年"两会一节"展现的文化魅力树立了广西的良好形象。其三是中外媒体对"两会一节"的高度关注与海量报道,提升和扩大了广西的区域影响力。通过每年国际会展和东盟峰会。对东盟各国产生了广泛的文化冲击力和舆论效应。

(二) 组织广西文化舟、文化年活动"走出去"

"广西文化舟"和"文化年"是政府主导的对外文化宣传活动,主要通过展示广西地域特色和浓郁民族风情的舞台艺术精品、美术精品、博览精品、旅游精品和文化名人学术等形式,对外整体推介广西文化,树立广西新形象。2007年"广西文化舟"在马来西亚举办活动,2011年先后赴泰国和中亚四国参加"欢乐春节"演出活动、参加新加坡第26届"春到河畔"活动,2012年,赴韩国参加文化年活动[①]。广西每届文化舟、文化年活动,较好地融入主办国的活动或节庆,有效扩大了与所在国民众的接触面,放大了文化传播效应。持续开展"广西文化舟"活动,增强了东盟国家人民对广西的文化认知,并相应带动来桂游览。

(三) 建设对外网络平台"走出去"

互联网为当代文化传播提供了一条经济、快速、便捷的渠道。广

---

① 《广西文化"出海"从"文化舟"走向"文化年"》,http://news.gxnews.com.cn/suficpages/20120503/,2012—05—03。

西充分利用互联网络的信息优势,建立了中国—东盟自由贸易网、中国—东盟在线、中国—东盟博览会网、中国—东盟中心网、南博网、中国—东盟协会网、东盟商汇网等一系列政务、新闻信息与商务网站。这些网站内容丰富、图文并茂,为关注者了解中国—东盟经济、政治和文化建设状况,促进中国与东盟的经贸与文化交流合作,提供及时、快捷、权威、全面的讯息资源与在线服务。面向东盟各国的网络平台建设,广西已成为对外招商与宣传的重要窗口,成为文化"走出去"的重要服务平台。

(四)建立新闻传媒合作机制"走出去"

广西广电系统采用双向互动的方式与东盟国家广播电视机构合作开展联合报道、节目交换、合作制片和频道落地。比如,2007年邀请东盟国家媒体参加"聚焦广西"广播电视国际采访活动,派媒体记者到东盟进行"中国—东盟合作之旅"联合采访,2007年广西电视台与印尼国家电视台联合举办"山水之约——美在巴厘"大型直播文艺晚会;广西广电系统先后与泰国、越南、老挝、缅甸等21家广播电视媒体签订协议,建立友好关系,举办广西电视展播周,形成交流合作机制。广西电视台国际频道、中国国际广播电台的"北部湾之声"通过卫星实现泰语及越语新闻开播并落地越南、老挝、柬埔寨、菲律宾、泰国等国家主要城市。新闻传媒是文化传播的重要渠道,广西尝试利用东盟国家的传播资源,这是提高文化"走出去"效果的重要突破。

(五)发展国际教育培训"走出去"

留学生教育培训是传播中国文化,实现文化"走出去"的重要渠道。东盟留学生是中国与东盟接轨的桥梁,也是中华文化的传播者。近年来,广西积极发展留学生教育,加强与东盟国家的跨文化教育培训合作。一方面,广西与越南、老挝、泰国、缅甸等东盟国家建立高等教育合作交流工作机制和沟通渠道。广西有25所院校举办东盟留学生教育,招收东盟国家留学生近6000人,同时,广西也选派5000多名高校学生前往东盟国家交流学习,大多数成为当地汉语教师和当地孔子学院的志愿者①。另一方面,广西面向东盟建立门类众多的专门人才培训基地,为越南、缅甸、老挝、柬埔寨等东盟国家培养人才。比如,在南宁的一些高校和专业培训机构成立了中国—东盟文化交流培训中心、中国—东盟青少年培训基地、中国—东盟妇女培训中心、中国—东盟法律培训基地、广西东盟旅游人才教育培训基地。

(六) 开展版权贸易"走出去"

广西对东盟的版权贸易主要采取政府扶持、企业运作、"引进来"与"走出去"相结合的方式。2008—2011年,广西先后承办由国家新闻出版总署批准在东盟国家举办的中国—东盟书展,开拓东盟文化市场,扩大图书版权输出。"十一五"时期,广西出版系统向东盟国家输出了少儿读物、汉语教材、文学、商务、科普、中医药、艺术等门类的227种图书版权②,还与越南、泰国、印尼国家出版机构签订战略合作协议,共同开发面向东盟市场的特色文化产品。

(七) 拓展东盟文化旅游市场"走出去"

广西持续多年组织"走进东盟—广西旅游国际大篷车"大型宣传促销活动,邀请东盟媒体和旅行社到广西采访和考察,开拓东盟国家客源的文化旅游市场。近年来,东盟地区已经成为广西最大的海外旅游客源地之一。国内首创的大型山水实景演出《印象·刘三姐》2004年开演至2011年,接待观众460多万人次,其中东盟国家观众约有150多万人次。2011年,广西接待越南、泰国、印尼、新加坡、马来西亚等东盟国家入境广西观光、考察、访问游客84.9万人次,国际入境旅游创汇10亿美元③。接待入境文化旅游,构成了广西经济效益比较可观的文化"出口"。

---

① 《中国—东盟教育交流升温 广西与东盟每年交流过万人》,http://news.163.com/11/0922/15/7EIM060—000014JB5.html,2011年09月22日。

② 《广西与东盟图书版权贸易加深 版权输出居全国前列》,http://ip.people.com.cn/GB/10607956.html,2012年6月4日。

③ 《广西旅游收入破千亿元 接待入境游客逾300万人次》,http://finance.chinanews.com/q/2012/02—16/3674320.shtml,2012年2月16日。

二、广西文化"走出去"的基本特点

(一) 合作交流,互惠互动

广西实施文化"走出去",源于建设中国—东盟自由贸易区的需要,出发点是自贸区建设本身的原则——互惠互利、共享繁荣。为增进对彼此的了解和共同促进文化的繁荣发展,广西利用中国—东盟博览会和中国—东盟文化产业论坛等平台与途径,加大对东盟的文化宣传和文化交流。一方面,在开展文化"走出去"交流过程中。注意寻找广西文化与东盟文化的融合点,寻找不同文化交流沟通的相通点,使广西文化得以在"心灵互动"和"语境共享"中被东盟各国所接受。另一方面,注意适当"引进来",在平等互惠中了解或借鉴东盟各国文化的长处。例如,南宁国际民歌艺术节就有"东盟之夜"大型文艺晚会,邀请东盟各国的演员登台演出。在"走出去"与"引进来"结合的合作互动中,广西对外文化交流渠道、范围、规模不断扩大。内容、方式也趋于更加开放。

(二) 政府搭台,借船出海

广西面向东盟的文化"走出去",中外双方的政府是其中的主导力量。广西以中国—东盟南宁博览会、中国—东盟文化产业论坛等多边外交平台,与东盟国家的相关部门签订了一系列文化交流合作协议,搭建了涉及文化、教育、艺术、科学、新闻出版、广播影视、图书馆、博物馆等多个方面的交流与合作平台。无论是"文化年"活动、图书展销暨版权贸易、"彩虹之光"华文艺术教育计划和东盟留学生教育合作等都是基于政府间的文化交流合作协定或者是配合国家外交活动的安排。以政府搭建的交流平台为基础,广西新闻出版集团、广西杂技团、广西歌舞剧院、广西民族博物馆等各类文化实体能够借用东盟东道主的资源实现更为顺畅地"走出去"。

(三) 挖掘内涵,凸显特色

广西少数民族文化历史悠久、资源丰富,地域性、民族性、多元性特征突出。广西在对外文化宣传和文化交流、文化贸易中坚信"越是民族的,越是世界的",突出以民族特色吸引眼球,以特色文化打造魅力。近年广西的文化旅游、"文化舟"与"文化年"展演、"大地飞歌"晚会等,都凸现出广西民族文化符号和地方特色,具有独特魅力的广西少数民族歌舞、民族器乐、杂技表演、非物质文化遗产、民族民俗风情、农民画展、桂林山水风光,深受东盟国家的青睐。

三、进一步完善广西文化"走出去"模式的措施建议

这些年来,广西抓住机遇,面向东盟大力实施文化"走出去",增进了东盟对"中国机遇论"的认识,减少了"中国威胁论"的影响。但从总体上看,广西的文化"走出去"还处于初级阶段,存在诸多局限。我们须正确分析形势、把握机遇,自觉创新完善文化"走出去"的模式,使广西在中华文化走向世界进程中有更大作为。

(一) 加强文化"走出去"的战略规划与政策引导,强化可持续动力

文化"走出去"工程是有组织、有系统、有计划的长期工程,而不能成为零散的"游击战"。政府要从宏观整体层面、从可持续发展角度,对文化"走出去"战略进行系统规划,建立相关激励机制,搞好"顶层设计"。要整合外宣、新闻出版、广电、旅游、文化艺术、教育等部门的对外文化宣传与文化交流力量,有系统地组织实施文化"走出去"。要制定出台文化产品和服务出口的配套政策,设立广西文化"走出去"专项资金,对一些出口导向的重点文化项目和文化企业予以税收优惠与适当补贴。要进一步简化外事审批手续,便利并促进社会各界与东盟民间的文化交往,鼓励社会各界热心文化交流,为文化"走出去"出资出力,充分调动各方面力量,形成对外文化交流的整体合力。

(二) 根据东盟各国的国情分别选择文化"走出去"途径,提高针对性和实效性

东盟是多种文明汇聚之地,是个意识形态和政治制度多元化的

地区。从外来文化影响力分类,东南亚国家可分为三类:第一类是对我国文化比较友好而对英美为代表的西方文化比较排斥的缅甸、老挝和柬埔寨;第二类是受我国文化影响较深,同时与西方文化既冲突又包容的越南、印尼、马来西亚;第三类是受西方文化影响较深,与我国文化既包容又冲突的泰国、菲律宾、新加坡、文莱。针对这三类国家,我们要深入研究其不同的文化开放度、文化市场和受众需求状况,相应采取"走出去"的措施和途径。对于第一类,重点要加强政府间的文化交流,促进国际教育培训、传媒合作和文化贸易;对于第二类,要采取政府与民间互动,加强传媒合作、版权合作和文化产业项目合作;对于第三类,要注意避开意识形态壁垒,以民间为主体,以商业化、产业化的方式,举办多种中国文化艺术展演活动,加强文化旅游与文化产业项目合作,扩大我国文化产品和服务出口。此外,对于第二类、第三类较发达国家还要"走出去"与"请进来"结合,以多种方式、多种平台宣传我们的核心价值观、国际关系理念和发展模式,不断扩大我国文化在国际上的影响力。

(三)巩固和发展与东盟的文化交流合作平台,丰富文化"走出去"的渠道

进一步发挥比较优势,配合国家战略,巩固和发展对东盟的文化外交、文化贸易、文化交流、国际论坛、国际合作办学和企业对外投资出口,推动中华文化实现更宽领域、更多方式、更高水平的国际传播。一是利用南博会、中国—东盟商务与投资峰会、南宁国际民歌节、中国—东盟文化产业论坛、泛北部湾经济合作论坛等大型国际会议平台,深化拓展文化交流活动,提升我国的文化影响力。二是强化对外友协和海外联谊会的推动作用,加强广西与东盟友好城市间的文化互动,促进文化领域的多层次互访与文化项目合作。三是以国际合作办学和高端专题论坛为依托,开拓哲学社会科学"走出去"的渠道。发展与东盟国家交换学生与教师、联合培养的学历教育项目、交流信息和短期培训等形式的合作办学,支持人文社科教研人员"走出去"参加各种国际学术研讨会、出访讲学、做访问学者,资助教研人员短期国外见习,多渠道地向海外推广我国哲学社会科学的优秀成果。

四是把文化"走出去"工作与外交、外贸、援外、科技、旅游、体育等工作结合起来,拓展民间交流合作领域,鼓励人民团体、民间组织、民营企业和个人参与对外文化交流。此外,要拓展传播渠道,丰富传播手段。逐步发展面向东盟的报纸、广播、电视、互联网等新闻传播媒介的同时,努力构建覆盖期刊、图书出版、电影乃至动漫、音像、电子游戏等大众传播媒介体系。

(四)大力发展对外文化产业,增强文化"走出去"的核心竞争力

文化"走出去",不仅仅是政府推动文化"走出去",更重要的是文化产业"走出去",文化企业和文化产品"走出去"。为此,在加强对外文化交流的同时,要积极发展对外文化贸易,加强文化产业建设和文化产品市场营销,以更好地推动广西文化产业"走出去"。要结合广西实际,加强文化产业聚集区、文化产业园、文化产业带的规划建设。培植广播影视、新闻出版、娱乐业、动漫与创意等文化支柱产业,扶持发展重点文化产业项目。要加快建设面向东盟的广西文化产业城。实施中国—东盟文化产品物流园区、中国—东盟国家数字出版基地等重大项目,着力打造包括广西民族特色歌舞品牌、刘三姐文化品牌、会展节庆品牌、原生态文化品牌、文化旅游品牌、民间工艺品牌在内的一批文化品牌。要采取积极措施,加强与东盟国家在演艺、展览、影视、音像、艺术品、出版物等传统领域,以及动漫、网络游戏等新兴领域的产业合作。

(五)推进文化内容与形式的创新,增强文化"走出去"的吸引力

文化要能够凝聚人,必须吸引人、感染人。文化"走出去",不是简单地送出去,也不能停留在简单推介传统文化,而是要将和谐、发展、进步的当代中国文化精华能够走进世界人民的头脑和心灵。文化的生命力在于发展,魅力在于创新。中国文化的创新不仅要深入挖掘中国传统历史文化资源,还要着眼于对全球文化资源的开发利用,做到"源于中国而属于世界",塑造我中有你、你中有我的全球性包容新文化。在内容创新上,在彰显中国元素的基础上,努力吸收世界优秀文化,把握世界文化的发展趋势,使我们的文化产品既具有鲜

明的中国特色,又具有强烈的现代意识和价值取向上的普遍适应性;在艺术表现形式创新上,着重以高科技来提升艺术的感染力,以创意来满足人们对新颖性的追求心理,这样才能更好地符合现代人审美情趣、行为方式和消费习惯。提升文化创新能力,宏观的层面是推进文化管理体制机制的改革创新;中观的层面,是要引导文艺工作者要弘扬民族精神和时代精神,进行文艺观念、内容、风格、流派的改进创新,推进文艺体裁、题材、形式、手段的充分发展;微观的层面,重要的是让文化创作者深入生活,多去考察、学习,开阔创新思维。

西双版纳州民族文化"走出去"问题探究

李玉云

云南省西双版纳州民族文化传承了百越文明,深受东南亚、南亚文化的影响,中原文化的冲击较小,独具地域特色,保存了较好的原生态民族文化。随着"次区域合作"和"中国—东盟自由贸易区"的建设,西双版纳州现已形成水陆空并进的立体国际大通道,面向东盟全方位开放的格局,地缘优势促进经济发展,经济的繁荣又带动了文化向外拓展的空间,为西双版纳州实施民族文化"走出去"战略提供了新的机遇。本文就西双版纳州民族文化"走出去"问题做一些探讨。

一、西双版纳州民族文化"走出去"的条件与基础

西双版纳州有得天独厚的文化资源,它有着与东南亚国家各族人民"共饮一江水"的深厚友情,能推动西双版纳州与东南亚各国发挥各自优势,加强地域文化的合作与交流,发展文化产业,增强区域文化的辐射力影响力,形成具有时代特征和区域特点的文化链、文化圈、文化带,使区域内的文化要素尽快实现对接,为更多领域的交流合作创造条件。

(一)民族文化的多样性

西双版纳州有 13 个世居民族,在长期的生产生活实践中,各民

族都创造了具有民族个性的文化样式,独特的建筑、民俗、服饰、节庆、宗教、舞蹈、饮食文化等汇集成丰富多彩的民族文化盛宴。民族文化涵盖生态文化、宗教文化、贝叶文化、雨林文化、歌舞文化、节庆文化、傣族医药文化、知青文化、普洱茶文化等,都可以多层次的深度挖掘。例如,南传佛教文化、良好的生态文化及保存完好的村落文化,都可作为影视作品题材、背景和旅游开发的资源。南传佛教文化已经成为在西双版纳州傣族地区和谐社会建设及民族文化名州进程中的一种重要的精神文化资源和一支重要的社会力量,并将成为我们民族文化吸引外界的一种不可多得的文化资源。傣族的"贝叶经"、泼水节、赞哈、慢轮制陶;基诺族的大鼓舞等被列进国家级非物质文化遗产名录。有待挖掘和开发的特色民族文化更是丰富多彩,前景广阔,为西双版纳州文化繁荣发展和"走出去"战略提供了丰厚的历史土壤。在实施民族文化"走出去"战略中,以西双版纳州多彩的民族文化、浓郁的民族风情和优美的生态环境为支点,以文化为载体对外宣传西双版纳州的民族文化,通过交流让更多的人走进来了解西双版纳州异彩纷呈的民族文化。

(二) 民族文化产品异彩纷呈

经过多年的摸索,西双版纳州的文化产业已经走出了一条具有民族特色、差异化竞争的特色发展之路,为民族文化"走出去"奠定了一些基础。《西双版纳州文化丛书》《溅血的王冠》《刻在树叶上的歌》《张克扎都诗选》等一批有影响的文学作品相继问世;出版发行傣族英雄史诗《乌莎巴罗》和《汉傣词典》;组织参与首届云南省舞蹈电视大赛,精心编创的《基诺大鼓舞》获得群文类银奖。在"2012年澜沧江·湄公河流域国家文化艺术节"上,中国与老挝、缅甸、泰国、柬埔寨、越南等共同演绎了澜沧江·湄公河流域国家绚烂多彩的文化,为促进民族文化更好地走出去,促进各国人民的友好往来产生了积极影响。

(三) 文化建设大项目有序推进

近年来,西双版纳州以提升旅游景区(点)的文化内涵为切入点,全力推进大项目带动大发展战略,共招商引资 50 个项目,投资总规模达到 1500 亿元。目前,告庄西双景、东盟大剧院、西双版纳州大剧院等大项目进展情况良好,与上海电影(集团)有限公司签订战略合作框架协议和投资 5 亿元建设西双版纳州综合娱乐 Mall 项目,上影公司寰亚电影院项目落地。这些工作推动着西双版纳州民族文化发展公司积极尝试新的发展模式,推动着文化旅游工艺产品向市场化、特色化、规模化方向发展。

二、加快西双版纳州民族文化"走出去"的策略

西双版纳州民族文化如何"走出去",需要坚持不懈的努力和全力以赴的决心。我们不能仅仅停留在讨论及理论的构建上,而更应该注重付诸行动,创造一种宽松包容、多元并存、持续性创新、文化繁荣的氛围和条件。

(一) 找准民族文化"走出去"的方向

西双版纳州民族文化要顺畅地"走出去",要明确"走出去"的方向,走出省。走出国门面临的受众不一样,就需要系统地探索和研究为外界可接受的方式,包括文化需求、文化接受心理、文化宣传方式以及文化"走出去"所面临的接受环境等。文化在走出去之前尽力做到心中有数,避免盲目性,特别要找准文化交流的对接口。"韩剧"在中国与东南亚的热播的原因之一与"韩剧"中所表现出的道德信仰和价值取向与观众心理上形成某种契合所产生的共鸣有着相当大的关系。西双版纳州与周边国家文化同源、民族同根,我们可以抓住这个优势,扩大多国文化艺术节的影响力,把举办文化节、摄影展、边交会等这些已经有了初步经验和成就的文化事业继续深入发展,把非物质文化遗产、对外汉语培训、民族体育事业、西双版纳州茶文化等不断弘扬和创新发展宣传模式,为民族文化"走出去"不断探索多种路径和模式。

(二) 着力培育民族文化品牌

第一,打造影视拍摄基地品牌。中共云南省委、省政府提出:"把

云南建设成中国最美、最好、最优的影视创作拍摄基地和天然摄影棚,成为东方的好莱坞的构想"。自20世纪五六十年代以来,西双版纳州拍摄了《月光下的凤尾竹》《有一个美丽的地方》《孔雀公主》《孽债》《爱在西双版纳州》。近年来,西双版纳州与中央教育电视台合作推出文化系列片《版纳和声》;协助配合多家影视传媒公司,投拍制作《西双版纳州形象宣传片》《环保在中国》《最后一头战象》《飘落的羽毛》《野人谷》等西双版纳州题材影视宣传片,都以优秀影视作品的感召力、影响力,全方位对外展示了西双版纳丰富的民族优秀传统文化和神奇的自然景观、迷人的人文风情,带动了文化艺术的繁荣发展,产生了良好的社会效应。但仍需不断努力探索,要通过影视作品向外展示西双版纳州的魅力,精心策划独具民族文化特色的宣传片,从而加大民族文化"走出去"的步伐,增强民族文化"走出去"的活力。

第二,创新民族文化演艺品牌。目前,西双版纳州在影视文化建设、民族演艺事业的发展上虽然有了新的突破,但欠缺能够全面反映民族文化特色、吸引世人眼球的优秀作品。在演艺市场上,除《勐巴拉娜西》《多歌·水》《水舞源》以及南国明珠等节目和小型的演艺公司外,再无其他产品推陈出新。《勐巴拉娜西》是州内演艺界较有影响力的民族文化品牌,其他的演艺节目还难以突破原有的商业演艺发展模式,难以创造轰动省内外的大品牌,这是急需破解的问题。过去,由于演艺市场恶性竞争,严重影响到品牌质量,扰乱了市场秩序。现在,四家大型歌舞晚会已经签署合作协议,组成了"西双版纳州演艺晚会经营联合体",实行统一价格、统一检票等措施,以整合的形式提升晚会的经济效益和品牌效应。今后应突出打造"金四角国际文化旅游圈",通过参与区域文化产业共同体,将本土文化与生态旅游结合起来,向外界提供最优质的民族文化演艺精品。

第三,创新旅游文化产业品牌。旅游二次创业再次掀起旅游文化热潮和对旅游文化市场的重拳整顿,这对西双版纳州旅游文化品牌的重树,是一次新的挑战和机遇。我们可以把民族服装设计、生产、促销作为文化产业发展的一个重要产业项目,全力推进民族服装品牌化的步伐。西双版纳州先后举办的"金剪刀"傣族服装设计大赛和"水韵娑罗民族服装服饰秀"活动,涌现了一批民族服装设计人才。

现需要真正开发一批具有民族特色、文化元素、纪念收藏价值的旅游纪念品,打破目前充斥在旅游市场的各类大同小异、质量低下、毫无收藏价值的旅游产品。为此,要着力开发云麻产品、傣锦、傣药、石斛、木雕、傣族香包、贝叶经、象脚鼓、慢轮制陶等具有文化元素的纪念品,使之成为一种直接对外传播的文化产品,让外界通过这些纪念品和特色产品了解西双版纳州的民族文化。

(三)要切实解决好民族文化"走出去"的宣传渠道问题

西双版纳州要利用与东南亚国家地缘相近、人缘相亲、文缘相融、商缘相同的优势。应以桥头堡战略实施为契机,构建开放有序、内外有别、纵横联动、多方协同,符合外宣规律、兼具西双版纳州特色的文化外宣格局,加快推进民族文化"走出去"步伐。

第一,规划面向周边国家和地区的文化物流中心和文化博览基地,鼓励州内文化企业到国外设立分支机构和发行网络,以少数民族语广播影视节目译制中心和傣文网络中心建设为对外交流的重要文化窗口,加强对以东南亚、南亚国家为重点的国际传播能力建设,扩大西双版纳州文化的对外影响力。

第二,加大民族文化对外宣传力度。文化要"走出去",就要想方设法与主流媒体建立良好的沟通渠道。2013年精心组织的"喜迎十八大""旗帜的力量、辉煌的岁月""转变发展方式、率先建设生态州""加快推进桥头堡建设,建设东盟'金四角'经济圈"等10个重大主题宣传活动,及"六大战略"、旅游转型升级等常规宣传报道,是比较成功的。中央电视台教育频道播出西双版纳州推进民族文化名州建设系列报道,向外界展示了蓬勃发展的西双版纳,也为推进民族文化"走出去"打开了对外展示的窗口。但仍需要邀请国内外知名摄影家到西双版纳州采风创作,借助他们的影响力推进摄影外宣,同时,收藏名家的作品,为继续扩大宣传面积累素材;运用"图片+互联网"的传播形式,组织举办互联网摄影大赛,在网站里永久性展览获奖作品;鼓励摄影家、社团机构开设微博,大量在网络上发表西双版纳州风情、风光、美食等美图;鼓励州内摄影家向国内有影响力的杂志、网站、报刊投稿。

第三，积极通过网络开展对外宣传活动。在推进桥头堡文化宣传工作方面，西双版纳州坚持不懈地探索有效的宣传方式，把有当地特色的文化向世人展现。2012年，在《春城晚报》刊发桥头堡建设"走昆曼"系列报道9个版；在中央人民广播电台"中国之声"《政务直通》、云南电视台大型访谈节目《对话桥头堡》中播出西双版纳州主要领导做客桥头堡访谈节目2期；配合省委宣传部圆满完成"聚焦桥头堡·魅力云南边疆行"西双版纳州主题采访报道活动。全年共接待对桥头堡进行宣传报道的中央、省级媒体21家，记者约70余人次，刊发相关稿件约70余篇。其中云南日报《走进西双版纳州：建设桥头堡再涌开放潮》和《追寻党和国家领导人足迹感受云南科学发展征程》等组合类稿件被送到党的十八大主会场；中国·西双版纳州网全面升级改版，新增艺术节、电子画册、魅力西双版纳等特色栏目，同时提高网站的文化含量和信息内容，使网站建设向大型化、专业化发展；依托西双版纳州新闻网开办的西双版纳州英文、傣文和哈尼文网站开展外宣工作，在泰国、缅甸、老挝、美国、德国、巴西、捷克、也门等国家和中国台湾地区均产生了较大影响；联合人民网、新华网、新浪网、腾讯网站开设专页，但还需要创新，进一步扩大西双版纳州的美誉度。

第四，以节庆活动为载体，提升民族文化对外的影响力。近年来，西双版纳州的节庆活动中外驰名，"东方泼水节狂欢"成功地吸引了无数的游客，拉动了旅游业的发展。在傣历新年节暨边境贸易旅游交易年会和澜沧江—湄公河流域国家文化艺术节期间，通过多种语言、文字、图片向国内外宣传介绍澜沧江·湄公河流域各国的文化艺术，充分展示了西双版纳州在澜沧江·湄公河流域中独具特色的资源优势和文化魅力，现需要新的突破，进一步扩大西双版纳州的美誉度并成功地提升对外影响力，加快西双版纳州民族文化"走出去"步伐。

（四）做好非遗保护开发工作，筑牢民族文化根基

西双版纳州各少数民族的非物质文化遗产，品类繁多，底蕴深厚。它包括了民族语言、民间文学及口述文学、民间美术、民间音乐、民间舞蹈、曲艺（傣族章哈）、民间手工技艺、傣族医药、生产商贸习俗等等。这些非物质文化遗产名录中，包括有大量的原创性、唯一性、不可替代性的民族文化要素。从 2005 年 10 月至 2012 年，西双版纳州加强民间非物质文化遗产保护的力度，做到深度挖掘、有继承、有发展的保护，使民间非物质文化遗产得到有效传承。西双版纳州现有云南省非物质文化遗产传承人 160 名，全州先后确定保护项目 52 个，其中，傣族泼水节、基诺族大鼓舞、布朗族弹唱等 11 个项目被分别列为第一、二、三批国家级保护名录，傣族"苏玛"、傣族竹楼建筑技艺等 20 个项目被列入省级保护名录。目前，西双版纳州成为云南省拥有国家级非物质文化遗产保护名录最多的市州。非物质文化遗产的保护与开发工作将会随着人类文明的发展继续延伸，发展永无止境，民族文化之魂生生不息，文化之根一脉相承。因此，需要充分利用市场化运作方式，实现民族民间非物质文化遗产资源的价值转换，为民族文化的发展寻求一种更合适的生存方式，实现市场与文化保护、发展多方受益的格局，为西双版纳州建设民族文化名州建设和文化"走出去"奠定坚实的文化基础。

第五编

对外文化贸易研究

文化贸易理论文献综述

王晓芳

文化越来越成为民族凝聚力和创造力的重要源泉、越来越成为综合国力竞争的重要因素,当前国际竞争正在从军事向经济、向科技、向文化领域演进,这是世界经济从工业时代向知识经济转型的必然现象。随着各国经济发展水平的普遍提高,人们的消费需求也产生了变化,世界范围内对文化产品和文化服务的消费需求不断增加。在经济文化全球化的背景下,文化贸易已经成为国际贸易的一个重要组成部分及新的竞争领域。

一、"文化贸易"的基本概念综述

(一)政府机构的界定与分类

国际货币基金组织(IMF)的国际收支手册[①]中,对国际文化贸易有这样的描述:居民与非居民之间,有关个人、文化和娱乐服务的交易。细分为下面两类:一是声像和有关服务,二是其他文化和娱乐服

[①] 国际货币基金组织:《国际收支手册》,北京:中国金融出版社,1995年,第2页。

务。文化服务在联合国中央产品分类①（CPC，United Nations Provisional Central Product Classification）中由两大部分组成。作为信息服务的一个分支的视听服务又被分为几个小类，现场表演被包含在"文化、娱乐和体育服务"分类里。

根据联合国教科文组织公布的《1994～2003 年文化商品和文化服务的国际流动》报告②，文化产品一般是指传播思想、符号和生活方式的消费品。它能够提供信息和娱乐，进而形成群体认同并影响文化行为。基于个人和集体创作成果的文化商品在产业化和在世界范围内销售的过程中，被不断复制并附加了新的价值。图书、杂志、多媒体产品、软件、录音带、电影、录像带、视听节目、手工艺品和时装设计组成了多种多样的文化商品。文化产品包括文化商品和文化服务。联合国教科文组织又将文化产品分为核心文化产品及相关文化产品，其中包括文物产品、图书、报纸和期刊、其他印刷品、已录制媒体、视觉艺术、视听媒体等 9 个类别，并划分出相应的协调制度编码。

WTO 三大协议中没有独立于经济贸易规则外的文化贸易规定。文化贸易的相关规则大都包含在《服务贸易总协定》(GATS)《与贸易有关的知识产权协议》(TRPIS) 中。《服务贸易总协定》涉及的服务范围有 14 个大类，其中与文化贸易有关的有 7 类。第一，商业性服务：与计算机硬件装配有关的咨询服务、软件执行服务、数据处理服务、数据库服务等，自然科学、人文社会科学及交叉科学的研究服务，文化娱乐的场地和设备租赁服务、翻译服务、展览管理服务、广告服务、管理咨询服务、与科技相关的咨询服务、摄影服务、包装服务、印刷出版、会议服务等；第二，电信服务：声频、电报、传真、电子邮件、声频邮件电信服务，电影与录像带的生产与批发、电影放映、无线电与电视及传输、音像等视听服务；第三，分销服务：与文化有关的批发零售服务、与销售有关的代理、特许经营及其他销售服务；第四，教育服务：包括各成员方之间在高等教育、中等教育、学前教育、继续教育、特殊教育和其他教育中的交往；第五，文化、娱乐及体育服务：如

---

① Central Product Classification(CPC)，ver. 1. 1，http://unstats. an. org/unsd/cr/registry/reges. asp? Cl＝16&Lg＝1&Co＝96，访问时间：2008 年 8 月 18 日。

② 张玉国、朱筱林译：《文化、贸易和全球化》，《中国出版》2003 年第 2 期。

剧场、乐队与杂技表演娱乐服务,新闻机构服务,图书馆、档案馆、博物馆及其他文化服务,体育及其他娱乐服务;第六,旅游及相关服务:如旅馆、饭店提供的住宿、餐饮及相关的服务,旅行社及导游服务等;第七,健康及社会服务:如医疗服务、其他与健康有关的服务等。在知识产权层面直接涉及文化贸易的是其第 11 条和 14 条。其中第 11 条是关于计算机程序和电影作品的相关规定;第 14 条是关于对表演者、录音制品(唱片)制作者和广播组织者的保护。国际上通行的文化产品贸易统计标准是 UNESCO 的文化统计框架(Framework for Cultural Statistics,以下简称 FCS)①。FCS 将当前国际流通中的文化商品和服务划分为 10 大类,分别为:文化遗产(编码为 0);印刷品及文学作品(1);音乐(2);表演艺术(3);视觉艺术(4);电影和摄影(5);广播电视(6);社会文化活动(7);体育及游戏(8);环境和自然(9)。UNESCO 有关研究机构发布的文化产品贸易数据就是在 FCS 的基础上从国家间商品贸易数据库(COMTRADE)中统计得到的。

(二) 学者的界定与分类

关于国际文化贸易的概念,国内外的文化学者、经济学者、政府官员及业内人士众说纷纭,到目前为止,仍没有一个一致性的描述。Van Grasstek(2005)②认为,从概念上讲,可交易的文化实体可被定义为能生产或分配物质资源的产品和服务,这些产品和服务能通过音乐、文学、戏剧、喜剧、文档、舞蹈、绘画、摄像和雕塑等艺术形式娱乐大众或激发人们思考。这些艺术形式,有的能以现场表演的方式(如音乐厅和舞台剧)展示给大众,有的却是先被存储记录下来(如在压缩光盘里)再卖给大众。这里面同样还包括储存和分配文化产品的机构。它们有的以公共服务的形式存在(如图书馆和博物馆);有的以商业的形式存在(如电视台和美术馆);有的则两者兼而有之。高洁(2005)认为,文化贸易主要是指与知识产权有关的文化产品

---

① UNESCO,*International Flows of Selected Cultural Products and Service*,资料来源:UNESCO 网站。

② Van Grasstek,*Treatment of Cultural Goods and Services In International Trade Agreements*,Oxford:Oxford University.

(Cultural Goods)和文化服务(Cultural Services)的贸易活动。周成名(2006)①认为,文化产品贸易属于国际贸易中的一种特殊的服务贸易,它是与知识产权有关的文化产品和文化服务的贸易活动。文化产品不仅具有商品属性,同时也具有精神和意识形态属性。李怀亮、闫玉刚(2007)②指出,国际文化产品贸易是指世界各国(各地区)之间进行的以货币为媒介的文化交换活动,它既包括有形商品的一部分,例如音像录音制品、纸制出版物等,也包括无形商品,例如版权、关税等。有些学者把文化贸易分为硬件贸易和软件贸易③。一般来说,文化硬件指用来生产、储存、传播文化内容的器物工具和物态载体,如摄影器材、视听设备、影视器材、舞美设备、游戏和娱乐器材、艺术创造和表达的工具等;文化软件则指包含文化内容的产品和文化服务,包括广播电视节目、电影动画片和故事片、印刷品、出版物、视听艺术、表演艺术、载有文化艺术内容的光盘、视盘和多媒体、娱乐、会展等。塔尼亚(2010)④的研究将文化产品局限在由音像、印刷和出版等文化产业生产和提供的文化产品内,指出推广和保持文化是 WTO 成员合法的管制目的,文化政策措施能够在无不当相知贸易的情况下达到其文化目的。GATT 与 GATS 对文化贸易不协调的问题,争端解决机制无法解决,只有通过修改现行规定才有可能。

二、关于文化贸易理论的研究综述

(一) 关于传统理论对文化贸易适用性的研究

1. 运用传统国际贸易理论对文化贸易进行解释

对普通的跨国商品贸易,人们通常倾向于以李嘉图的比较优势

---

① 周成名:《关于中国对外文化产品贸易的思考》,《湖南涉外经济学院学报》2006 年第 3 期。
② 李怀亮、闫玉刚等:《国际文化产品贸易教程》,北京:中国人民大学出版社,2007 年,第 38 页。
③ 哈佛大学的克雷格·范格兰斯特克博士在一篇题为《文化产品贸易论战:硬件、软件、市场和政府》的华盛顿贸易报告中有一些新提法。转引自钱光培:《北京文化产业发展态势分析》,2008 年 8 月 10 日,http://philosophy.cass.cn/org/zxin/whzxin/lbs/beijing.htm。
④ 塔尼亚:《文化产品与世界贸易组织》,北京:商务印书馆,2010 年。

理论,乃至赫克谢尔—俄林的要素禀赋理论为分析工具。但由于国际文化贸易格局的复杂性,不同学者采用了不同的理论来解释。李怀亮(2003)[1]从偏好相似理论解释文化产品进口和出口高度集中于少数几个国家的趋势。邱继洲(2005)[2]运用比较优势理论对国际文化贸易的分析,认为由于发达国家早已完成了工业化进程,第三产业成为了创造财富的主要手段。借助于网络化和信息化手段,发达国家的第三产业进一步升级,文化产业的异军突起就是第三产业升级的表现。在国际文化产业的发展中,发达国家据有资金、技术、创意上的相对优势,从而可以拉开与发展中国家文化产品的价格差异,价格差异会导致文化产品由发达国家流入发展中国家。龚晓莺(2008)[3]认为文化产品是典型的异质产品。文化商品和文化服务是中高档消费品,某些文化商品和服务甚至是奢侈品,具有较高的需求收入弹性。文化背景相似的两个国家的消费者容易理解、接纳、欣赏来自对方的文化产品和文化服务。所以国际文化产品与文化服务贸易也呈现出产业内贸易的特征。还有学者运用波特的竞争战略理论解释文化产品的国际贸易。韩骏伟、胡晓明(2009)[4]从产业融合理论进行解释,认为传统文化产业和新技术、新服务、新产业的融合创造出的产品往往具有较高的附加值,既可以作为传统文化产品的补充,也可以满足不同消费者的不同偏好,扩大消费群体。

2. 从文化理论视角对文化贸易进行解释

文化贸易实际上是产品和服务背后隐藏的文化。也就是说,在文化贸易中,实际交易的是各国不同的文化。所以,仅仅从一般贸易理论的角度考虑是不够的,还要涉及文化领域。季羡林(2001)[5]提出"文化交流论",文化具有交流的本质。恰恰是这种交流,使不同文化群体间产生了对不同文化的需求。国际间的文化贸易,就意味着

---

[1] 李怀亮:《多维视野下的国际电视节目市场——西方国际电视节目贸易研究综述》,《现代传播》2004年第6期。
[2] 邱继洲:《国际经济学》,北京:科学出版社,2005年,第117页。
[3] 龚晓莺:《国际贸易理论与政策》,北京:经济管理出版社,2008年,第90页。
[4] 韩骏伟、胡晓明:《国际文化贸易》,广州:中山大学出版社,2009年。
[5] 季羡林:《论东西文化的互补关系》,《北京日报》2001年9月24日。

不同民族、国家的人对不同的文化存在需求。白玲、吕东峰(2001)提出文化互补理论,文化互补理论有两个前提:不同国家和民族间的文化是不同的,人是有好奇心和探知欲的,不同国家生产者的文化背景是不一样的,所生产出来的产品即使是同一产品,仍然存在文化差异,这一差异永远存在。金元浦(2003)①151 提出文化多样性原则,文化的价值超过商业价值,传递着价值观念和生活方式,反映一国和公民的多样性。因此一些欧盟成员国在关贸总协定的谈判中成功运用"文化例外"来拒绝文化服务的自由化。1998 年联合国教科文组织召开"文化政策促进发展政府间会议",提出《文化政策促进发展行动计划》,指出文化的创造性是人类进步的源泉,文化的多样性是人类最宝贵的财富,对发展是至关重要的。

(二) 关于文化贸易成因的研究综述

1. 从意识形态角度对文化贸易成因的研究

Nordnesrtneg 和 Varis(1974)②对电视节目的流向进行了跟踪,发现美国主导了该领域的国际贸易,英国、法国和联邦德国也是电视节目国际贸易中的领先者。Katz 和 Wedell(1977)③把文化产品国际贸易现象与阴谋论做联结。Hermna(1990)④认为,仅由少数大国控制国际信息,称为"文化帝国主义"或"新电子殖民主义"。Mhaamdi(1992)⑤指出,现今帝国主义的完成不是靠剩余价值的获取或对外围产物的索求,而是由特定国家对其他国以免费或低价方式倾销媒

---

① 金元浦:《跨世纪的文策研究》,《东北亚论坛》2003 年第 11 期。
② Nordenstreng K., Varis T., Television Traffic: A One-Way Street? *Reports and Papers on Mass Communication*, Paris:UNESCO, 1974(70).
③ Katz E. & Wedell G., *Broadcasting in the Third World: Promise and Performance*, Cambridge: Hazard University Press.
④ Hermna E., Manufacturing Consent: The Political Economy of the Mass Media, in Downing et al., *Questioning the Media Newbury Park*, Caliofrnia: Sage Publication, 1990.
⑤ Mahamdi Y., *Television, Globalization and Cultural Hegemony: The Evolution and Structure of International Television*, PHD. Dissertation, University of Texasat Austin, 1992.

体产品。Siune 和 McQuail(1992)①认为,相对说来较小的国家比较会有国家文化独立丧失的危机。

2. 从经济学角度对文化贸易成因的研究

Widlmna 和 Siwke(1988)②认为,较大规模的投资,会使其所生产的影视节目对观众来说具有较大的内在吸引力,也就会使其生产者在国际竞争中具有比较明显的优势。Hoskins,Mirus 和 Rozeboom(1989)③三人引入文化折扣这一概念。Hoskins,McFadyen 和 Finn(1997)④提出文化产品的三个特点:共享性、文化折扣和外部效应。Gunther G. Schulze(1999)⑤认为由于文化产品(尤其是艺术品)的特殊性,所以文化产品贸易不仅是大工业化的生产,差异性的小规模文化产品贸易也会存在发展。目前国内对文化产品国际贸易的成因的研究甚少。李怀亮(2003)⑥认为规模经济是美国文化产业领先世界的主要原因,不同的文化折扣导致了中美文化产品和服务贸易的巨大逆差。Mah. Furuya(2005)⑦认为文化、经济和政治方面的接近是影响媒介和文化产品全球贸易的主要原因。

3. 从社会学角度对文化贸易成因的研究

Sinclair,Jacka,和 Cunningham(1996)⑧认为,基于文化和地理

---

① Siune K., McQuail D., Wake up, Europe! in Siune K. & Turetzschler J. eds., *Dynamics of Media Politics*, London:Sage,1992.

② Wildmna S., Siwek S., *International Trade in Films And Television Programs*, Washington D. C.: American Enterprise Institute of Public Policy Research,1988.

③ Hoskins C., Miurs R. & Rozeboom W., US Television Programs in the International Market: Unfair Pricing? *Journal of Communication*,1989(2):55—75.

④ Hoskins C. McFadyen & Finn S., *A Global Television and Film-An Introductoin to the Economics of the Business*, Oxford:Clarendon Press, 1997.

⑤ Gunther G. Schulze, International Trade in Art, *Journal of Cultural Economics*, 1999.

⑥ 李怀亮:《多维视野下的国际电视节目市场——西方国际电视节目贸易研究综述》,《现代传播》2004年第6期。

⑦ Maho Furuya, *Japan's Foreign Trade of Media and Cultural Products in the Age of Globalization*, PHD. Dissertation,the State University of NewYork,2005.

⑧ Sinclair J., Jacka E. & Cunningham S.,Peripheral Vision, in Sinclair J., Jacka E.,Cunningham S. eds., *New Patterns in Global Television:Peripheral Vision*, Oxford: Oxford University Press, 1996, pp. 1—32.

的相似性发展了重要的区域市场。Hvane S(2003)[1]强调人际关系、制造"议论"和展示自己的公司品牌带来交易的成功。Bidby 和 Harrington(2004)[2]指出,一个节目的美学要素只有与观众的情感发生共鸣,才能使节目获得经济上的成功。

三、针对不同种类文化贸易现状的研究

徐嵩龄(2005)[3]将国际文化产品贸易分为 4 种类型:(1)国际性文化演示与展示。如歌、音、舞等文化娱乐项目的跨国演出,美术作品与博物馆藏品的跨国展览,国际性文化、艺术、体育类竞赛,等等。(2)文化产品用品的跨国销售。这里的文化产品的内容是广泛的,如图书等出版物、音像产品、文化器具、可拍卖的艺术品与文物等。(3)国际文化旅游。即一切以文化与自然遗产为目的的或以文化、艺术、体育活动为目标的旅游活动。(4)产权的跨国转让。这里主要是指以著作权、创作权、制作权等为主要内容的知识产权转让与以特许经营为主要方式的经营权转让。

(一)与动画产业、影视产业相关的文化贸易的研究现状

Lnet(1998)[4]描述了美国动画产业为了降低成本,将中期制作转移到海外完成。李怀亮(2006)[5]分析了国际电影贸易和国际电视节目贸易,指出当代国际电影贸易的基本格局,介绍了全球三大电视节目交易市场。彭玲(2005)试图从建构动画文化的视角,探讨制约动画发展的相关问题:动画概念的偏差、政治概念的制约以及本土概念的束缚。苏锋(2006)[6]透视动画产品国际贸易历程,归纳总结了动

---

① Hvanes T. J., Exhibiting Global Television: On the Business and Cultural Functions of Global Television in Fairs, *Journal of Broadcasting & Electronic Media*, Washington, 2003(47):18—35.
② Bielby D. D., Harrington C. L., Managing Culture Matters: Genre, Aesthetic Elements and the International Market for Exported Television, *Poetics*. 2004(32):73—98.
③ 徐嵩龄:《第三国策:论中国文化与自然遗产保护》,北京:科学出版社,2005 年,第 295 页。
④ Lent John A., James Wang and Taiwan:5 Cuckoo,5 Nest,*Animation Journal*, Fall, 1995:85—89.
⑤ 李怀亮:《国际文化贸易概论》,北京:高等教育出版社,2006 年。
⑥ 苏锋:《动画产品国际贸易模式研究》,哈尔滨工业大学博士论文,2006 年。

画产品国际贸易模式。王建陵(2009)[①]从创新优势的角度研究了美国动画产业的国际竞争力。白远、池娟(2009)[②]对文化创意产业中文化产品进行了分行业贸易现状分析,提出提升我国电影、动漫产品贸易竞争力需要构建完整的产业链,加强原创,并进行外包。沈大勇、金孝柏(2010)[③]对视听产品服务贸易自由化问题的研究文献进行了梳理,提出视听部门的自由化首先取决于各自经济主体的利益。

(二) 与知识产权相关的文化贸易的研究现状

徐建华(2005)[④]对版权贸易进行了系统研究,揭示了版权贸易发展的动因、经济效应及机制,为版权贸易的引进和输出程序进行了系统分析。王雪野(2009)[⑤]对比研究了北美地区、欧洲主要国家和澳大利亚等市场的图书贸易。詹宏海(2009)[⑥]从法学和经济学结合的综合角度,介绍知识产权贸易的种类和一般过程。郑楠(2009)从法律角度分析国际贸易与知识产权保护关系,提出伴随一国知识产权保护程度的提高,国际贸易的发展水平越来越高,适当的知识产权保护可以促进国际贸易的发展,但是保护的过度加强,会阻碍国际贸易自由化的发展。戴阿明(2010)[⑦]关于盗版的研究,认为在打击盗版方面很难形成长效机制。洪涓、刘柳(2010)[⑧]采用出版业文化产品1996年~2008年的贸易数据,运用统计分析方法,对贸易规模、产品结构和市场分布进行系统描述结果显示,出版业文化产品的产品结构较为互补,且贸易伙伴主要集中在发达国家和地区,进出口市场集中度高。

[①] 王建陵:《基于创新优势的美国动画产业的国际竞争力研究》,浙江大学博士学位论文,2009年。
[②] 白远、池娟:《文化创意产业发展比较研究——理论与产品的国际贸易》,北京:中国金融出版社,2009年。
[③] 沈大勇、金孝柏:《国际服务贸易:研究文献综述》,北京:人民出版社,2010年。
[④] 徐建华:《版权贸易新论》,苏州:苏州大学出版社,2005年。
[⑤] 王雪野:《国际图书与版权贸易》,北京:中国传媒大学出版社,2009年。
[⑥] 詹宏海:《知识产权贸易》,上海:上海大学出版社,2009年。
[⑦] 戴阿明:《文化产品盗版现象的经济分析》,吉林大学硕士学位论文,2010年。
[⑧] 洪涓、刘柳:《我国出版业文化产品对外贸易状况分析》,《价格月刊》2010年第3期。

四、针对我国文化贸易现状、贸易壁垒与对策的研究

(一) 对我国文化贸易现状的研究

国内外近年来对文化贸易的研究正处于上升阶段,有不少学者对此提出了自己的观点,但还没有形成全面系统的理论。冯潮华(2005)[1]论述了大力发展我国对外文化贸易的重要意义,对当前我国对外文化贸易的现状及其原因进行分析;颜荟(2008)[2]鉴于缺乏权威统计资料,举例说明我国文化产品逆差的多面性,认为我国文化贸易发展结构是不平衡的,"硬强软弱"。国际文化发展报告(2005)[3]对比了发达国家文化贸易的现状,提出文化贸易具有强大的整体带动功能,我国要在海外打造中国文化符号。廖佳音(2008)[4]指出中国文化产品出口存在贸易逆差较大,贸易方式单一;产品模式重复,缺乏比较优势;缺乏管理经验,产业关联不强;资源开发不当,知识产权保护不利;企业资金不足,出口平台不完善;人才储备与贸易发展不匹配等问题。李嘉珊(2008)[5]对国际文化贸易进行了一般性、特殊性和延展性研究,对北京文化贸易现状进行思考,提出北京发展文化贸易需要警示西方化及文化安全的问题。刘爽(2009)[6]认为,虽然中国的文化产业发展迅速,文化产品的对外输出规模不断扩大,但仍存在着许多问题,如文化产品的出口结构相对单一,文化产品的出口渠道相对狭窄等。成林(2009)[7]指出中韩两国有着共同文化的认同,但由于中国未将文化元素进行经济化传播以及货物贸易未能承担宣传文化元素的责任等原因,以及中韩文化产

---

[1] 冯潮华:《发展我国对外文化贸易的思考》,《中共福建省委党校学报》2005年第5期。
[2] 颜荟:《后WTO时代我国文化产品出口的障碍与对策研究》,武汉理工大学硕士学位论文,2008年。
[3] 中宣部文化体制改革和发展办公室、文化部对外文化联络司编:《国际文化发展报告》,北京:商务印书馆,2005年。
[4] 廖佳音:《促进我国文化产品出口的策略》,首都经济贸易大学硕士论文,2008年。
[5] 李嘉珊:《国际文化贸易研究》,北京:中国金融出版社,2008年。
[6] 刘爽:《中国文化产品国际营销战略研究》,天津财经大学硕士学位论文,2009年。
[7] 成林:《中韩文化产品贸易研究》,《商业经济》2009年第3期。

业在组织管理机制、资金支持机制、人才培养方面存在着差异,导致中国文化产业对韩的贸易逆差。隋岩、张丽萍(2010)[①]从文化安全的角度解析中国影视"贸易逆差",认为内外双重因素导致了逆差的产生:文化帝国主义对我国的文化渗透和中国影视产品自身文化价值的缺失。

(二) 我国文化贸易逆差的内因分析

我国自 2003 年 12 月 31 日国务院《关于印发文化体制改革试点中支持文化产业发展的两个规定的通知》到 2011 年商务部发布《关于进一步推进国家文化出口重点企业和重点项目目录相关工作的指导意见》以来,国务院、文化部、财政部、商务部、海关总署、发改委等部委总共发布关于文化贸易的各项政策措施 23 项。胡晓霞(2011)[②]强调发达国家在多年的国际竞争中,早已形成了一套鼓励文化贸易的法律和政策。我国虽然也制定了一些相关措施,但这些政策都缺少实质性的支持,如税收问题、投资优惠等都没有涉及。政府在推动文化产业发展的过程中措施不具体,我国政府也没有具体的措施去培养能够在互联网络之中进行创造、生产、推销的企业或中介机构。而王晓芳(2012)指出知识产权局、版权局、新闻出版总署负责网络游戏等许可,文化部负责运营,导致文化贸易管理的条块分割仍然严重,限制了文化产品"走出去"。荆玲玲、张会来(2012)[③]提出我国文化市场的开放性较低,文化产业发展处于探索阶段,需要进行国内的体制变革与创新以实现文化"走出去"战略,体制改革包括教育体制改革和文化体制改革。深化国家文化体制改革,包括探索以传统文化为主体的中国文化与世界现代文化的衔接方式和通过转企改制使文化单位摆脱传统事业体制的束缚,成为真正意义上的市场主体。

(三) 我国面临的文化贸易壁垒和可以采取的文化贸易保护措施

李永增、陈泽伟(2004)指出通过实行配额限制文化产品和服务

---

① 隋岩、张丽萍:《中国影视"贸易逆差"下的文化安全探析》,《现代传播》2010 年第 6 期。
② 胡晓霞:《我国文化贸易发展的现状及原因分析》,《时代经贸》2011 年第 7 期。
③ 荆玲玲、张会来:《中国文化"走出去"战略的时代变革与思路创新》,《未来与发展》2012 年第 1 期。

进口。张玉国(2005)[①]指出《加拿大内容要求》是针对文化产品的国际贸易壁垒,其他壁垒还有诸如通过税收补贴等优惠措施促进本土文化产业的发展、对外资投资本国文化企业的行为实行限制、对进口文化产品和服务实行内容限制等。邹宇清提到韩国1966年开始实施的电影配额制,即本国影院对国产电影的义务放映制度,每年必须有一定的时间放映国产电影。付竹(2007)[②]认为文化壁垒在一定条件下可作为一种贸易保护手段,我国制订文化贸易策略时,可适当考虑利用文化壁垒保护本国经济,从而保护本国文化,甚至将我国文化渗透于东道国文化中,来促进我国文化产品的出口。张斌(2010)提出国际文化贸易格局的失衡导致了两种截然相反的贸易倾向:倡导自由贸易与主张文化保护,设置各种文化贸易壁垒是保护的主要方式。余雄飞(2009)指出,由于文化产品的特殊性,为了保护本国的影视产业避免遭受好莱坞影视的冲击,可以借鉴绿色贸易壁垒法律制度来处理文化贸易问题,建立一个"文化贸易壁垒"。阮婷婷、欧阳有旺(2010)从文化贸易壁垒的效应分析出发,以文化例外条款为例,探讨文化贸易壁垒的实施为我国带来的经济效应以及文化效应,并对两种效应进行权衡,得出从保护文化主权安全的角度来看,我国需要积极推动文化贸易壁垒的实施。

(四) 我国发展文化贸易的对策

刘燕(2006)[③]表示正视我国文化贸易的现状,积极改善我国文化贸易的逆差,把我国优秀的文化产品推向世界是我们的当务之急。花建(2005)[④]提出中国文化产业要确立走出去的方针,在直接参与全球化竞争、扩大国际文化市场占有率的过程中,增强自身的国际竞争力,还要大力拓展对外贸易渠道,利用文化商品出口,扩大服务贸易。常卫(2006)提出了综合利用政府战略性贸易政策与战略性产业

---

① 张玉国:《国家利益与文化政策》,广州:广东人民出版社,2005年,第209页。
② 付竹、王志恒:《探析国际贸易保护中的文化壁垒》,《商业时代》2007年第6期。
③ 刘燕:《我国文化贸易的现状分析及对策研究》,《商场现代化》2006年第3期。
④ 花建:《发展中国对外文化贸易的战略视野》,《探索与争鸣》2005年第6期。

政策手段促进中国文化产业发展的观点。刘晓惠(2007)[①]从政府层面就美、日、德、法等发达国家的文化创意产品贸易及贸易促进经验进行了分析。张海涛、张云、李怡(2007)[②]从分析中国文化贸易的现状入手,探究中国文化贸易逆差产生的原因,在此基础上提出改善逆差的策略建议。张志林、张养志(2009)[③]认为版权贸易是文化创意产业发展的保护伞,从政府、行业、出版社三个层面提出促进北京版权贸易的建议。刘婷(2009)提出促进文化贸易发展,应保护我国文化安全和知识产权,转变政府职能。张丽英(2011)提出在文化产品的贸易上,国际社会也在进行相关的多边立法,以肯定各国制定并实施文化政策和措施的主权权利。中国应充分利用相关的国际规则,通过规则允许的审查措施及例外规定,保护我国的"文化安全"。杜海涛(2012)总结2011年我国出口文化产品187亿美元,其中视觉艺术品成为第一大出口品种。文化贸易地区分布中,广东出口额占四成,全国领先;我国文化贸易的主体是私企,私企出口增势迅猛。花建(2012)提出文化地缘战略是中国文化走出去的重要依托。

五、评论与展望

我国文化贸易存在严重逆差,且发展很不均衡。我国虽然有五千年文明史,但是在当今国际文化贸易中却显得滞后,目前还没有将丰富的文化资源比较优势转化为文化产品在国际市场上的竞争优势。联合国教科文组织认为,1995年以后中国与美国、日本、英国和法国成为了世界文化贸易新的五强。据统计,目前中国是仅次于美国的世界第二大文化硬件产品出口国,但在文化贸易的"软件贸易"领域,包括电影、电视、演出、动漫、游戏等方面却非常薄弱,2009年中国的文化出口贸易逆差比例高达1∶7以上。因此,我国在从贸易大国走向贸易强国的过程中,有必要对其进行系统研究。

由于国际文化贸易是在20世纪80年代后才逐步兴起的,因此

---

① 刘晓惠:《国际贸易及贸易促进》,《研究与探讨》2007年第3期。
② 张海涛、张云、李怡:《中国文化对外贸易发展策略研究》,《财贸研究》2007年第2期。
③ 张志林、张养志:《北京版权贸易与版权产业发展研究》,北京:印刷工业出版社,2009年。

对其进行研究的国内外文献还比较少,缺乏系统性。现有文献的研究多集中在定性的理论层面的探讨,属于规范分析,缺乏定量的实证层面的验证。目前文化贸易理论还在发展之中,有关文化贸易的案例研究逐渐丰富,但理论研究相对不足,没有形成完整的体系。首先,文化产品作为特殊的商品,其贸易不仅仅是经济问题,还涉及意识形态及文化安全。因此有必要从文化学、人类学、国家安全、经济学等多个角度进行分析。其次,对文化贸易的界定,不同学者、机构各不相同,对文化贸易的研究也刚刚兴起,从而存在划分标准不统一,数据缺乏等问题。因此有必要建立普适性的划分标准,并进行定量研究。第三,文化产品种类、文化贸易方式等不断出新,新文化产品的价值链实现问题一直没有得到足够的关注。例如,网络视频跨国传播过程中的价值如何实现、电子商务对文化产品贸易的影响等。

新政策环境下我国对外文化贸易发展路径

李怀亮

近年来,在党中央、国务院的大力支持下,中国文化产业的发展势头十分迅猛,对外文化贸易逆差逐渐缩小,文化产业的国际影响力和竞争力明显提高。据联合国教科文组织统计,我国数年以前就已成为文化产品和服务第三大出口国。2010年文化创意商品出口三强分别是中国、美国和德国,中国文化创意商品出口额是美国的近3倍。我国商务部公布的数据显示,2013年一年我国文化产品和服务出口总额就达356.9亿美元,说明中国已经成为世界文化贸易格局中的重要力量。

中国文化"走出去"的发展与进步,既与中国文化产业整体实力的增长密不可分,也得益于有关政策的大力推动。本文拟对照我国文化贸易政策的发展过程,分析国务院《关于加快发展对外文化贸易的意见》对我国文化贸易发展的意义,并进一步指出在新的政策环境下,我国对外文化贸易的发展路径。

一、中国文化"走出去"支持政策发展脉络梳理

(一)涉外文化事项的规制阶段(2000年以前)

改革开放以来,党中央一直十分关注中国文化"走出去"的问题,

但在 2000 年以前,我国文化"走出去"大多是以"交流"的方式主动"送出去",对以"产品"形式进行的对外文化贸易重视不足。即使有关部门的政策法规中涉及对外演出、展览、版权、合拍片等问题,其内容也基本是以"规制"为主,较少涉及政策支持与鼓励措施。

(二) 对外文化贸易政策的起步阶段(2000—2005 年)

我国的文化产业起步较晚,即使是在 2000 年党中央明确提出大力发展文化产业之后的前几年里,我们的主要政策着力点仍然集中于文化产业概念梳理、统计等方面,对文化"走出去"问题的关注度和支持度都明显不足。到 2004、2005 年,中国对外文化贸易逆差问题开始受到各界相关人士的重视,专门针对对外文化贸易的政策也开始出台。《关于加强文化产品进口管理的办法》(中宣发[2005]15号)是针对文化产品进出口问题的较早的政策法规之一。该办法从总量规模、结构以及行业分布等多个方面,对进口文化产品和服务进行了明确和细化,对文化主管部门的监管职能进行了界定,明确了网络游戏、音像制品、营业演出、境外影片等文化产品的进口管理办法,并提出实行文化产品进口经营许可证制度和年检制。

(三) 对外文化贸易政策的快速推进阶段(2006—2013 年)

2006 年至今,是中国对外文化贸易政策的快速推进阶段,在大量相关政策开始出台的同时,政策的针对性、适用性、现实性也都明显提高。仅在 2006 年,国务院便连续颁布了包括《国家"十一五"时期文化发展规划纲要》在内的一系列政策法规,而在这些法规中,对外文化贸易所占的篇幅、表述的具体性都大有提高。2009 年 7 月,国务院常务会议审议通过了我国第一部文化产业专项规划——《文化产业振兴规划》,该规划将"文化产品和服务出口进一步扩大"作为五个主要目标之一,显示了国家对文化产品和服务出口的重视。党的十七届六中全会通过的《中共中央关于深化文化体制改革推动社会主义文化大发展大繁荣若干重大问题的决定》及十八大报告提出把我国文化产业建为国民经济支柱性产业,进一步增强我国文化产业的国际竞争力,不断提高我国文化贸易的整体实力;十八届三中全会又通过了《中共中央关于全面深化改革若干重大问题的决定》再次强调了我国文化产品、产业及国际文化贸易发展的总体目标,要求进一步提高我国文化开放水平,重点扶持和培育外向型文化企业,支持文化企业到境外开拓市场。在这一阶段,中国文化"走出去"政策的主要特点可以被总结为"三化"——即政策推进密集化、支持措施具体化和支持部门联合化。

(四)形成全面系统的对外文化贸易政策支持体系 (2014年3月以后)

在经历了上面几个阶段的探索,特别是第三个阶段之后,国务院于2014年3月专门印发《关于加快发展对外文化贸易的意见》(以下简称《意见》),对我国对外文化贸易发展的总体要求、政策措施及组织领导等方面进行了特别阐述,是对我国对外文化贸易的重大利好,标志着我国已经形成全面系统的对外文化贸易政策支持体系,形成了我国对外文化贸易新的政策环境。

二、我国对外文化贸易新的政策环境

《意见》特别提出了要加快发展我国传统文化产业和新兴文化产业,加大在文化领域的对外投资,不断扩大我国文化产品和服务的出口,培育出一批具有国际竞争力和影响力的外向型中国文化企业,形成一批具有核心竞争力的文化产品,打造一批具有国际影响力的文化品牌,搭建若干具有较强辐射力的国际文化交易平台,提高对外文化贸易额在对外贸易总额中的比重,扩大国际市场中我国文化产品和服务的份额,扭转我国核心文化产品和服务贸易逆差状况,争取在宏观上显著提升我国文化整体实力和竞争力,在2020年完成我国对外文化贸易的发展目标。

《意见》强调了坚持"统筹发展、政策引导、企业主体、市场运作"四个基本原则。坚持政策引导,按照国务院的意见精神转变政府职能,不断总结这些年我国文化产业发展和对外文化贸易的经验和教训,减少对文化产业和对外文化贸易的行政干预,依法对文化产业和贸易进行监管，按照对外文化贸易发展规律推动对外文化贸易；坚持企业主体，鼓励和支持各类文化企业开展和从事国家法律法规允许经营的对外文化贸易业务，特别强调国有、民营、外资等各种所有制文化企业从事对外文化贸易业务时享有同等待遇；不断加大政府对外向型文化企业的培育和扶持力度；坚持统筹发展，将促进我国经济结构调整、产业结构优化升级和扩大内需、改善民生与发展文化产业和推动对外文化贸易相结合，不断拉动消费和投资增长，努力促进服务业发展；坚持市场运作，利用市场作用积极创新文化内容和文化"走出去"模式，不断优化文化资源配置，激发社会活力，努力打造出我国文化出口竞争新优势。

在现行政策的基础上，《意见》从四个方面全面系统地用 15 个分类提出了我国对外文化贸易发展的政策措施。

(一) 明确支持重点

鼓励各种所有制文化企业从事国家法律法规允许经营的对外文化贸易业务。要求进一步完善《文化产品和服务出口指导目录》，定期发布《国家文化出口重点企业目录》和《国家文化出口重点项目目录》，加大对入选企业和项目的扶持力度；鼓励和引导文化企业加大内容创新力度，创作开发体现中华优秀文化、展示当代中国形象、面向国际市场的文化产品和服务；支持文化企业拓展文化出口平台和渠道，鼓励各类企业创新合作方式、建设国际营销网络、积极参加境内外重要国际性文化展会、借助电子商务等新型交易模式拓展国际业务；支持文化和科技融合发展，鼓励企业开展技术创新，增加对文化出口产品和服务的研发投入，开发具有自主知识产权的关键技术和核心技术并积极利用国际先进技术，提升消化、吸收和再创新能力。

(二) 加大财税支持

在财政政策上，《意见》提出要充分发挥财政资金的杠杆作用，综合运用多种政策手段，对文化服务产业国际贸易的各个环节给予支持，中央和地方有关文化发展的财政专项资金和基金要加大对文化出口的支持力度;在税收政策上,明确了对国家重点鼓励的文化产品和服务出口全部实现增值税零税率或免税,这是税收政策方面的较大突破。同时,《意见》明确提出文化企业也可享受服务外包企业相关税收优惠政策。

(三)强化金融服务

《意见》鼓励金融机构按照风险可控、商业可持续的原则从信贷、融资、债券、证券化产品、保险、担保、境外投资、外汇管理等诸多方面实现了突破,为文化企业从事产品和服务出口、海外并购投资等业务拓展了新的融资渠道,提供优质金融服务。

(四)完善服务保障

《意见》将文化出口重点企业与海关企业分类管理相衔接,优先提供通关便利,对时效性较强的文化产品实行集中申报,为文化产品出口提供24小时预约通关服务;对暂时性出国(境)货物减少行政审批事项,简化文化出口手续,提高通关速度;对国有文化企业出境相关业务人员不设出国(境)指标,简化因公出国(境)审批手续,出国一次审批、全年有效。此外,《意见》要求加强开展文化知识产权价值的研究和评估,为面对境外市场生产销售外语出版物的民营文化企业配置了专项出版权。支持文化企业开展涉外知识产权维权,加强知识产权保护、为文化企业开拓海外市场提供信息和公共服务;加强对外文化贸易复合型人才培养,建立健全对外中介组织。发挥其在出口促进、行业自律、国际交流等方面的作用,营造出良好的对外发展环境。

《意见》特别强调各地各部门加强组织领导,尽快制定具体实施方案,完善和细化相关政策措施,确保政策落地,取得实效。明确要求商务、宣传文化、外交、财税、金融、海关、统计等部门整合资源,统筹协调,建立健全对外文化贸易工作联系机制,推进各项政策措施的制订和落实,加强和完善对外文化贸易及文化领域对外投资统计,统一发布对外文化贸易和对外投资统计数据,结合《文化及相关产业分类(2012)》修订和完善文化产品和服务进出口统计目录。

三、加快发展对外文化贸易的设想和措施

(一) 积极探索中国特色文化内容走向世界的创新战略

据《中国经营报》调查,海外观众对中国文化产品的需求首选"中国优秀的历史和传统文化",对中国传统文化的兴趣高于现代题材,两者的比例达到了 66%:34%。这样的数据表明,在我国文化产品与服务的国际贸易中,有鲜明中国特色的文化内容对于提升我国文化出口国际竞争力具有重要意义。然而,在现今越来越强调高速高效信息传播的社会背景下,中国传统文化内容含量过高也会因为国外受众对我国语言、历史等一系列客观因素的不熟悉而产生巨大的文化折扣,影响我国文化产品与服务在国际市场上的接受程度。这样的两难困境更是为我国从事国际文化贸易的企业、研究者及相关政府部门提出了极大挑战。如何在体现我国优秀差异性文化的基础上更好地为外国受众所接受,需要国际文化贸易产业链整个实践流程的共同努力。

我们要明确在中国文化"走出去"参与国际竞争的过程中必须采取融合策略,即以中国视角、中国立场积极介入全球普遍问题和人类共通性主题。不仅要用具有中国特色文化色彩的方式讲述国外受众易于接受的诸如爱、梦想、希望等世界人民共有的情感与主题,让国外受众在享受我国产品和服务的同时潜移默化地熟悉并接受我国特有的文化;也要注意强化我国文化话语权,开拓文化公共表达空间,在文化产品与服务生产制作的过程中注重创意的运用,在与世界其他文化贸易大国合作的过程中积极学习成功经验,尽量减少世界上已经形成影响力的中国元素(如功夫、杂技等)对我国文化产品创新带来的局限,更好地传递中国声音。

中国文化"走出去"的根本目的在于积极发出中国声音,提升中国文化软实力和中华文化国际影响力,为我国大国崛起创造更为良好的国际环境。因此,打造基于创意创造、生产制作、内容接收的完整实践流程,研究各个内容生产主体的创新理念、价值表达、类型特

征、潮流趋势、方法技巧等内容,讲好中国故事,传播好中国声音,阐释好中国特色就显得尤为重要。而国际文化贸易相关领域的研究者们更要有所突破,通过国际性、艺术性、媒介性、现代性。民族性、主体性等多个视角的研究,构建起具有中国特色、卓有成效的传播内容创作及生产的战略格局。

(二) 打造立体化的推动中国文化艺术产品"走出国门"的整合营销传播体系

早在 2005 年颁布的《关于进一步加强和改进文化产品和服务出口工作的意见》(中办发[2005]20 号)中,我国便将"运用多种方式,加强出口渠道和国际营销网络建设"明确列入今后对外文化贸易的主要战略任务。在中国对外文化贸易逆差不断缩小的情况下,如何构建稳定的海外营销渠道,确保中国文化产品"走出去"过程中不受渠道制约,更是迫在眉睫,而打造立体化的推动中国文化艺术产品"走出国门"的整合营销传播体系则是在此背景下拓宽海外营销渠道、推动我国文化产品与服务海外市场拓展的有效举措。

整合营销在市场营销中的定义是指一种对各种营销工作和手段的系统化结合,根据环境进行即时性的动态修正,以使交换双方在交互中实现价值增值的营销理念与方法,把各个独立的营销综合成一个整体,以产生协同效应。在国际文化贸易中,中国文化艺术产品的整合营销实际上就是要借鉴国际市场经验,从产品的定位、翻译、市场策略、营销渠道、海外交易平台、海外交流活动、国际传播能力等方面均加以重视,每一环节都以产品"走出去",增强我国文化影响力与软实力为目标,实行符合市场规律和消费者心理的营销措施。

具体来说,在产品定位上,由于文化产业是一个非常庞大而复杂的体系,不同的产品服务面向不同的顾客群体时,其营销战略和策略有着很大的不同,所以了解目标受众的消费习惯与偏好,进行科学的市场细分,根据文化消费者不同的需求特点、购买行为和购买习惯等,把一个统一的文化大市场划分为若干个文化小市场,以便针对文化小市场的不同特点进行文化产品的营销是文化产品营销时最先要考虑的重要环节。

翻译环节，对于我国文化产品与服务的国际贸易来说既是重点也是难点。不同语言之间的转换本就不仅仅是语言文字的变化，更多的涉及翻译前后两种语言存在的不同环境与历史积淀，加之汉语属于汉藏语系，与世界使用范围最广的英语分属两大不同语系，亚洲与欧美在生活习惯、历史风俗等方面又有极大的差别，因此我国文化产品在国际贸易中的翻译难度也相对更大。做好文化产品的翻译工作是使我国文化产品与服务得以走出国门，被国外受众接受的第一步。

而在市场策略方面，量体裁衣，实行市场营销战略和全方位的产品宣传，是国外抢占文化产品国际市场的成功做法。文化产品的生产者必须针对国外不同消费环境和消费对象，在文化产品、服务方面采用不同载体和表达方式并进行多渠道的全方位宣传。除少数情况外，文化产品和文化服务必须针对特定国外消费群体量体裁衣和定制定做，并且尽量考虑现代形式，比如精美的外形和包装，实现双语甚至多语的配套。同时，需要靠宣传营造出文化产品的市场需求，便于其尽快进入并占领市场，进而带来丰厚的收益。

海外交易平台的建设，同样是整合营销中的重要一环。目前，国内文化产品出口主要有前文提到的两种渠道，即国内国外的文化产业博览会和通过外国发行公司代理。这两个渠道有一定的效果，但都有其局限性。博览会在展览季之后经常性不够。依托国外的发行公司，好处是成本低、市场风险小，不足之处是丰厚的发行利润让其他国家拿走了，生产商实际上只赚了个吆喝。所以，大力增加文化产品发行网络和发行渠道，对于中国文化出口意义重大。

在国际传播能力建设方面，不仅需要我国相关政策措施对于提升我国文化软实力的大力支持，还需要文化产品与服务出口企业加大海外合作力度，加快经验借鉴的步伐，让更多有中国特色的文化产品走出国门，被海外受众所熟知并接受。海外传播不仅要注重覆盖率，还要注重到达率。

（三）统筹国际国内两个市场，培育世界一流文化企业，加强对外文化贸易的品牌建设

品牌是一种识别标志、一种价值理念和精神象征，是品质优异的

核心体现，是构成产品独特市场形象的无形资产，是一个产业进入国际市场的根本保证。在国际上，众多知名企业经过长期的积累和建设，以核心视觉要素即文化符号为基础的创意文化类衍生产品的开发及其应用机制已经相当完善，同时围绕着创意文化衍生产品的多维化开发，在各类宣传和推广中积极构建和谐统一、具备强烈识别效果的文化形象，全方位地塑造和强化品牌的文化内涵和视觉感染力。在当今信息时代和"眼球经济"迅速崛起的文化产业宏观世界里，品牌的力量和作用更是不容小觑。

美国迪士尼用想象力创造一流的内容故事，基于故事，结合高科技进行电影、主题公园设计建设，创造出一个世界著名文化产业品牌。如今只要按下迪士尼品牌的一个按钮，这部庞大的文化全产业链就能从电影做到乐园、从商品做到舞台剧、从出版物做到教育等各个领域，为企业和世界创造出不菲的美国文化和经济价值。

和迪士尼不同的是，荷兰人 Florentijn Hofman 带着他 2007 年由一场海运事故的灵感设计的大黄鸭，一站站地穿行在澳大利亚、美国、新西兰、德国、中国等多个国家，在每个国家都能引起轰动，一不小心就成为知名品牌，2013 年 5 月 2 日至 6 月 9 日大黄鸭在香港维多利亚港与游客见面，除了期间举办各种活动外，同时成功推出大量包括食物、服装、饰品、玩具、电子产品等各种衍生产品，大黄鸭也从低附加值的廉价玩具变成艺术贵族，以优雅的姿态接受着无数人的朝拜。在北京展出的一个多月时间里，接待大黄鸭的北京园博园和颐和园两所公园，门票及其他收入分别过亿。来自全国各地的游客争相涌入北京与大黄鸭合影留念，为衍生品售卖、餐饮、住宿、交通等周边产业带来了总收益超过 2 亿元的巨大经济效益。大黄鸭被赋予怀旧等人类共同的情感，开始了在当今眼球经济时代"全民合影"的狂欢，举办着一场场插着大黄鸭品牌标签的不断带来巨大经济效益的商业盛宴。

由此可见，对于文化产业来说，品牌出票房、出效益、出产品，品牌的创立、发展和占有不仅仅体现在文化交易的数量增长，更是文化产业与贸易行业深度融合的绝佳契合点，它会刺激文化企业技术、信息、产品的外部延伸，助力文化产业的多元化发展，促进关联产业的深度融合,培育市场经济新增长点。

国际市场的普遍规律是 20% 的强势品牌占据着 80% 的市场。发展品牌就是建立和拓展一种新的特权。这一规律也同样适用于文化贸易和文化产业。强大的好莱坞电影品牌使得各式大片主宰着全球电影市场;品牌效应让日本的动漫占据着全世界 60% 的动漫市场;韩国《八月照相馆》《大长今》《来自星星的你》等名牌影视剧的打造,金喜善、裴勇俊、张东健、金秀贤等韩国明星阵容的强力推出使得韩国文化产业取得了世人瞩目的成功,今天的"韩流"在中国乃至世界范围内势不可挡。《韩国经济新闻》在"品牌经营"专题报道中指出:"在想到某个国家和企业时,首先浮上人们脑海的是那个国家和企业的品牌。现在,品牌具有的意义已经超越单纯的商标和标志,它不但是企业,也是一个国家竞争力的源泉。"从国际文化贸易成功经验看,企业是文化产品的制造者和推广者,是文化市场的开拓者,是文化市场的主体和跨国经营的承担者。没有名牌的企业就不可能在国际文化贸易中打开局面,更不可能形成国际文化的竞争力。统筹国际国内两个市场,创建和依靠国内一流企业让中国文化产业"走出去"并在国际文化贸易舞台上成为主角,改变中国目前在国际市场上尚无品牌性文化企业和产品的现状,打造出具有国际竞争力的品牌性文化企业和重大项目,是中国对外文化贸易的重点所在,是中国当前对外文化贸易的重要的战略任务之一。

(四)加大国际化文化贸易人才培养力度,制定国际文化艺术人才培养和发展战略

文化创意产业的突出特点是资金密集、人才密集和智力密集。人才竞争是一切竞争之本,文化贸易人才是极为重要的稀缺资源。在 21 世纪以人才为本的时代,人才的短缺必将成为我国国际文化贸易发展的"瓶颈"。加之国际文化市场的需求千变万化,熟悉国际文化市场特点的创作人才、营销人才和法律人才严重匮乏。谁能有效地开发和利用人才,谁就能掌握产业发展的制高点,谁就能保持旺盛的生命力和活力。

在转型期的社会状态下,思维方式单一、能力和素养"单边",要

做好文化创意产业是不可能的。在这样的态势下,复合型的"全能人才"既懂经营,又会管理,既坚持正确的政治方向,又熟悉国际规则和境外文化产业运作方式,既懂得专业业务知识,又了解市场情况,他们既是策划者,又是制作者,还可以是发行营销人员,这便是复合型人才适应国际文化贸易行业需要的可贵之处。复合型人才的培养需要在人才的素质教育、专业能力、国际视野、实践经验等多方面入手,在理论知识传授的同时,辅以实践,将理论知识落到实处,思维与实践共同培养。

因此,我们应该研究我国文化贸易人才市场现状,根据我国文化艺术"走出国门"战略以及文化传媒市场的需求,制定国际文化艺术人才培养和发展战略。充分发挥高校在文化人才培养方面的优势,加大国际化文化贸易人才培养力度。鼓励和支持高校加强文化贸易学科和专业建设,建立文化贸易经营人才培训基地。商务、文化等相关部门要加强合作,通过联合举办各类培训辅导班,提高对外文化工作者的综合素质和业务水平,加快培育掌握外语技能、熟悉国际文化市场运作规律的文化贸易经营管理人才和专业技术人才。

我国对外文化贸易发展的机遇、问题及对策建议

刘绍坚

文化产品是经济属性和意识形态属性的有机统一体,文化产业具有先导性强、融合度高、投入小、产出大、能源资源消耗低、污染排放少等特点,是典型的朝阳产业、绿色产业。积极推动对外文化贸易发展,不仅有利于加快我国经济发展方式转变,促进产业结构转型升级,获得巨大的经济效益,还可以有效传播中华优秀文化,输出社会主义核心价值观,提升我国的国家软实力和国际影响力,产生显著的政治效益。

一、当前我国对外文化贸易已经进入快速发展的黄金期

(一)我国文化产业快速发展,为对外文化贸易奠定了坚实的产业基础

产业发展是贸易发展的现实基础。长期以来,我国将文化作为事业、完全依靠政府投资来发展,没有市场交换,更没有国际文化贸易。改革开放以来,尤其是进入 21 世纪以后,随着我国文化体制改革深入推进,各类文化市场主体不断涌现。一方面,加快国有经营性文化单位转企改制,促使国有文化企业成为真正意义上的市场主体,

极大地激发了其内部活力和市场竞争力,使其成为引领文化产业发展的重要力量;另一方面,不断放宽文化市场准入范围,支持鼓励社会资本进入政策许可的文化创意、图书发行、影视制作等领域,非公有制文化企业的积极作用日益发挥。我国文化产业从无到有、从小到大、从弱到强,规模实力不断增长,初步形成以公有制为主体、多种所有制共同发展的产业发展格局。文化产业结构不断优化,文化消费市场日益繁荣,文化产业在国民经济中的比重持续增加,已经成为国民经济发展新的增长点。据统计,截至 2013 年 4 月,我国共有文化及相关产业法人单位 69.8 万家。2005—2011 年间,我国文化及相关产业法人单位增加值现价的年平均增长速度为 23%,高于同期国内生产总值现价增长速度 66 个百分点。依据国家统计局新颁布的《文化及相关产业分类(2012)》标准进行测算,2012 年我国文化及相关产业法人单位实现增加值 18 071 亿元,占当年国内生产总值总量的 3.48%。

(二)国际社会对我国关注度大幅提升,为对外文化贸易发展提供了良好机遇

国际市场需求是贸易发展的客观前提。我国是历史悠久的文明古国,五千年文明发展积淀下无数璀璨的宝贵文化财富。中华文明不仅在日本、韩国及东南亚等东方国家中有着重大影响,也对美国、欧洲等民众有着无穷诱惑。由于东西方国家之间存在的巨大文化差异,富有东方神秘传奇色彩的中华文化在西方国家也有着巨大的市场需求。加上改革开放以来我国经济社会发展实现举世瞩目的伟大成就,经济总量位居世界第二,贸易总额稳居世界第一,国民生活水平大幅提升,许多国家的民众十分关注我国经济社会发展的未来走向,希望加深对我国的了解。更为重要的是,随着国际金融危机的爆发和其深层次影响的持续发酵,我国独特的中国特色社会主义发展模式受到国际社会的广泛关注,许多国家元首或政府首脑先后表达过向中国学习的愿望。在这样的历史传承和现实背景下,许多国家民众希望通过各种文化产品,全方位地加深对我国的了解,提升了对我国文化产品的客观需求。近年来,很多国际知名书展、影视制作机

构主动到我国寻找合作伙伴,不是为了向中国输出其文化产品,而是希望加强合作,找到或制作适合在国际市场上进行推广的中国文化产品。

(三) 国家政策层面重视程度增强,为对外文化贸易发展注入了强劲动力

政策扶持是贸易发展的推动力量。"十二五"规划实施以来,中央先后出台了一系列重要文件,对发展对外文化贸易提出了新要求。党的十七届六中全会通过的《中共中央关于深化文化体制改革推动社会主义文化大发展大繁荣若干重大问题的决定》提出,要实施文化"走出去"工程,完善支持文化产品和服务"走出去"政策措施。党的十八大报告提出,要推动文化产业成为国民经济支柱性产业,增强文化贸易的整体实力和国际竞争力。党的十八届三中全会通过的《中共中央关于全面深化改革若干重大问题的决定》进一步要求,提高文化开放水平,培育外向型文化企业,支持文化企业到境外开拓市场。更令人欣喜的是,国务院近期出台了《关于加快发展对外文化贸易的意见》,从四个方面、15个分类全面系统地提出了支持对外文化贸易发展的政策措施。一是明确支持重点内容,鼓励各种所有制文化企业从事对外文化贸易业务,进一步完善《文化产品和服务出口指导目录》,继续发布《国家文化出口重点企业目录》和《国家文化出口重点项目目录》,提出了支持企业加强内容创新、拓展出口平台和渠道、开展技术创新等三个重点工作方向。二是加大财税支持力度。充分发挥财政资金的杠杆作用,对国家重点鼓励的文化产品和服务出口全部实现增值税零税率或免税,文化企业可享受服务外包企业相关税收优惠政策。三是强化金融支持措施。从信贷、债券、保险、担保、外汇管理等方面加大支持力度,为文化企业从事产品和服务出口、海外并购投资等业务拓展新的融资渠道,降低汇率风险,提供结算便利和有效担保。四是完善服务保障措施。将出口重点企业与海关企业分类管理相衔接,优先提供通关便利;对书、报、刊等时效性较强的文化产品,实行集中申报;对暂时出境货物提高通关速度。对国有文化企业相关业务人员不设出国(境)指标,简化因公出国(境)审批手续,出

国一次审批、全年有效。加强知识产权保护、为文化企业开拓海外市场提供公共信息服务、加强人才培养、建立健全中介组织等具体措施。此外,还明确提出建立健全对外文化贸易工作联系机制,由商务、宣传文化、外交、财税、金融、海关、统计等部门统筹推进各项政策措施的制定与落实,同时要加强对外文化贸易统计工作,完善文化领域对外投资统计,统一发布对外文化贸易和对外投资统计数据,修订和完善文化产品和服务进出口目录。

二、我国对外文化贸易发展现状、问题及其深层次原因分析

党的十六大以来,党中央、国务院高度重视发展对外文化贸易,做出了一系列重要决策部署,有力地推动了对外文化贸易发展。我国文化贸易规模不断扩大,产品结构持续优化,文化出口企业数量快速增加,文化领域境外投资步伐不断加快,涌现出万达文化、四达时代、华韵尚德、完美世界等优秀文化贸易企业。2003—2013 年,我国文化产品进出口额从 60.9 亿美元攀升至 274.1 亿美元,年均增长 16.2%;2013 年出口 251.3 亿美元,是 2006 年的 2.6 倍,以视觉艺术品(工艺品等)、新型媒介(游戏机等)、印刷品、乐器为主。文化服务进出口额从 10.5 亿美元增长到 95.6 亿美元,年均增长 24.7%;2013 年出口 51.3 亿美元,是 2006 年的 3.2 倍,以广告宣传服务为主。此外,据商务部业务统计,我国文化、体育和娱乐业对外直接投资由 2006 年的 76 万美元增加至 2013 年的 1.8 亿美元。

需要看到的是,尽管我国对外文化贸易发展速度很快,发展势头很好,但由于起步晚、起点低,文化产品输出规模依然较小,在产业发展中所起的作用依然不大,在总体对外贸易中所占的比重依然不高,对外文化贸易的发展水平与我国经济贸易大国的地位和我国拥有的丰富文化资源底蕴不太相称。2013 年,我国文化产品贸易额仅占货物贸易总额的 0.7%,文化产品出口额仅占货物出口额的 1.1%;文化服务贸易额仅占服务贸易总额的 1.8%,文化贸易出口额仅占服务贸易出口额的 2.4%。在文化产品和服务的出口中,我国不仅缺

乏像迪士尼、时代华纳这样的国际知名企业品牌，也缺少卡梅隆、宫崎骏这样的国际知名文化大师，还难以生产出类似韩国《江南Style》、日本《千与千寻》、美国《指环王》这种脍炙人口、引领国际文化潮流的作品。即便是我国演艺业最早实现以商业渠道为主"走出去"的艺术门类的杂技，其出口份额占据我国演艺类文化产品出口的半壁江山，也面临着品牌化不足、营销能力不够、出口模式单一、低价竞争等突出问题。综合分析来看，我国对外文化贸易发展相对滞后，其深层次原因有许多方面：

（一）国际市场对我国文化产品需求快速增长与我国文化产品有效供给能力相对弱小之间的矛盾

总体来看，近年来我国文化产品的客观需求在快速上升，但由于我国文化企业的市场竞争力相对弱小，很难提供足够的符合国际市场需求的文化产品，使得潜在的市场需求无法转化成现实的贸易行为。主要表现在：

1. 文化企业的市场竞争力有待提升

文化"走出去"是政治利益和经济利益的共同体。在发展对外文化贸易过程中，仅仅靠政府给力还远远不够，必须发挥企业的主体作用。然而，由于我国文化体制改革起步时间不长，所以文化企业的竞争能力，尤其是在国际文化市场上的竞争能力还有欠缺。许多传统文化单位转企改制形成的国有文化企业，还处于"换了牌子没换思想"的阶段，没有完成真正意义上的公司制、股份制改造，遇到问题还习惯于向政府求助，而不是向市场进取，"等、靠、要"的思想很严重，市场竞争意识不强、竞争活力不高，一时还难以适应日益激烈的文化市场竞争要求。随着文化领域管制的逐步放宽，一些社会资本相继进入政策许可的文化领域，这些非公有制文化企业虽然运行机制灵活，充满创新动力和活力，但总体来看规模还比较小，进入文化领域的时间相对较短，许多还没能熟练掌握文化市场的运作规则和文化产业发展的客观规律，一时也难以满足文化市场发展的需求。

2. 文化企业的国际意识有待增强

总体来看，国内文化市场还处于内需导向型。主要原因有两个方面：一是我国人口规模大，可以很容易地满足某一文化产品、文化企业发展所需要的经济规模需求；二是随着我国改革开放的深入推进，国民生活水平持续提高，民众的精神文化需求快速上升，文化产品需求急剧扩张，文化市场日益繁荣，可供挖掘的市场空间十分巨大。这与韩国、日本等国内文化市场总规模相对较小的国家有很大差异。这些国家的文化企业为了实现规模经济效应，不得不将更多的精力用于开拓国际文化市场。但是在当前我国国内市场竞争不太激烈的情况下，许多国内企业现阶段只注重谋求在国内市场的份额，满足于在国内文化市场中获取的利润。加上国内市场风险相对可控，不用考虑文化折扣、汇兑损益等因素，使得即便是一些在国内发展比较好、竞争能力比较强的文化企业，也是把主要精力放在国内市场，对国际文化市场的开拓重视不足。

3. 文化产品创作阶段对文化差异的影响

考虑不足东西方国家的历史演变路径、地缘政治经济千差万别，导致东西方文化在世界观、方法论等方面都存在显著的差异。比如说，以中华文化为起源的东方，逻辑思维上更多强调从宏观到微观，从抽象的天地、宇宙出发看待具象的世间万物；而以欧洲文化为起源的西方，逻辑思维上更多强调从微观到宏观，从具体的个人、事物出发看待抽象的天地、宇宙。因此，在我国输出文化作品过程中，不能期盼只通过简单的语言翻译，就可以让西方读者、观众理解东方的文化内涵。需要从创作阶段就考虑东西方文化之间、思维方式之间的差异，以西方人所能理解的思维体系、话语体系去介绍东方文化。遗憾的是，目前我国文化企业在开展对外文化贸易时，往往没有在创作阶段去考虑东西方文化的差异，一般都只是对现有的文化产品和服务进行简单的语言翻译就推向国际市场，导致许多产品和服务的文化内涵难以被西方观众和听众所理解和接受，存在很大的"文化折扣"。

4. 文化企业的人才储备不足

由于我国文化产业发展比较晚,现有文化企业中大多数人是从原有事业单位变换身份过来。这其中有许多人了解文化作品的运作规律,却不太了解企业的经营管理,有时过于强调文化产品的精神价值,相对忽略其经济价值。通过市场引入的一些高层管理人员,可能对企业的经营管理和市场的开拓推广比较内行,却又不太掌握文化产业的内在发展规律,有时把工作重心过于放到文化产品经济价值的开发上,而相对忽视文化作品的精神价值和文化内涵。尤其是现阶段我国大部分文化企业还将主要目标瞄准国内市场,对国际文化市场关注不够,不太了解国际文化市场的运作规则,在进入国际市场的初期难免会遇到很多始料未及的困难和问题。

(二) 对外文化贸易需要政府积极有所作为与政策针对性相对不足之间的矛盾

改革开放以来,我们日益重视发挥市场在资源配置中的作用,从十六大提出的"基础性作用"到十八大提出的"决定性作用"。由于文化产品兼具经济属性和意识形态属性,对外文化贸易既可以实现经济价值,也可以实现政治价值。因此在发展对外贸易过程中,我们不仅要努力发挥市场作用,也要十分强调发挥政府的积极作用。近年来,为了促进对外文化贸易发展,我国陆续出台了一些政策文件。但是从企业反映的总体情况看,现有文件的针对性不够强,企业受到的正向促进作用有限。主要表现在:

1. 政策促进体制不够完善

改革开放初期,我国经济的发展重心放在制造业方面。为了推动货物贸易出口,国家层面建立了商务部牵头,海关总署、质检总局、财政部等部门共同参与的贸易促进机制,形成了一整套行之有效的出口促进政策。但是,对外文化贸易涵盖了文化产品贸易和文化服务贸易,不仅涉及海关、质检部门的进出境监管,还涉及对文化安全和意识形态管控。目前我国对贸易促进负主要责任的是商务部门,对文化安全和意识形态管控方面负主要责任的是宣传部门,多头管理容易出现沟通不通畅、配合不默契的局面,导致现行文化贸易促进政策相对零散,还难以形成体系。

2. 现行政策的实用性不强

目前我国对外文化贸易政策制定出台的程序中,比较缺乏对企业真实需求的前期调研,导致出台的政策从政府管理角度考虑的多,从企业发展角度考虑的少;宏观规划层面的多,微观具体操作层面的少;方向性、口号性的条文多,真正能够落地的条文少;许多政策虽然出台了,但企业能够得到实惠、真心愿意去使用的并不太多。

3. 文化交流与文化贸易之间的互动作用发挥不够

在对外文化交往中,既有官方主办、依靠政府财政投入的文化交流活动,也有企业为主体、依托市场方式运作的文化贸易活动。近年来,为配合我国政治外交总体进程,财政在对外文化交流方面投入了大量资金,产生了比较好的效果。理论上讲,我国在世界各地开展的形式多样的文化交流活动,可以有效吸引当地民众增加对中华文化的关注,激发出对我国文化产品的潜在市场需求。此时,如果有针对性地开展文化贸易促进活动,可以为对外文化贸易发展起到事半功倍的效果。遗憾的是,我们现在的文化交流主管部门一般是文化部,而文化贸易主管部门是商务部,彼此之间业务的沟通衔接不够,导致文化交流与文化贸易相互脱节,在文化交流活动开展之后,没有产业力量及时跟进,没能以较低成本将潜在的市场需求转化为现实的文化贸易。

(三)国际文化贸易中文化多样性与统一性之间的矛盾

对外文化贸易是双向流动,既有向外的文化产品输出,也有向内的文化产品输入。通过开展文化贸易,可以加强文化交流,有效促进国家之间、民族之间的相互了解,但也可能由于外部强势文化的无限制输入,对一国传统民族文化带来严重冲击,甚至造成毁灭性的打击。

第二次世界大战之后,以美国为代表的文化霸权在全球盛行,已经引发许多国家对文化安全和意识形态安全的担忧。这种担忧开始影响到国际文化贸易规则的制定,不同的国家在国际文化贸易规则谈判时发出两种截然不同的声音。一种以美国为典型代表,在国际文化市场竞争中处于强势的霸权地位,极力要求推行国际文化贸易的自由化和便利化,不主张在文化贸易领域设置任何的关税和非关税壁垒;一种以法国为代表,强调要维护文化的多样性,主张文化例外原则,要求对文化贸易设置保护措施。我国是一个拥有五千年悠久历史的文明古国,也是一个国际影响力处于快速提升阶段的现代大国。在发展对外文化贸易过程中,也必然会遇到这个两难问题。一方面,国际社会希望加深对我国的理解,对以中华传统文化为代表的东方文明充满好奇,对我国文化产品和服务有巨大的现实需求。我国自身也有通过对外文化贸易获得经济收益、提高国家软实力的现实需求。但是另一方面,在我国扩大对外文化产品输出规模的过程中,其他国家尤其是以美国为首的西方文化霸权国家,也必然会要求我国扩大国内文化市场的对外开放,势必也将对我国国内文化市场形成一定冲击。

三、促进我国对外文化贸易加速发展的对策建议

在发展对外文化贸易过程中,我们始终要树立国际视野,坚持企业主体、市场运作,增强文化企业的国际竞争能力,同时要有效发挥政府的积极作用,在财税、金融等方面提供便利条件,在国际文化贸易规则制定方面提供有效支持,形成市场与政府力量的有效组合。

(一) 加大外向型骨干文化企业培育力度

要抓住当前国际社会对我国文化产品需求快速上升的大好机会,扎实练好内功,提高文化产业发展水平,培育我国文化产业的知名品牌,增强文化企业的国际竞争力。在鼓励国有企业从事文化贸易的同时,积极推动民营企业、社会力量等参与,形成各种所有制文化企业竞相参与的文化出口新局面。鼓励各类所有制企业开展合

作,发挥各自优势,共同开拓国际市场。支持企业针对国际市场开展创作,鼓励国内企业与国际知名企业开展合作,对我国优秀传统文化进行创作开发,以西方思维方式诠释东方文化,展示当代中国形象。积极培育文化产业协会,促进企业间的沟通合作,形成对外文化贸易发展的整体合力。

(二)加大国际市场开拓推广

统筹抓好文化交流和文化贸易,配合国家总体外交战略,加强国际文化交流,有效发挥文化独特魅力,提升交流的规模、层次和效益;同时也要抓住文化交流带来的当地社会对中华文化的关注机遇,强化企业主体、市场运作,及时跟进,争取以较低的成本快速进入当地市场。鼓励各类企业通过新设、收购、合作等多种方式,在境外开展文化领域投资合作,建设国际营销网络,为我国文化产品进入国际市场创造条件。加大对国内文化产品的翻译、配音支持力度,支持我国文化企业参加境内外的书展、电影展、设计展等各种品牌性国际文化展会。积极借助电子商务等互联网营销模式,通过跨国电子商务渠道销售国内文化产品。

(三)加大财税政策支持力度

扩大文化产业发展专项资金规模,提高资金使用效率,对出口文化产品、开展文化对外投资、建设国际营销渠道、参加国际文化展会、建设文化服务平台、培养文化人才等方面给予有针对性的支持。将文化产业完全纳入"营改增"范围,对文化产品出口全面实行出口退税。对文化企业的职工教育经费不超过工资薪金总额8%的部分,实施税前扣除政策。对在文化领域开展服务外包的企业,享受服务外包在人才培养、税收减免等方面的优惠政策。

(四)加大金融支持力度

加快文化产权交易市场建设,完善无形资产价值的评估、定价和交易体系,推动知识产权质押、无形资产融资租赁等业务开展,拓宽利息补贴、保费补贴等政策性金融支持手段,千方百计缓解文化企业融资难、融资贵问题。鼓励银行、保险等金融企业创新融资工具和汇率工具,支持文化出口企业积极运用出口信用保险、优惠贷款以及汇率风险工具,努力降低经营中的财务负担和汇兑风险。

(五) 加大人才培养和引进力度

对现有文化企业的创作、经营、管理人才开展有针对性的培训,使其树立世界眼光和国际视野,熟练掌握国际文化市场的操作规则和业务流程。积极引进国际知名的创作人才和表演人才,推出符合国际市场需求的我国文化产品。简化出国审批和入境工作签证程序,为文化企业人才出入境、开展国际业务合作创造便利化的条件。

(六) 积极参与国际文化贸易规则谈判

全面掌握我国文化产业的发展阶段和比较优势,准确定位我国在国际文化贸易中的攻守地位,确定我国参与国际文化贸易规则谈判的基本立场和核心诉求,与利益诉求接近的国家形成国际谈判中的攻守同盟,在保护文化多样性和推进国际文化贸易之间寻求合理平衡点,适度扩大国际知名文化产品的进口,同时设定必要的、可控的文化贸易措施,既推动我国文化产品和服务顺利走向国际市场,又可有效避免我国民族文化受到国际文化霸权的强大冲击。

演艺进出口:贸易标的独特属性及发展趋势

李嘉珊

文化贸易是指国际文化产品与服务的输入与输出,涉及货物贸易、服务贸易及知识产权,是国际贸易的重要内容。较之一般货物贸易,文化贸易更加涉及人类的精神领域、意识形态,与民族、政治等诸多方面有着千丝万缕的联系,其贸易标的自然也具有不同于一般货物贸易标的的特殊性。而在文化贸易核心领域的诸多行业中,演艺产品与服务同广播影视、图书出版等产品与服务相比最具独特性。

在我国演艺领域深化改革、蓬勃发展的今天,亟待从理论上厘清演艺产品与服务贸易标的属性,理性看待演艺文化贸易,以促进其健康持续发展。

一、演艺产品与服务的独特属性

认识演艺产品与服务的独特属性,在立足产品与服务本身特性的基础上,还要从宏观时代背景的角度去考量,从动态发展的角度去观察。科技现代化、资本现代化和产业规模化在全球经济一体化背景下愈加突显。演艺产品与服务恰是在这样的时代背景下成为文化经济中独特闪亮的部分。

(一) 演艺产品与服务突出的经济特征

1. 受科技现代化的冲击最小

科技现代化是指在科学技术的主要领域接近、赶上和超过世界先进水平,把先进、合宜的科学技术应用到国民经济发展的各个部门,推动国民经济各行业领域进入世界先进行列。在这种背景下,诸多文化行业因科技的渗透发生了巨大的变革。以数字出版为例,它是建立在计算机技术、通信技术、网络技术、流媒体技术、存储技术、显示技术等高新技术基础上,融合并超越了传统出版内容而发展起来的新兴出版产业。2009 年中国数字出版业总值达 795 亿元人民币,首度超越传统书、报、刊出版物的生产总值。数字出版给传统出版业带来前所未有的机遇。出版的形式和载体发生了巨大变化,数字化读物应运而生,阅读终端也在发生着革命性的变化,大有取代传统出版之势。再有 3D 电影的出现,更是对电影制作和拍摄产生了近乎颠覆性的影响。2010 年《阿凡达》的成功,是象征电影数字技术革命的标志性事件。自 1885 年世界第一部电影、法国卢米埃尔的《工厂大门》诞生,至今 128 年的时间里,电影从无声到有声;从 16mm 胶片拷贝到数字化和 3D,无不伴随着科技的进步而发展。不管 3D 技术是否能取代所有的影像,但它的迅猛发展已经是不争的事实。电影《侏罗纪公园》1993 年诞生,20 年后的今天,3D 版影片再次上线。数字电影将全面改变胶片电影的形式。美国 2011 年宣布在 2015 年消灭胶片电影,中国香港宣布从 2013 年开始所有的电影拷贝不再使用胶片,数字电影代替胶片电影已经为时不远了。

现代科技应用于演艺业表现为一系列新兴的光源设备被大量运用在电视晚会等舞台上,共同诠释着演出的空间关系。演出舞台在科技的支撑下艺术表现力彰显得更加淋漓尽致,科技着实为现场演出增添了一抹亮丽的色彩,但仅此而已。演艺产品与服务的核心价值在于观演者在现场与演艺者的情感表达与情感互动,"现场感"仍是其独有的魅力。芭蕾舞起源于意大利,从 15 世纪传入宫廷至今约有 600 年的历史;音乐剧可追溯到 19 世纪,至今约 300 年;歌剧源于

17世纪的意大利,距今已有400多年;音乐会起源于17世纪,距今400多年;戏曲起源于中国先秦时期,距今更有3000多年的历史。纵观演艺品种的发展,演艺内容和演艺的呈现形式仍保留和传承着专属于演艺的方式,受科技现代化的冲击最小,演艺的现场属性越发地彰显出其独特魅力。

2. 资本现代化程度较低

资本现代化是指现代化的投融资方式更加灵活,资本运作空间更大,形式更加多样,如版权质押、艺术品保险等。在繁荣文化市场的背景下,文化产业投融资备受重视。国家财政资金支持、银行贷款、多层次资本市场以及利用社会民营和境外资本等等不一而足,有力地促进了文化产业的发展繁荣。

演艺的发展,同样需要资本的扶持和运作。在演艺领域,从2009年起,文化部与多家银行机构建立了部行合作机制,重点通过银行信贷支持文化企业发展。许多银行机构也在积极进行文化产业信贷担保方式的创新,一些熟悉市场化运作、自身资质条件较好的演艺企业已成功获得各大银行的贷款。但目前中国演艺企业与资本对接仍处在起步阶段。实际状况是,拥有担保的演艺企业或项目更容易获得银行融资。例如,2006年,中国建设银行为上海大剧院"百场世界经典音乐剧《狮子王》演出项目"贷款4 000万元,上海文化发展基金会以自身信誉担保和少量资金质押;2009年北京银行支持《功夫传奇》舞台剧目在英国伦敦大剧院演出,用房产抵押模式获得700万元融资给天创国际演艺制作交流有限公司。显然,对于存在轻资产、弱小散、现金流不稳定等问题的演艺企业,金融资本向之倾斜、与之结合困难重重。总体而言,演艺业在文化产业整体融资规模中所占比重还微乎其微,资本现代化的程度较低。

3. 产业规模空间狭窄

产业规模化能为进一步拓展文化市场空间,获取规模效益,提升生产效率奠定基础。文化产业日趋规模化的生产经营模式已经成为不可逆转的事实。用工业化的方式生产文化,在广播影视业和图书出版业已经初步实现,但对于演艺业而言则异常之难。以好莱坞模式为代表的电影产业运作是一种高度集成的运作模式,它涵盖了电影的投资、生产、发行、放映及其后产品开发的各个相关环节和领域,是一种高度集成的电影产业运作模式。随着美国经济的发展,好莱坞电影工业日趋成熟,逐渐形成了完整的市场化投资模式、工业化生产模式、商品化发行模式和消费化放映模式的运作体系。

演艺领域产业化主要通过演艺产品与服务的复制方式实现。有通过国际巡回演出方式达到复制,有通过驻场演出方式实现累加。这两种方式实现的前提都要求演艺生产标准化,而在众多的演艺品种中,至今音乐剧、杂技、歌舞等都是可以实现标准化的,是演艺产业化的标志品种。演艺品种虽然历有更新,但由于大多数演艺品种演艺形式独特,又以师傅带徒弟、口耳相传的传统作坊式方式传承等原因无法实现标准化复制,因而也就无法实现规模化。因此,演艺产业规模空间狭窄,证明演艺本体的发展不是为工业化而生。伦敦西区、纽约百老汇等是演艺业规模化生产与运营的杰出代表。集群化的剧场分布、专业化的资源配置、风险市场化的剧目投资、法制化的产业运作是其特有的运作模式。剧场可以实现集群效应,密集型的剧场分布形成剧场群落,对于培养戏剧观众与戏剧文化有着非常积极的作用,创造出相互烘托、相互宣传、相互刺激的气氛,培育了演艺市场的观众群。但是大多数的演艺产品与服务核心内容无法通过拷贝或码洋来实现其利润的附加值。因此,我们可以得出这样的结论,在科技现代化、资本现代化、生产规模化的当今时代,演艺产品与服务的属性仍旧发挥着其独有的、不可替代的魅力,受科技现代化的影响和冲击最小,但资本现代化的程度较低,规模化生产的空间狭窄。

(二)演艺产品与服务独特的情感特征

21世纪是感知的时代、接触的时代,也是"人机对话"的时代,新知识、新技术层出不穷,人类的情感启蒙、情感自生、情感成长与现实环境相比显得弱不禁风。美国未来学学者曾说:"21世纪需要高科技与高情感相平衡。"演艺产品与服务对人类处于高科技时代的情感平衡起到无可替代的重要作用,主要在以下三个维度体现:

1. 演艺产品与服务艺术地呈现核心文化价值

文化艺术是演艺产品与服务的母体,是创新与生产的基础要素和生命之源;演艺产品与服务是核心文化艺术价值的最直接而生动的承载物,世界众多民族与国家都拥有特色鲜明的文化艺术资源,并将丰富优秀的文化艺术资源转化为可观赏、可感知、可贸易的文化产品与服务。通过观众对演艺产品与服务的观照,逐渐确立符合特定群体时代发展的文化艺术需求,养成艺术审美习惯,丰富文化艺术情趣,提升艺术审美品位,营造艺术审美环境,在培育演艺观众群及演艺市场的同时,也传承了特色文化艺术。

2. 演艺产品与服务潜移默化地影响人们的情感

文化艺术注重审美的无功利性对个体人格塑造的作用,注重解放人性中的自由与个性元素,同时最大限度地解放美的生产力。丰厚的、优秀的文化产品和服务的提供"滋补"着文化市场,给予观众充分的选择空间和选择可能,使观众自发地热爱、需求文化艺术,在文化消费理念上实现转变。国内文化市场的培育使受众懂得欣赏、愿意欣赏,欣赏水平不断提升,从而提高国民艺术修养。在国际文化市场上应着力于培育不同国家、民族观众的审美情感,使他们从对中国文化艺术的好奇、感知,到喜爱、愿意花钱,从而享受这些文化产品与服务带来的愉悦。全球化时代文化艺术多样性促进了不同文化间的互动与借鉴、碰撞与交融,为突破文化隔阂提供了可能性,这其中,演艺领域能够最直接、最生动地拓展国际受众群,提升其对中国演艺产品与服务的接受程度,有如柔化剂,推动着国内、国际两个市场环境的培育和发展。

3. 演艺产品与服务是实现文化传播的智慧路径

演艺对外贸易在塑造人的情感、传承并发展中国独有的文化气质,造就中国亲切的文化形象方面作用独特,使世界亲近中国文化,在中国实施文化对外传播的战略中亦占有不可替代的重要地位。以国际通行的方式,在潜移默化中使外国人更容易接受和亲近中国文化。演艺文化贸易将中国优秀文化艺术产品呈现在国际舞台,为中国文化"走出去"所做的贡献是显而易见的。演艺文化产品和服务具有一般商品和文化特殊商品的双重属性,既有一般难以估量的文化价值,也有每个消费者都承认的商品交换价值。通过市场和贸易方式在国际贸易规则下平等交易,最具有商品交换价值的演艺产品与服务,往往也是最具有群众基础的文化产品与服务。早在20世纪70年代,日本学者就指出"创造文化、输出文化并使世界文明喜爱它",要让世界全面了解中国,进一步发展演艺对外贸易,可以更好地实现其在外交和文化传播方面的辐射作用。因此,应加速将文化艺术资源转变为可交易的演艺文化产品和服务,通过可感知的演艺产品与服务将中国文化生动化、形象化、艺术化,建立起可亲可敬的中国文化形象,吸引更多的贸易伙伴和国际朋友,进而认同和接受中国文化。

二、演艺对外贸易的特殊性

演艺对外贸易因演艺的特殊性而使其在文化贸易中格外与众不同。演艺对外贸易主要是演艺的服务贸易,核心是商业演出和演艺版权贸易。

(一) 贸易模式的多样性

1. 要素输出模式

演艺对外贸易以资本与劳务输出模式为主。随着中国近年来文化产业的蓬勃发展,国际商务活动日益增加,造就了许多文化产品和服务成功实现"走出去",《云南映像》就是其中的优秀典范。《云南映像》历经5年锤炼,在国内近40个城市纯商业化演出近1500场;在海外48个国家和地区演出了1540多场,在海外市场曾开出每场3万美元的报价,上座率100%,不仅创下了云南省舞台艺术作品商业演出的最高票房纪录,更为关键的是,它对于更多的中国演艺产品"走出去"起到了典型示范作用,在全面展示中国文化感动世界的同时获得了巨大的经济效益。

2. 驻场演出模式

演出不出国带动多方受益,属于境外消费模式。《时空之旅》是由中国对外文化集团公司联合改革试点省区的上海文广新闻传媒集团、上海杂技团马戏城创意、发起的一部多媒体梦幻剧,以中国传统杂技为主体,融合中国文化底蕴和国际先进多媒体技术,开创了令人耳目一新的多媒体梦幻剧的表演形式,深受中外观众的喜爱。《时空之旅》从创新的角度入手,选择了每年数百万入境上海的商务、旅游人群,使项目天天上演成为可能。它的推出获得了良好的市场反响和品牌效应,真正实现了文化艺术不出国的出口。

3. 巡回演出模式

2011年11月19日,重庆杂技剧《木兰传奇》在法国巴黎成功首演,欧洲巡演已售96场门票。大型历史杂技剧《木兰传奇》由重庆演艺集团杂技艺术团创作演出,巧妙地将杂技与舞蹈、武术及中国民间艺术进行有机的结合,用杂技剧的艺术形式,分5幕剧讲述了木兰替父从军的故事。该剧自2009年上演以来,得到了市场的高度认可,短短3年时间,先后赴美国、澳大利亚、英国、法国、比利时、瑞士等地演出,目前已成功突破1 000场演出大关,观众近170万人次。该剧以良好的经济效益和社会效益成功入选了"2010—2011年度国家舞台艺术精品工程资助剧目"。特别是2011年11月至2012年4月赴法国、瑞士、比利时巡回商演150场,观众达90万人次,上座率居同期在法国演出的包括太阳马戏团在内的16个世界各国艺术团体之首,创造了中国杂技民族题材剧目在海外商业性连续演出场次的最高纪录。

4. 版权交易模式

英国阿加莎·克里斯蒂作品在上海话剧演艺市场占有一席之地。以演出话剧为主的上海捕鼠器戏剧工作室和上海现代人剧社,找准英国阿加莎作品版权方,通过对方的版权授予与合作排演等方式，获得制作和演出阿加莎作品华语戏剧版权的独有权限，以获取版权贸易利益最大化。2011年7月8日，历史上最为成功的音乐剧之一《妈妈咪呀！》在上海首演。由中国对外文化集团公司、上海东方传媒集团有限公司、韩国CJ集团共同组建的亚洲联创（上海）文化发展有限公司，以国际版权合作为基础，购买了《妈妈咪呀！》中文版版权，让世界经典音乐剧又多了一个"中国面孔、中国声音"，预示着中国音乐剧产业将从引进西方原版音乐剧演出的阶段，进入大量开展经典音乐剧版权合作的新阶段。这次版权的购买也被称为中国演出版权贸易史上的一个里程碑。中国通过2011年中文版《妈妈咪呀！》的制作为中国音乐剧产业在全国乃至全球范围内的生产要素配置重组拓宽了渠道。引进制作经典产品的同时，更重要的是学习和掌握以《妈妈咪呀！》为代表的欧美音乐剧百年成功经验、运作模式、生产营销流程，以及剧组制的人才资源聘用管理机制。有了《妈妈咪呀！》作为参考范本，中国意识到了保证产品的质量、学习国际管理经验、培育广阔市场对于国内音乐剧产业发展的重要意义。

（二）贸易结构呈现垂直型分工

演艺文化贸易在发达国家和发展中国家间表现出严重的不平衡性，这与各国在演艺生产和服务能力、技术和资源差异、演艺市场的成熟度、各国历史文化特点、区域位置及文化背景等方面的不同有关。因此，演艺文化贸易市场具有高度垄断性，表现为少数发达国家对演艺文化贸易的垄断优势与发展中国家的相对劣势。演艺产品与服务贸易呈现出垂直型的国际分工。

（三）商业运作与文化交流并存

长期以来艺术演出在促进外交和国家之间交往方面被认为是重要的方式之一，是文化交流的典型形式。然而随着文化市场的繁荣和文化经济的发展，以市场为主导的商业性运作逐渐成为趋势，特别是新兴发展中国家更为重视，由此推进全球文化贸易的兴起。但是商业模式的演艺模式不会取代传统演艺交流模式。一方面，演艺对外贸易既有商业运作，也有文化交流的成分在内，形成商业运作为主,并与文化交流并存的特征,同时实现了经济效益与社会效益目标;另一方面,演艺对外交流仍旧被视为国家和地区间友好交往的重要功能,在未来较长时期内,仍将成为演艺国际交流的发展形态。

(四)"文化例外"强化贸易的意识形态特征

"文化例外"是为保护本国的文化独特性不被其他外来文化所干扰而提出的主张,为世界贸易组织绝对多数成员国所接受,并广泛运用于文化对外贸易政策中。由于演艺对外贸易标的物的特点,各国无法通过统一的国际标准或关税进行限制,而更多地采用国内的政策、法令的修改进行限制,如市场准入制度、非国民待遇等非关税壁垒形式。加之涉及国家主权、国家安全和意识形态等敏感领域,因此,各国在演艺文化贸易的开放方面都十分谨慎,这在一定程度上阻碍了演艺对外贸易的发展。

(五)与其他产业的强烈交融

互动演艺对外贸易发展的前提基础是演艺产业的成熟。文化产业具有无限的发展潜力和发展空间,是发展中国家未来一个时期内共同选定的发展方向。演艺产业的成熟体现在形成完整的产业链。一般而言,演艺产业是多产业交叉融合的领域,印度歌舞演艺与电影业的完美融合,中国黄梅戏与电视剧产业的联姻,最大限度地使演艺产业自身得到放大发展。《印象·刘三姐》等一批印象类大型实景演出,也以强大的票房号召力,使当地的旅游业、餐饮业、酒店业等一系列服务业得到共同发展,进一步优化了产业结构,带动了本地就业,促进了当地经济发展。

三、基于特殊属性的未来发展趋势

(一)演艺与科技将适度融合,最大程度提升演艺服务效率和价值

即便演艺受现代科技的冲击最小,但是在保持演艺最核心特征的前提下,现代科技依然会在演艺剧目创作、表演、营销、周边产品开

发等方面发挥巨大作用。因此,未来演艺业及对外贸易的发展,要进一步细化、优化演艺创作流程和价值增值环节,充分利用现代科技提升生产服务效率。在创作环节中,可以利用电脑辅助设计,进行现实加强;表演环节中,提高舞台设计与转换效率,增强声光电表演效果;营销环节中,利用网络、各种新媒体技术提升营销水平,扩大营销范围等。

(二)演艺金融创新是未来文化金融创新的亮点和重要突破

目前演艺与资本结合水平低,存在诸多难题,但这也为金融创新留下了空间。未来探索演艺金融成长路径将成为演艺与金融互促发展的重要突破点。首先,版权贸易与质押将成为演艺贸易发展以及金融创新的核心。使金融服务紧紧围绕版权贸易,不断提升演艺产品、服务价值以及品牌竞争力应该成为演艺金融创新的中心工作。不仅如此,对于轻资产特征分外明显的演艺业,实现版权质押的机制化、常态化是目前演艺企业破解融资难题的关键,而这无疑是演艺金融创新的重要方面。其次,要推进演艺资本要素的国际合作。在国际分工不断深化的当今社会,演艺业的国际化发展必须依赖国内外资源,强化国际分工、协调和合作,从而促进不同演艺贸易模式的竞相发展。因此,演艺金融创新要有国际化的视野,在推进文化资本要素国际流动和配置方面有新举措,这也是未来我国金融发展的重要取向和内容。

(三)多样性和个性化将成为演艺文化贸易竞争力的核心和灵魂

演艺文化充分体现出文化的多样性和独特性,从而使一国演艺产品和服务具有区别于其他国家和地区的独特魅力,进而形成垄断优势。这恰恰是各国文化竞争力的重要层面,也是彰显本土文化特色所应遵循的路径。因此,在未来演艺文化贸易的发展中,各国会更加重视市场细分和不同层次市场的开发,注重保护演艺形式和表演艺术遗产,强化演艺艺术的多样性和个性特色,从多个层面给予支持,这也将成为国家文化软实力及文化传承与创新的重要体现形式和举措。

(四)演艺国际分工的重新调整将有利于全球演艺文化贸易秩序的重构

国家间的关系、地位很大程度上取决于各国的经济实力,更强的经济实力代表着更多的话语权。通过贸易路径实现文化产品与服务的输入与输出,由市场决定供需,使得各国文化产品与服务在自由平等的国际市场规则下实现交易,在经济繁荣中仍保有各国文化的多样性,这将为发展中国家在文化交流中提供更多话语权。

(五)演艺产业融合创新产生的巨大效益将成为艺术传承与发展的原动力

积极寻求与其他产业的交叉融合机会,主动搭建与其他产业的互动创新平台,在经济效益倍增的动力驱使下,必将使艺术得到传承与发展。演艺产业通过与电影电视产业、图书版权产业、数字媒体产业等核心文化领域的产业内合作,创作出升级版演艺产品;通过与教育产业、旅游产业等服务领域的产业外联动,延长演艺产业链条;通过与制造业合作,创作生产出表达演艺核心内容的衍生产品。这一切都会促进演艺本身得到巨大发展。

综上,演艺对外贸易的发展是根基于演艺产业的繁荣,发展演艺产业是促进演艺对外贸易的关键基础和前提条件。创作更多符合受众偏好内容和创意的演艺产品与服务,培育国内国际演艺文化市场,在世界文化经济生态圈中找到中国演艺应有的位置,培育起更多民众对中国文化的认同感,最大限度地保护和传承中国优秀文化艺术资源,才能使中国特色社会主义意识形态和核心价值在演艺文化产品和服务中得到充分显现。

中国文化贸易人才培养：实践、困境与展望

李小牧　李嘉珊

一、中国文化贸易人才培养十年回顾

从学术检索数据看，国内第一篇在标题中直接出现"文化贸易"字样的文章是"跨国传播中的文化'贸易逆差'与中国电视文化的自觉"[①]；第一篇由政府主管部门官员发表的以文化贸易为题的文章是"发展中国对外文化贸易的历史机遇"[②]。与此同时，中国大陆高校启动国际文化贸易理论与实践研究，这大大促进了文化贸易专业人才的培养。

（一）厘清文化贸易学科专业属性

厘清"国际文化贸易"概念属性对于文化贸易人才培养至关重要。国际文化贸易专业属性为既定的应用经济学科门类下，生发于传统的国际经济与贸易专业中，这是文化贸易人才培养的基本出发点。"贸易就是贸易，即使它关乎文化"，无论贸易标的有多特殊，都会遵循国际贸易的一般规律；但同时文化贸易又不同于货物贸易和服务贸易，文化贸易标的因文化的特殊性而呈现出极其强烈的独特

---

① 《国际关系学院学报》2002年第3期。
② 《光明日报》2004年9月22日。

属性。因此，在文化贸易人才培养过程中，一方面要肯定其国际贸易的一般性规律属性，同时也必须承认文化艺术产品与服务贸易的特殊规律和属性。

文化贸易概念必然涉及两个重要的相关概念的理解。一是"文化"，在研究过程中，见诸典籍的文化概念数量众多，其中一项阐释非常具有启发性，"文化就是人们关注、探讨感兴趣事物的现象和氛围。文化是人类群体创造并共同享有的物质实体、价值观念、意义体系和行为方式，是人类群体的整个生活状态。"这为当前发展中国家和发达国家之间存在的巨大贸易逆差提供了具有说服力的解释。在这个概念中，看不见的文化服务背后代表的是进口方对出口国人们生活方式、生活状态的一种渴望。按照这一定义表述，中美文化贸易逆差就可以得到解释。什么时候美国人开始羡慕渴望中国人的生活方式和生活状态，中美文化贸易逆差就可以获得逆转机会。

文化贸易的概念涉及另一个重要概念是国际文化交易（Transaction），这可以被定义为文化领域的跨国经济流量，它反映国际间在文化领域里的经济价值产生、转化、交换、转移或消失并涉及相关货物、服务及资本的提供或金融资产所有权的变更，包括国际文化贸易和文化领域的跨国投融资行为。这一概念有利于全口径对接，我们探讨的文化贸易活动、文化交易活动都应该被文化贸易统计计量和显现。为了对文化贸易与跨国文化投融资做一定程度的划分，便于两个领域之间具体研讨，进一步对国际文化贸易进行界定。国际文化贸易（Trade）是指文化产业的对外贸易，即发生国际收支行为的文化产业经营活动，如国家间书籍、报纸、艺术品等货物的输出和输入以及演出、电影、音像等服务的有偿提供和接受。在涉及国际收支的同时，强调文化产业对文化贸易的基础作用，避免隔断或者隔绝文化贸易和文化产业的关系。由于专业要求较高，全国很多高校在中文、历史、艺术学范畴内开设了文化产业相关专业，但绝少有国际文化贸易专业。

从规范意义来讲，上述概念阐释了"国际文化贸易"的内涵。在概念的边际外延上，试图以狭义和广义的划分解决目前中国各界对文化贸易的争议。广义外延中体育、教育和旅游的排序遵循了从"争议较小"到"争议较大"的方法。中国将体育看作运动,而西方将其视为与演出类似,所以体育在文化贸易范畴内争议最小。其次是教育,涉及国际收支,涉及主体的移动或者是受教育的人,是施教的人主体的移动形成的一种行为。最后是旅游,旅游服务贸易在国际收支服务贸易中占有很大比重,甚至在部分国家居于主体地位,贡献率很高。但也有另一观点认为旅游和文化联系极度紧密,如果将文化抽掉,旅游将失去内容。甚至有观点认为,文化是旅游的灵魂,两方观点各有依据。因此,国际文化贸易概念的外延应以文化产业分类为基础,以文化贸易实践为参照,在狭义上包括演出、影视传媒(含新媒体)、出版(含专有权力使用费和特许费)等三大领域,而在广义上还应涵盖体育、教育、旅游等行业领域。

(二) 文化贸易人才培养的定位

明确国际文化贸易狭义和广义的概念,针对当下文化贸易发展现状,给予国际文化贸易领域争议问题以宽和的解决办法,以明确文化贸易的基本定位,即在基础上认识文化贸易人才培养施教的基本定位。结合当前形势与背景,以从大至小的范围层次为序,探讨文化贸易人才培养的定位。

第一,它是在全球范围内被逐渐认识和接受的新概念。在经济学研究领域和国际学术检索中,西方传统的主流学术研究很少使用"文化贸易",它更多出现在联合国教科文组织文件的使用中。在近十年中,中国学者使用"文化贸易"频率很高,加之中国特殊国情和政府的倡导,因此这个概念在中国炙手可热。随着中国国际地位的上升,如此被中国热捧的概念正在被国际学术界接受和认识。在定义它的外延和内涵时,各国使用的外延有很大的差别。

第二,它是世界各国政府高度关注的新领域。由于资本的原因,各国近年经历了两轮金融危机。不管转型国家还是发达国家,在正确的认识虚拟经济后,文化贸易成为发展实体经济的重要领域,成为各国政府在新形势下越来越高度关注的新领域。以英国、美国、韩国、日本等为代表的发达国家正推进以创意产业为先导的相关发展。

第三,在城市层面,它是世界城市建设的新途径。北京作为首都,建设国际大都市需要具备两个核心要素,一个是影响力,一个是控制力。影响力是靠经济影响,控制力要靠文化贸易产业。当前,北京提出政治中心、文化中心、国际交往中心和科技创意中心的"四个中心"定位,如果对文化中心和国际交往中心进行排列和关系的梳理,这两个中心的功能定位的交集就是文化贸易领域。这也是北京能够发挥市场功能、经济产业发展功能来支持城市建设的为数不多的几个领域之一。

第四,它是高等学校新的学科专业增长点。从世界范围、各国政府以及城市发展来看,文化贸易都是具有重要地位的领域,高等学校没有理由不跟进。在前几届的国际文化贸易论坛中,来自英国的合作伙伴以及调研访问经验,都展现了英国高校和当地社区、政府之间的紧密合作,他们的理念远远超出我们一般对西方国家的认识。当前,我国高校与很多地方政府的合作,更多带有一种志愿的性质,或者是义务的性质,或者是公益的性质。但是在英国的创意经济和创意产业的过程中,高校表现的高度的参与性,参与地方的创意产业,包括大规模后工业社会的主动性,高度自觉的主人意识令人动容。从文化贸易发展的十年来看,国家和社会的需要越来越凸显,高校必然要承担起它在这一过程中的历史责任。

二、中国文化贸易人才培养的实践

聚焦我国文化贸易人才的培养,中国传媒大学与北京第二外国语学院两所高校是先行先试的开拓者和实践者。截至目前,这两所院校是中国大陆仅有的经教育部批准曾试办文化贸易本科专业的高校。两校先后展开国际文化贸易人才培养实践,在广泛领域开展了交流与合作。

(一)设计人才培养方案与课程体系

在培养方案和课程体系方面,北京第二外国语学院非常强调培养体系和人才培养方案设计上与实践的密切结合。我国文化贸易的发展实践和理论研究催生了文化贸易专业人才培养。人才培养方案的设计与实施面临巨大的挑战。如何实现新专业文化贸易与传统国际贸易专业课程的有机对接？如何实现产学研的紧密互动？如何在有限的课程中融入多元文化的内容？这些都是摆在我们面前亟待破解的难题。在充分调研和不断的尝试探索中积累经验，业已形成今天以国际贸易专业课程为基础，创新开设"国际文化贸易""中国对外文化贸易概论"等"少而精"的新专业核心课程；文化贸易专业人才培养注定与产业界有紧密的关系，探索"请进来"与"走出去"相结合，邀请文化贸易理论和实践前沿的领军人物走进课堂，同时组织学生赴优秀的文化贸易企业参访学习，通过面对面的有效交流方式实现教学与实践的紧密互动；在课程设置上，汇集北京第二外国语学院传统的外国语言学科多语种优势资源，以"小专题组合"方式设置"国别文化研究"课程，呈现国际文化贸易的跨学科性，使学生了解学习文化贸易发达国家文化惯例及文化产业发展情况。

（二）创新交叉学科人才培养模式

交叉学科是北京第二外国语学院基于上述实践，跨学科人才培养的新尝试，2012年教育部批准全国首个交叉学科国际文化贸易硕士研究生学位授予权，2014年招收了首届文化贸易专业硕士研究生，优势突出特色鲜明。首先，通过学术科研引导人才培养。通过参与前沿、高端的国际文化贸易理论政策与应用实践课题研究，深化专业学习与学术创新。其次，通过实践模式造就人才能力。采取"政产学研"联动的培养模式，通过政府部门、文化企业实习实践，融会贯通所学知识，对国际文化贸易人才实行跨学科培养；最后，通过国际合作提升人才质量。注重开展实质性的国际交流与合作，已与英、美等国外知名高校共建人才培养平台。

（三）编创首套文化贸易专业教材

历经十余年文化贸易理论与实践研究的积累，以北京第二外国语学院国家文化发展国际战略研究院为依托，构建起"四品牌一文库"体系化的科研成果，包括"首都服务贸易发展系列报告"（2009—2014）、"国际文化贸易（专刊）"（2010—2014）、"国际服务贸易评论"

(1—8辑)、"北京京剧·百部经典"(多语种),"国家文化发展国际战略研究院学术文库"中以《中国文化贸易经典案例研究》《各国驰名院团发展研究:改革与创新》为代表的著作成果,极大地促进了国际文化贸易人才培养。教材建设对于高校人才培养具有举足轻重的作用。在科研成果积淀基础上,教研团队把教学实践、科研实践相结合,与高等教育出版社通力合作,历经五年苦心孤诣与凝练,于2014年9月正式出版了国内首套国际文化贸易系列教材《国际文化贸易》《中国对外文化贸易概论》《文化产业经济学》《跨国文化投融资》《文化市场营销学》《文化贸易统计学》等6部。

(四)认可文化贸易人才培养质量

从市场角度看文化贸易人才培养,就业市场给予了非常正面的回应与反响。国际文化贸易作为全新专业,首届毕业生极少从事文化贸易相关工作,但良好的就业指标表明宽基础优专业的培养目标基本得到实现。经过近3年左右的培育,文化贸易企业的人才需求指向越来越明确,有越来越多的文化贸易毕业生从事文化贸易政策指导和实务工作。例如,北京第二外国语学院毕业生代表国内文化贸易企业代表,担任"法国圣马可合唱团中国巡演"项目负责人,策划、运作了法国电影《放牛班的春天》中童声合唱团在中国的商业演出与相关贸易活动。这进一步印证了国际文化贸易专业方向是正确的。在出国深造方面,美、英、日主要的文化经济艺术管理类的知名院校学校中,都有北京第二外国语学院文化贸易本科学生在深造。

(五)对接文化经济市场的迫切需求

高校在人才培养实践中取得的成果,正逐步辐射到外部的人才培养中。多年来,高校为政府主管部门、地方政府、重点企事业单位进行了大量的在职培训。其中具有代表性的有,国家文化部在上海国家对外文化贸易基地召开首次国家文化贸易工作会议,由北京第二外国语学院承担了其中的培训工作;2014年7月,国家商务部主办的第一次全国文化贸易的专题培训班,邀请北京第二外国语学院文化贸易团队核心成员予以全力支持等。在此基础上,社会培训正不断汲取正规的人才培养取得的经验,并互为借鉴和补充。高等教育目前出现重大的转型,专业教育和职业教育正寻求广泛的结合点。中国传媒大学在 MBA 里注入了其文化产业的特色。北京第二外国语学院则在 2014 年初成功申报国际商务专业硕士(MIB),以文化贸易和会展经济作为其培养特色。目前,全国有 70 多个国际商务专业硕士授权点,没有以文化贸易为特色的,在专业教育领域还有很多空间需要进一步探索和推进。

三、文化贸易人才培养困境

随着全面深化改革的推进,要求提高对外文化开放水平,2014年国务院颁布《关于加快发展对外文化贸易的意见》,它代表了文化贸易的发展上升为国家战略层面,国内对于文化贸易发展的热度空前。与之形成鲜明对比的是,文化贸易专业人才培养的实施实践面临诸多困境,主要在以下四个方面显现。

(一) 政策瓶颈有待突破

在教育部的大力支持下,2007 年起,中国传媒大学和北京第二外国语学院以试办国际文化贸易专业开始了本科阶段的人才培养尝试。两所试办院校分别从新闻传媒特色和外语加国际贸易特色的不同角度展开了有益的探索。但随着学科专业目录的调整,文化贸易被合并到贸易经济中,一方面文化贸易实践领域对文化贸易人才有着强烈需求,呼唤经济学专业大力介入,而与此同时,对在努力探索人才培养的高等院校形成了较大发展障碍。

(二) 面临学科壁垒

学科是与知识相联系的学术概念,是自然科学、社会科学两大知识系统内知识子系统的集合概念,同时,也指高校教学、科研等的功能单位,是对高校人才培养、教师教学、科研业务隶属范围的相对界定。由于研究对象不同,方法不同,知识陈述的语言符号、方式、体系不同等因素,形成了学科与学科之间明显的自然封闭性。现代科学的交叉与整合发展要求打破学科界限,文化贸易基于自身内涵与外延,具有天然的交叉学科特点,相应的文化贸易人才培养也具有鲜明的学科交叉属性。但目前的实践集中于经济学、外国语言文学等少数几个学科的交叉互动,一定程度上仍受制于单一学科的限制,需要在更大范围内打通各大学科领域界限,打破学科壁垒,充分利用各学科优势资源,实现互动互补。

(三)政、产、学、研联动不足

文化贸易人才培养源起于社会经济发展的现实需求,也始终以此为导向和指南。以"用"为导向的培养模式必然更加注重政府、产业、学界等第一线实践经验、发展需求在培养过程中的重要作用,对市场信号进行积极敏锐的反应。文化贸易人才培养尚处于初期阶段,政、产、学、研联动在模式和机制方面亟须构建和完善,通过联动效益在更深层次上助力新兴学科的可持续健康发展。

(四)国际化程度亟待提升

海外院校在文化产业与相关贸易领域的人才培养模式探索中积累丰富的经验,如美国芝加哥哥伦比亚学院在艺术与商科交叉融合培养方面进行了多年探索,形成了相对成熟的培养机制和模式;英国纽卡斯尔大学在文化创意产业人才培养方面始终走在全球前列,培养出了大批专业精英,构建起高校与产业的良性循环。以全球为视野,在该领域中各高校结合本国产业与贸易优势,形成了特色鲜明的培养模式,对中国文化贸易人才培养具有重要的借鉴意义。现阶段,国内高校与海外院校聚焦文化贸易人才的项目合作与联合培养刚刚起步,人才培养的国际化资源汇集与实践有限,国际化程度亟待提升。

四、文化贸易人才培养展望

在以上综合因素造就的困境中,文化贸易人才培养面临着冲出重围,突破传统观念,开阔传统视野的挑战,有志于国际文化贸易人才培养的院校机构，可以从以下几个方面做一些努力工作。

（一）推进利好政策出台

随着国家政策的出台，发展对外文化贸易被提升至国家战略高度，当前文化贸易人才数量和质量都难以满足国家建设文化强国的需要。由于文化贸易专业学科要求较高，众多高校在中文、历史、艺术学等学科领域内都开设了文化产业相关专业，但文化贸易专业鲜见。在中国特色的计划教育体制下，更需要汇集多方资源，联手各高校力量，影响文化贸易学科专业建设与人才培养相关政策导向；国家相关部委基于国家文化发展国际战略实施的现实需要，应积极向教育管理部门提出建议与需求，推动利好政策出台，明确文化贸易学科专业定位，构建良好的政策机制环境，支持文化贸易学科专业在全国高校的实践与推广。

（二）加快跨学科人才培养模式创新

国际文化贸易学科是在国际贸易学理论框架基础上，融合经济学、外国语言文学、管理学等众多相对成熟学科而成就的新兴学科。十年间，中国传媒大学与北京第二外国语学院在文化贸易人才培养方案和课程体系方面进行了前期尝试，以此为基础进行的交叉学科人才培养可以算作文化贸易人才培养的升级版本。

目前，国内高校在酝酿掀起新一轮本科人才培养的教改高潮，在这场新一轮教改的高潮中，致力于文化贸易人才培养的高校需要积极探索，推动跨学科人才培养模式，以培养实践、培育效果促进瓶颈的突破。

（三）促进政、产、学、研协同创新

文化贸易人才培养不可拘泥于狭义的学科间协同创新，更需要依靠政、产、学、研的紧密结合与互动，冲破当前困境。共同探索文化企业把人才培养环节前置于高等院校的培养阶段，把塑造国际化、应用型文化贸易人才的内容植入到高等院校的人才培养方案中；同时高等院校应积极创设条件，鼓励学生"从文化贸易的实践中来，到文化贸易的实践中去",更加主动跟进文化国际市场对于文化贸易人才的迫切需求,构建协同创新模式,造就文化贸易人才。

(四)构建专业联盟和国际合作

汇聚国内、国际两个层面致力于推动国际文化贸易人才培养的高等院校与专家学者,在国内构建专业联盟,在海外推进务实合作。推动联盟内交流和合作,提高文化贸易的教学和研究水平,加强文化贸易教学研究与政府政策、企业战略的合作,进一步推动文化贸易学科专业在全国范围内的兴起与发展。通过在全球范围内甄选合作伙伴,通过多层次、立体化合作,以国际专业联盟的形式推动文化贸易专业务实高效发展,共同研讨文化贸易发展和人才培养面临的机遇和挑战。

中日韩文化贸易的竞争性及市场分布研究

顾 江 朱文静

我国对外文化贸易商品结构以及国际竞争力显示。我国在文化贸易中以低附加值的文化产品交易为主,特别是出口,低附加值产品在一定程度上仍是我国文化产业国际竞争力的主要优势所在。尽管我国文化产业发展历程较短。国内对于文化产业发展的认识和重视也就最近几年时间,但我国对外文化贸易在国际文化贸易市场中的地位毋庸置疑。

文化贸易在我国对外出口贸易中的表现为:一是文化创意商品出口额成攀升态势,但占商品出口总额比重偏低。文化商品出口所占比重从2002年至2008年逐年降低,2009年、2010年有所提升,但9年平均只有7.17%。这一方面是国际金融危机之后国际经济有所恢复,并且与金融危机后各国更加重视文化产业的发展密切相关;另一方面,自我国于2009年出台《文化产业振兴规划》后,举国上下掀起文化产业发展热潮,政府开始重视,给予越来越细化具体的政策扶持、财政支持,搭建融资平台,明确文化产业发展方向,加大文化产业的投资力度和创意、科技研发力度,为我国文化创意商品的生产和出口提供了更加充足的供给力度。二是文化服务贸易出口额增速远超服务贸易出口额,但由于基础太弱,占比增加不多。我国文化服务贸易出口额9年间增加了7倍多。平均增速超过30%,同期服务贸易出口额增加了4倍多,平均增速超过20%,但文化服务贸易出口额占比服务贸易出口总额一直在低位徘徊,最高也不过 1.86%,期间的变化规律与文化创意商品出口基本相同。

随着国际分工的深入,产业内贸易越来越常态化,传统的国际竞争力测度并不能完全展示文化贸易状况、厘清我国文化贸易与他国文化贸易的互补性程度。特别是中日韩三国在国际文化贸易中的比较,有助于判断我国文化贸易商品或贸易地理方向选择是否适当或者是否有发展潜力,为我国文化贸易"走出去"战略的实施寻求值得借鉴的经验。

一、中日韩文化服务出口贸易的国际市场地位

因为文化服务贸易的无形性,很多文化服务数据没有纳入官方统计,我们选取的数据是 UNCTAD 数据库 2000—2010 年 Creative Services 中"个人、文化与创意服务"指标。具体国家包括美国、英国、韩国、日本、中国等 29 个国家。选取的标准是这些国家该指标数据比较系统且每个国家该指标都在国际市场上占有一定份额(占国际文化服务市场份额年均达到 0.1%)。29 个国家总值超过国际出口总额的 98%以上,基本能够代表整个国际文化服务贸易市场总体情况。

按照 11 年来各国文化服务贸易出口额占国际文化服务贸易额比重的高低,可将 29 国分为 5 个梯队(见图 1)。

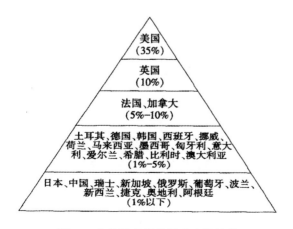

图 1　文化服务贸易国家市场地位

美国年均占比超过35％,为第一梯队;英国超过10％,为第二梯队;法国、加拿大在5％—10％,为第三梯队;土耳其、德国、韩国等国在1％—5％,为第四梯队;中国、日本等国在1％以下,为第五梯队。由此可以看出,目前我国文化服务贸易在国际文化服务市场表现不佳,与韩国相比还有很多需要学习的地方,包括文化产业出口政策、文化服务国际市场布局、文化产业发展具体扶持措施、重点文化企业培育等。

结合表1,2000年至2010年中日韩文化服务贸易占比绝对值变化趋势各不相同。总体来说。韩国所占比重高于中国和日本,呈现出占比提高趋势;相对而言,日本在11年间文化服务贸易占国际文化服务市场份额变化微乎其微;我国一直在低位徘徊,2005年至2008年呈增长趋势,但2009年开始成长动力又显不足,占国际文化服务市场的份额没有扩大趋势。

表1 2000—2010年中日韩文化服务贸易在国际文化服务市场所占比重

	2000	2001	2002	2003	2004	2005	2006	2007	2008	2009	2010
中国	0.057	0.153	0.142	0.141	0.147	0.488	0.425	0.888	1.181	0.301	0.360
日本	0.584	0.644	1.505	0.592	0.259	0.353	0.433	0.437	0.437	0.507	0.360
韩国	0.688	0.755	0.882	0.322	0.458	0.976	1.140	1.257	1.4791	1.621	1.860

(数据来源:根据联合国贸易与发展委员会数据加数据整理计算而得)

二、中日韩文化商品出口市场分布

中日韩主要出口市场分布情况见表2、表3和表4。从中可以发现:

第一,美国作为全球文化产业发展最发达国家,也是重视文化产业发展的国家最重要的出口市场,其相对成熟的国内市场,对于文化创意商品的需求也是其他国家目前所难以达到的。

第二,文化的同宗同源性在文化商品消费上起着举足轻重的作用。这从3个国家2002—2010年前十大市场分布可窥一斑。韩国出口市场中,亚洲市场所占份额从2002年的31.3％上升到2010年的 49.51%。占韩国各年十大出口市场份额从 44.36% 上升到 71.16%，特别是同属儒家文化圈的中国、日本、中国香港、中国台湾、新加坡市场所占份额 9 年平均超过 30%。日本出口市场中，亚洲市场所占份额从 2002 年的 35.31% 上升到 2010 年的 48%，占日本各年十大出口市场份额从 39.96% 上升到 55.16%，同属儒家文化圈的中国、韩国、中国香港、中国台湾、新加坡市场所占份额 9 年平均达到 29.77%。同样的现象在其他国家也表现明显。

第三，地缘性在文化创意商品贸易中的重要性凸显。在中国、日本和韩国的出口市场中，地缘性表现突出，基本上与文化的影响同步。

第四，各国出口市场前三位变化不大。特别是中国，前十大市场变化很小，市场分散程度较为稳定，同时也说明我国在开拓新市场方面的能力有待更大提高。而韩国在市场开发方面做得更好，9 年间进入韩国前十大市场的国家和地区多达 17 个，而同期中国只有 11 个，日本有 13 个。特别是韩国，除了传统的中国、日本、中国香港市场外，还在越南、印尼、泰国、阿联酋、印度、中国台湾、新加坡等文化产业市场上有所建树并不断扩展。这一方面表明我国还没有充分挖掘作为儒家文化发源地的各类文化资源，从而打造出更有市场力的文化产品；另一方面也说明未来我国文化产业在国际市场上有更大的市场空间。

第五，我国创意商品出口市场分布较为集中。2002 年至 2010 年，我国前十大出口市场占文化创意商品出口额的比重呈逐年下降趋势，9 年间从 82.6% 下降到 67.09%，平均降幅达到 2.56%。具体市场基本没有变化，始终是美国、中国香港、日本位居前三，2002 年至 2007 年，3 个市场所占份额超过中国出口总额的 50%，应该说我国创意商品出口市场集中度非常高。但近年来有所分散，特别是对美国、中国香港和日本市场的依赖程度逐步降低。而且与中国文化同宗同源的东亚市场在中国出口总额中只有中国香港和日本所占比例较高，其他前十大出口市场更多的是差异化市场。相对于"韩流"在中国的风行，韩国市场在中国文化创意产品出口市场中并不具有很大的市场份额，似乎还没有表现出同根文化以及相邻国家地缘性的优势。当然，这与我国文化产业发展基础、与韩国文化商品的差异性、与韩国的政治经济交流也密切相关。

表 2 中国文化创意商品主要出口市场

	2002	2003	2004	2005	2006	2007	2008	2009	2010
美国	0.373	0.3564	0.3454	0.3265	0.3262	0.3198	0.2967	0.2877	0.2836
中国香港	0.1582	0.1532	0.162	0.1512	0.1514	0.1375	0.1187	0.0914	0.1087
日本	0.0962	0.0861	0.0814	0.0734	0.0692	0.0701	0.0709	0.078	0.0617
英国	0.04	0.043	0.0375	0.0394	0.0448	0.0459	0.0443	0.0452	0.0438
德国	0.038	0.0405	0.0422	0.0472	0.0525	0.0437	0.0492	0.051	0.0514
俄罗斯	0.0222	0.0396	0.0574	0.0619	0.0277	0.0249	0.0265	0.0221	0.0273
荷兰	0.0372	0.0382	0.0212	0.0316	0.0311	0.0282	0.0311	0.0366	0.0262
加拿大	0.0231	0.0219	0.0204	0.0214	0.0218	0.0237	0.0227	0.0215	0.0217
意大利	0.0204	0.0206	0.0205	0.0222	0.0234	0.0231	0.0233	0.0234	0.0237
法国	0.0177	0.0174	0.0176	0.0186	0.0181	0.0199		0.0216	0.0229

(数据来源:同表1)

表 3 日本文化创意商品主要出口市场

	2002	2003	2004	2005	2006	2007	2008	2009	2010
美国	0.3388	0.2809	0.2511	0.2852	0.2197	0.2113	0.1724	0.1953	0.1860
中国香港	0.1395	0.1965	0.1873	0.1609	0.2495	0.1845	0.2001	0.1868	0.2397
中国	0.0775	0.1055	0.1338	0.1252	0.1306	0.1485	0.1879	0.1847	0.1544
中国台湾	0.0558	0.0786	0.0692	0.0660	0.0563	0.0498	0.0500	0.0561	
德国	0.1398	0.0591	0.0575	0.0575	0.1029	0.1311	0.1354	0.1066	0.0724
韩国	0.0399	0.0561	0.0578	0.0652	0.0633	0.0605	0.0592	0.0538	0.0628

(数据来源:同表1)

表 4 韩国文化创意商品主要出口市场

	2002	2003	2004	2005	2006	2007	2008	2009	2010
美国	0.2923	0.2124	0.2288	0.1982	0.1980	0.1793	0.1976	0.1157	0.1092
中国香港	0.0539	0.2069	0.1087	0.0500	0.0474	0.0502	0.0515	0.1330	0.0684
日本	0.1242	0.0885	0.1073	0.1338	0.1085	0.0862	0.0723	0.0975	0.0914
中国	0.0903	0.0744	0.0922	0.1078	0.1160	0.1241	0.09046	0.1103	0.1255
越南		0.0187	0.0241	0.0321	0.0351	0.0522	0.0653	0.0783	0.0839

(数据来源:同表1)

三、中日韩文化贸易竞争力比较

本文以两组数据为比较基础。一是以文化创意商品贸易为基础,利用 UNCTAD 原始数据,采用贸易竞争力计算公式,比较中日韩 2002—2010 年文化创意商品贸易国际竞争力,结果见表5、表6;二是以文化服务贸易为基础,利用 UNCTAD 原始数据,采用显示性比较优势指数计算公式。比较中日韩 2002—2010 年文化创意服务显示性竞争优势,结果见表7。

(一)文化创意商品贸易竞争力

贸易竞争力指数是行业国际竞争力分析的一种有力工具,综合考虑了进口和出口两个方面,能够反映本国生产的一种产品相对世界市场上供应的他国同种产品的竞争优势,取值范围为[-1,1]。如果该指数大于0说明该产品具有贸易竞争优势,且越接近于1,竞争优势越大。如表5所示,中日文化创意商品贸易竞争力指数呈现这样几个特征:(1)贸易变化趋势分为两个阶段,2002—2006年下滑趋势明显,从0.338降至0.035,我国文化创意商品在日本市场上的竞争优势趋于0。2007年至2010年有所回升,但2009年之后增长趋势不明,或许与我国国内文化产业发展动力不足或者成长路径不明确有很大关联。(2)中日文化创意商品贸易统计的6类商品中,中国只在工艺品设计上具有明显竞争优势,贸易竞争力指数显示为正数,而在影音、新媒体、出版物、视频艺术等贸易中竞争力指数多年来一直为负,特别是影音、出版物的对日贸易没有竞争力可言,竞争力指数接近于-1。这些现象与中日两国国内文化产业发展状况密切相关。日本在亚洲金融危机之后致力于文化产业发展,特别是动漫、网络游戏的开发。而我国在这方面起步较晚,且创新能力不足。

如表6所示,中韩文化创意商品贸易竞争力指数呈现这样几个特征:(1)多年来基本上都是韩国对中国具有文化创意商品贸易优势,我国直到 2009 年和 2010 年才具有微弱的贸易竞争优势,可以看出韩国在中韩文化创意商品贸易上具有更强的竞争优势。(2)我国除了设计的贸易竞争力指数以正值为主外，其他 6 类文化创意商品贸易竞争力指数基本都是负值，在中韩文化创意商品贸易中，我国还没有找到合适的比较优势所在，我国文化创意商品"走出去"战略的实施在很多方面可以向韩国学习。

表 5　中日文化创意商品贸易竞争力指数

	2002	2003	2004	2005	2006	2007	2008	2009	2010
文化创意商品总体	0.338	0.318	0.123	0.042	0.035	0.074	0.165	0.232	0.220
工艺品	0.453	0.386	0.248	0.281	0.325	0.320	0.319	0.371	0.425
影音产品	-0.901	-0.989	-0.987	-0.998	-0.943	-0.974	-0.995	-1.00	-1.000
设计创意品	0.494	0.455	0.262	0.185	0.146	0.235	0.344	0.439	0.429
新媒体产品	-0.002	0.136	-0.049	-0.581	-0.564	-0.342	-0.141	-0.175	-0.154
出版物	-0.846	-0.809	-0.765	-0.754	-0.753	-0.747	-0.715	-0.756	-0.753
视觉艺术品	-0.053	-0.147	-0.430	-0.527	-0.519	-0.571	-0.610	-0.518	-0.499

表 6　中韩文化创意商品贸易竞争力指数

	2002	2003	2004	2005	2006	2007	2008	2009	2010
文化创意商品总体	-0.261	-0.409	-0.357	-0.263	-0.099	-0.100	-0.075	0.009	0.039
工艺品	-0.695	-0.657	-0.703	-0.627	-0.483	-0.570	-0.503	-0.532	-0.514
影音产品	-1.000	-1.000	-1.000	-1.000	-1.000	-1.000	-1.000	-1.000	-0.616
设计创意品	0.028	-0.290	-0.154	0.094	0.286	0.269	0.322	0.461	0.517
新媒体产品	-0.289	-0.311	-0.051	-0.543	-0.574	-0.406	0.134	0.114	-0.031
出版物	-0.948	-0.945	-0.953	-0.944	-0.939	-0.878	-0.915	-0.905	-0.910
视觉艺术品	0.043	0.089	-0.176	-0.436	-0.237	-0.083	-0.087	-0.128	0.193

（二）显示性比较优势

显示性比较优势指数即 RCA 指数，是美国经济学家贝拉·巴拉萨于 1965 年测算部分国际贸易比较优势时采用的一种方法，可以反映一个国家（地区）某一产业贸易的比较优势。它通过该产业在该国出口中所占份额与世界贸易中该产业在世界贸易总额中所占份额之比来表示。如果一国 RCA 指数大于 2.5,则表明该国该产业具有极强的国际竞争力;RCA 指数介于 2.5—1.25,表明该国该产业具有很强的国际竞争力;RCA 指数介于 1.25—0.8,表明该国该产业具有较强的国际竞争力;RCA 指数小于 0.8 表明该国该产业的国际竞争力较弱。

如表 7 所示,在文化服务贸易国际市场上,中日韩 RCA 指数都比较低。都属于文化服务业国际竞争力较弱的国家。我国一直不具有比较优势,而且在 2009 年和 2010 年进入到一个更低的水平,这可能与我国其他服务贸易的更快增长有关。相对来说,韩国 RCA 指数最高,这与韩国 10 多年来坚持"文化立国"方针密切相关。对于同一文化归属的中日韩来说,韩国近年在国际文化市场上表现更胜一筹,其显示性比较优势呈现上升态势,在内容创意、市场营销等方面值得中国学习。特别是韩国影视作品在国际市场的热播所带来的韩国美食、旅游、服饰、美妆、整容等相关产业的消费热潮,文化产业的外部性得到充分体现。我国的文化产业"走出去"似乎是一条很长的路,不是指定几条政策就可以解决问题的。文化信仰的培育和归纳是基础。社会文化信仰是文化产品的灵魂,在此基础上的内容创新才是适合消费者文化消费需求的创新,才能得到更多消费者的认可。

表 7 中日韩文化服务贸易 RCA 指数

	2002	2003	2004	2005	2006	2007	2008	2009	2010
RCA_C	0.056	0.055	0.050	0.155	0.121	0.224	0.269	0.069	0.067
RCA_J	0.359	0.139	0.057	0.075	0.097	0.105	0.099	0.117	0.099
RCA_K	0.453	0.167	0.221	0.463	0.528	0.531	0.551	0.649	0.711

四、结论与建议

综合上述比较分析,我国文化贸易在贸易出口中所占比例很小,对我国经济发展的作用还没有凸显;与日本和韩国相比,我国在国际文化服务市场所占份额更少。就本国文化创意商品的国际市场分布来说,我国 9 年来前十大出口市场集中度太高,新兴市场的开发力度很弱,在这个层面上应该学习韩国的文化出口市场策略。就文化创意商品贸易竞争力指数而言,我国之于日本具有微弱优势,韩国之于我国有普遍优势。就文化服务贸易显示性比较优势指数来说,韩国呈现出明显上升趋势,日本比较优势减弱,我国一直不具有比较优势。基于此,对于我国文化贸易"走出去"战略的实施,提出如下建议:

第一,文化产业发展中注重社会文化信仰的挖掘和展示。一个国家的社会文化信仰是其文化的灵魂,是国家文化的形象。在文化产品创作中更多挖掘和体现社会文化信仰,其产品将得到更多消费者的认可和接受,并且对于塑造一个国家的文化特征具有异常重要的作用。

第二,在实施文化贸易"走出去"战略中,注重文化企业内容创新和模式创新。国家文化贸易出口扶持政策只是扩大文化贸易出口的外在因素,更重要的是文化企业能够提供符合国外消费者需求偏好的文化产品内容和文化产品表达方式、传播方式等。比如日本最大的教育集团倍乐生株式会社和中国福利会出版的针对学前儿童的家庭学习商品《乐智小天地》在中国幼儿家庭的风靡。正是其针对中国家长和孩子制定的内容和表达获得消费者的认可,从而在中国学前教育市场上占据很大的市场份额。

第三,注重建立文化产业外部性效益的反哺机制。韩国影视产品的出口为其带来的不仅是影视作品本身的版权收入,更多地体现在"韩流"文化消费者对韩国美食、服饰、美妆、美容、旅游等相关产业的热捧。文化产业本身是高投入产业,目前我国文化产业发展的瓶颈之一就是融资难。在文化产业持续发展中,建立外部性效益的反哺机制不失为解决文化产业发展资金投入难的重要方案之一。

欧盟文化贸易政策研究
——兼评对中国文化贸易政策的启示

陈亚芸

一、欧盟文化贸易立法

(一) 基础条约演进

早期文化与贸易是两个独立的事项,欧共体早期条约并没有包含文化及文化产品贸易规则。《罗马条约》仅第 36 条提及文化,从内容上看也仅仅涉及成员国间珍贵文物的流动,没有形成保护民族文化的特定理念和行动规划。1977 年欧共体第一份《欧共体文化行动公报》首次对文化部门进行界定[①],1982 年欧共体发布了第二份题为《强化欧共体文化行动公报》,规定了文化产品的自由流动、改进文化工作者的生活工作条件和保护文化遗产等内容。[②] 上述公报只是注意到文化的重要性和发展欧盟文化事业的必要性,并不构成欧盟文

[①] Commission of the European Communities, Community Action in the Cultural Sector: Commission Communication to the Council, 22 Nov., *Bulletin of the European Communities*, *Supplement 6/77*, Luxemberg: Office for Official Publications of the European Communities,1977.

[②] Commission of the European Communities, Stronger Community Action in the Cultural Sector: Communication from the Commission to the Council and the Parliament,12 Oct., *Bulletin of the European Communities*, *Supplement 6/87*, Luxemberg: Office for Official Publications of the European Communities, 1982.

化政策的核心法律文件。文化贸易规则缺失与欧共体发展阶段密不可分,在经济一体化早期文化是经济的附属品,处于边缘化地位。

随着成员国间文化贸易额的逐年增加,世界知识经济拉动下文化产业的形成及对经济贡献的增大,文化贸易重要性才得以显现,文化贸易政策立法逐渐进入讨论主要议程。1992年《马斯特里赫特条约》首次纳入文化事项,为欧盟开展文化行动提供了正式法律依据。其中第3条、92条和128条都涉及文化内容,第3条规定,"……欧共体各项活动应促进教育与培训质量的提高以及各成员国的文化繁荣"。第92条指出"在不影响共同体贸易条件与自由竞争的前提下,对文化和遗产保护提供财政补贴的政府行为被视作与共同市场相一致的行为"。第128条"文化部分"对欧盟文化政策做出了更原则的规定,"共同体应协助促进成员国文化繁荣,在尊重成员国民族和地区文化差异的同时突出共同文化传统"。其中最为关键的是第92条,直接肯定了不违背共同竞争政策的文化补贴的合法性。该条也是迄今为止基础条约中唯一一条直接与文化贸易措施相关的立法。随后基础条约修订仅对"马约"文化及文化贸易政策进行微调。1997年《阿姆斯特丹条约》仅笼统强调"共同体应在根据本条约其他条款采取的行动中将文化方面的问题考虑进去"。2009年《里斯本条约》基本延续了"马约"的规定,只是在措辞方面稍有不同。其第3条规定"联盟应尊重其多样的文化和语言的多样性,并确保为维护和发扬欧洲文化遗产"。第36条禁止成员国间数量限制条款规定,"……基于保护具有艺术、历史或考古价值的国宝方面的原因,或者基于保护工商业产权方面的原因而禁止或限制进出口货物国境,此类禁止或限制不应构成对成员国间贸易的一种任意歧视手段或者一种变相限制。"第十三编"文化"第167条规定"联盟在尊重国家和地区多样性同时弘扬共同文化遗产的基础上促进成员国文化繁荣……联盟应支持和补充成员国在系列领域的合作……联盟与成员国鼓励在文化领域与第三国及有关国际组织进行合作,特别是欧洲委员会的合作。在根据两部条约其他条款采取的行动中,联盟应考虑文化因素,特别是要尊重并促进文化多样性。"[①]

[①] 程卫东、李靖堃译:《欧洲联合基础条约——〈里斯本条约〉修订》,北京:社会科学文献出版社,2010年。

(二) 二级立法

二级立法领域也出台了相关条例、指令和决议,与文化贸易有着直接和间接的联系。如视听领域 20 世纪 80 年代的《哈恩报告》《欧共体电视无疆界指令》《欧共体卫星电视传输标准指令》,1999 年《数字化时代欧共体视听政策的制度原则与行动纲领》。除此之外欧盟委员会先后推出 MEDIAⅠ、MEDIAⅡ、MEDIAPlus、MEDIATraining 和 MEDIA2007 计划,保证欧盟范围内广播电视视听的公众获取,增进成员国间了解,增强欧盟视听产业的竞争力。并于 2009 年 4 月成立教育、视听和文化执行机构,专门负责执行 2005 年至 2015 年期间教育、视听和文化领域的相关计划和推广活动。为了保护欧盟文化产品输出,欧盟理事会 2009 出台《文化产品出口条例》,专门规定了文化产品出口许可证制度。规定任何文化产品出口需取得成员国当局机构的批准,已经批准于欧盟境内有效,成员国可以国内保护历史文化艺术品为由拒绝批准特定文化产品出口。① 除此之外,还应看到欧盟文化贸易政策受到其他有影响力的国家间公约的影响。最为典型的是 1954 年欧洲理事会主持签署的《欧洲文化公约》,欧盟成员国都为条约当事国。1992 年《欧洲电影合制公约》旨在促进欧洲多方合作制作电影的发展,保卫表达的创造性与自由,保护不同欧洲国家的文化多样性。② 这些公约虽然并非欧盟制定但由于成员国存在重叠性,对欧盟文化贸易政策的影响不可小视。

二、欧盟文化贸易特点

(一) 文化贸易地位逐渐提升,但欧盟文化贸易权能有限

基础条约关于文化及文化贸易的规定经历了从无到有并不断丰富的过程。随着文化产业的发展,其作为一个经济部门对于就业、出

---

① Council Regulation (EC) No 116/2009 of 18 December 2008 on the Export of Cultural Goods.
② 马冉:《文化贸易领域欧洲政策法规研究》,《广西政法管理干部学院学报》2009 年第 3 期。

口和工业附加值产生了重大影响。① 1998年欧盟委员会《文化、文化产业和就业》工作文件明确肯定了文化产业对于就业和经济增长的贡献,其指出,"艺术和文化创造性是文化实践持续不竭的动力,支撑文化产业和文化就业。文化和艺术机构是重要的雇主,他们可以将生产线扩展至旅游业、在线服务、商店以及各种类型的派生产品。"②

然而从整体上看,除了统一文化贸易出口许可证技术性规定外,欧盟基本法并没有就文化贸易问题专门做出细致规定,也没有出台二级立法专门调整各国文化贸易问题。文化贸易政策主要还是属于各国主权内事项,既包含共同商业政策又承载一定文化功能。从权能上看基础条约将文化事项归入支持、协调或补充权能范畴,欧盟行动能力受到制约。《欧洲联盟运行条约》明确将其归入其他领域的支持、协调或补充权能范围。该条约第6条明确规定:"欧盟有权采取行动支持、协调或补充成员国的行动。此类行动领域包括文化和教育、职业培训、青年和体育运动。"虽然共同商业政策属于欧盟专属权能,只有联盟在此领域立法和通过具有法律拘束力的法令,成员国仅在获得联盟授权或为实施联盟法令的情况下才能具体实施。有别于传统的关税同盟、确立内部市场运行所必须竞争规则、欧元区货币政策以及根据共同渔业政策保护海洋生物资源等欧盟传统专属权能领域,文化贸易并非单纯的商品或服务贸易,其还具有文化功能,因此不能简单地得出结论认为文化贸易权能专属于欧盟。从实践中看,文化贸易主要还是成员国主管事项,欧盟只是在较低层面统一文化产品出口许可,以及在国际文化贸易谈判中协调各国立场。同时还应看到《里斯本条约》第十三编虽为"文化"专题,但从其内容看并没有涉及文化产品贸易事项,而仅涉及非商业性文化交流和艺术创作。因此,很难找到文化贸易专门法律规定,只能从欧盟具体实践中得出规律性认识,判断未来立法和发展方向。

---

① 郭灵凤:《欧盟文化政策与文化治理》,《欧洲研究》2007年第2期。
② The Commission Staff Working Paper, "the Cultural Industries and Employment", SEC (98) 837, Brussels, 1998.

（二）文化贸易自由化与文化多样性的统一

欧盟在制定文化及文化贸易政策过程中一直追求文化贸易自由化与文化多样性的统一。这正好反映了文化产品所承载的经济功能和文化功能两方面属性。基础条约在规定文化及贸易时总是将二者交融在一起，并要求在制定其他领域政策时考虑文化多样性的实现。"欧洲一体化不仅是政治和经济的过程，也是文化的过程，欧盟成员国公民对于欧洲的认同是在对于各自民族国家认同的基础上逐步建立起来的。欧洲一体化的基本准则是在多样性的基础上追求同一性，尊重成员国在政治、经济文化上的多样性，共同追求和平与发展的根本目标。"[①] Galperin 曾说道："平衡经济一体化与文化多样性并不矛盾，欧盟视听服务自由化有利于促进欧盟共同文化遗产的发掘和保护，营造单一欧盟视听空间。该统一市场下视听产品的规模经济将有效抗衡美国的媒体产品。"[②] 欧盟在制定和执行文化贸易政策时，始终朝着多样性前提下的贸易自由化方向发展，在内部构建欧洲认同的同时，极力促进内部文化产品流动和外部文化产品输出。

（三）文化贸易内部自由化与外部限制

双轨制随着欧盟经济一体化不断深入，欧盟出台了系列推动区域内人员、资本、服务自由化政策，极大促进了区域内文化贸易。这体现在基础条约和诸多二级立法规定上，特别是《里斯本条约》的顺利通过，打破了欧盟三大支柱，强化了欧盟行动能力，改革决策机制，使得联盟更为统一和高效。这些都为区域内文化产品的流动和文化服务提供了良好的社会环境和政策导向。欧盟委员会 2010 年 3 月出台《欧洲 2020 战略》指出在全球金融危机背景下欧盟未来 10 年的发展重点和具体目标，其中首要的是发展以知识和创新为主的智能经济。在视听和广播电视领域，欧盟议会和理事会于 2010 年 3 月 10 日最新出台了关于成员国视听媒体服务合作指令，统一各国立法和

---

① 陈桂佳在 2007 年 6 月 12—13 日 "欧洲模式与世界" 国际学术研讨会致辞。
② Gaplerin, Hernan, Cultural Industries Policy in Regional Trade Agreements: the Cases of NAFATA, the European Union and MERCOSUR', *Media Culture and Society*, 1999b, 21(5).

实践,对涉及广播电视播出与跨界收听、广告内容、电话购物、少数者保护等一系列问题进行协调,进一步规范了欧盟境内视听服务。①

欧盟在极力促进内部市场自由化的同时,对于外来文化产品输入保持较高的警惕。欧盟和美国同为世界上首屈一指的经济体,在文化产业及输出上欧盟稍逊一筹。以电影媒介为例,虽然欧盟每年制造的电影总数比美国多,但欧盟影院70%的收入仍源于美国影片的票房收入,因此欧盟在试听媒体服务指令中也对荧幕配额做了限制,规定欧盟电影播放的最低比例,这也从一个侧面反映了欧美文化产业较量及欧盟对美国文化强势输出的担心。

一直以来,美国文化政策秉承自由主义传统,以强调文化产品生产、销售的高度市场化和最小化政府干预为主旨。② 欧盟相反,为了限制美国文化产品对欧盟输出,在文化产品准入上采取了保守政策,强调"文化例外"和"文化多样性",为自身文化产业发展和输出创造空间。欧盟限制措施具体包括补贴、市场准入限制、税收、许可证限制、外国投资及所有权限制、本国内容要求和有关知识产权的措施等。③ 因此,欧盟文化贸易政策在内部和外部市场上并非一致,基本上是"对内开放,对外保护"④,在限制美国文化产品对欧盟强势输出的基础上极力促进成员国间文化交流及文化产品流动。

(四) 文化政策始终充斥着保守派和自由派之间的斗争

保守派和自由派代表为英国和法国,二者分歧主要体现在对视听文化产品贸易是否应该予以干涉以及干涉的程度问题上。英国与欧盟其他成员国相比在世界视听产品贸易中占有很大比例,受益于英语在世界范围内适用的普遍性,一直奉行文化自由的政策,认为排

---

① Directive 2010/14/EU of the European Parliament and of the Council of 10 March 2010 on the coordination of certain provisions laid down by law, regulation or administrative action in member states concerning the provision of audiovisual media services, L95/1, Official Journal of the European Union.

② 李宁:《"自由市场"还是"文化例外"——美国与法加文化产业政策比较及其对中国的启示》,《世界经济与政治论坛》2006年第5期。

③ 李洁:《WTO文化贸易法律制度研究》,武汉大学博士学位论文,2009年。

④ Silvis Formentini & Lelio Iapadre, Cultural Diversity and Regional Trade Agreements: The Case of Audiovisual Services, P. 7. http://www.etsg.org/ETSG2006/papers/Formentini.pdf 2011年5月5日访问。

除政府干预、完全开放市场才能提高文化产业的竞争力；法国为了保护和发展法语文化，抵制英语文化的强势输出，主张文化政策应尊重和体现多样性，特别是保护边缘群体少数者文化。法国相比其他欧盟成员国提供给视听文化产业的补贴要高很多，其中对于法国电影业影响最大的是 1989 年以来的"朗格计划"(Plan Lang)。该计划对法国电影制造提供高额补助旨在捍卫并传播法语文化和增强文化的多样性。①

"马约"正式规定文化政策之前，欧共体委员会曾两次针对法国报纸和杂志政策提交欧共体法院，法院在两案中都认定法国的相关政策违背了《欧洲联盟运行条约》第 34 条（原欧共体条约第 28 条）"禁止对成员国之间的进口施加数量限制或采取具有同等效果措施的义务"。②

法国在抗辩中指出："相关措施并未违反欧共体条约原 28 条规定的义务，对承载政治、经济和文化信息功能的产品原欧共体条约第 28 条是否适用存在疑问。"该观点虽未被法院最终采纳，但是反映了法国在文化产品贸易上的保守立场。

（五）区分一般文化贸易品与具有艺术、历史或考古价值的宝藏

欧盟在促进一般文化贸易品自由流通和扩大出口的同时，特别注重对具有艺术、历史或考古价值的宝藏的保护，通常将保护遗产措施排除在禁止性措施之外。1993 年欧盟理事会颁布《归还非法从成员国境内转移的文物》指令，要求各国归还从其他成员国境内转移的承载艺术、历史和考古价值的文物。③

《里斯本条约》第 36 条"禁止成员国间数量限制"条款规定："……基于保护具有艺术、历史或考古价值的国宝方面的原因，或者

---

① Emmanuel Cocq & Patrick Messerlin, *The French Audiovisual Policy: Impact and Compatibility with Trade Negotiations*. HW—WWA-Report 233, 2003.

② Case 269/83, Commission of the European Communities v. French Republic [1984] ECR 843 and Case 18/84, Commission of the European Communities v. French Republic [1985] ECR 1339.

③ Council Directive 93/7/EEC of 15 March 1993 on the return of cultural objects unlawfully removed from the territory of a Member State, OJ L 74 of 27 3. 1993. Amending acts: Directive 96/100/EC (OJ L 60 of 1. 3. 1997), Directive 2001/38/EC (OJ L 187 of 10. 7. 2001).

基于保护工商业产权方面的原因而禁止或限制进出口货物国境,此类禁止或限制不应构成对成员国间贸易的一种任意歧视手段或者一种变相限制。"该条间接肯定了对具有艺术、历史或考古价值宝藏禁止或限制交易的合法性。欧盟上述做法也体现其促进文化多样性和构建欧洲身份认同前提下的文化贸易自由化精神,区分一般文化产品和具有文化遗产价值的宝藏,采取不同的政策分别对待,很好地平衡了文化产品的经济属性和文化属性。

三、欧盟对外文化贸易实践

(一)欧盟与 WTO——从文化例外到文化多样性主张

乌拉圭回合谈判时期,围绕着视听产品文化贸易成员方间发生了激烈的争论。美国为了维护其强大的视听文化产品输出,极力主张视听产品应与一般产品一样适用 GATT 货物贸易和服务贸易规则。欧盟则极力坚持文化例外,强调文化产品除了商品属性外还承载着其他重要的社会功能,不能与一般商品和服务等而视之,应属于例外的范畴。法国、英国、加拿大等是文化例外的坚定拥护者,要求文化产品和服务不得纳入一般商品贸易范畴。[①] 最终欧盟倡导的"文化例外"并未体现在乌拉圭回合谈判最后文件之中,经过妥协最终双方达成了一致,即各成员国不制定任何与视听服务有关的市场准入与国民待遇方面的承诺,将与电影和电视节目相关的措施列于最惠国待遇豁免清单中。欧盟、加拿大没有对视听服务做任何承诺而将其排除于最惠国待遇之外,仅 18 国(主要为发展中国家)对视听服务做出具体承认,其中没有一个欧盟成员国。从结果上看美国的主张略占上峰,欧盟"文化例外"的提议并没有写入最终协定文本,只是采取灵活措施允许一定程度文化保护,并没能阻止美国文化产品在 WTO 体制内的强势输出。

2000 年开始了新一轮多哈回合谈判,服务贸易谈判目标主要为

[①] 宋蒙:《从"文化例外"看当前深化文化体制改革中的几个问题》,《东南大学学报》2009 年第 1 期。

改革现有 GATS 规则和原则与成员国对外进一步开放服务贸易市场。在视听服务问题上,美国、巴西、瑞士、日本与加拿大提出了具体建议。① 美国提案希望提高成员国在试听服务领域的服务承诺水平,力图创建一套清晰可靠的贸易规则。就试听服务补贴纪律达成一项专门协议,允许成员国为实现特殊目的而实施经过严格限制的补贴措施,确保对贸易的扭曲效果降至最低。② 欧盟则坚持乌拉圭回合中的主张,极力强调文化贸易应尊重"文化多样性"。其指出欧盟视听文化谈判目标是"保证成员国有能力保卫和实现文化多样性政策"。在该立场上,加拿大与欧盟最为接近,其主张除非新的保护文化多样性国际机制建立,否则成员国仍有权利为实现文化多样性目标而采取措施。③ 截至目前,关于视听服务谈判正在艰难进行,基于各方意见分歧较大,在短期内很难达成一致意见。

(二) 欧盟与 UNESCO 公约——文化多样性主张重要阵地

欧盟积极参与、促进和批准联合国教科文组织主持的《保护和促进文化表现形式多样性公约》,在欧盟的推动下条约于 2007 年正式生效,成为欧盟和美国视听文化产品交锋的又一有力武器。公约与 WTO 文化贸易政策存在诸多理念和制度的冲突,具体表现为指导原则的不同、成员国权利和义务的差异、争端解决机制的冲突等。公约的条文设计将严重冲击 WTO 最惠国待遇、国民待遇、非歧视待遇、数量限制、知识产权保护、补贴、进口许可程序等规则。基于大部分成员国的重合,公约对 WTO 框架内文化产品贸易产生重要影响。"公约可能违反 GATT1994 取消数量限制的规定、国民待遇问题、GATS 第 17 条第 1 款和《补贴与反补贴协议》等。"④

"虽然公约并没有直白地表明其核心保护对象是视听产品及服

---

① Graber C. B., Girsberger M. & Nenova M. eds., *Free Trade versus Cultural Diversity: WTO Negotiations in the Field of Audiovisual Services*, Schutlthess, 2004, pp. 17—19.
② 马冉:《WTO 体制中自由贸易与文化多样性的冲突与协调》,武汉大学博士学位论文,2007 年。
③ WTO Doc. S/CSS/W/46.
④ 马冉:《〈保护和促进文化表现形式多样性公约〉与 WTO 规则的冲突与协调》,《郑州大学学报》(哲学社会科学版)2009 年第 5 期。

务,但其对WTO造成不可克服的障碍。"①美国拒绝签署文化多样性公约,认为"文化例外"构成贸易保护,文化多样性公约实质是支持该种保护而非真正出于保护文化多样性的目的。②

不论是先前的文化例外还是后来的文化多样性,欧盟在文化产品贸易中的立场并无实质改变,只是采用了更为中立的措辞和更能让人接受的包装。其实质仍为抵制美国强势文化对欧盟的冲击,保护和发展成员国文化产业。从欧盟参与文化贸易多边实践中不难发现,虽与美国一样同为世界首屈一指的经济体,在文化贸易立场上欧盟比美国更为谨慎和保守。一方面其试图通过新一轮谈判不断促进视听产品服务领域开放,让更多欧盟文化产品及服务流向区域外,同时又对美国强势输出保持着警惕。因此,欧盟并不同意单一的文化贸易自由化,而是通过保护文化多样性给联盟及成员国政策制定留有余地。此外,欧盟积极促进WTO之外UNESCO公约的制定和生效,将其作为制衡美国文化产品的又一有利阵地。可以预见在未来,这一立场还会在较长时间内持续。

四、欧盟文化贸易政策对中国的启示

(一)倡导文化多样性

增强文化产品和服务出口欧盟是倡导文化多样性的典范,并通过努力试图获得更多国家和组织的认同。2008年《在欧盟成员国间和对外关系中促进文化多样性和知识产权对话》明确了文化在对外关系中的三个政策目标:(1)将文化政策融入欧盟对外关系政策、项目以及与第三世界和国际组织的关系之中。(2)促进全球批准和执行《保护和促进文化表现形式多样性公约》。(3)按照2008年文化对

---

① Christoph Beat Graber, The New UNESCO Convention on Cultural Diversity: A Counterbalance to the WTO, *Journal of International Economic Law*, 2006(9):3.

② Christoph Beat Graber, Substantive Rights and Obligations under the UNESCO Convention on Cultural Diversity, The Swiss Centre of Competence in Research, *Trade Regulation Working Paper*, 2008(8).

话年的提议通过欧盟内部和对外的项目和意识提升活动促进文化间的对话。①

中国在近些年对文化出口高度重视,在立法和政策上给予一定指导和倾斜。如2006年年初,中共中央、国务院联合颁布了《关于深化文化体制改革的若干意见》成为指导我国文化体制改革的纲领性文件。该意见指出:"要着力培育外向型文化企业,积极实施'走出去'战略,创新对外文化交流体制和机制。实行政府推动和企业市场化运作相结合,打造一批具有国际竞争力的文化企业,成为实施文化'走出去'战略的主体"②。同时国家部门如文化部、商务部也出台了部门立法和行政法规,进一步扶植文化产业发展,增强文化产品和服务出口竞争力。但目前仍存在立法层级较低,法律间协调程度不高等不足,应该倡导"文化多样性"客观对待文化产业的经济价值和文化社会价值,不断发掘和培育民族文化,抵御外来文化的强有力冲击。

(二)利用新一轮谈判机会积极创造规则

中国从复关到入世,从始至终并没有参与乌拉圭回合视听服务谈判,而是一揽子接受乌拉圭回合最后文件,因此中国作为发展中国家特有的国情和利益并没有得到体现。2001年《中国入世议定书》附件九明确对视听服务做出市场准入承诺,指出"自加入时起,在不损害中国审查音像制品内容的权利的情况下,允许外国服务提供者与中国合资伙伴设立合作企业,从事除电影外的音像制品的分销。在不损害与中国关于电影管理的法规的一致性的情况下,自加入时起,中国将允许以分账形式进口电影用于影院放映,此类进口的数量应为每年20部。自加入时起,将允许外国服务提供者建设或改造电影院,外资不得超过49%。加入WTO一年之后,国内报刊零售市场

---

① Conclusions of the Council and of the Representatives of the Governments of the Member States of 16 December 2008, meeting within the Council, on the promotion of cultural diversity and intercultural dialogue in the external relations of the Union and its Member States [Official Journal C 320 of 16. 12. 2008].
② 马冉:《WTO框架内的中国文化贸易问题》,《南京政治学院学报》2009年第5期。

将对外开放,三年后国内发行批发企业外资可以进入。"①我国在文化产业及服务的开放相对来说还比较有限,但根据承诺,我国大部分文化产业已经度过了过渡保护期,需要整体适用 WTO 现有规则。中国视听领域面临着外来文化产业巨大冲击,文化产业贸易逆差严重。在多哈回合谈判中欧美等发达国家不断向中国代表团施压,要求进一步放宽市场准入。

(三) 积极利用现有规则解决文化贸易争端

WTO 成立至今审理了几起与文化贸易相关的案件,包括美加期刊措施案、土耳其建议税案、美日影响消费胶卷与相纸案、美日影响发行服务措施案、欧加电影发行服务案以及最近的美国诉中国影响某些出版物和视听娱乐性产品的贸易权与分销服务措施案。美国多作为申诉方对其他 WTO 成员视听服务及期刊措施提起诉讼,而欧盟和中国都曾为应诉方。特别是 2007 年中美出版物案,美国认为中国相关措施与《中国加入 WTO 议定书》、GATT1994 以及 GATS 规定不符,请求设立专家组,澳大利亚、欧盟、日本、韩国和中国台北作为第三方参与诉讼,2009 年 8 专家报告裁定中国败诉,2009 年 12 月 21 日上诉机构支持专家组的结论,裁定中国措施违反了 WTO 规则侵犯美国利益。② 虽然中国败北已成定局,但留给我们更多的是关于以往文化争端案件专家组立场倾向及对《保护和促进文化表现形式多样性公约》争端解决机制运用的反思。③ 从短期看在 WTO 之外寻求争端通过外交方式解决可以避免其他成员国通过搭便车的方式运用裁决结果,将损失降到最低。从长期看还应从振兴我国文化产业竞争力和改变 WTO 现有文化产品和服务规则着手。

(四) 平衡 WTO 和《保护和促进文化表现形式多样性公约》义务

中国于 2001 年加入世界贸易组织,2006 年 12 月 29 日我国第十

---

① 《中国入世议定书》翻译组:《中国入世议定书》,上海:上海人民出版社,2001 年。
② WT/DS363/R,WT/DS363/AB/R。
③ 闫瑞波:《〈保护和促进文化表现形式多样性公约〉视角下 WTO 文化贸易争端的解决——兼评中国出版物和音像娱乐制品案》,《中国国际经济法学刊》2010 年第 1 期。

届全国人民代表大会常务委员会第25次会议通过了关于批准《保护和促进文化表现形式多样性公约》的决定,因此中国同为WTO和UNESCO的当事国。应该说加入上述公约符合我国文化产业保护及发展利益,WTO作为全球最具影响力的多边贸易组织,其独特的制度设计能让中国更快融入世界贸易体系,为我国文化贸易进出口开辟新天地。同时,WTO将贸易自由化作为其追求的首要目标和终极目的,因此在促进贸易的同时容易忽略其他利益和价值追求。在这点上UNESCO在文化多样性保护上是对WTO很好的牵制和制约,二者在宗旨目标和具体制度设计上难免存在冲突,欧盟和中国同为上述协定的当事国,有着共同的目标和价值追求,欧盟在处理二者冲突,运用制度差异维护本联盟利益的实践对中国具有较强的借鉴意义。

五、结论

随着文化产业链的延伸,文化产品及服务不仅是一种文化符号,还是经济有力的推动力。随着知识经济的强有力发展,特别在全球金融危机背景下,相比传统产业模式,文化贸易作用和前景十分引人注目,文化贸易在各国政策立法中地位逐步上升。虽然欧盟基础条约和二级立法并没有出台专门有关文化贸易政策的立法,但从现有散落于文化政策和共同商业政策中的条文分析,结合欧盟对外文化贸易实践,不难看出欧盟文化贸易政策总体目标是文化多样性条件下的文化贸易自由化。

然而,由于与美国文化政策秉承的自由主义传统,以强调文化产品生产、销售的高度市场化和最小化政府干预为主旨不同,欧盟为限制美国文化产品对欧盟输出,在文化产品准入上采取了保守政策,强调"文化例外"和"文化多样性",为自身文化产业发展和输出创造空间。从而在文化贸易上欧盟采取了双轨制,一方面极力促进区域内文化贸易一体化,整合成员国政策立法,积极寻求海外市场,同时又对美国为首的外来文化产品和服务设置隐形障碍,限制其市场准入和市场份额。并通过新一轮多哈谈判极力使该手段获得认可,设置对其有利的文化贸易新规则。

中国虽然为独立主权国家与欧盟超国家实体有着本质差异,但其境内也有着丰富的文化资源传统,对外同样面临着美国强势文化产品服务输出问题。同为WTO和《保护和促进文化表现形式多样性公约》成员国,如何在多哈回合新一轮谈判过程中协调二者间的关系,立足于中国实际创造出有利于本国的新文化贸易规则,欧盟立法和实践经验有着十分重要的借鉴意义。

附录：中国文化"走出去"研究论文存目（2012—2014）

备注：本存目分为两部分，第一部分为 2012 年至 2014 年间国内学术期刊上发表的与中国文化"走出去"直接相关的研究论文索引，第二部分为国内各高校 2012 年至 2014 年间完成的以中国文化"走出去"为选题的硕士学位论文、博士学位论文。限于篇幅，未列入发表在报纸和网络上的相关新闻报道和文章。

一、2012—2014 中国文化"走出去"研究论文

1. 苏红燕：《在国际文化交流中推动中华文化走向世界》，《理论学习》2012 年第 1 期。
2. 萧盈盈：《中华文化走出去的现状分析与发展思考》，《现代传播》2012 年第 1 期。
3. 荆玲玲、张会来：《中国文化"走出去"战略的时代变革与思路创新》，《未来与发展》2012 年第 1 期。
4. 方英、李怀亮、孙丽岩：《中国文化贸易结构和贸易竞争力分析》，《商业研究》2012 年第 1 期。
5. 葛剑雄：《中国文化如何走向世界》，《世纪》2012 年第 1 期。
6. 花建：《中国文化地缘战略和中国文化"走出去"的新格局》，《东岳论丛》2012 年第 1 期。
7. 贾磊磊：《名家主持·文化产业与中华文化走向世界》，《东岳论丛》2012 年第 1 期。
8. 刘万军：《论中国文化的世界化》，《山西财经大学学报》2012 年第 S1 期。
9. 邹命贵：《论文化输出面临的机遇与挑战》，《山西财经大学学报》2012 年第 S1 期。

10. 陈柏福:《我国文化贸易及其对经济增长影响的实证分析》,《中国文化产业评论》2012年第1期。
11. 朱文静、朱婷:《我国文化贸易在国际价值链中位置判断的实证研究》,《珞珈管理评论》2012年第2期。
12. 曹阳、刘占辉:《浅谈中国文化走出去的现状和策略》,《中国报业》2012年第2期。
13. 张娜:《电子商务下国际文化贸易创新及对策》,《经济研究导刊》2012年第2期。
14. 穆桂云:《中华文化"走出去"的几个结合》,《理论观察》2012年第2期。
15. 雷兴长:《中国文化产品走向世界的内容竞争战略研究》,《科学经济社会》2012年第3期。
16. 周凯、田瑞敏:《文化传播视野:地方政府海外形象的柔性构建》,《新闻界》2012年第3期。
17. 菲利普·赛博、谢婷婷:《中国公共外交战略与文化外交之我见》,《公共外交季刊》2012年第3期。
18. 蒙英华、黄宁:《中国文化贸易的决定因素——基于分类文化产品的面板数据考察》,《财贸研究》2012年第3期。
19. 李嘉珊:《我国国际文化贸易学术研究现状分析与展望(2001—2011)》,《国际贸易》2012年第3期。
20. 金兆钧:《文化走出去是大方向 中国音乐应以何种姿态走出去》,《音乐时空(理论版)》2012年第3期。
21. 刘洋:《齐齐哈尔流人文化走出去策略研究》,《理论观察》2012年第3期。
22. 黄娟、沈德昌:《政府定位:文化走出去的关键》,《学习月刊》2012年第4期。
23. 王晓芳:《文化贸易理论文献综述》,《北京联合大学学报(人文社会科学版)》2012年第4期。
24. 唐天标:《创新文化走出去模式》,《中国人大》2012年第4期。
25. 王海远:《我国文化出口的现状及问题分析》,《南京邮电大学学报》2012年第4期。
26. 段莉、胡惠琳:《交流、竞争、安全——文化体制改革与对外传播面临的三大课题》,《对外传播》2012年第5期。
27. 薛天舒:《讲好"中国故事" 提升中国文化"走出去"品质》,《理论学习》2012年第5期。
28. 张国斌:《借鉴法国文化推广经验 改革中国文化"走出去"方式》,《中国行政管理改革》2012年第5期。

29. 韩强:《推动中华文化走出去必须加强海外中国学研究》,《新视野》2012年第6期。
30. 杨利英:《文化走出去战略与文化大繁荣》,《中共山西省委党校学报》2012年第6期。
31. 毕磊:《中国文化要"走出去"更要"走进去"》,《中国经贸》2012年第6期。
32. 李嘉珊:《蓄势待发——实现首都文化贸易大发展》,《中国经贸》2012年第6期。
33. 谢晓娟:《论对外文化交流中的中国国家形象》,《当代世界与社会主义》2012年第6期。
34. 姜楠:《关于我国音乐文化"走出去"的思考》,《音乐天地》2012年第6期。
35. 杨源弘:《论中国视觉艺术"走出去"的主要问题》,《戏剧文学》2012年第6期。
36. 王晓东:《中国国际文化贸易发展路径研究》,《价格月刊》2012年第7期。
37. 许晓青:《中国文化"走出去"面面观》,《对外传播》2012年第7期。
38. 曲慧敏:《论多渠道推动中华文化"走出去"》,《思想理论教育》2012年第7期。
39. 刘建华:《论对外文化贸易的实然、必然与应然》,《中国出版》2012年第8期。
40. 范玉刚:《文化"走出去"的价值祈向》,《理论视野》2012年第9期。
41. 刘波、白志刚:《我国文化走出去的困境及其创新思路》,《理论学习》2012年第9期。
42. 赵少华:《推动当代中国文化走出去》,《西部大开发》2012年第10期。
43. 顾江、朱文静:《中日韩文化贸易的竞争性及市场分布研究》,《现代经济探讨》2012年第10期。
44. 顾小存:《应对中美文化贸易逆差的战略思考》,《理论视野》2012年第10期。
45. 傅福英、张小璐:《跨文化交流与传播中的文化模因探析》,《江西社会科学》2012年第11期。
46. 张殿军:《论中国文化走出去》,《理论探索》2012年第11期。
47. 程建明:《文化走出去的三个致力之点》,《理论探索》2012年第11期。
48. 邵汝军:《我国文化产业"走出去"的路径与策略研究》,《特区经济》2012年第11期。
49. 刘兆征:《文化"走出去"的阻力及应对思路》,《宏观经济管理》2012年第11期。

50. 刘玉珠:《文化需要"走出去"》,《经济》2012年第12期。
51. 吴桂韩:《增强中华文化国际影响力新探》,《理论导刊》2012年第12期。
52. 朱虹:《中国文化"走出去"的国家战略与发展路径研究》,《新远见》2012年第12期。
53. 何传添,潘瑜:《中国文化贸易的国际比较及其产业调整》,《中央财经大学学报》2012年第12期。
54. 高红娜:《舞蹈艺术海外传播的文化阐释》,《芒种》2012年第12期。
55. 杨源弘:《论中国视觉艺术"走出去"的主要策略》,《电影评介》2012年第13期。
56. 邓笛思:《中国文化贸易发展的SWOT分析》,《现代商贸工业》2012年第16期。
57. 金起文、刘瑞芳、于海珍、张晓凤:《加快河北文化"走出去"研究》,《合作经济与科技》2012年第19期。
58. 邓显超、袁亚平:《文化产业走出去的韩国经验及启示》,《前沿》2012年第24期。
59. 张晓凤、金起文:《文化"走出去"的模式及转型》,《青年记者》2012年第33期。
60. 杨均华、刘吉发:《文化国际贸易发展的意义、模式和市场战略思考》,《商业时代》2012年第35期。
61. 杨文利:《中国共产党领导新中国文化对外交往的成就与经验》,《经济研究参考》2012年第68期。
62. 向勇、范颖:《中国对外文化贸易的战略方向和政策建议》,《国际服务贸易评论(总第6辑)》
63. 宾建成:《上海文化贸易发展的现状、问题与对策》,《湖湘论坛》2013年第1期。
64. 欧建平:《中外舞蹈交流中亟待解决的四个问题》,《艺术评论》2013年第1期。
65. 李建军:《中国与中亚的文化交流力建构》,《中南民族大学学报》(人文社会科学版)2013年第1期。
66. 陈文敬、米宏伟:《中国文化贸易发展现状、问题及对策》,《国际贸易》2013年第1期。
67. 周升起、兰珍先:《中国文化贸易研究进展述评》,《国际贸易问题》2013年第1期。
68. 李红、彭慧丽:《区域经济一体化进程中的中国与东盟文化合作:发展、特点及前瞻》,《东南亚研究》2013年第1期。
69. 贯昌福、彭传勇:《黑河市与俄罗斯文化交流的现状、问题与对策》,《西伯利亚研究》2013年第2期。
70. 杨建娣:《中国—东盟视野下中越边境贸易中的文化交流及建议》,《南宁职业技术学院学报》2013年第2期。
71. 张喜华:《中西跨文化交流理想之境》,《中国文化研究》2013年第2期。
72. 杨国平:《中原文化"走出去"战略实践中存在的问题及对策研究》,《北京城市学院学报》2013年第2期。
73. 俞骁窈:《从传统戏曲的现代化入手实现中国戏曲走出去:以昆曲为例——新概念昆曲〈藏〉与青春版〈牡丹亭〉对外交流情况之比较》,《艺术百家》2013年第2期。
74. 罗立彬、孙俊新:《中国文化产品贸易与文化服务贸易竞争力:对比与趋势》,《财贸经济》2013年第2期。
75. 周孚斌:《文化贸易"走出去"势当"鱼乘于水"》,《文化月刊(下旬刊)》2013年第3期。
76. 蒙英华、李艳丽:《文化货物贸易与文化服务贸易决定因素差异的实证研究》,《经济经纬》2013年第3期。
77. 陈伟军:《文化贸易拓展:提升软实力与走出去》,《中国出版》2013年第3期。
78. 杨建娣:《中国—东盟视野下中越边境贸易中的文化交流及建议》,《南宁职业技术学院学报》2013年第3期。
79. 武晓荣:《关于我国对外文化贸易发展的几点思考》,《北京联合大学学报》2013年第3期。
80. 董晓莉:《"京味文化"走出去 提升文化国际影响力》,《北京观察》2013年第3期。
81. 肖岩:《文化贸易:"走出去"的不仅仅是节目》,《中国经贸》2013年第3期。
82. 王雅坤、耿兆辉:《中国文化走出去的影响因素及路径选择》,《河北学刊》2013年第3期。
83. 宋瑾:《传统音乐产品"走出去"的保值问题》,《云南艺术学院学报》2013年第4期。
84. 桂韬:《江苏省文化贸易特色构建及挑战》,《北方经贸》2013年第4期。
85. 杨凤祥:《文化贸易的外部性及其补偿机理》,《江苏科技信息》2013年第4期。
86. 汪胜洋、王果:《发挥国家对外文化贸易基地作用研究》,《上海文化》2013年第4期。

87. 王自娜:《我国文化贸易的结构及发展对策分析》,《中国证券期货》2013年第4期。
88. 董德福、孙昱:《关于"中国文化走出去"战略的几个问题》,《延安大学学报》(社会科学版)2013年第4期。
89. 谢晓娟:《通过对外文化交流提升中国文化软实力的思考》,《河南师范大学学报》(哲学社会科学版)2013年第4期。
90. 刘笑男、杨丹丹:《促进山西文化贸易发展的措施》,《东方企业文化》2013年第5期。
91. 刘清才、曲文娜:《中国文化外交的基本理念与开放格局》,《吉林大学社会科学学报》2013年第5期。
92. 李嘉珊:《世界城市视角下的"北京京剧"传承与"走出去"战略》,《中国经贸》2013年第5期。
93. 胡颖岚:《新疆发展对外文化贸易研究》,《合作经济与科技》2013年第5期。
94. 刁菲:《关于推动哈尔滨市文化"走出去"的对策建议》,《对外经贸》2013年第5期。
95. 陶小军、楚小庆:《江苏书画艺术走出去的难点与突破路径研究》,《艺术百家》2013年第6期。
96. 钱泽红:《文化外交:追求尊敬和荣誉——中国特色文化外交理论与实践研讨会综述》,《上海文化》2013年第6期。
97. 赵洪波:《提升中俄文化外交战略的再思考》,《东北亚论坛》2013年第6期。
98. 迟莹、齐晓安:《我国文化产业国际拓展问题探析》,《税务与经济》2013年第6期。
99. 王海文:《我国国际文化贸易统计实践探索》,《山西师大学报》(社会科学版)2013年第6期。
100. 王海文:《从梅兰芳访美演出看当前京剧艺术"走出去"的困境与出路》,《对外经贸实务》2013年第7期。
101. 李晓丽:《浅析中国文化贸易的发展现状》,《北方经济》2013年第7期。
102. 李红梅:《谈国剧——京剧艺术的国际化发展的困境和途径》,《通俗歌曲》2013年第7期。
103. 谢晓娟:《通过对外文化交流提升中国文化软实力的思考》,《河南师范大学学报》(哲学社会科学版)2013年第7期。
104. 花建:《中国对外文化贸易体系构建研究》,《学习与探索》2013年第7期。
105. 花建:《建设中国对外文化贸易体系 发展中国特色文化外交》,《上海文化》2013年第8期。

106. 黄恭来:《音符飞舞旋律绕——中国民族音乐的国际交流与传播启示》,《中外文化交流》2013 年第 8 期。

107. 冯颜利:《中华文化如何"走出去"——文化影响力建设的问题、原因与建议》,《人民论坛·学术前沿》2013 年第 8 期。

108. 杨宏华:《中国加快文化"走出去"的现实困境与有效途径》,《中国商贸》2013 年第 8 期。

109. 罗艳:《广州文化贸易发展 SWOT 分析》,《特区经济》2013 年第 9 期。

110. 杨国平:《中国文化"走出去"的逻辑架构》,《内江师范学院学报》2013 年第 9 期。

111. 陈林:《江苏文化"走出去"调查与思考》,《群众》2013 年第 9 期。

112. 邓胤:《文化"走出去"路径探析——以〈吴哥的微笑〉为例》,《学术探索》2013 年第 9 期。

113. 丁玉莲、周英杰:《加快文化产业"走出去"的对策研究》,《实践》(思想理论版) 2013 年第 9 期。

114. 上海市发展改革研究院课题组、汪胜洋:《上海国家对外文化贸易基地加速发展的思路和举措》,《科学发展》2013 年第 9 期。

115. 复旦大学新闻学院课题组、朱春阳:《上海发挥国家对外文化贸易基地作用对策研究》,《科学发展》2013 年第 9 期。

116. 赵洪波:《提升中俄文化外交战略的再思考》,《东北亚论坛》2013 年第 10 期。

117. 吴啸雷:《美术生态系统与"中国美术走出去"》,《美术观察》2013 年第 10 期。

118. 张月:《试论文化贸易中的文化差异》,《经济研究导刊》2013 年第 10 期。

119. 曹蕾:《江苏对外文化贸易提升的渠道是什么》,《群众》2013 年第 10 期。

120. 徐丽、尹秀艳:《我国核心文化商品贸易对经济增长影响分析》,《商业时代》2013 年第 10 期。

121. 薛东前、石宁、段志勇、郭晶、李玲:《文化交流、传播与扩散的通道——以中国丝绸之路为例》,《西北大学学报》(自然科学版) 2013 年第 10 期。

122. 于慧玲、齐黎丽:《"中国梦"与文化产业"走出去"战略分析》,《人民论坛》2013 年第 11 期。

123. 高凤平、刘新淼:《中华文化"走出去":诉求与挑战》,《渭南师范学院学报》2013 年第 11 期。

124. 李怀亮:《中国文化产业离国际市场有多远?——〈国际文化市场报告·前言〉》,《现代传播》(中国传媒大学学报) 2013 年第 11 期。

125. 王碧薇:《中国文化走出去的现状、困境及对策建议》,《学理论》2013 年第 11 期。
126. 马佩军:《在文化自信中推进文化交流》,《对外传播》2013 年第 11 期。
127. 田新玲:《我国文化"走出去"工程面临重大发展契机》,《新金融》2013 年第 12 期。
128. 蒋云美、何三宁:《转型期传统文化走出去困境考量》,《人民论坛》2013 年第 12 期。
129. 张慧:《提升中国文化产业竞争力 加快文化贸易发展》,《电子制作》2013 年第 15 期。
130. 周桂英:《扭转中国文化交流逆差的文化输出战略研究》,《人民论坛》2013 年第 18 期。
131. 徐越:《少数民族演艺产业"走出去"现象探析》,《长春教育学院学报》2013 年第 18 期。
132. 赵晓旭、任欢:《实施保定文化"走出去"工程研究》,《青春岁月》2013 年第 20 期。
133. 杨歌西:《中国文化贸易发展对策实证分析——以西咸新区文化贸易发展为例》,《新西部(理论版)》2013 年第 21 期。
134. 许轶璐:《浅谈非遗项目"走出去"活动的组织》,《大众文艺》2013 年第 22 期。
135. 杨宏华:《中国加快文化"走出去"的现实困境与有效途径》,《中国商贸》2013 年第 23 期。
136. 杨宏华:《江苏省对外文化贸易现状及发展路径研究》,《中国商贸》2013 年第 24 期。
137. 张佑林:《上海文化贸易发展的成功经验与对策研究》,《国际服务贸易评论》,总第 7 辑。
138. 查志强:《对外文化贸易基地建设待破题》,《浙江经济》2014 年第 1 期。
139. 刘彦武:《文化走出去战略的地缘政治分析》,《中华文化论坛》2014 年第 1 期。
140. 迟雯萍:《以中俄文化交流推动俄罗斯入境旅游市场研究》,《旅游纵览》(下半月)2014 年第 1 期。
141. 曾军、段似膺:《扩大自贸试验区文化服务开放,推进上海对外文化贸易发展》,《科学发展》2014 年第 1 期。
142. 李萌:《新时期我国文化交流及其现代化的发展趋势》,《青春岁月》2014 年第 1 期。

143. 李四清、陈树、陈玺强:《中国京剧在海外的传播与影响——翻译与传播京剧跨文化交流的对策研究》,《理论与现代化》2014 年第 1 期。

144. 袁佳佳:《浅析新时期中日文化交流新方向》,《才智》2014 年第 1 期。

145. 江秋丽:《各美其美 美美与共——北京与莫斯科文化交流研究》,《中华文化论坛》2014 年第 1 期。

146. 刘伟:《宁夏中阿文化交流的成果与机遇》,《中国穆斯林》2014 年第 1 期。

147. 王相华、曹靓:《我国演艺业"走出去"发展规律与趋势探析——以浙江为例》,《浙江艺术职业学院学报》2014 年第 1 期。

148. 隋欣:《我国音乐文化产业"走出去"的几点思考》,《音乐生活》2014 年第 1 期。

149. 张振涛:《文化走出去摭拾》,《人民音乐》2014 年第 2 期。

150. 雷春龙、杨理:《广西—东盟文化贸易发展分析》,《广西大学学报》(哲学社会科学版)2014 年第 2 期。

151. 徐丽、崔燕:《浅议文化贸易全球化趋势》,《中国外资》2014 年第 2 期。

152. 胡凌虹:《中华文化的走出国门与走入人心》,《上海采风》2014 年第 2 期。

153. 胡丹婷:《文化"走出去"的主力军》,《浙江经济》2014 年第 2 期。

154. 赵跃:《本土化与全球化的交融——中国传统文化走出去问题探析》,《理论学刊》2014 年第 2 期。

155. 杜俊义:《中国—东盟对外文化贸易基地建设研究》,《广西大学学报》(哲学社会科学版)2014 年第 2 期。

156. 常凌翀:《西藏文化产业"走出去"的发展战略探究》,《西藏民族学院学报》(哲学社会科学版)2014 年第 2 期。

157. 骆莉莉、龚伟、丁建辉、鲁丽:《浙江文化"走出去"路径探析》,《对外传播》2014 年第 3 期。

158. 周黎明:《中国文化走出去的薄弱环节》,《对外传播》2014 年第 3 期。

159. 顾华详:《论"丝绸之路经济带"视域下的文化交流》,《克拉玛依学刊》2014 年第 3 期。

160. 于文夫:《我国对外文化贸易的发展现状及原因探析》,《社会科学辑刊》2014 年第 3 期。

161. 郭艳、张群、王爱红:《对我国国际文化贸易人才培养几个问题的思考》,《教育探索》2014 年第 3 期。

162. 武晓荣、乔东亮:《世界城市背景下北京文化贸易现状分析与对策研究》,《北京联合大学学报》(人文社会科学版)2014 年第 3 期。

163. 涂远芬:《中国文化产品贸易流量及出口潜力测算——基于引力模型的实

证分析》,《企业经济》2014年第3期。

164. 王海龙、孔令洁:《中国文化贸易的国际竞争力分析》,《现代经济信息》2014年第3期。

165. 谢伦灿:《我国文化贸易环境建设的现状评价与发展路径选择》,《现代传播》(中国传媒大学学报)2014年第3期。

166. 阮青进:《全球化背景下的当代中越文化交流》,《云梦学刊》2014年第3期。

167. 李晗曦:《中国非政府组织在文化外交中扮演的角色及其作用》,《中国艺术研究院》,2014年第4期。

168. 杜林洋:《我国文化产业"走出去"的策略浅析》,《知识经济》2014年第4期。

169. 汪颖,黄建军:《消费网络外部性、文化亲近与文化产品贸易——基于中国双边文化产品贸易的实证分析》,《当代财经》2014年第4期。

170. 孟祥林:《中国传统外交到文化公共外交:发达国家的实践与我国的选择》,《华北电力大学学报》(社会科学版)2014年第4期。

171. 张静:《唐宋时期中外文化交流中的汉籍回归现象》,《图书馆界》2014年第4期。

172. 杨华:《中国—东盟文化交流的"黄金十年"》,《东南亚纵横》2014年第4期。

173. 李玉云:《西双版纳州民族文化"走出去"问题探究》,《中共云南省委党校学报》2014年第4期。

174. 阮耀华:《海外"欢乐春节"活动对推动中华文化走出去的作用及建议——以2014年马耳他欢乐春节活动为例》,《中国外资》2014年第4期。

175. 查志强:《对外文化贸易基地建设待破题》,《浙江经济》2014年第4期。

176. 郭亚军:《河北省文化"走出去"现状分析及对策》,《对外传播》2014年第4期。

177. 楼艺婵:《丽江文化"走出去"的思考》,《曲靖师范学院学报》2014年第4期。

178. 朱宏斌:《思想外交——中国文化外交发展新阶段》,《上海文化》2014年第4期。

179. 王珂:《中国对外文化贸易发展的PEST模型分析》,《蚌埠学院学报》2014年第4期。

180. 王爽、张曙霄:《中国文化贸易与经济增长关系的实证研究》,《经济经纬》2014年第4期。

181. 邵军、吴晓怡、刘修岩：《我国文化产品出口贸易联系持续期及影响因素分析》，《世界经济文汇》2014 年第 4 期。
182. 马毅：《上海文化出口贸易发展面临的挑战与对策》，《国际市场》2014 年第 4 期。
183. 李怀亮：《发展对外文化贸易正当其时》，《时事报告》2014 年第 5 期。
184. 陈少峰：《打造推动北京文化走出去的强大引擎》，《前线》2014 年第 5 期。
185. 陈杰：《中阿合作论坛成立以来的中国对阿媒体交流》，《阿拉伯世界研究》2014 年第 5 期。
186. 查志强：《浙江发展对外文化贸易的战略方向和政策建议》，《中共宁波市委党校学报》2014 年第 5 期。
187. 张艺影、姜鸿：《文化壁垒的形成及对中国文化产品"走出去"的影响》，《对外经贸实务》2014 年第 5 期。
188. 韩晓玲：《追求新深活　服务"走出去"——对"湖北文化走进俄罗斯"报道的思考》，《新闻前哨》2014 年第 5 期。
189. 薛金升：《以差异化的杂技艺术产品推动文化"走出去"》，《杂技与魔术》2014 年第 5 期。
190. 袁邈桐：《文化产业与文化外贸》，《商业文化》（下半月刊）2014 年第 5 期。
191. 赵科慧：《我国文化"本土化"和"走出去"的战略思考》，《中共云南省委党校学报》2014 年第 5 期。
192. 杨华：《中国—东盟文化交流"钻石十年"的构建研究》，《广西社会科学》2014 年第 5 期。
193. 张颖、许丹：《论当代中西方文化"正义"交流》，《理论与改革》2014 年第 5 期。
194. 赖兆年：《论 21 世纪初的中越文化交流》，《湖北经济学院学报》（人文社会科学版）2014 年第 5 期。
195. 吴培植：《泉州海上丝绸之路与中外文化交流》，《丝绸之路》2014 年第 5 期。
196. Н. М. 博戈柳博娃、Ю. В. 尼古拉耶娃、杨俊东：《俄中互办"文化年"：21 世纪初最具现实意义的合作方式》，《东北亚学刊》2014 年第 5 期。
197. 王瑞应：《以文化外交为路径研究中国对美的国际形象》，《广东外语外贸大学学报》2014 年第 5 期。
198. 李文珊：《惠州市文化走出去战略论析》，《惠州学院学报》2014 年第 5 期。
199. 单霁翔：《博物馆使命与文化交流合作创新》，《四川文物》2014 年第 6 期。
200. 赵启正：《公共外交与跨文化交流》，《上海文化》2014 年第 6 期。

201. 胡敬伟:《从秦皇岛—清州文化交流看文化软实力的作用》,《科技世界》2014年第6期。

202. 黄启才:《福建文化"走出去"的SWOT分析》,《福建行政学院学报》2014年第6期。

203. 江秋丽:《北京与莫斯科文化交流探析》,《西伯利亚研究》2014年第6期。

204. 顾华详:《论丝绸之路经济带文化交流视域下的社会事业发展》,《乌鲁木齐职业大学学报》2014年第6期。

205. 查志强:《加快对外文化贸易发展的战略研究——以浙江为例》,《中国国情国力》2014年第6期。

206. 苏毅:《国家文化安全战略下的中国文化走出去战略》,《暨南学报》(哲学社会科学版)2014年第6期。

207. 徐照林、朴钟恩:《中韩文化交流与贸易对货物贸易影响的研究》,《湖北文理学院学报》2014年第6期。

208. 刘绍坚:《我国对外文化贸易发展的机遇、问题及对策建议》,《国际贸易》2014年第6期。

209. 胡雅:《重建丝绸之路的对外文化传播策略研究》,《今传媒》2014年第6期。

210. 朱馨:《文化"走出去"同样也要"引进来"——敦煌展"热"的启示》,《今日浙江》2014年第6期。

211. 蔡武:《用两条腿走路,对外文化交流与对外文化贸易并重》,《收藏投资导刊》2014年第7期。

212. 陈锐:《山东省文化贸易现状、制约因素及对策建议》,《价格月刊》2014年第7期。

213. 杨静:《跨文化交流中文化误读的合理性与不可避免性》,《青年文学家》2014年第7期。

214. 黄启才:《福建文化"走出去"的优势及策略探讨》,《发展研究》2014年第7期。

215. 王帅利:《全球化与中外文化交流》,《改革与开放》2014年第7期。

216. 陈锐:《山东省文化贸易现状、制约因素及对策建议》,《价格月刊》2014年第7期。

217. 查志强:《对外文化贸易基地建设待破题》,《浙江经济》2014年第7期。

218. 张群、郭艳、王爱红:《试论国际文化贸易人才培养模式的构建》,《经济研究导刊》2014年第8期。

219. 王鑫:《上海对外文化贸易竞争力提升的现状分析与路径选择》,《经济与社会发展研究》2014年第8期。

220. 盛玉明:《打造"走出去"的文化软实力》,《施工企业管理》2014年第8期。

221. 张洁:《提高文化对外开放水平 推动中华文化走向世界》,《湖北省社会主义学院学报》2014年第8期。

222. 陈叶军:《推动文化"走出去"实现文化贸易弯道超车》,《服务外包》2014年第8期。

223. 庹继光、李缨:《四川文化走出去对策探析》,《新闻爱好者》2014年第8期。

224. 易红、彭瑛:《论鄂西地区少数民族文化"走出去"的途径》,《西南民族大学学报》(人文社会科学版)2014年第8期。

225. 李道今:《文化走出去亟须打造"北京模式"》,《投资北京》2014年第8期。

226. 顾华详:《共建丝绸之路经济带的新疆文化交流战略》,《陕西学前师范学院学报》2014年第8期。

227. 王晓璐:《新媒体在跨文化交流中的积极作用》,《西部广播电视》2014年第8期。

228. 郭周明:《中国文化产业"走出去"现状分析及途径选择》,《国际经济合作》2014/09。

229. 张劲盛:《中蒙两国马头琴音乐文化交流史及现状调查分析》,《音乐传播》2014年第9期。

230. 中国人民大学对外文化贸易课题组:《文化外贸 中国在发力》,《商业文化(上半月)》2014年第9期。

231. 杨均华、刘吉发:《文化国际贸易发展的意义、模式和市场战略思考》,《商业文化(上半月)》2014年第9期。

232. 高斌:《国家对外文化贸易基地开园》,《前线》2014年第9期。

233. 张建国:《试论新媒体对跨文化交流的影响》,《长春师范大学学报》2014年第10期。

234. 金荣:《浅析中国—东盟文化交流在21世纪海上丝绸之路的影响及前景》,《广西社会主义学院学报》2014年第10期。

235. 蔡山帝:《文化"走出去"中的"镀金"乱象》,《对外传播》2014年第10期。

236. 李怀亮:《新政策环境下我国对外文化贸易发展路径》,《国际贸易》2014年第10期。

237. 王小松:《中越文化交流历史渊源、新的途径及其当代意义》,《黑龙江史志》2014年第10期。

238. 赵婀娜、邵凯翔:《中华文化:从"走出去"到"走进去"》,《决策探索(下半月)》2014年第10期。

239. 雷文洁:《打造文化交流品牌 推动湖北文化"走出去"——"荆楚风·中俄情"文化交流的成功实践》,《政策》2014年第11期。
240. 郭周明:《推动文化产业"走出去"提升中国文化软实力》,《全球化》2014年第11期。
241. 朱凤云、苑秀丽:《中国文化国际化战略的路径分析》,《山东社会科学》2014年第11期。
242. 于鸿雁:《海外文化传播与国家形象构建》,《新闻研究导刊》2014年第11期。
243. 黄耀东:《中国—东盟文化交流与合作可行性研究》,《学术论坛》2014年第11期。
244. 张建国:《如何利用新媒体促进跨文化交流》,《青年记者》2014年第11期。
245. 马驰:《"改造空间":跨文化交流的新视阈》,《社会科学辑刊》2014年第11期。
246. 计东邦:《关于在开放宁夏建设中发挥对外文化交流作用的几点思考》,《共产党人》2014年第11期。
247. 于凯、周夏琪、翟帅:《浅析浙江文化对外贸易的瓶颈与解决方案》,《传播与版权》2014年第11期。
248. 胡娜:《中国戏曲走出去与国家文化软实力建设》,《艺术评论》2014年第11期。
249. 李小牧、李嘉珊:《中国文化贸易人才培养:实践、困境与展望》,《中国大学教学》2014年第11期。
250. 张慧:《我国文化贸易发展存在的问题及对策研究》,《现代营销(下旬刊)》2014年第11期。
251. 喻莎莎:《文化贸易发展影响因素的国别(地区)差异化研究》,《商业时代》2014年第11期。
252. 刘萌:《中韩文化贸易发展状况分析》,《北方经贸》2014年第11期。
253. 杨凯、李嘉琪、邓昶芃:《区域文化对外传播的问题与对策——基于国际媒体中广东文化形象的实证分析》,《对外传播》2014年第11期。
254. 田书慧:《内蒙古地域文化的对外传播——以阿拉善文化为例》,《前沿》2014年第11期。
255. 王建平:《"走出去"战略对我国文化产业影响的实证研究》,《管理世界》2014年第12期。
256. 周凯:《中西主流价值观差异对中国文化走出去的影响研究》,《中国出版》2014年第12期。

257. 卫志民:《中国文化产业"走出去"问题研究:制约与突破》,《福建论坛》(人文社会科学版)2014年第12期。

258. 张建成:《"丝绸之路经济带"视野的中阿文化交流先行战略》,《重庆社会科学》2014年第12期。

259. 张慧:《我国文化贸易发展存在的问题及对策研究》,《现代营销》(学苑版)2014年第12期。

260. 李小五、刘佳秋、董惠敏:《跨文化交流的逻辑分析》,《哲学动态》2014年第12期。

261. 张梅:《新形势下黑龙江省对俄文化交流》,《西伯利亚研究》2014年第12期。

262. 白晓光:《中俄文化产业合作研究》,《西伯利亚研究》2014年第12期。

263. 董媛媛:《开放、合作、共赢——图书馆对外文化交流工作新策略》,《科技情报开发与经济》2014年第12期。

264. 何兰:《对外文化交流与国家文化软实力传播》,《文艺评论》2014年第12期。

265. 万红,李春艳:《中俄文化大集战略发展研究》,《黑河学院学报》2014年第12期。

266. 王海文:《中阿文化贸易发展趋势与路径分析》,《对外经贸实务》2014年第12期。

267. 于凯、周夏琪、陈梦真、操萍、鲍华、翟帅:《浙江省文化产业对外贸易现状及问题的分析与建议》,《传播与版权》2014年第12期。

268. 付延慧:《超越与回归:文化贸易的内在责任与道德力量——基于中国文化贸易的国家战略考量》,《国际文化管理》2014年第12期。

269. 王文佳:《中国文化贸易影响因素的灰色关联度分析》,《对外经贸》2014年第12期。

270. 张海婷、梁小龙、王俊锜:《浅析我国对外文化贸易发展现状及发展对策》,《企业导报》2014年第13期。

271. 罗艳:《我国文化贸易国际视野比较及潜力测算》,《商业时代》2014年第14期。

272. 赵静:《金融危机后我国发展对外文化贸易的探讨》,《商》2014年第17期。

273. 徐丽、崔燕:《浅析文化贸易全球化趋势》,《商业文化》2014年第18期。

274. 黄娟:《非物质文化遗产的现状及对策"走出去"——以河北省为例》,《学习月刊》2014年第20期。

275. 杨利英:《新时期中国文化"走出去"战略的意义》,《人民论坛》2014年第

23期。

276. 戴婧妮、路敏、韦林珍:《大西安文化贸易可行性及发展路径分析——丝绸之路经济带建设中》,《现代商贸工业》2014年第24期。

277. 张雄辉、黄凤莲:《福建省文化产业对外贸易发展及对策研究》,《现代商业》2014年第36期。

二、2012—2014中国文化走出去研究学位论文

278. 张晔:《文化贸易与我国对外文化交往的制度创新——我国对外文化贸易政策研究》,上海交通大学硕士学位论文,2012年2月。

279. 杨源弘:《论建立中国民营跨国视觉艺术机构的必要性》,中国艺术研究博士学位论文,2012年3月。

280. 常铁磊:《中国对外文化贸易的发展策略研究——以演艺产业为例》,河南大学硕士学位论文,2012年5月。

281. 刘茜:《中国发展对外文化贸易的竞争力研究》,安徽大学硕士学位论文,2012年5月。

282. 马倩:《我国文化贸易影响因素研究》,湖南大学硕士学位论文,2012年10月。

283. 姜雅瑞:《我国文化贸易发展的现状、影响因素及对策研究》,南昌大学硕士学位论文,2012年12月。

284. 刘倩:《我国文化贸易的发展及其对经济增长影响研究》,首都经济贸易大学硕士学位论文,2013年3月。

285. 李亚亚:《我国文化贸易竞争力问题研究》,首都经济贸易大学硕士学位论文,2013年3月。

286. 李乐春:《中国文化服务贸易竞争力研究》,贵州财经大学硕士学位论文,2013年3月。

287. 王聪:《我国文化产业"走出去"模式研究》,山西财经大学硕士学位论文,2013年3月。

288. 崔义真:《中国与韩国文化贸易发展比较研究》,黑龙江大学硕士学位论文,2013年4月。

289. 李媛洁:《中国"和"文化与中国文化外交路径选择研究》,华中师范大学硕士学位论文,2013年5月。

290. 叶凤仙:《我国文化贸易竞争力及影响因素分析》,安徽大学硕士学位论文,2013年5月。

291. 潘瑜:《中国文化贸易竞争力研究》,广东外语外贸大学硕士学位论文,2013年5月。

292. 赵学峰:《中韩文化贸易发展与竞争力的比较研究》,东北财经大学硕士学位论文,2013年11月。

293. 胡荻:《中国对外文化贸易现状分析及政策选择》,东北财经大学硕士学位论文,2013年11月。

294. 柳亚坪:《中美文化产业贸易对比分析》,东北财经大学硕士学位论文,2013年11月。

295. 薛锋:《上海文化国际贸易发展政策研究》,上海交通大学硕士学位论文,2013年12月。

296. 尤静:《基于中欧文化产业竞争力的文化贸易政策取向研究》,沈阳工业大学硕士学位论文,2014年2月。

297. 盛贤:《建国以来中西思想文化交流交融交锋研究》,宁波大学硕士学位论文,2014年2月。

298. 杨希:《中国文化对韩推广策略——以韩流在中国的传播为借鉴》,四川师范大学硕士学位论文,2014年3月。

299. 周文静:《基于文化资源利用的浙江文化贸易发展路径研究》,浙江理工大学硕士学位论文,2014年3月。

300. 关晶:《中日文化贸易比较研究》,黑龙江大学硕士学位论文,2014年3月。

301. 鲍晓雯:《中国文化产品出口研究》,首都经济贸易大学硕士学位论文,2014年3月。

302. 段矿英:《中国对韩国文化外交探析》,吉林大学硕士学位论文,2014年4月。

303. 张静:《试论文化全球化及其背景下的中国文化"三自"要求》,齐齐哈尔大学硕士学位论文,2014年4月。

304. 王清:《1978年—2013年中国大陆中日文化交流史研究发展述论》,扬州大学硕士学位论文,2014年4月。

305. 谢京:《佛教在华传播策略对中国文化对外传播的启示》,重庆大学硕士学位论文,2014年4月。

306. 张丽丽:《论中国当代文化外交》,辽宁大学硕士学位论文,2014年4月。

307. 秦铭:《战略协作伙伴关系下的中俄文化外交研究》,吉林大学硕士学位论文,2014年4月。

308. 洪明顺:《中美文化产品贸易比较研究》,福建师范大学硕士学位论文,2014年5月。

309. 金东明:《中韩共同文化遗产及其合作保护问题研究》,中国海洋大学硕士学位论文,2014年5月。

310. 方纯洁:《安徽省对外文化贸易现状及发展对策研究》,安徽大学硕士学位论文,2014年5月。

311. 向菊欣:《中国在法国的国际文化统战研究》,华南理工大学硕士学位论文,2014年5月。

312. 马兴云:《中国文化贸易国际竞争力研究》,山东财经大学硕士学位论文,2014年5月。

313. 傅夏:《中国戏曲的文化外交意义初探——以梅兰芳海外演出为例》,中国戏曲学院硕士学位论文,2014年6月。

314. 李金虎:《胡锦涛对外文化交流思想研究》,大理学院硕士学位论文,2014年6月。

315. 袁亚平:《推动中华文化走出去研究》,江西理工大学硕士学位论文,2014年6月。

论文作者简介

马　明，男，中国传媒大学文化发展研究院博士后。
王丽鸽，女，兰州大学政治与行政学院。
王国志，男，苏州大学副教授。
王春林，男，中共广西区委党校文史部副教授。
王晓芳，女，北京联合大学管理学院讲师。
王海文，男，北京第二外国语学院副教授，国际经贸学院国际文化贸易系主任。
王　罂，女，天津师范大学。
尹锡南，男，四川大学南亚研究所教授。
朱文静，女，南京大学国家文化产业研究中心、南京大学商学院博士生。
向　勇，男，北京大学艺术学院副院长、文化产业研究院副院长。
刘　立，男，中央民族大学外国语学院讲师。
刘绍坚，男，北京市国有文化资产监督管理办公室。
许尔才，男，新疆大学西北少数民族研究中心主任、副教授。
孙　昱，男，江苏大学马克思主义学院硕士研究生。
花　建，男，上海社会科学院文化产业研究中心主任、研究员。
苏　毅，女，暨南大学国际关系学院博士生。
杜幼康，男，复旦大学巴基斯坦研究中心主任、教授。
李小牧，男，北京第二外国语学院副校长、教授，国家文化发展国际战略研究院院长。
李玉云，男，中共西双版纳州委党校教研室讲师。
李怀亮，男，中国传媒大学媒体管理学院院长、研究员、博士生导师；国家对外文化贸易理论研究基地（北京）负责人。
李　坤，男，复旦大学国际关系与公共事务学院国际关系专业硕士研究生。
李炳毅，男，兰州大学政治与行政学院教授，博士生导师。
李嘉珊，女，北京第二外国语学院教授，国家文化发展国际战略研究院常务副院长。

李　缨，女，西南石油大学副教授。
何克勇，男，中央民族大学国际合作处处长，中央民族大学外国语学院教授、博士生导师。
宋　瑾，男，中央音乐学院音乐学系教授、音乐学研究所副所长。
张志洲，男，北京外国语大学国际关系学院教授、公共外交研究中心高级研究员。
张迪阳，男，西南大学文化与社会发展学院。
张宗豪，男，苏州大学体育学院民族传统体育系副主任、副教授。
张建成，男，陕西师范大学教授、研究生导师、国际汉学院院长。
张艳丰，男，山西大学外国语学院副教授、硕士生导师。
张　莉，女，河南农业大学副教授。
陈少峰，男，北京大学文化产业研究院副院长。
陈亚芸，女，河南大学法学院讲师。
范　颖，女，北京大学艺术学院博士研究生。
赵明龙，男，广西社会科学院民族研究所所长、研究员。
赵洪波，男，吉林财经大学图书馆副研究员。
赵　跃，女，山东大学国际教育学院讲师。
钟　玲，女，四川博物院教育推广部主任。
段似膺，男，上海大学影视艺术与技术学院博士研究生。
贾磊磊，男，中国艺术研究院副院长、文化发展战略研究中心主任，博士生导师。
顾　江，男，南京大学国家文化产业研究中心常务副主任、教授、博士生导师。
徐　越，男，山西传媒学院助教。
崔玉宾，男，安阳工学院副教授。
庹继光，男，四川师范大学教授。
梁晓波，男，国防科技大学人文与社会科学院教授。
董德福，男，江苏大学马克思主义学院院长。
韩雨伦，女，西南大学文化与社会发展学院。
曾　军，男，上海大学文学院教授。
谢柏梁，男，中国戏曲学院戏文系主任。
潘　源，男，中国艺术研究院文化发展战略研究中心副研究员。

备注：
1. 简介中的所有作者均按其姓氏笔画先后排序；
2. 为简洁起见，所有作者简介仅包括其"性别""任职单位""职称"，不介绍其教

育背景、学术兼职和头衔等信息;

3. 所有作者的简介信息以其原文发表时载明的为主要依据(若个别论文作者在其原文发表时注明为在读学位生,则依据原刊载明的信息予以保留),入选本书时,遇有发生变动者,主编则依据经作者确认后的信息,或作者现就职单位官方网站公布的信息,进行了相应调整。

编后记

文化"走出去"已成为重要的国家战略。我在文化媒体工作,身处专门编译海外文化信息的团队和文化交流新闻采编一线,获得的信息越来越多,但都是极其碎片化的。目前学界对于文化交流和文化"走出去"的研究也是如此,鲜活而零散。我感到,其中一些颇有价值的信息和观点值得与大家分享,而关于文化艺术"走出去"的研究工作亟需由一个智库机构统筹起来。恰此时,中国文化"走出去"协同创新中心成立了。

中国文化"走出去"协同创新中心主任张西平教授是我在北京外国语大学攻读硕士学位时的导师。西平老师不仅将知识的解决方案传授于我,而且直接影响了我对学术研究的看法——他一直尝试将"为己之学"和"经世致用之学"共同置于中外文化交流的历史语境下,以强烈的人文关怀和深入的历史性思考说话,格外注重理论对于"走出去"实践的支撑作用。自2012年推出《中国文化走出去年度研究报告(2012卷)》,西平老师将大量精力倾注到文化"走出去"研究这项宏大的事业当中,我也因此获得了一个又一个难得的机会,包括选编这部文集。

书中所选文章的作者,一些我曾当面拜访,但大部分素未谋面。他们对于文化"走出去"事业的拳拳之心,于我是莫大的鼓励。能够通过这部文集将他们的真知灼见与大家分享,更是我的幸运。

此书编撰过程中,除了西平老师的亲自提点,中国文化"走出去"协同创新中心管永前、郭景红等诸位老师也给了我不少帮助。国务院新闻办原副主任杨正泉从文化传播的角度给我很多提示,中国行政管理学会副秘书长、九三学社中央委员张学栋的醍醐灌顶十分难忘。文化部优秀专家、中国文化传媒集团董事长外事助理张小兰女士全力支持我的工作,中国文化报艺术部首席记者张婷女士则给出了艺术领域的专业建议。国家发展与改革委员会"一带一路"文化传播与经济发展课题组秘书长徐蕴峰常与我就"一带一路"的话题讨论至夜深。中国对外文化集团公司新闻总监王洪波和项目经理穆雯女士在海外商演研究方面提供了大力协助。智晟博纳(北京)文化传播有限公司董事长石纳齐女士在资料搜集方面做了许多工作。

此外,我的同事陈璐、宋佳烜、郑苒、程佳,凤凰网张怀宇、中央电视台陈晨和文化部外联局多个处室的师友也提出了宝贵的建议和意见。

期望这部文集为从事文化交流、文化艺术"走出去"的人们带来启发和借鉴,吸引更多人关注乃至投入文化艺术"走出去"研究。选编中国文化艺术"走出去"研究文集是一次新的尝试,由于编者水平有限,虽竭尽全力,仍难免有错漏之处,敬请读者给予批评指正。

编者
二〇一五年七月七日